Weltfreimaurerei, Weltrevolution, Weltrepublik: Eine Untersuchung über Ursprung, Und Endziele Des Weltkrieges

Friedrich Wichtl

Nationalrat

Dr. Fr. Wichtl

Weltfreimaurerei Weltrevolution Weltrepublik

Eine Untersuchung über Ursprung und Endziele des Weltkrieges

Achte Auflage

J. F. Lehmanns Verlag, München

Weltfreimaurerei
Weltrevolution
Weltrepublik

Eine Untersuchung über Ursprung und Endziele des Weltkrieges

Von

Dr. Friedrich Wichtl

Ehemaliger Reichsratsabgeordneter und Mitglied der prov. Nationalversammlung

Achte Auflage

(35. bis 40. Tausend)

J. F. Lehmanns Verlag, München

1921

Druck von Dr. F. P. Datterer & Cie., Freising-München.

Inhaltsverzeichnis.

Aus dem Vorwort zur fünften Auflage:
Meine Antwort an die Großloge von Wien!

Was ist die Freimaurerei? — „Ihr Inhalt ist Geist. Ihr Wesen ist Freiheit. Ihr Wirken ist Liebe. Ihr Streben ist Licht. Ihre Symbolik enthüllt die ganze Tiefe der sittlichen Weltordnung. Ihre Kraftübung ist das sittliche Bauen, das stille, ernste Bauen von innen heraus, das alle geistigen und sittlichen Kräfte weckt und in jedem Einzelnen und in der Gesamtheit einen Tempel zu erbauen trachtet, in dem Glaube und Treue, Liebe und Opfersinn, Gerechtigkeit und Wahrhaftigkeit und jede deutsche Tugend wohnen und wirken."

Schöne, stolze Worte sind es, die Br.·. Oskar Leschhorn[1]) spricht; hätte ich sie vor zwei, drei Jahren vernommen — wer weiß, ob ich nicht als „Lichtsuchender" die Aufnahme in eine „Bauhütte" angestrebt hätte ....

Heute liegt für mich die Sache wesentlich anders; heute habe ich mir meine eigene Überzeugung gebildet auf Grund eingehender Studien, wie sie der Durchschnittsfreimaurer sein Leben lang nicht betreibt und in der Regel auch gar nicht betreiben kann.

Wie ich dazu kam, mich mit der „königlichen Kunst" zu beschäftigen, ist bereits im Schlußwort zur ersten Auflage angedeutet. Im Prozesse gegen den Hochverräter Kramarsch wurden vielfach seine Verbindungen mit geheimen und geheimnisvollen Gesellschaften gestreift, über deren Wesen und Wirken man nichts näheres erfahren konnte. Wo nach der Lage des Falles eine ganz besondere Enthüllung zu erwarten war, riß der Faden plötzlich ab... Soviel aber stand bereits damals für mich fest: Daß Kramarsch einer geheimen Organisation angehören mußte, deren Tätigkeit sich über ganz Europa erstreckte.

Dazu kam noch etwas anderes: Die Ermordung unseres Thronfolgers schien mir mehr zu sein als nur der zufällige Anlaß für den Ausbruch des Weltkrieges.

---

[1]) „Freimaurerische Außenarbeit" von Br.·. Oskar Leschhorn, Leipzig Ver. d. Frmr. 1919.

Die nationale Begehrlichkeit und Anmaßung der Tschechen und Südslawen hatte damals bei uns Formen angenommen wie nie zuvor; in zahllosen Städten und Märkten Österreichs fanden Woche für Woche slawische Massenumzüge und Versammlungen statt, deren aufreizendes, staatsgefährliches Wesen nicht einmal mehr von den Behörden geleugnet wurde. Aber die Behörden waren machtlos, weil ein willensschwacher Ministerpräsident, Graf Stürgkh, den gebrechlichen Staatskarren lenkte und ein müder, alter Kaiser, der von der Außenwelt so gut wie abgeschnitten war, „regierte".

Ein Tag war es besonders, an dem in allen Gauen Österreichs, im Süden wie im Norden, in slovenischen, tschechischen und deutschen Orten slavische Massenumzüge, Versammlungen unter freiem Himmel und allslavische Festlichkeiten stattfanden, wie nie zuvor: Es war der 28. Juni 1914, an dem sich, wie man sich zuflüsterte, etwas ganz besonderes ereignen sollte. Ein Rittmeister, der damals in Brünn weilte, erzählte mir eine geringfügige Einzelheit, die jedoch so bezeichnend ist, daß sie auf ihn wie auf mich einen unauslöschlichen Eindruck gemacht hat: Namentlich vor dem Telegraphen-Amt, sagte er, staute sich die Menge. Man schien ungeduldig und mit großer Spannung auf etwas zu warten, denn fortwährend hörte man Rufe und Fragen: Njeni jesdje tadi telegramm? (Ist denn noch kein Telegramm da?) Und das Telegramm kam und meldete — die Ermordung des Thronfolgers und seiner Gemahlin .... Die Festlichkeiten wurden dessenungeachtet fortgesetzt; in Brünn schritt später über höhere Weisung die Landesregierung ein, an anderen Orten hingegen dauerten die Gelage und Freudenausbrüche bis in den grauenden Morgen hinein.

Dies wird verständlich, wenn man sich vor Augen hält, daß der Thronfolger unter den Slaven zahllose Feinde hatte, die von ihm, dem besten Freund des deutschen Kaisers, eine Neuordnung der Dinge befürchteten, die sich gegen die Slaven richten würde.

Wer waren nun die Mörder? Geistig und sittlich unreife Burschen, Mitglieder der serbischen „Narodna odbrana" (Volkswehr), teilweise auch Mitglieder der Sokol(Turn-)vereine. Später kam aber auch noch anderes heraus. Aus dem Buche des Professors Pharos[1]) geht klar hervor, daß der Thronfolgermord von freimaurerischer Seite geplant, beschlossen und durch-

[1]) „Der Prozeß gegen die Attentäter von Sarajewo", aktenmäßig dargestellt von Professor Pharos, Deckers Verlag, Berlin 1918.

geführt wurde. Die Hauptpersonen waren Freimaurer: Major Tankosic, Dr. Kazimirovic, Ciganovic und der Mordbube Cabrinovic. Das Wesentliche habe ich im XIV. Abschnitt dieses Buches hervorgehoben; wer die ungemein schlaue Anwerbung der Täter kennen lernen will und die Art, wie sie allmählich und unmerklich dahin gebracht wurden, den Mordgedanken zur Tat werden zu lassen, der sei auf jenes Buch von Professor Pharos ausdrücklich verwiesen, zu dem der Geheime Justizrat Prof. Dr. Kohler eine lesenswerte Einleitung geschrieben hat.

Also die Freimaurer sollten dahinterstecken!? Ich hatte mich nie zuvor mit der Freimaurerei ernstlich beschäftigt; die Schwindelgeschichte des Leo Taxil war mir wohl noch in verblaßter Erinnerung, die Namen der berüchtigten Miß Diana Vaughan, ihrer Schwester Sophie Walder, des Teufels Bitru und manches andere lebten vor mir wieder auf: Grund genug, der Angelegenheit mit Mißtrauen zu begegnen. Aber die Aussagen lauteten so unzweideutig, daß ich mir vornahm, der Sache auf den Grund zu gehen. Dazu kam, daß mir kurz vorher, im November 1917 von einem sehr gut unterrichteten und verläßlichen Gewährsmann mitgeteilt worden war, daß Dr. Karl Kramarsch Freimaurer sei und dem „Grand Orient de France“ angehöre. Ich fing also an, mich mit der freimaurerischen Literatur zu beschäftigen, zunächst aus keinem anderen Grunde als dem, mir selbst in dieser wichtigen Frage Klarheit zu verschaffen: Ein Lichtsuchender, emsig bestrebt, der Wahrheit auf den Grund zu kommen. Nach dem, was ich nun aus den Schriften der deutschen Freimaurer über sie selbst erfuhr, waren sie eine höchst unschuldige, ehrenwerte und anständige Gesellschaft. Ein ganz anderes Bild erhielt ich jedoch von der französischen Freimaurerei, als mir Br. .·. Dr. Wilhelm Ohrs Buch über den „Geist der französischen Freimaurerei“ in die Hände fiel. Nun sammelte ich Bücher und Schriften von Freimaurern, aber auch von ihren Gegnern, und machte mir aus allen genaue Auszüge. Als ich mich endlich daran wagte, das gesammelte Material zu sichten und Wesentliches von Unwesentlichem, Wahres von anscheinend Falschem zu scheiden, blieben mir etwa 5000 Notizen übrig, die den Grundstock für meine späteren Abhandlungen bildeten. Schwerlich wird es sehr viele Freimaurer geben, die sich ebenso genau um ihre „königliche Kunst“ bekümmern, wie ich, der „Profane“, dem es nur unter ungleich größeren Schwierigkeiten möglich gewesen ist, in die geheimnisvollen Irrgänge des Tempels der Menschheit einzudringen. . . .

Es war vorauszusehen, daß mein Buch Anlaß zur Kritik bieten würde, ebenso, daß bei einer etwaigen Neuauflage das oder jenes berichtigt, ergänzt oder anders ausgedrückt werden müßte. Bemerkenswert ist nun die Art der Aufnahme meines Buches von Freimaurern und Nichtfreimaurern. Wer es vorurteilslos Seite für Seite las, war bald überzeugt, keine Tendenzschrift, sondern eine durchaus sachliche, streng unparteiische Untersuchung vor sich zu haben, die bestrebt war, Licht und Schatten richtig zu verteilen. Zu diesem Urteil kamen auch tatsächlich die meisten Nichtfreimaurer und zwar ohne Rücksicht auf ihre politische Parteistellung. Eine eingehende und durchaus gerechte Beurteilung ließ mir z. B. Prof. Dr. Heinrich Wolf (Düsseldorf) im „Deutschen Volkswart" (Leipzig) zuteil werden.

Anders die deutschen Freimaurer. Noch vor dem Erscheinen meines Buches ging ein Sturm des Unwillens durch den freimaurerischen Blätterwald. Die „Bausteine", Monatsschrift der Provinzialgroßloge von Hamburg in Berlin, brachten es sogar fertig, mich zu schmähen, bevor sie noch eine einzige Zeile meines Buches selbst zu Gesichte bekommen hatten! Ein „Machwerk" wird es genannt, und nochmals ein „Machwerk" und ein „Machwerk" zum drittenmal! So zu lesen in den „Bausteinen", Heft 1—2, Jänner—Februar 1919; mein Buch erschien erst am 8. März d. J. Diese sinnlose Aufregung hatte die bloße Ankündigung seitens meines Verlegers bewirkt; als besonders „aufreizend" wurde der aus dem Inhaltsverzeichnis ersichtliche Titel des 8. Aufsatzes empfunden, der „Die Rolle der Juden in der Freimaurerei" behandeln sollte. Im Hefte 6/7 kommen die „Bausteine" neuerdings auf mein Buch zurück. Sie nennen es eine „Schmähschrift", ein „Pamphlet". Höchst peinlich ist ihnen meine Aufdeckung, daß an der Spitze der deutschen Freimaurerei zur Zeit des Ausbruches des Weltkrieges der Großmeister Kohn stand. Über meinen Nachweis, daß unter dem ehrenwerten Br.·. Kohn die hochpolitische serbische Freimaurerei von dem unpolitischen deutschen Großlogenbund anerkannt wurde, gleiten sie mit Stillschweigen hinweg. Die Tatsache, daß vier Wochen später unser Thronfolger von serbischen Freimaurern ermordet wurde, läßt sie kalt. Mein Vorhalt, daß die Anerkennung des serbischen „Obersten Rates" tatsächlich auf eine Art Rückendeckung für die serbischen Freimaurer und Mörder hinauslief, wird beiseite geschoben. Daß der Mann, der damals an der Spitze der gesamten deutschen Freimaurerei stand, Kohn hieß, können sie nicht gut in Abrede stellen. Aber daß dieser Herr Kohn ein Jude gewesen sein soll, das macht sie nervös, das betrachten sie als einen ihnen allen angetanen Schimpf. Und so muß denn der Versuch gemacht werden, aus dem vermeintlichen Juden Kohn einen glaubenseifrigen Christen zu machen. Br.·. Schwabe bringt dies anstandslos zuwege. „Was nun den 1837 in Marienburg in Westpreußen geborenen Direktor der Frankfurter Gasgesellschaft, Johann Gottlieb Karl Kohn, anlangt, so war dieser gar nicht Jude, sondern ein strenggläubiger (!) Christ, der lange im Kirchenvorstande der St. Peters-Kirchengemeinde in Frankfurt a. M. saß. Auch sein Vater, der Kaufmann Johann Karl Gottlieb Kohn, war evangelisch; ebenso sein Großvater, der Landmann Heinrich Karl Wilhelm Kohn, der 1840 in Marienburg starb." — Gut, gut; das internationale Judentum kann also ruhig aufatmen: Herr Kohn war meinetwegen kein Jude!

Übrigens ist der Fall Kohn noch keineswegs erledigt. Etwas stimmt hier nicht. Ich erhielt nämlich in dieser Angelegenheit eine Anzahl Zuschriften, alle in sehr aufgeregtem Tone und fast alle von — Juden herrührend; und alle versicherten mir, daß der Herr Kohn kein Jude gewesen sei! Einer verstieg sich sogar zu der etwas kühnen Behauptung, der Name Kohn stamme zweifellos von Kuon = Kuno und nicht vom hebräischen Cohen; besagter Herr Kohn sei ein Urgermane gewesen usw. Ein anderer wieder stellte unter Beweis, Herr Kohn stamme aus Thorn in Posen, wo sein Vater Kaufmann gewesen sei. Wieder ein anderer, der Herrn Kohn persönlich sehr gut gekannt haben will, versicherte mir, Großmeister Kohn sei der Sohn eines katholischen Kaufmannes aus Königsberg i. O. und später Protestant geworden! Diese Emsigkeit, diese Vielgeschäftigkeit gibt zu denken; mir scheint, die Herren Freimaurer beweisen im Falle Kohn etwas zu viel. Es fehlte nur die Behauptung, Großmeister Kohn sei ein bekannter Alldeutscher und Dutzfreund des Großadmirals von Tirpitz gewesen! Meine verehrten Leser werden sich also ihr Urteil wohl selbst bilden müssen; die Juden unter ihnen werden auf Grund der vorliegenden „Beweise" auch weiterhin die Meinung vertreten können, Herr Kohn sei „Christ" gewesen und die Christen werden Herrn Kohn zumindest als einen Mann von stark östlicher Herkunft bezeichnen dürfen: Ex oriente Kohn! Zu einer Weglassung der betreffenden Stellen meines Buches liegt für mich vorläufig kein zwingender Grund vor.

Ein gewaltiges Hagelwetter prasselte in Wien über mich nieder. Die Schlossen waren von solcher Größe, daß ich fast schon unter dem geheimnisvollen Teppich irgendeiner Loge Schutz suchen wollte, bis das Unwetter vorüber wäre. Da ich aber Christ bin und nicht daran denke, mich und meine Überzeugung beschneiden zu lassen, hätte ich wohl in keiner Wiener Loge als Lichtsuchender Aufnahme gefunden. Denn in den Wiener Logen gibt es — nach einem bekannten Ausspruch des verstorbenen Landesgerichtspräsidenten Holzinger — unter hundert Freimaurern hundertzwei Juden. Aber das ist doch nicht möglich! Das ist doch eine Übertreibung?! Keineswegs; hier sind die Beweise: Der Großmeister Dr. Richard Schlesinger ist — Jude; der deputierte Großmeister Dr. Karl Ornstein ist — Jude; der deputierte Großmeister Dr. Adolf Kapralik ist — Jude; der Großredner Dr. Emil Frankl ist — Jude; der Großredner Dr. Gustav Spieler ist — Jude; der Großredner Eduard Zinner ist — Jude; der Großarchivar Heinrich Glücksmann ist — Jude. Genügt dies oder werden noch weitere „Beweise" verlangt? — Natürlich werde ich, wie im Falle Kohn, eine Unzahl Berichtigungen erhalten, wozu aber im vorhinein bemerkt sei, daß dem Taufwasser allein keine allzu große Bedeutung beizumessen ist, zumal es sich ja um Freimaurer handelt; und der Freimaurer ist, wie uns ein englischer Schriftsteller belehrt, ein künstlicher Jude, (wenn er es nicht schon von Haus aus ist!) Weil ich nun derartige Wahrheiten an die Öffentlichkeit bringe, überschüttet mich die Wiener Großloge mit Schmähungen niedrigster Art. Dem „Bruder von der Großloge", der tapfer seinen Namen unter dem geheimnisvollen Teppich der Loge verbirgt, ist mein Buch eine „gedruckte Kloake", dabei trotz aller „plumpdreisten Sensationslust" von „gähnkrampferzeugender (!) Langeweile". Was ich schreibe, ist ihm „wüstester Unsinn", „brutale Absurdität", „inquisitionsgemäße Blutrünstigkeit", „verlogenes Gesalbader"; mein Buch ist ihm eine „Schmutzschrift", ärger als ein „Fünfkreuzerroman". Mich selbst nennt dieser edle Anhänger der „königlichen Kunst" einen „Volksbetrüger", einen „reaktionär-klerikal-monarchistischen, kontrarevolutionären Reisläufer", einen „Verräter" und „Heuchler", und das alles, weil ich mir die Freiheit nehme, die Freimaurerei so zu schildern, wie ich als vorurteilsloser und unbefangener Mensch sie sehe. Am Schlusse dieses einzig in seiner Art dastehenden Schimpfregens fängt dieser angenehme Zeitgenosse gar an zu drohen: Wenn ich es wagen sollte, dieser Abfertigung ein Wort entgegenzusetzen .... Und wenn, was dann? Welches Los ist mir zugedacht? — Das wird schon früher angedeutet: Ich soll geächtet, ich soll für vogelfrei erklärt werden; der Schmähbruder von der

Großloge kleidet das in folgende Form: „Es ist eine Affenschande, daß ein Mann sich so tief erniedrigen darf (wie ich!), ohne von der allgemeinen Achtung niedergestreckt zu werden.“ Also „niedergestreckt“ soll ich werden! Ist kein Szamuely da?

Wie sagt doch Br.·. Leschhorn: Das Wesen der Freimaurerei ist Freiheit. Ihr Wirken ist Liebe, ihr Streben ist Licht. Jawohl: dieses „Licht“, das uns arischen Deutschen die Freimaurer aufstecken wollen, kenne ich nun, ich kenne auch ihre „Liebe“ und ich kenne ihre „Freiheit“. Den Namen jenes edlen Anhängers der „königlichen Kunst“ kenne ich allerdings nicht, weil er zu feige ist, sich zu nennen;[1]) aber eines weiß ich bestimmt: es ist — ein Jude. Denn so maßlos gehässig, so tollwütig, so ganz und gar jeder Vernunft beraubt, kann nur ein Jude schmähen; ein Deutscher bringt derartiges nie zustande. Und mir fielen die Worte unseres großen heimischen Dichters Franz Grillparzer ein, der offenbar ähnliche Erfahrungen mit jüdischen „Kritikern“ gemacht hat. Sie lauten:

„Der Teufel wollte einen Mörder schaffen
Und nahm dazu den Stoff von manchem Tiere:
Wolf, Fuchs und Schakal gaben her das ihre;
Nur eins vergaß der Ehrenmann: den Mut.
Da drückt' er ihm die Nase ein voll Wut
Und rief: Lump, werd ein Jud — und rezensiere!“

Und noch etwas fiel mir gleichzeitig wieder ein: die Worte des Mordbuben Cabrinovic, der vor Gericht zynisch erklärt hatte: In der Freimaurerei ist es erlaubt zu töten! Töten kann man auf verschiedene Art; den einen schießt man ab, wie unsern Thronfolger, den andern sucht man wirtschaftlich umzubringen — wie den Freimaurer Findel, als er es wagte, gegen die Juden aufzutreten —, mich möchten sie moralisch ermorden; sie sagen es ja selbst: die allgemeine Achtung soll mich niederstrecken ....

Die Brüder Freimaurer sind sich natürlich auch über den Beweggrund vollständig im Klaren, der mich zur Herausgabe meines Buches bewog. „Dr. Wichtl wollte eben Geld machen.“[2]) Wäre es mir ums „Geld machen“ zu tun gewesen, so hätte ich in

[1]) Auf den ungenannten „Br.·. von der Großloge“ paßt Arth. Schopenhauers kerniges Wort: „Anonymität ist eine literarische Gaunerei, der man gleich entgegenrufen soll: Willst du, Schuft, dich nicht zu dem bekennen, was du gegen andere Leute sagst, so halte dein Lästermäul!“

[2]) Wiener Freimaurer-Zeitung Heft 1/3 S. 56.

der Zeit des Umsturzes flugs umgelernt und mich den neuen Verhältnissen angepaßt; etwa so, wie es die Brüder Freimaurer zu machen pflegen, die das „königliche Kunststück" zuwege bringen, als „kaiserliche Räte" und „festeste Stützen des Thrones" schlafen zu gehen und als eingefleichte Republikaner aufzuwachen.

Mit einem Buche für die Freimaurerei, herausgegeben zu jener Zeit, da sie gerade die Maske abgeworfen hatte und „bewegten Herzens die blutroten Fahnen des (revolutionären) Proletariats begrüßte",[1]) mit einem solchen Buche hätte sich allerdings viel Geld verdienen lassen! Schade, schade; da wäre ich heute wahrscheinlich der berühmteste „Maurer ohne Schurz", den die Wiener Großloge gewiß über alle Maßen geehrt und gefeiert hätte. Und — es ist nicht auszudenken — vielleicht hätte sie mich sogar zu ihrem — Ehrengoj ernannt!

Daß man auch eine Sache um ihrer selbst willen betreiben kann, bloß um die Wahrheit zu ergründen, unbekümmert um Haß und Todfeindschaft, das wird das angeblich „feinere Gehirn"[2]) eines Juden nie begreifen.

Würden sie sich an ihre schönen Sprüchlein und Lebensregeln halten, so müßten sie natürlich ganz anders handeln: „Duldsam achte einer des andern redliches Schauen und Trauen", heißt es z. B. im Heft 6/7 der „Wiener Freimaurer-Zeitung" (Seite 30). Auch Gottfried Kellers schönes Wort wird gerne zitiert:

„Betrachtet Eurer Gegner Schwächen
Und lernt am besten Euch zu rächen,
Das eigne Unkraut auszustechen!"

und der hochehrwürdigste Großmeister Br.·. Schlesinger selbst ist es, der seinen Brüdern diesen Spruch ins Gedächtnis zurückruft. „Erblicken Sie in jedem, mit dem Sie das Leben zusammenführt, den Menschen, den Bruder", sagt der sehr ehrenwerte, zugeteilte Großmeister Kapralik;[3]) und wieder ein anderer zugeteilter Großmeister, Hans Neeser, will den allgemeinen Haß abbauen.[4]) Wenn sie nun so schöne Grundsätze haben, wenn Aufklärung und Belehrung ihr Losungswort ist, wenn sie nach Wahrheit streben und Gerechtigkeit und Duldsamkeit predigen, warum verfolgen sie mich dann? Warum hassen sie mich? Warum schmähen und beschimpfen sie mich in der niedrigsten Weise?

---

[1]) „Wiener Freimaurer-Zeitung" Heft 6/7 S. 14.
[2]) Vgl. „Wiener Freimaurer-Zeitung" Heft 1/3 S. 18.
[3]) „Wiener Freimaurer-Zeitung" Heft 1/3 S. 25.
[4]) Ebenda S. 14.

Etwa deshalb, weil ich das kriegshetzerische Treiben der romanischen und anglo-amerikanischen Freimaurerei aufgedeckt habe? Gewiß nicht; das tun sie ja selbst, allerdings nie planmäßig, sondern bloß gelegentlich und nur für die Ohren der Brr. berechnet. Selbst die „Wiener Freimaurer-Zeitung“ spricht hin und wieder von dem haßerfüllten Kriegstreiben der italischen und französischen Freimaurerei, von dem „wildesten Kriegshetzer Br.·. Roosevelt“, der nun in den ewigen Orient eingegangen ist, usw.

Auch daß ich ihre „Geheimnisse“ preisgegeben hätte, kann nicht der Grund jenes bodenlosen Hasses sein, denn erstens haben sie ja gar keine „Geheimnisse“ — wie sie selbst sagen — zweitens haben das andere vor mir auch getan, ohne deshalb derart beschimpft und verfolgt zu werden, und drittens kann man sehr wohl über all diese Dinge sprechen, wenn es sich um wissenschaftliche oder sonst ernste Zwecke handelt — sagt Br.·. Dr. Otto Henne am Rhyn.

Der Grund liegt eben anderswo. Der Haß der jüdischen „Wiener Großloge“ und ähnlich zusammengesetzter Großlogen im Deutschen Reiche erklärt sich daraus, daß ich die Rolle des Judentums in der Welt-Freimaurerei einer eingehenderen Untersuchung unterzogen und ihre letzten Ziele — Einführung der Weltrepublik unter jüdischer Führung — schonungslos aufgedeckt habe. Das darf kein Freimaurer; er kann zwar jeder beliebigen politischen Partei angehören, aber er ist — insbesondere in der Judenfrage — zu „edlem Maßhalten“ (lies: Maulhalten) gezwungen. Um so weniger natürlich darf ein Nichtfreimaurer, ein „Profaner“ diesen wunden Punkt berühren. Wer trotzdem gegen die Vorherrschaft der Juden Stellung nimmt, den suchen sie moralisch und wirtschaftlich zu vernichten. Br.·. J. G. Findel wußte davon ein Lied zu singen.

Meine Vorrede zur fünften Auflage ist fast ausschließlich zu einer Abwehr der gegen mich gerichteten Angriffe geworden. Ich mußte mich so ausführlich damit beschäftigen, weil das, was heute mir geschieht, morgen jedem beliebigen meiner Leser geschehen kann, wofern er es wagt, irgend etwas an dem neunmal geheiligten Judentum in oder außerhalb der Freimaurerei auszusetzen. Sofort hat er die ganze Meute auf dem Halse und kann zusehen, wie er sie wieder los wird. Wer mir nicht glaubt, braucht nur einen Versuch zu machen....

Aber haben denn die Brr. Freimaurer meinen schweren Angriffen gar nichts Sachliches entgegenzustellen? — Nichts, weniger als nichts. Sie schimpfen und schmähen, verdächtigen und verdrehen. Allerdings: Br.·. Popper beschäftigte sich einmal auch mit dem XIV. Aufsatz meines Buches, der den Freimaurermord von Sarajewo zum Gegenstande hat. Er tut dies in der seichten, witzelnden Art eines Advokaten aus der Leopoldstadt, ja er ist so unverfroren, die Frage aufzuwerfen, ob der Freimaurer Ciganovic — derselbe, der im Walde von Topcider die Schießübungen der Mordbuben geleitet und ihnen später Bomben, Pistolen und Cyankali eingehändigt hat — *überhaupt je gelebt habe*! Das sind, Bruder Popper, gelinde gesagt, Taschenspielerkünste, mit denen Sie bei ernsten Männern kein Glück haben werden. Sie hätten besser getan, zunächst einmal das mehrfach erwähnte Buch von Professor Pharos zu lesen, dann wäre Ihr Abwehraufsatz nicht gar so oberflächlich ausgefallen, denn Sie wären bestimmt zu derselben Überzeugung gelangt, wie ich, vorausgesetzt natürlich, daß Sie sich überzeugen lassen *wollen*!

Von einem ehemaligen Minister, einer sehr bekannten Persönlichkeit, wurde mir übrigens versichert, der Thronfolger habe mann sagte mir, er habe damals dem Erzherzog Franz Ferdinand darum gewußt, daß die Freimaurer ihn zum Tode verurteilt hätten und er habe daraus auch kein Hehl gemacht. Jener Staatslebhaft widersprochen und die Freimaurer als eine unpolitische, vollkommen harmlose Gesellschaft hingestellt. Der Thronfolger aber habe unverrückbar an seiner Überzeugung festgehalten, daß ihm die Freimaurer nach dem Leben trachteten. Fünf Jahre später, im Juni 1919, hat mir jener Minister seinen Irrtum offen und rückhaltlos einbekannt und dabei ausdrücklich betont, Franz Ferdinand sei über diese Gesellschaft besser unterrichtet gewesen als er...

Der Mord an unserem Thronfolger ist übrigens nicht der erste von Freimaurern angezettelte Mord; er wird auch nicht der letzte sein. Da liegt vor mir ein Zeitungsbericht, wonach der *portugiesische Großmeister* und Senator Br.·. Sebastião de Magalhães Lima wegen Beteiligung an der *Ermordung des Präsidenten Sidonio Paes verhaftet* worden sei! — Wo steht dies? Sicherlich in der „Reichspost"? — Nur keine Aufregung, verehrte Brüder! Das steht — das steht — in der — „Wiener Freimaurer-Zeitung"![1]) Zugleich erfahren wir, daß die *gesamte romanische Freimaurerei aufgefordert wird*, sich zugunsten des *unrechtmäßig* (!?) Verhafteten zu verwenden. *Solche Schieber*! In einer späteren Nummer derselben Zeitung wird die erste Mitteilung bereits dahin „richtig gestellt", daß nicht der Großmeister selbst, sondern einer

[1]) Heft 1—3 S. 56.

seiner beiden Brüder an der Ermordung des Präsidenten Paes beteiligt gewesen sei. Weiter heißt es wörtlich: „In Italien ist zugunsten des verhafteten Großmeisters eine Bewegung eingeleitet worden.“ Da habt ihr sie an der Arbeit, die Brüder, die Schieber. Ist vielleicht das das große Geheimnis der „königlichen Kunst“? — Den weiteren Verlauf der Angelegenheit kann man sich ja ungefähr vorstellen: In der nächsten Nummer werden wir vermutlich erfahren, daß der verhaftete Großmeister bereits auf freien Fuß gesetzt ist, und in weiterer Folge wird — was gilt die Wette? — mitgeteilt werden, es habe sich mittlerweile herausgestellt, daß die Anschuldigung gänzlich unbegründet war und auf leerem Klatsch beruht; das Verfahren gegen den Großmeister und seinen Bruder sei bereits eingestellt worden...[1])

Die österreichisch-ungarischen Freimaurer kennen den Br.·. Magalhães Lima sehr gut und sind natürlich von seiner Unschuld vollständig „überzeugt“. Die hiesigen Br.·. unterhielten überhaupt ziemlich rege Beziehungen mit den westlichen Freimaurern, namentlich mit dem „Grand Orient de France“, mit dem sie eine gewisse Wesensverwandtschaft besitzen und zwar in weitaus stärkerem Maße als mit den reichsdeutschen Freimaurern.

Aus eigener Erfahrung habe ich bisher nur die Wiener Freimaurer kennen gelernt, diese aber gründlich. Würde ich um mein Urteil über die „Wiener Großloge“ gefragt, so müßte ich es etwa in folgende Sätze zusammenfassen:

Ihr Wesen ist nicht Freiheit, sondern Sklaverei; ihr Wirken nicht Liebe, sondern Haß; ihr Streben nicht Licht, sondern Dunkelheit. Ihre Kraftübung besteht im Schimpfen und Schmähen, Verdächtigen und Verdrehen.

Mein Urteil stützt sich auf Tatsachen und Erfahrungen, die ich persönlich mit der „Wiener Großloge“ und ihrer Zeitung gemacht habe. Ist es meine Schuld, wenn es weniger günstig ausfällt als das des Br.·. Leschhorn? —

Wien, im Oktober 1919.

Dr. Friedrich Wichtl.

[1]) Genau so ist es auch gekommen; das Verfahren gegen den unschuldigen Großmeister wurde bereits eingestellt! („Wr. Freimaurer Zeitung“, Februar 1920).

Vorwort zur siebenten Auflage.

Seit dem ersten Erscheinen meines Buches ist nun ein volles Jahr verstrichen. Die Herren Freimaurer waren nicht in der Lage, meine quellenmäßig belegten Anschuldigungen zu widerlegen oder auch nur in einem einzigen wesentlichen Punkte zu berichtigen. Dagegen ist mir aus dem freimaurerischen Lager selbst eine Genugtuung zuteil geworden, wie ich sie mir glänzender gar nicht wünschen konnte. Br.·. Ernst Freymann gab nämlich eine höchst bemerkenswerte Schrift heraus: „Auf den Pfaden der internationalen Freimaurerei" (Sonderabdruck aus dem „Mecklenburgischen Logenblatt", 46. Jahrgang),[1]) worin er, vielfach unter Benützung der gleichen Quellen, genau zu denselben Ergebnissen gelangte, wie ich selbst. Dabei ist festzuhalten, daß beide Arbeiten vollkommen unabhängig voneinander entstanden sind.

Br.·. Ernst Freymann, dessen Schrift nur für Brr.·. Freimaurer bestimmt und daher für Nichtfreimaurer schwer erhältlich ist, kommt zu der Erkenntnis, „daß nicht Amerika, nicht England, nicht Frankreich, nicht die Entente uns in diesen Krieg und in das namenlose Elend hineingetrieben haben, sondern eine geheime Weltmacht, welche die Regierungen der Entente nur als Werkzeug gebraucht hat". Diese Erkenntnis allein, sagt Br.·. Freymann, „löst die Rätsel unseres Zusammenbruches und wer sich ihr verschließt, wird niemals das Geschehene in seinen Ursachen begreifen und folglich unfähig bleiben, diese Ursachen zu bekämpfen". Br.·. Freymann erkennt in der internationalen Freimaurerei einen politischen Machtfaktor allerersten Ranges, bespricht dann den ungeheuren freimaurerischen Einfluß in Frankreich, Belgien, England, Amerika, Portugal, in den Balkanländern und namentlich auch in Serbien. Er stellt die internationale Freimaurerei als Erweckerin des Weltkrieges hin, dessen Ziel die Errichtung der Weltrepublik ist — ein Gedankengang, der sich mit dem meinen vollkommen deckt. Auch Br.·. Freymann betont, daß die tschechische und südslavische sowie die italisch-irredentistische Bewegung unter der Leitung der Weltfreimaurerei gestanden hat. Ebenso hebt er hervor, daß sich die internationale Freimaurerei zwecks Erreichung

---

[1]) „Auf den Pfaden der internationalen Freimaurerei", Beitrag zur Geschichte der Gegenwart. Auf Grund ausländischer Logen- und Presseberichte bearbeitet von Br.·. Ernst Freymann. Rostock 1919.

ihrer Ziele des politischen — Mordes bedient! Scharfsinnig und weitausholend führt Br.·. Freymann den Nachweis, daß die Weltfreimaurerei die Trägerin des Weltkrieges gewesen ist, während sie in heuchlerischer Weise vorschützte, den — Weltfrieden herbeiführen zu wollen! Im Schlußwort dieser höchst beachtenswerten, eindrucksvollen Broschüre kommt Br.·. Freymann zu dem Endergebnis, daß 99 v. H. aller jener, die sich auf der Erde „Freimaurer" nennen, immer „die Erzfeinde der echten deutschen Freimaurerei bleiben werden..."

Ich kann mir, wie gesagt, einen besseren Kronzeugen gar nicht wünschen, denn Br.·. Freymann ist, wenn er auch unter einem Decknamen schreibt, tätiger (aktiver) Freimaurer. Leider ist diese freimaurerische Aufklärungsschrift im Buchhandel nicht zu haben; ich selbst erhielt sie von einem wirklich deutschen Freimaurer, einem Hochgradmaurer, der seinerzeit mit Entsetzen und schwersten Selbstvorwürfen mein Buch über „Weltfreimaurerei" gelesen hatte. Er war sichtlich bewegt und ergriffen, als er Br.·. Freymanns Schrift in meine Hände legte, um durch mich folgenden Grundgedanken weiteren Kreisen des deutschen Volkes bekannt zu machen: Es geht zur Zeit eine starke und mächtige Bewegung durch die deutsche Freimaurerei; ihr Ziel ist reinliche Scheidung:

Hie christlich-national, hie jüdisch-international!

Wien, Pfingstsonntag 1920.

Dr. Friedrich Wichtl.

Vorwort zur achten Auflage.

Da die achte Auflage überraschend schnell nötig wurde, konnten nur wenige Ergänzungen und Berichtigungen Aufnahme finden.

Bei dieser Gelegenheit ersuche ich meine zahlreichen Leser und Freunde um werktätige Mitarbeiterschaft; insbesonders möge sich jeder, der sich zu meiner Grundanschauung bekennt, daß der Weltkrieg seinem Wesen und Ursprung nach ein Freimaurerkrieg ist, in seinem Gewissen verpflichtet fühlen, für die Verbreitung dieser Erkenntnis in seinem Bekanntenkreise so viel als möglich zu sorgen. Nächstes Ziel: Die Beseitigung des Elendsfriedens von Versailles!

Wien, am Neujahrstage 1921.

Dr. Friedrich Wichtl.

„Die Freimaurerei beschränkt in nichts und niemandem gegenüber das Recht der freien Forschung nach Wahrheit!"

Erklärung der ukrainischen Großloge v. 1. IV. 1919.

I.

Einführung und Überblick.

Im Prozesse gegen die Mörder des österreichischen Thronfolgerpaares wurde überzeugend dargetan, daß nicht nur der Plan der Ermordung von der französischen Freimaurergroßloge in Paris seinen Ausgang genommen hat, sondern daß auch ein Teil der Mörder selbst Freimaurer waren. Weiters wurde festgestellt, daß die Geldmittel, von denen die Mörder freilich nur den geringsten Teil erhielten, aus freimaurerischer Quelle stammten. Die Anschuldigung, daß Freimaurer an solch unerhörten Verbrechen tätigen Anteil nehmen, wird allerdings nicht zum ersten Male und durchaus nicht leichtfertig erhoben; sie ist überdies von so ungeheurer Tragweite, daß es notwendig erscheint, auf das Wesen, die Einrichtungen und Endziele des Freimaurerbundes näher einzugehen.

Die Freimaurer-Vereinigungen waren ursprünglich Zünfte der Maurer, Steinmetzen und Baumeister, Zünfte wie alle anderen, in denen die Meister die Geheimnisse der Baukunst auf Gesellen und Lehrlinge weiter übertrugen. Diese alte Werkmaurerei, deren Satzungen bis ins 13. und 14. Jahrhundert zurückreichen, blühte nicht nur in Deutschland, sondern auch in England und Schottland. Mit dem Niedergang der Baukunst verfiel auch die Werkmaurerei.

Da schlossen sich im Jahre 1717 vier alte Werkmaurerlogen in London und Westminster zu einer Großloge zusammen und wählten einen Großmeister; gleichzeitig kam es zu einer Neugestaltung in Kultus und Verfassung, wobei auch einige Gelehrte, Theologen usw. mitwirkten; den Namen Freimaurer, das Wappen der alten Masons (Maurer), das Siegel des Geheimnisses (Zeichen, Wort und Griff), behielt man bei, ebenso die mythische Urgeschichte, die im wesentlichen eine Geschichte der Baukunst ist. Die Satzungen wurden ausgestaltet und in der neuen Form in Druck gelegt (1723).

Die erste der „Alten Pflichten" schärft den Mitgliedern Gehorsam gegen das Sittengesetz und Duldsamkeit ein; doch sollen die Mitglieder — im Gegensatz zur früheren Zeit — nur mehr zu jener Religion verpflichtet sein, in der alle Menschen übereinstimmen, das heißt, sie sollen gute und treue Männer sein,

Männer von Ehre und Rechtschaffenheit, mögen sie sich durch Nationalität und Glaubensbekenntnis auch noch so sehr voneinander unterscheiden. Dadurch wird die „Maurerei der Mittelpunkt der Vereinigung und das Mittel, treue Freundschaft unter Personen zu stiften, die sonst in beständiger Entfernung voneinander hätten bleiben müssen".

Durch die Aufnahme von Personen, die mit der Maurerzunft nichts zu tun hatten, erfuhr die Freimaurerei eine bedeutsame Veränderung; sie wurde vergeistigt, an Stelle der alten Werkmaurerei trat die Geistesmaurerei („Spekulative Freimaurerei"). Aber auch die „Pflichten", die ursprünglich mit wenigen klaren Worten fest umschrieben waren, erlitten eine Veränderung und ließen infolge einer bewußt unklaren Fassung die verschiedensten Deutungen und Auslegungen zu. So kann man aus den neuen Satzungen ganz gut herauslesen, daß der Freimaurer unter gewissen Voraussetzungen das Recht hat, Empörungen und Revolutionen anzuzetteln; nur darf es der Sache der Freimaurerei selbst nicht zum Nachteil gereichen. Manche gingen bei dieser Auslegung so weit, unter Umständen sogar geradezu von einer „Pflicht" zur Empörung zu sprechen; so schrieb das Freimaurer-Organ „The Freemason's Chronicle" (London 1875, I., Seite 81) wörtlich Folgendes: „Wenn wir behaupten wollten, daß Freimaurer unter keinen Umständen gegen eine schlechte Regierung zu den Waffen greifen dürften, so würden wir sie in gewissen Fällen dazu verurteilen, ihre höchste und heiligste bürgerliche Pflicht zu verletzen. Die Empörung ist in gewissen Fällen eine heilige Pflicht!" Diese Auffassung steht durchaus nicht vereinzelt da, ja es könnten Dutzende von ähnlichen Stimmen aus den angesehensten Freimaurer-Zeitungen zum Beweise herangezogen werden.

Mit dem Eintritt zunftfremder Kreise nahm nun die Freimaurerei einen unerhört raschen Aufschwung und fand die weiteste Verbreitung. Sofort nach Errichtung der englischen Großloge erfolgte die Einführung der Freimaurerei in ganz Europa; in allen Hauptstädten wurden Großlogen gegründet. Die schnelle Ausbreitung dieser Geheimbünde, die, wie wir sehen werden, oft genug von ihrem „Rechte auf Empörung" Gebrauch gemacht haben, führte aus Gründen der staatlichen Sicherheit gar bald zu ihrer Unterdrückung. Kaum gegründet, wurden sie wegen Staatsgefährlichkeit verboten, so in Neapel (1731), Polen (1734), Holland (1735), Frankreich (1737), ebenso in Spanien usw. In Österreich ist die Gründung von Freimaurerlogen seit 1794 untersagt und wird als Geheimbündelei bestraft. Das hinderte freilich nicht, daß auch bei uns eine nicht geringe Zahl von Logen besteht, so in Wien allein gegenwärtig nicht weniger als 14; allerdings mußten sie die eigentliche Logentätigkeit in Preßburg ausüben, denn der Polizei gegenüber bestanden sie bloß als „humanitäre Vereine", die sich angeblich mit Politik nicht beschäftigten.

Was wird von einem, der das „Licht sucht", der also Freimaurer werden will, verlangt? — „Edle Gesinnung und selbstbewußte, auf die Erfüllung der menschlichen Bestimmung gerichtete Arbeit"; er soll ja mittätig sein an dem „kunstgerechten, gesellschaftlichen Bau, an der Vollendung der Menschheit"....

Wie diese schöngeistigen Forderungen in Wirklichkeit durchgeführt werden, soll später gezeigt werden.

Die Freimaurer gliedern sich in weltbürgerliche Gemeinden oder Logen. Diese Gemeinden sind zu Gemeinschaften oder Großlogen vereinigt und über die ganze Erde verbreitet. Die Frage, ob der Freimaurerbund ein Geheimbund sei oder nicht, ist sehr bestritten. Die Freimaurer selbst behaupten sie seien keine geheime, sondern bloß eine geschlossene Gesellschaft: geheim seien nur die Erkennungszeichen und der Kultus. Der Freimaurer gelobt Verschwiegenheit; die hauptsächlichsten Freimaurerzeichen erinnern den Bruder beständig an die schweren Strafen, die er erleiden will, wenn er das Gelöbnis bricht. Diese Zeichen bedeuten: Halsabschneiden, Herzausreißen, Bauchaufschlitzen; ob sie gegenwärtig bloß sinnbildliche Bedeutung haben oder nicht, ist sachlich ohne Belang.

Die Mitglieder der Logen teilen sich in der Regel in drei Grade: Lehrlinge, Gesellen und Meister; diese Einteilung der Brüder stammt noch aus der Zeit der Werkmaurerei. Manche Großlogen aber besitzen Hochgrade mit 11 und 25 Graden und darüber; so umfaßt das weitverbreitete sogenannte schottische System 33 Grade. Daneben gibt es aber auch Großlogen mit 95 Graden, die sich die prunkhaftesten Titel und die Befugnisse von Oberbehörden beizulegen wußten. In deutschen Freimaurerkreisen sagt man entschuldigend, das seien eben schwindelhafte Einrichtungen, die nur von Betrügern stammen; Tatsache ist jedoch, daß diese Hochgradsysteme bestehen und arbeiten, Tatsache ist, daß sie zum großen Teil auch von den deutschen Logen anerkannt sind und daß sie sich eines außerordentlichen Ansehens erfreuen.

Die Freimaurer erkennen einander an bestimmten Zeichen, an gewissen Worten und an einem eigenartigen Händedruck („Griff"). Für jeden Grad gibt es besondere Erkennungszeichen. Befindet sich ein Freimaurer in Lebensgefahr oder sonst in höchster

Not, so darf er das „Notzeichen“ geben: jeder Bruder ist dann zur Hilfeleistung verpflichtet. Daß solche Notzeichen, namentlich auch während des Weltkrieges, eine große Rolle spielten, steht außer Zweifel. Gar mancher Bruder, dessen Haupt bereits in der Schlinge war, wurde solcherart durch das Dazwischentreten eines anderen Bruders, der das Ohr der höchsten Stellen im Lande besaß, gerettet und dem Leben zurückgegeben; so z. B. Br.·. Kramarsch.[1])

Selbstverständlich gibt es auch in den Logen und Großlogen unendlich viele Streitigkeiten, die sich namentlich auf die Vorherrschaft beziehen. Man suchte sie auf Kongressen zu schlichten und nicht ohne Erfolg. Auch Weltkongresse zwecks Anbahnung einer Vereinigung sämtlicher Freimaurer der Welt wurden abgehalten; sie führten zur Schaffung eines allstaatlichen Büros, der Grundlage der angestrebten Weltgroßloge, von der noch die Rede sein wird.

Es dürfte angebracht sein, einen kurzen Überblick über die Zahl der tätigen Freimaurerlogen der ganzen Erde zu geben: im Deutschen Reich arbeiten gegenwärtig 8 Großlogen mit 554 Johannislogen und 5 unabhängige Logen; sie alle sind in einem Großlogenbund vereinigt. Die Zahl der deutschen Freimaurer beträgt gegenwärtig rund 58000. In Ungarn gibt es eine Großloge mit 102 Logen und 7500 Brüdern. In Großbritannien besteht die „Vereinigte Großloge von England“ in London, der 3155 Logen angeschlossen sind. Die Zahl der Mitglieder beträgt jetzt etwa 400000 Brüder, wobei die „schottischen“ Hochgradler mitgerechnet sind. Als Großmeister steht gegenwärtig der Herzog von Connaugth an der Spitze, der Bruder Eduard VII. (Dieser Herzog von Connaugth war, nebenbei bemerkt, von einem Teil der englischen und amerikanischen Tschechen dazu ausersehen, die Krone des künftigen tschechoslowakischen Staates zu tragen.) Der Zuwachs der englischen Freimaurerei während des Weltkrieges wird auf 150000 Brüder geschätzt. In Schottland besteht die schottische Großloge in Edinbourg. Sie zählt gegenwärtig 830 Logen mit etwa 50000 Maurern. Die irische Großloge in Dublin vereinigt 510 Logen mit ungefähr 18000 Brüdern. In Frankreich sind dem „Grand Orient de France“ 470 Logen angegliedert. Die Mitgliederzahl betrug im Jahre 1917 33000; sie hat sich in den letzten zehn Jahren vor Ausbruch des Weltkrieges nahezu verdoppelt. Daneben besteht noch die „Großloge von Frankreich“ in Paris mit einem Suprême Conseil (Oberster Rat),

[1]) Laut mündlicher Mitteilungen mehrerer Freimaurer an den Verfasser.

der jedoch vom deutschen Großlogenbunde nicht anerkannt ist. Sie zählt gegenwärtig 153 Logen. 1913 wurde eine neue Großloge in Frankreich gegründet, die wesentlich kriegshetzerisch wirkte. Besondere Beachtung verdient der „Großorient von Italien" in Rom mit ungefähr 500 Logen, deren kriegshetzerisches Treiben heute nicht einmal mehr von den deutschen Freimaurern in Abrede gestellt wird. Weiters bestehen Großlogen in Holland, Belgien, Dänemark, Schweden und Norwegen; die Logen der letztgenannten zwei Staaten verlangen ausdrücklich christliches Bekenntnis der Logenbrüder; das gleiche ist der Fall bei einer Anzahl reichsdeutscher Logen. In der Schweiz arbeitet die Großloge „Alpina", deren früherer Großmeister Br .·. Quartier la Tente 33 .·. eine führende Rolle im Weltfreimaurertum spielt. In Portugal steht an der Spitze der dortigen Großloge Br .·. Magalhães Lima 33 .·., der als einer der Hauptschuldigen an der portugiesischen Revolution vom Jahre 1910 bezeichnet wird. Großlogen bestehen ferner in Spanien, in Rußland, Polen und den meisten Balkanstaaten, so auch in Serbien, dessen „Suprême Conseil" (Oberster Rat) erst kurz vor Ausbruch des Weltkrieges die Anerkennung des deutschen Großlogenbundes erhielt. Besonders stark ist das Logenwesen in den Vereinigten Staaten von Nordamerika entwickelt, wo 16 000 Logen unter etwa 100 Großlogen arbeiten. Die Zahl der Freimaurer der Vereinigten Staaten wird verschieden angegeben, je nachdem man bloß die „gerechten und vollkommenen Logen", die von den deutschen Freimaurern als solche anerkannt sind, allein in Betracht zieht oder auch alle anderen hinzurechnet, die sich selbst als freimaurerische Verbindungen ausgeben. Daher schwanken die Schätzungen zwischen einer halben Million und zwei Millionen. (Während des Weltkrieges hat Amerika, wie aus den dortigen freimaurerischen Zeitschriften ersichtlich ist, einen Zuwachs von rund 500 000 Brüdern erhalten. An der französischen Front befanden sich rund 250 000 amerikanische Freimaurer, viermal so viel als ganz Deutschland an Freimaurern überhaupt zählt!)

Schon jetzt sei hervorgehoben, daß in den Vereinigten Staaten nahezu alles, was Namen, Rang und Ansehen besitzt, dem Freimaurerbunde angehört. Seit der Einführung der Freimaurerei in Amerika (1733 in Boston) waren fast alle Präsidenten der „Vereinigten Staaten" Freimaurer, so z. B. Georges Washington, Mac Kinley, Taft, Roosevelt und Wilson. Bezüglich des letztgenannten wurden Zweifel laut,[1]) doch ändert dies nichts an der Tatsache, daß seine nächste Umgebung und seine vertrautesten Ratgeber Freimaurer sind, so der Vizepräsident Br .·.

[1]) Vgl. S. 252 Anmerkung.

Marshall, der schottischer Hochgradmaurer ist,[1]) desgleichen Br.·. Lansing, Br.·. Oberst House,[2]) Br.·. General Pershing,[3]) dann der Präsident des amerikanischen Arbeiterbundes Samuel Gompers und unzählige andere. Aber auch in dem übrigen Amerika gibt es eine Unmenge von Großlogen und Logen, so in Brasilien, in Chile, in Uruguay, in den zentralamerikanischen Republiken Kostarika, Guatemala, San Salvador usw. Sogar Haïti hat seinen Großorient mit 64 Logen und 4000 Brüdern! Und die Negerrepublik Liberia in Afrika, die uns den Krieg erklärte, besitzt eine farbige Großloge, die bereits seit 1867 arbeitet. Ein ähnliches Bild weist Australien auf, wo 5 Großlogen bestehen, denen 739 Logen mit rund 50000 Mitgliedern angehören. Selbst in Japan ist das Freimaurerwesen verbreitet, nicht minder in China, wo Br .·. Sunyatsen eine hervorragende Säule des Weltfreimaurertums ist. Die Gesamtzahl der Freimaurerlogen der ganzen Erde wird von freimaurerischer Seite mit 24788 angegeben; ihnen gehören insgesamt 2358140 Brüder an.[4]) Bedenkt man nun, daß die Logenbrüder doch zumeist strebsame, weltgewandte Leute sind, Journalisten und Kaufleute, Bankiers, Advokaten und Industrielle, zu denen sich noch viele Gelehrte, insbesondere aber zahllose Parlamentarier aller Länder der Erde gesellen, so kann man sich ungefähr einen Begriff davon machen, welch ungeheuren Einfluß diese fest organisierten Verbände auf die ihnen angehörenden oder doch nahestehenden Kreise ausüben. Dann kann man aber auch begreifen, welche Bedeutung den Freimaurern zuerkannt werden muß. Nicht ohne Grund erklärte schon im Jahre 1902 das englische Freimaurerblatt „The Freemason's Chronicle" (S. 319): „Die Größe Britanniens ist das Werk der Freimaurerei!" Denkt man weiter an die zahllosen gegenseitigen Beziehungen der Freimaurer, an ihr ständiges Streben, überall die Macht an sich zu reißen und die einflußreichsten Männer jedes Staatswesens sich einzugliedern oder sich wenigstens geneigt zu machen, so dämmert einem von selbst der Verdacht auf, diese Männer könnten wohl gar einen wesentlichen Anteil an dem Ausbruch des Weltkrieges haben; und dieser Verdacht findet neue Nahrung, wenn wir uns vor Augen halten, daß die führenden Geister der letzten beiden Jahrhunderte fast ausschließlich Freimaurer waren, die bestrebt und befähigt waren „Geschichte zu machen". — Von Br .·. Voltaire

[1]) Vgl. „Wr. Freimaurer-Zeitung, Mai 1919, S. 48. — [2]) Ebenda S. 40. — [3]) Ebenda S. 54. — [4]) Vgl. die Gedenkschrift der freimaurerischen Weltgeschäftsstelle „Zwei Jahrhunderte Freimaurerei" angeführt in der „Wr. Fr. Z." Heft 1/3, S. 37; gegenwärtig gibt es jedoch weit mehr als 3 tätige („aktive") Millionen Meister-Maurer!

angefangen, der die Geister in Bewegung setzte, über Br .·. Napoleon I. bis zu Br .·. Poincaré herauf; von Br .·. Benjamin Franklin, Bruder Jefferson, Br. .·. Washington und Bruder Lafayette bis zu Theodore Roosevelt und Wilson; von Mazzini und Garibaldi über Ettore Ferrari, Ernesto Nathan bis zu Bruder Sonnino, Salandra, Barzilai und d'Annunzio — eine einzige Kette! Nicht zu vergessen Br .·. Eduard VII., der von sämtlichen Freimaurern der Welt als größter Freimaurer betrachtet und gepriesen wird.

Um zu wissen, ob dieser Verdacht begründet sei, ist es nötig, die politischen Ziele der Freimaurer an der Hand von Tatsachen einer kurzen Überprüfung zu unterziehen. Zunächst sei zugegeben, daß die deutschen Freimaurer ihrer überwiegenden Mehrheit nach mit Politik nichts zu schaffen haben, was sie auch unzählige Male in glaubwürdiger Weise beteuerten. Ganz anders die romanischen und angloamerikanischen Freimaurer. Bemerkenswert ist beispielsweise eine Äußerung Quartier la Tente's, eines der bedeutendsten Führer der Freimaurer überhaupt. Er gab auf dem zweiten internationalen Freimaurerkongreß in Paris (31. August bis 2. September 1900) ganz unumwunden zu, daß der Hauptzweck des von ihm gegründeten „Internationalen Freimaurerischen Büros" (Neuenburg, Schweiz) der sei, eine Vereinigung der freimaurerischen Kräfte des ganzen Erdenrundes herbeizuführen; und zu welchem Zweck? Damit „die Freimaurer einen Stützpunkt erhielten, von dem aus sie die Welt aus ihren Angeln heben könnten". Auch das Endziel setzte er den anwesenden Freimaurern, die aus allen Weltgegenden zusammengeströmt waren, mit kurzen, kräftigen Worten auseinander; es ist die „Errichtung der Weltrepublik". Nun könnte man einwenden, das sei doch nur die Meinung eines Einzelnen, möge auch dieser Einzelne als Großmeister und Br .·. des 33. Grades immerhin eine hervorragende Stellung im Freimaurerleben einnehmen. Dieser Einwand ist jedoch nicht stichhaltig, denn so wie Quartier la Tente denkt eben ein Großteil der führenden Logenmitglieder, namentlich in Frankreich, England, in der Schweiz, in Italien und in den Vereinigten Staaten. Vermutlich aber auch anderswo. Schon auf dem ersten internationalen Freimaurerkongreß in Paris (16. und 17. Juli 1889), der als Jahrhundertfeier dem Andenken der „glorreichen" französischen Revolution von 1789 gewidmet war, wurde genau derselbe Gedanke zum Ausdruck gebracht: Das zu erstrebende Ziel sei die atheistische Weltrepublik. Br .·. Francolin, der vom Grand Orient de France zum Festredner bestellt war, sagte es rund heraus: „Der Tag wird kommen, an dem bei den Völkern, die weder ein 18. Jahrhundert, noch ein 1789 hatten, die Monarchien und die Religionen zusammenstürzen. Dieser Tag ist nicht mehr ferne. Das ist der Tag, den wir erwarten. ...“ .. „Dieser Tag wird die allgemeine freimaurerische Völker- und Weltverbrüderung bringen.“ .. „Das ist das Zukunftsideal, das uns vorschwebt. Unsere Sache ist es, den Anbruch dieses Tages der allgemeinen Weltverbrüderung zu beschleunigen.“ (Vgl. Congrès maçonnique international du Centenaire 1789—1889, Paris, S. 147—149.) Für ungläubige Leser sei vorläufig noch ein drittes Beispiel angegeben, das aus der Zeit unmittelbar vor Ausbruch des Weltkrieges stammt; dies deshalb, damit man erkennt, wie derselbe Grundgedanke zu verschiedenen Zeiten bis auf die jüngste Gegenwart herauf die Geister beherrscht und allerorts zum Ausdruck gebracht wird. Vom 25. bis 27. Mai 1912 fand die „Internationale Freimaurerkonferenz“ in Luxemburg statt, bei der abermals als Hauptziel die Vereinigung aller Freimaurer der Welt bezeichnet wurde; dies sei unerläßliche Vorbedingung für die freimaurerische Weltrepublik, die dann auch einen wirklich gesicherten Weltfrieden zur Folge haben werde. (Amtlicher Bericht über die Luxemburger Konferenz, Neuenburg i. Schw. 1912, S. 12.) Gegenstand der Beratungen war zunächst die Ausgestaltung des „Internationalen Freimaurerischen Büros“ in Neuenburg zu einem Zentralausschuß, in welchen die Großlogen der verschiedenen Länder ihre Delegierten entsenden sollten. Wozu? Zu welchem Zwecke? Das sagt uns Bruder Hevesi, ein ungarischer Freimaurer, der in der Symbolischen Großloge von Ungarn eine bedeutsame Rolle spielt; Br .·. Hevesi wünscht den einheitlichen Weltbund der Freimaurer, damit er in den entscheidenden, weltbewegenden Fragen die ganze gewaltige Macht der Freimaurer in die Wagschale werfe, und zwar einheitlich, in der ganzen Welt, auf daß solcher Art die wichtigsten Tagesfragen in freimaurerischem Sinne, das heißt zugunsten der republikanischen Staatsform gelöst würden! Br. .·. Hevesis Antrag wurde grundsätzlich gutgeheißen. Aber die Freimaurer sind vorsichtige Leute. Ein Beschluß kam daher nicht zustande, da hiebei „größte Vorsicht geboten“ sei. ... Auch wurde betont, daß schon jetzt die Freimaurer allenthalben Außerordentliches leisteten; viele Bestrebungen gingen von ihnen aus, ohne daß die breite Öffentlichkeit eine blasse Ahnung davon hätte. (Dies wird verständlich, wenn man weiß, daß in den Parlamenten der ganzen Welt eine große Anzahl von Freimaurern Sitz und Stimme hat.)

Allein der freimaurerische Weltbund kam tatsächlich zustande. Zwei der tätigsten Freimaurer, der mehrfach genannte Br.·. Quartier la Tente, 33.·., und der portugiesische Revolutionär Br.·. Magalhães Lima, 33.·., nahmen die Gründung in die Hand; sie erfolgte ohne viel Aufsehen zu erregen, zumal eine scheinbar überaus harmlose Zusammenkunft hiezu benützt wurde: Der Esperantokongreß, der in Bern (Schweiz) vom 25. bis 31. August 1913 tagte; während man dort über Zamenhofs (Samenhofs) Weltsprache beriet, wurde gleichzeitig, nämlich am 30. August 1913, der freimaurerische „Weltbund" gegründet und das Esperanto als dessen Weltsprache erklärt.

Zu gleicher Zeit tagte im Haag die VI. Internationale freimaurerische Konferenz (23. bis 25. August 1913). Schon die Einladung hiezu ist so bemerkenswert, daß sie in ihrem wesentlichen Teil hier wiedergegeben werden soll; es heißt darin nämlich wörtlich: „Im Laufe der letzten Jahre hat unser Ideal einer Verbindung zunächst der freimaurerischen Völker (Alliance des peuples d'abord maçonniques) ... mehr und mehr die Herzen erobert" ... Wir betonen neuerdings unseren unbeugsamen Willen, die freimaurerische Weltkette (la chaine maçonnique universelle), die bisher nur ein Sinnbild war, endlich in Wirklichkeit zu bilden"... „Die siegreiche Bewegung hat bereits viele Hindernisse beseitigt".... „Eine ganze Legion von rührigen Agitatoren macht hiefür Stimmung". ...

Durch diese Beispiele, die beliebig vermehrt werden könnten, ist wohl das nächste Ziel der Freimaurer, nämlich die Schaffung eines einflußreichen, über die ganze Erde sich erstreckenden „Weltbundes der Freimaurer", hinlänglich klargestellt. Aber auch das Endziel, die Schaffung einer Weltrepublik, dürfte keinem Leser mehr zweifelhaft sein. Dazu war es selbstverständlich notwendig, die Massen des Volkes, insbesondere des deutschen Volkes, gegen die bisherigen „Autoritäten", gegen die „Herrscher", gegen die „Tyrannen" aufzustacheln und aufzuhetzen. Die Monarchien sollten verschwinden, die Völker sich geistig befreien, sich „emanzipieren", und die Herrschaft an sich reißen. Fragte sich nur, wer dann berufen sein sollte, im Namen des „souveränen" Volkes die Geschicke der Länder und der ganzen Menschheit in die Hand zu nehmen. Diese Frage hat jedoch den Freimaurern niemals viel Kopfzerbrechen verursacht. Wer denn sonst als die Freimaurer selbst? War es in Frankreich möglich gewesen, war es erst vor kurzem, nämlich im Jahre 1910, in Portugal glänzend gelungen, warum sollte es nicht auch in Deutschland und in Österreich möglich sein? Dann erst käme es zur

„heiligen Allianz der bürgerlichen Demokratie“, und der heißersehnte, dauernde „Weltfrieden“ wäre für alle Zukunft gesichert!

Bei dieser Gelegenheit darf nicht übersehen werden, daß die Pazifisten, die Weltfriedensmänner, auf das engste mit dem „Grand Orient de France“ zusammenhingen; es gehört zu den denkwürdigsten Erscheinungen aus der Zeit vor Ausbruch des Weltkrieges, daß die Freimaurerkongresse mit den Pazifistenkonferenzen nahezu untrennbar zusammenfallen, so z. B. die „Haager Friedenskonferenz“ und der Freimaurerkongreß vom Jahre 1913. Die Hauptmacher sind zum guten Teil dieselben; so ist z. B. Br.·. A. H. Fried Pazifist und Freimaurer;[1]) er war einer der gehässigsten Gegner des deutschen Kaisers. Dagegen sind die bekannten Pazifisten, Professor Dr. Lammasch und Prof. Foerster, bestimmt keine Logenbrüder, wurden aber von freimaurerischer Seite, ohne es zu wissen, stark beeinflußt. Die Vertrauensseligkeit, die Prof. Lammasch dem Präsidenten Woodrow Wilson entgegenbrachte, macht seinem guten Herzen alle Ehre; den Deutschen hat er als Ratgeber der Krone — wie alle schlecht unterrichteten Politiker — unendlich viel geschadet.

Noch auffallender, noch merkwürdiger ist jedoch folgende Tatsache: Während die Pazifisten in der kritischen Zeit von 1911 bis 1914 mit besonderem Eifer und überaus geräuschvoll für die Erhaltung des bedrohten Weltfriedens arbeiteten, waren andererseits die im politischen Leben maßgebenden Logenmitglieder, wie Br.·. Delcassé, Br.·. Poincaré, Br.·. Briand, Br.·. Millerand usw., emsig an der Arbeit, um mit gleichgesinnten englischen und russischen Staatsmännern unmittelbar auf den Weltkrieg hinzuarbeiten! Der unbefangene Beobachter, der mit leidenschaftsloser Beharrlichkeit die Fäden dieses feinen Gewebes zu entwirren sucht, findet dafür nur eine Erklärung: Es ist ein Spiel mit verteilten Rollen, ein Doppelspiel, wobei so mancher gutgläubige Pazifist gar nicht geahnt haben mag, wessen Geschäfte er im Grunde besorgt. Es ist dieselbe Politik mit doppeltem Boden, die bei uns Br.·. Kramarsch[2]) mit außerordentlichem Geschick und größtem Erfolg betrieben hat: Scheinbar loyal, in Wirklichkeit der ärgste Kriegshetzer gegen die Monarchie, den man sich denken kann. Der Pazifismus wurde auch nur uns dummen Deutschen gepredigt; wir sollten den Militarismus abschwören, unsere Autoritäten stürzen, unsere Herrscher entthronen und die Republik einführen. Vom russischen Imperialismus war damals ebensowenig die Rede, wie von der britischen Weltherrschaft.

---

[1]) Loge Sokrates-Wien.

[2]) Br.·. Dr. Kramarsch ist auswärtiges Mitglied des „Grand Orient de France“.

II.

Der Eintritt in den Freimaurer-Orden (-Bund).

Auf die Frage: Was ist die Freimaurerei? gibt uns der bekannte belgische Freimaurer Goblet d'Alviella vom 33. Hochgrad folgende Antwort: „Die Freimaurerei ist eine geheime Vereinigung, welche um freie und ehrenhafte Männer ein brüderliches Band schlingt, das stärker und höher ist, als alle Verschiedenheit des Berufes, der Partei, der Nationalität oder der Religion." Und der Großorient von Frankreich nennt als Zweck der Freimaurerei die Erforschung der Wahrheit, das Studium der Moral und die Ausübung der Solidarität. Die Freimaurerei, heißt es, arbeitet an der Veredlung und Vervollkommnung des Menschengeschlechtes. Sie ist ihrem Wesen nach tolerant, lehnt jedes Dogma ab und steht auf dem Standpunkt der absoluten Gewissensfreiheit. Ihr Wahlspruch ist Freiheit, Gleichheit, Brüderlichkeit. (Art. 1 der Konstitution). Ähnlich drücken sich die Satzungen der anderen Großoriente aus. (In einem späteren Aufsatz soll untersucht werden, ob und inwieweit diese edlen und menschenfreundlichen Grundsätze mit den Tatsachen übereinstimmen).

Die Entstehung der Freimaurerei ist in sagenhaftes Dunkel gehüllt. Es fehlte nicht an Versuchen, ihren Ursprung in möglichst frühe Zeiten zurückzuverlegen; man brachte sie mit dem Mithraskult, mit der tiefsinnigen Pythagoreischen Zahlenlehre, ja sogar mit Euklid, dem Vater der Mathematik, in Verbindung. Andere wieder sahen in den römischen Baukörperschaften (collegia fabrorum) ihre Vorläufer, wieder andere wollten in Hiram, dem angeblichen Erbauer des Tempels Salomons, den Begründer der Freimaurerei erblicken. Auch den Templerorden, der im 14. Jahrhundert aufgehoben worden war, betrachtete man vielfach als Ausgangspunkt der Freimaurerei und die „Große Landesloge von Schweden" sowie die mit ihr in Verbindung stehenden Großlogen leiten ihr Dasein unmittelbar vom Templerorden ab, wenn sie auch den Beweis hiefür bisher nicht erbringen konnten.

Wie aber ist der Name „Freimaurer" zu erklären? Heute steht außer Zweifel, daß die Freimaurer aus der alten Werkmaurerei hervorgegangen sind. Diese Zünfte von Steinmetzen, Bildhauern und Maurern durchwanderten mit ihren Baumeistern ganz Europa und blieben längere Zeit an jenen Orten haften, wo sie gerade Arbeit fanden. Sie hatten ihre eigenen Gebräuche und Sinnbilder, gewisse Erkennungszeichen und Kunstgeheimnisse. Freie Maurer wurden sie im Gegensatze zu den mindergebildeten, seßhaften Maurern genannt, welche bloß gewöhnliche Häuser, einfache Dorfkirchen usw. bauten, freie Maurer hießen sie im Mittelalter auch deshalb, weil sie freien Standes sein mußten, vielleicht auch, weil sie in Anerkennung ihrer kunstvollen Leistungen viele Freiheiten und Privilegien von Königen und Päpsten erhalten hatten. Die erste derartige Zunft oder Bauhütte (englisch lodge) wird in Frankreich bereits im Jahre 1258 zu Paris erwähnt, ja in England trat die erste Großloge sogar schon im Jahre 936 in York zusammen. Englische Könige waren es, die die Baukunst in wirksamster Weise förderten. So kam es, daß gar bald die Freimaurerei als „Königliche Kunst" bezeichnet wurde, ein Ausdruck, den auch die modernen Freimaurer heute noch mit Vorliebe anzuwenden pflegen. Zahlreiche feste Schlösser, steinerne Brücken und gewaltige Kirchenbauten sind uns aus jenen Zeiten als Werke der damaligen Freimaurerei erhalten geblieben.

Mit dem Niedergang der Baukunst verschwinden anfangs des 17. Jahrhunderts auch die Genossenschaften der freien Werkmaurer in Europa, wozu die zahllosen Kriege wesentlich beigetragen haben. Nur in England erhielten sie sich und durch den Beitritt von vornehmen Laien kam neues Blut in die englischen Logen. „Bürger, Edelleute und Gelehrte nahmen an den allmonatlich stattfindenden Festen der Freimaurer regen Anteil, baten wohl auch um Aufnahme in die Genossenschaft und wurden zugelassen." „Da sie aber weder Steinmetzen, noch Maurer, noch Bildhauer waren, nahm man sie eben nur an, man machte sie zu fiktiven Maurern. Daher der Name „angenommene Maurer", den heute, wo keine Kenntnis des Handwerks mehr gefordert wird, alle Freimaurer tragen." So versichert uns Br. Limousin, der 1908 in der französischen Zeitschrift „Acacia" unter dem Decknamen Hiram eine kurzgefaßte Geschichte der Freimaurerei erschienen ließ.

Die Zahl der angenommenen Maurer wuchs immer mehr; viel trug dazu der Umstand bei, daß das anläßlich der Aufnahme veranstaltete Festessen von den „Suchenden" bezahlt werden mußte; sie zahlten eben ihren Antrittsschmaus, wie dies in vielen Zünften üblich war und hatten auch sonst nicht geringe Beiträge, Aufnahmegebühren u. dgl. zu leisten. Das mag für die Logen Grund genug gewesen sein, zahlreiche neue Mitglieder zu werben, die sich teils durch die prunkvollen Gelage, teils wohl auch durch das Geheimnisvolle der „königlichen Kunst“ angezogen fühlten. Schließlich gab es in den Logen mehr „angenommene“ als wirkliche Maurer.

Im Jahre 1717 vollzog sich dann jene denkwürdige Umwandlung, durch welche die ursprüngliche Werkmaurerei zur Geistesmaurerei (spekulativen Freimaurerei) wurde. Vier englische Logen schlossen sich zu einer Großloge zusammen, gaben sich eine neue Verfassung und regelten die Gebräuche. Der Prediger Jakob Anderson schuf das „Konstitutionsbuch der freien und angenommenen Maurer“, das 1723 in Druck gelegt wurde und noch heute eine der wichtigsten Quellen der Freimaurerei bildet.

Auf die weitere geschichtliche Entwicklung soll vorläufig nicht näher eingegangen werden; es sei nur festgestellt, daß die englische Freimaurerei als Mutter der gegenwärtigen Freimaurerei angesehen werden muß.

Wer das „Licht sucht“, wer also Freimaurer werden will, muß eigenberechtigt sein und über eine gewisse höhere Bildung verfügen. Als Mindestalter gilt in der Regel das vollendete 24. Lebensjahr; Luftons, d. s. Söhne von Meistermaurern, können jedoch bereits mit 18 Jahren aufgenommen werden. Männliches Geschlecht ist in allen „gerechten und vollkommenen Logen“ Voraussetzung. Gegenwärtig besteht jedoch eine kraftvolle Bewegung zugunsten der Aufnahme von Frauen. Die „Wiener Großloge“ hat sich vorläufig zwar noch dagegen ausgesprochen, aber der Großmeister selbst, Br∴ Schlesinger, gibt bereits die Möglichkeit zu, daß er seine Ansicht ändern werde![1]) In Ungarn sind viele Logen für die Aufnahme der Frauen. Auch der „Eklektische Bund“ (Frankfurt a. M.) beschäftigt sich mit dieser Frage und in Holland bestehen bereits acht „gemischte“ Logen, so z. B. in Amsterdam, Rotterdam, Utrecht, Hilversum und im Haag.[2]) In Belgien ist die Frau des Sozialisten und Ministers Br∴ Vandervelde Vorsitzende einer Damenloge. Früher — im 18. Jahrhundert — gab es zahlreiche Damenlogen, namentlich in Frankreich, aber auch in Deutschland. Reichtum und Wohlhabenheit wird zwar nicht ausdrücklich verlangt, doch wird Unbemittelten schon durch die nicht geringen Aufnahmegebühren und Jahresbeiträge der Eintritt sehr erschwert.

---

[1]) „Wr. Fr. Z.“ Mai 1919, S. 20.

[2]) „Wr. Fr. Z.“, Juni 1919, S. 24.

Der „Lichtsuchende“ bedarf zunächst der Fürsprache zweier „Meister“, die sich für ihn verbürgen. Wird seine Absicht der Loge bekannt, so werden über ihn genaue Erkundigungen eingezogen; fallen diese Vorerhebungen günstig aus, so bringt der Suchende sein Aufnahmegesuch ein, dem eine Darstellung seines Lebenslaufes beigeschlossen sein muß.

Aber das Aufnahmegesuch wird durch Kugelung (Ballotage) entschieden. Bei den der „Großloge von Wien“ unterstellten Logen bedeuten 3 oder mehr schwarze Kugeln dunkle Ballotage (= Ablehnung), 1—2 schwarze Kugeln trübe Ballotage, keine schwarze Kugel „helleuchtende Ballotage“.

Das Logenleben — sagt Br. .·. Schauberg — ist ein wahrer Lichtdienst, jede Loge ist ein Tempel des Lichtes. Das höchste Fest der Loge ist daher die Aufnahme eines Lichtsuchenden; die „Erteilung des Lichtes“ ist dabei die Hauptsache. Bevor es dazu kommt, muß jedoch der Suchende eine ganze Reihe von Schrecknissen überwinden. Man führt ihn in eine schwarze Kammer, die nur dürftig beleuchtet ist; in einer Ecke steht ein Totengerippe. Die dunkle Kammer ist ein Sinnbild des Mutterschoßes und zugleich des Grabes, eine Anspielung also auf jenes Dunkel, von dem wir vor der Geburt und nach dem Tode umringt sind. Der „vorbereitende Bruder“ erscheint, spricht dem Suchenden freundlich zu und erklärt ihm, daß der Lichtsuchende dem neugeborenen Kinde gleiche, das nackt, arm und (geistig) blind in die Welt trete. Der Suchende muß sich daher der Kleider entledigen und alle Wertsachen abliefern. Früher wurde diese Vorschrift buchstäblich eingehalten, heute begnügt man sich mit der Ablegung der Oberkleider; der linke Fuß wird in eine Art Pantoffel gesteckt, was aber auch nicht mehr allgemein üblich ist. Der Zug der Zeit geht eben dahin, alles Theatralische, mit dem sich der Orden (Bund) umgeben hat, allmählich zu beseitigen. Wie es aber vor verhältnismäßig kurzer Zeit bei der Aufnahme zuging, darüber berichtet Br .·. Berillon in seiner „Geschichte der Loge Le Phenix“: „Der Suchende wurde mit verbundenen Augen und gefesselten Händen in den obersten Stock des Logengebäudes geführt, wo er zunächst sein Testament diktieren mußte. Darauf wurden ihm auch die Füße gebunden. In diesem hilflosen Zustande ließ man ihn dann an einem Strick in einen tiefen Brunnen hinunter, aus dem man ihn erst herauszog, wenn sein Mut noch auf verschiedene Weise auf die Probe gestellt worden war“. Auch heute sind in den französischen Logen die Aufnahmezeremonien immerhin recht merkwürdig. Br .·. Romeissen, der wiederholt Gelegenheit hatte, solchen Aufnahmen beizuwohnen, erzählt darüber in der freimaurerischen Zeitung „Herold“ (1908) folgendes: „... Die Vorbereiter und Brüder waren in schwarze Kutten gekleidet und gingen, wie mir schien, mit verhülltem Gesicht zu dem Suchenden. Mit verbundenen Augen trat dieser ein, nahm auf einem Stuhl, dem Orient (Osten) gegenüber Platz, und nun begann ein langes Examen, in welchem sich der Stuhlmeister über seine politischen und religiösen Anschauungen orientieren wollte und ihn durch unendlich viele Fragen und Querfragen in die Enge zu treiben suchte; denn außer vollständiger Unbescholtenheit verlangt man noch von jedem Bruder — in Frankreich wenigstens —, daß er ein guter Republikaner und Freidenker sei.... Nach dieser Prüfung kamen die Wanderungen, (die sogenannten „Reisen“). Dabei wurden dem Lichtsuchenden alle möglichen Hindernisse in den Weg gelegt, so daß er bei Schritt und Tritt aneckte und stolperte. Dann mußte er ein in der Mitte unterstütztes Brett hinaufsteigen; als er über die Mitte kam, kippte das Brett um, so daß er dem Falle nahe gebracht wurde. Mittlerweile hatte sich der Stuhlmeister mit neuen Fragen gerüstet, so daß das Examen fortgesetzt werden konnte, welches viel Geist und Redegewandtheit bei den Lichtsuchenden voraussetzte. Wurde er für würdig befunden, so leistete er den Treuschwur, die Binde fiel von den Augen und alle Brüder richteten ihre Degen auf ihn, nicht um ihn zu bedrohen, sondern zum Zeichen der Aufnahme in ihren Bund und zum Gegenschwur, daß sie ihn schützen wollten bis zum letzten Augenblick.

Aber auch in deutschen Freimaurerkreisen herrschen nach übereinstimmenden Berichten Gebräuche, die dem Bunde kaum zum Vorteil gereichen können; sie werden auch von vielen Freimaurern ganz offen mißbilligt und getadelt. Br∴ Milim (offenbar ein Deckname), der 25 Jahre Freimaurer war, hat vor kurzem ein kleines Buch erscheinen lassen („Erfahrungen und Enttäuschungen eines alten Logenbruders“, Leipzig 1913, 4. Auflage, Kommissionsverlag H. Keßler), das die „Schrecknisse“ seiner Aufnahme in sarkastischer Weise schildert. Auch er lernte die schwarze Kammer mit dem Totengerippe kennen; davon hatte er schon früher gehört, hielt sie aber samt allen gruseligen Dingen, die damit zusammenhängen sollten, stets nur für einen schlechten Witz, weil er sich nicht gut vorstellen konnte, daß ernste Männer solchen Mummenscherz treiben würden. Auch ihm wurden zunächst die Augen verbunden; diese Binden waren mit zwei in die

Augenhöhlen passenden kleinen Polstern versehen, so daß es durchaus unmöglich war, auch nur den geringsten Lichtschimmer zu sehen. Recht anschaulich beschreibt nun Br .·. Milim die lange Wanderung, bei welcher er, Arm in Arm mit einem zweiten Lichtsuchenden, von den dienenden Brüdern an der Hand geführt wurde, während der vorbereitende Bruder fortwährend Warnungsrufe ausstieß, wie z. B.: „Bücken Sie sich recht tief, hier liegt querüber ein Balken, unter dem Sie durchkriechen müssen; machen Sie einen recht großen Schritt, hier fließt ein Wasser, das Sie überschreiten müssen!“ Dadurch sollten sie offenbar in eine recht gruselige Stimmung versetzt werden. Dann hieß es plötzlich: „Halt! — Wir stehen vor einer Tür, klopfen Sie an!“ — In dem Augenblick, als sie dieser Weisung Folge leisteten, dröhnte ihnen ein mächtiger Schlag von innen entgegen: diesmal war der Zweck der Übung vollkommen erreicht, denn Br .·. Milim, wie sein Kamerad schreckten gehörig zusammen und prallten zurück.

Dann gab es ein Frage- und Antwortspiel, das Br .·. Milim geradezu als kindisch bezeichnet. Nach dieser Prüfung wurden dann die „Lichtsuchenden“ in den Tempel eingelassen, wo ihnen die klangvollen Töne eines Harmoniums und schöner Männergesang tief zu Herzen drangen. Daran aber schlossen sich abermals „Reisen“ unangenehmster Art. „Man führte uns“ — sagt Br .·. Milim — „durch Feuer und Wasser, das heißt, plötzlich zischten Blitze vor uns auf, die mir die Barthaare sengten, oder man spritzte uns kaltes Wasser ins Gesicht und zwar so unvermittelt, daß wir, die Geblendeten, jedesmal zurückprallten. Das schien den sehenden Brüdern viel Spaß zu bereiten, denn jedesmal kam es mir vor, als ob ich hier und da leises Kichern vernehmen würde. Endlich wurden wir vor dem Throne des hochehrwürdigsten Meisters vom Stuhl aufgestellt. Das wurde uns dadurch mitgeteilt, daß Br .·. P. zu uns sagte: „Verneigen Sie sich, hier hat derjenige seinen Sitz, der diese ehrwürdige Loge leitet.“ Dann mußten sie ein Gelöbnis ablegen, alles, was sie noch hören und sehen würden, als Geheimnis zu wahren oder jetzt noch zurückzutreten.

Was hat nun dieser Mummenscherz eigentlich zu bedeuten? Br .·. Henne am Rhyn, ein sehr geachteter, freimaurerischer Schriftsteller, der sich gelegentlich recht scharfe Worte über die Auswüchse und Verirrungen der Freimaurerei erlaubte, gibt uns hiefür folgende Erklärung: Der Eintritt in den „Tempel“ (Loge) bedeutet den Eintritt in das Leben. Das Leben ist eine mannigfach bewegte Reise, auf der man sich oft verirren kann. Wie der

Mensch auf der Lebensreise vielfach geprüft wird, so muß auch der Lichtsuchende seine Standhaftigkeit beweisen. Dies geschieht nun durch die drei Reisen, die in jedem Grade unter sicherer Führung unternommen werden. Im Lehrlingsgrad sind es die Elemente, die der Suchende zu berühren hat, Feuer, Wasser und Erde. Der tiefere Sinn aber sei: Der Aufzunehmende hat das Licht gesucht und ist in verzehrendes Feuer geraten. Oft werden strebende Menschen von dem wilden Feuer der Leidenschaften versengt und gehen darin unter. Durch weise Vorsicht ist jedoch das Feuer zu bändigen und in einen wohltätigen Wärmespender umzuwandeln. Im Wasser erlischt die zügellose Flamme; aber das Wasser der kühlen Selbstsucht erstickt auch die heilige Glut der Begeisterung für Menschenwohl. Die weise Besonnenheit drängt jedoch die kalten Wogen der Gleichgültigkeit für das Ideal zurück und gestattet den Fluten nur ihre wohltätige Wirkung zum besten der Gesundheit und Reinlichkeit auch im Seelenleben. In den Staub der Erde versinken Reichtum, Pracht und Schönheit; aber der fruchtbringende Schoß der Mutter Erde bringt das Samenkorn, das in sie versenkt wird, zur herrlichen Blüte und wohlschmeckenden Frucht.

Wie man sieht, arbeitet die Freimaurerei, und ganz besonders die deutsche, mit vielen Bildern und Gleichnissen.

Daß die Freimaurer ihre Gebräuche nicht in die Öffentlichkeit gezerrt wissen wollen, ist nach dem Mitgeteilten erklärlich. „Kein Mensch — sagt Br.·. Wilhelm Ohr,[1]) ein ausgezeichneter freimaurerischer Schriftsteller, gut deutsch gesinnt und von edler Menschlichkeit erfüllt — kein Mensch würde durch diese Veröffentlichung erfahren, was dieses Gebrauchtum eigentlich zu bieten vermag. Es ist seinem Wesen nach nicht mitteilbar, weil es nur erlebt, nicht aber beschrieben oder erzählt werden kann.“ Wenn nun dessenungeachtet von einem Nichtfreimaurer, einem „Profanen“, der Versuch gemacht wird, in die Geheimnisse jener verschlossenen Welt einzudringen, so geschieht dies weder aus Neugierde, noch um die Freimaurerei lächerlich zu machen und schon gar nicht aus dem Grunde, um vielleicht Aufsehen zu erregen. Der Zweck dieser Schrift läßt sich vielmehr auch vom freimaurerischen Standpunkt aus rechtfertigen, denn der Wunsch nach Wahrheit, nach Licht und Aufklärung, das Streben nach voller Erkenntnis, deckt sich durchaus mit den erklärten Endzielen der Freimaurerei selbst; daß sich dieses Streben

[1]) Dr. Wilhelm Ohr, Privatdozent, gefallen im Felde 23. August 1916.

diesmal anscheinend gegen die Freimaurerei richtet, ist an sich gleichgültig. Übrigens sind die Gebräuche der Loge — sagt Dr. Otto Henne am Rhyn — nur insoferne geheim zu halten, als es sich um mutwillige, zwecklose oder gar böswillige Äußerungen handelt. „Zu wissenschaftlichen und sonstigen ernsten Zwecken dürfen und sollen sie besprochen werden; was, wie dies, zur menschlichen Kultur gehört, kann und darf kein Geheimnis bleiben. Die Wissenschaft kennt diesen Begriff nicht."

Das klingt nun freilich ganz anders als jener fürchterliche Eid, den der Aufzunehmende in der „Großen Landesloge von Schweden" abzulegen hat, — jener inhaltsschwere Eid, der so langatmig ist, daß er hier nur auszugsweise wiedergegeben werden kann. In diesem Eid verpflichtet sich nämlich der Lichtsuchende zur unbedingten Verschwiegenheit. Er muß auf das heilige Evangelium schwören, niemals von der Freimaurerei zu sprechen oder sich als Freimaurer zu bekennen, außer vor wirklichen Brrn. einer rechten und gesetzlichen Loge; er muß schwören, niemals in eine andere geheime Gesellschaft einzutreten, außer mit Erlaubnis seiner Oberen; er muß schwören, allen Befehlen und Geboten seiner Ordensoberen mit Ergebenheit und Gehorsam nachzukommen usw. Zum Schlusse aber heißt es wörtlich: „Im Falle ich aber im geringsten Maße dieses mein Gelübde brechen sollte, so will ich, daß mein Hals abgeschnitten, mein Herz, meine Zunge und meine Eingeweide herausgerissen und alles in den Abgrund des Meeres geworfen werde; daß mein Körper verbrannt und seine Asche in die Luft umhergestreut werde, damit nichts von mir und meinem Andenken unter den Menschen und freien Mitbrüdern übrig bleibe." (Abgedruckt in der freimaurerischen Zeitung „Latomia", 1869, S. 46ff.) Der ungeheure Unterschied beider Auffassungen liegt sonnenklar zutage; und man fragt sich vergeblich, was ein derart fürchterlicher Eid für einen Zweck verfolgt, wenn es sich um eine Gesellschaft handelt, die angeblich bloß der Erforschung der Wahrheit und der Veredelung des Menschengeschlechts dienen soll! Auch der freimaurerischen Zeitung „Latomia" verschlägt dieser Eid und die ganzen Satzungen der „Großen schwedischen Landesloge" fast die Rede, ja sie verlangt rund heraus die Ausrottung einer Gesellschaft, die einen Staat im Staate bilden will! Doch verweilen wir einen Augenblick noch bei diesem Eide selbst und hören wir, was die Große Landesloge von Schweden im 7. Artikel ihrer Grundverfassung über das freimaurerische Verbrechen des Eidbruches näher ausführt. „Bricht ein Bruder" — heißt es dort — „den Verschwiegenheitseid, den er dem Orden bei seinem ersten Eintritt geleistet, indem er entweder fremden Unkundigen oder Brüdern niederer Grade etwas von demjenigen offenbart, was ihm im Orden anvertraut worden, auf welche Art es auch sei, so werde er schuldig und rechtsfällig das Urteil zu erleiden, dem er sich bei Leistung jenes Eides selbst unterworfen, und er werde den unbekannten und heimlichen Vollstreckern jenes Urteiles überantwortet; unsicher sei er vor ihren rächenden Händen an all den Orten des Erdballs, woselbst sich rechtschaffene und echte freie und angenommene Brüder befinden und ihre Arbeiten führen. . . ."

Damit ist zugleich die oft aufgeworfene Frage beantwortet, ob der Freimaurer bei seiner Aufnahme einen Eid, oder ein bloßes Gelöbnis abzulegen hat: Dies richtet sich eben nach der betreffenden freimaurerischen Lehrart; nach dem schwedischen System, das auch die „Große Landesloge der Freimaurer in Deutschland" eingeführt hat, wird ein Eid gefordert, in den Logen anderer Systeme genügt ein eidesstattliches Gelöbnis, ein Gelübde.[1])

An die Ablegung des Eides oder Gelübdes schließt sich dann die feierliche Aufnahme mit Bruderkuß oder Handschlag, worauf die Erteilung des Lichtes erfolgt: Das volle Licht erhellt den Logensaal, der Aufgenommene sieht sich mit den übrigen Brüdern verbunden, deren Gesang mit Musikbegleitung ihn als Bruder begrüßt; man nennt ihm Namen und Bedeutung der drei Säulen der Loge (Weisheit, Stärke und Schönheit), desgleichen ihre Lichter, Zieraten und Werkzeuge, es werden ihm Zeichen, Wort und Griff des ersten Grades mitgeteilt, er lernt die Art des Anklopfens kennen und erhält die maurerische Kleidung (den Schurz), Abzeichen und Handschuhe; damit ist die feierliche Handlung zu Ende. Der Aufgenommene ist nun der äußeren Form nach Freimaurer, während ihm der tiefere Sinn und die eigentlichen Lehren der Loge vorläufig noch fremd sind und die letzten Ziele, wie gleich bemerkt werden soll, dem Durchschnittsmaurer auch zeitlebens fremd bleiben, selbst wenn er jahrelang als „Meister vom Stuhl" eine Loge leitet. Hat es doch gekrönte Häupter gegeben, die zeitlebens von den Hochgraden nichts erfahren haben, und von so manchen königlichen Maurern wissen wir, daß sie

[1]) „Die grauenvollen Eide bestehen auch in deutschen Hochgradlogen jetzt nicht mehr. Es sind dort einfache Gelübde, selbst im 30. Grade." (Aus dem Briefe eines deutschen Hochgradmaurers an den Verfasser).

in das eigentliche „Geheimnis“ des Ordens nie eindringen konnten. So kommt es auch, daß zahllose freimaurerische Schriftsteller, Meister vom Stuhle ihrer eigenen Logen, uns im besten Glauben immer wieder versichern, daß außer der tieferen Bedeutung der freimaurerischen Sinnbilder kein Geheimnis bestehe. Dies scheint jedoch völlig unglaubwürdig, wenn wir uns die furchtbaren Eide vergegenwärtigen, wie sie beispielsweise in der „Großen Landesloge von Schweden“ abgelegt werden müssen; eine solche Versicherung widerspricht überdies den erwiesenen Tatsachen, wie später gezeigt werden soll.

Die Wurzel der ganzen Geheimniskrämerei ist übrigens in den sogenannten „Alten Pflichten“ der Freimaurer gelegen, wie sie im englischen Konstitutionsbuch vom Jahre 1723 enthalten sind; dort heißt es nämlich im vierten Punkt des VI. Abschnittes wörtlich: „Ihr sollt im Reden und Betragen vorsichtig sein, so daß auch der scharfsinnigste Fremde (Nicht-Freimaurer) nichts zu entdecken vermag, was ihm nicht mitgeteilt werden darf. Gelegentlich müßt Ihr auch ein Gespräch ablenken und es geschickt zur Ehre der ehrwürdigen Brüderschaft leiten.“ Der Freimaurer darf auch nicht seinen Freunden, ja nicht einmal seinen Familienangehörigen Mitteilungen über die Freimaurerei machen. Auch das ist bereits in den „Alten Pflichten“[1]) festgelegt: „Ihr sollt ... Eurer Familie, Euren Freunden und Nachbarn nichts entdecken, was die Loge betrifft.“ ... Noch vorsichtiger haben die Brüder Freimaurer einem fremden „Bruder“ auf den Zahn zu fühlen: „Ihr sollt ihn vorsichtig prüfen und zwar so, wie es Euch die Klugheit eingibt, damit Ihr nicht von einem Unwissenden durch falsche Vorspiegelung hintergangen werdet. Mit **Verachtung** und **Spott** müßt Ihr einen solchen abweisen und Euch in achtnehmen, ihm den geringsten Wink von Euren Kenntnissen zu geben.“[2])

Nach diesen Feststellungen auf Grund der „Alten Pflichten“ („Landmarks“) ist wohl die Frage berechtigt:

Ist die Freimaurerei wirklich bloß eine „geschlossene Gesellschaft“, wie die deutschen Freimaurer stets behaupten (und wohl auch behaupten müssen), oder ist sie nicht vielmehr ein **Geheimbund**?

[1]) 5. Punkt des VI. Abschnittes.

[2]) „Alte Pflichten“, VI. Abschnitt, 6. Punkt.

III.

Freimaurerische Einrichtungen, Gebräuche und Sinnbilder.

Die Einrichtungen, Gebräuche und Sinnbilder (Symbole) der Freimaurerei genauer kennen zu lernen, hat für denjenigen, der nicht dem Orden angehört, wenig Zweck. Es soll daher auch nur in ganz kurzen Sätzen über all das gesprochen werden, worüber eine ungemein reichhaltige freimaurerische Geheimliteratur besteht und Aufschlüsse gibt.

Der Versammlungsort der Brüder heißt Loge, auch Bauhütte, Werkstätte oder Tempel. Das Eindringen Unbefugter soll vermieden werden, die Loge muß daher gehörig gedeckt, das heißt gesichert sein. Dies besorgt ein wachthabender Bruder oder „Ziegeldecker“, der die Eintretenden auf ihr Recht dazu prüft und sie nur einläßt, wenn alles in Ordnung ist. Die Loge, richtiger der Logensaal, hat keine Fenster oder sie sind verdeckt. Die Räume sind demnach dunkel, damit das Licht, das eine geistige Erleuchtung bedeuten soll, zugleich auch die natürliche Finsternis überwinde.

Die Freimaurer der ganzen Welt nennen sich Brüder. Im schriftlichen Verkehr erkennen sich Brüder durch den Gebrauch von drei Punkten (.·.), die sie den Anfangsbuchstaben freimaurerischer Ausdrücke beizusetzen pflegen. Daher werden sie von ihren Gegnern spöttisch die „Dreipunktebrüder“ genannt. Die Dreizahl spielt auch sonst im maurerischen Leben eine gewisse Rolle, so beim Gruß, beim Händeklatschen, namentlich aber bei den Symbolen.

Die Logentätigkeit der Brüder heißt „Arbeit“. Die Arbeitslogen dienen z. B. der Aufnahme und Beförderung von Brüdern; der Hergang dabei wird von den Freimaurern selbst als ungemein fesselnd und erhebend geschildert.

Dem Andenken eines Bruders, der „in den ewigen Orient eingegangen ist“, gilt die Trauerloge. Diese beginnt — nach Br.·. Schauberg — mit einem Gericht über den Toten und erst, wenn er der Ehre einer Trauerloge für würdig erachtet wurde, folgt die eigentliche Totenfeier, bestehend aus drei Teilen, der Trauerrede, dem Anzünden der Lampe vor dem symbolischen Sarkophage des Verewigtem und dem Schmücken mit Blumen durch alle anwesenden Brüder, wobei sie dreimal in drei Zügen und Umgängen den Sarg umschreiten. Zum Schlusse der Feierlichkeit wird die Bruderkette gebildet und der Bruderkuß gewechselt. (Die Bruderkette besteht darin, daß jeder Maurer die rechte Hand auf die Schulter seines Vormannes legt; nach Henne am Rhyn sind bei der Bruderkette die Hände sämtlicher anwesender Brr.·. vereinigt, wodurch die Zusammengehörigkeit aller versinnbildlicht wird.)

Symbole oder Sinnbilder gibt es in der Freimaurerei eine überaus große Anzahl; sie sind das Bindemittel aller jener, welche sich zu dieser Geistesrichtung bekennen. Die großen und ewigen Wahrheiten, welche das Menschentum beherrschen, will die Freimaurerei eben nicht in Worte fassen und mitteilen, ihr Bestreben geht vielmehr darauf aus, zunächst empfängliche Gemüter zu b i l d e n. Die Sinnbilder, namentlich die des Lehrlingsgrades, dienen demnach dem Zwecke der Läuterung und Klärung. Die Symbole, sagt Br.·. J. L. Beyer von der Großen Landesloge in Sachsen, sollen die Brüder lehren, das Menschentum recht zu erfassen, über die Grundlagen des Daseins unbeirrt von allen ererbten und anerzogenen Vorurteilen klar zu werden und daraus die entsprechenden Pflichten abzuleiten. Auch den Freimaurern selbst erscheint demnach die Freimaurerei als verschleiertes Bild. Die Brüder sollen e r l e b e n und e m p f i n d e n; die deutsche Freimaurerei wendet sich daher, wenigstens in den unteren drei Graden, ausschließlich an das G e m ü t, nicht an den Verstand. Demgemäß hat alles symbolische Bedeutung, ihre „Lichter" sowohl (Gottheit, Gewissen, Menschheit), wie die Gestirne (Sonne, Mond und Erde), dann die Ideen (Weisheit, Stärke, Schönheit) und selbstverständlich auch die Werkzeuge (Hammer, Winkelmaß und Zirkel). Von den Lichtern bedeutet das ü b e r uns — nach Henne am Rhyn — die Gottheit, das Licht i n uns das Gewissen, das Licht u m uns die Menschheit. Der Hammer ist ihnen das Sinnbild der Macht, das Winkelmaß versinnbildlicht das G e w i s s e n und der Zirkel die denkende Umwelt.

Allein die Bedeutung dieser Symbole wechselt und wenn man um Worte streiten wollte, wäre es leicht, die Freimaurerei ins Lächerliche zu ziehen; so z. B., wenn ein anderer Freimaurer kurzerhand erklärt, das Winkelmaß bedeutet Gott, der Zirkel die Welt. Und wenn es gar anderswo heißt: Der Zirkel regelt unser Verhältnis zu den Brüdern und zu der Welt außer uns, so sind das dem Laien, der „seine Füße nicht in den rechten Winkel stellt", Worte, die ihm unverständlich bleiben müssen, aber doch eines tieferen Sinnes nicht entbehren. So sprechen die Freimaurer von einem „Maßstab der Wahrheit", von einem „Winkelmaß des Rechtes", von dem „Zirkel der Pflicht"; und die Spitze dieses Zirkels soll der echte Maurer stets auf der Stelle seines Herzens fühlen.

Höchst geheimnisvoll klingt z. B. auch der Satz, „daß sich der Meister zwischen Winkelmaß und Zirkel findet". Wer aber in das symbolische Wesen der Freimaurerei eingedrungen ist, wird nicht bestreiten können, daß diesem Worte ein schöner Sinn innewohnt, wenn auch die entsprechende Frage des Meisterkatechismus auf den ersten Blick geradezu töricht anmuten mag.[1])

Symbolische Bedeutung haben ferner die drei Säulen, der Teppich, der flammende Stern, der oft als Pentagramm, oft auch als Stern Davids erscheint. Im flammenden Sterne wieder hat der Buchstabe G seine besondere und mehrfache Bedeutung; er soll auf **Gott** hinweisen, dann wieder bedeutet er „Gnosis" (Erkenntnis) und endlich soll er Geometrie, die Grundlage der königlichen Kunst, versinnbilden. Im Englischen weist der Buchstabe G auf „Grand Geometrician" hin, den großen Weltbaumeister, überdies enthält er auch eine Anspielung auf Generatio = Zeugung.

Symbolische Bedeutung wohnt auch den Nebenwerkzeugen der Maurer inne, dem Senkblei, der Wasserwage, der Kelle, dem Maßstab und dem Meißel. Wenn freilich die Freimaurerei die Bibel zu den **großen** Lichtern rechnet,[2]) während sie Sonne und Mond nebst dem „Meister vom Stuhl" zu den **kleinen** Lichtern zählt, so ist dies wohl eine Symbolik, die nicht mit Unrecht den Spott so manchen Bruders, der seine Füße in den rechten Winkel stellt, herausgefordert hat.

Im Meistergrade spielt die Idealgestalt Hirams die Hauptrolle. Hiram oder Adonhiram war der Sage nach Erbauer des

[1]) „Was findet man oberhalb und unterhalb des Sarges vorgestellt?" — „Ein Winkelmaß und einen Zirkel." — „Wozu?" — „Zu einem Denkzeichen für den Meister." — „Wenn ein Meister verloren wird, wo fände man ihn wieder?" — „Zwischen Winkelmaß und Zirkel." — „Was will das sagen?" — „Daß er allezeit bereit ist, freiwillig auf den guten Weg zurückzukehren, falls er sich unglücklicherweise verirrt hat".

Das derzeitige Meisterfragebuch der „Großen Landesloge von Deutschland" enthält ähnliche Fragen und Antworten.

[2]) Die Fragen 17 und 18 des Lehrlingskatechismus lauten:

17. „Welches sind die drei großen Lichter der Freimaurerei?" — „Bibel, Winkelmaß und Zirkel."

18. „Wie erklären Sie solches?" — „Die Bibel ordnet und richtet unseren Glauben, das Winkelmaß unsere Handlungen, der Zirkel bestimmt unser Verhältnis gegen alle Menschen, insbesondere gegen unsere Brüder."

Tempel Salomons. Anderson nennt ihn den „vollkommensten Maurer" und sein Werk das erhabenste und kostbarste Gebäude der damaligen Zeit. Hiram wurde angeblich von drei pflichtvergessenen Gesellen erschlagen, weil er sich weigerte, sie in die dem Meister vorbehaltenen Geheimnisse einzuweihen. Er gilt den Freimaurern als Vorbild treuester Pflichterfüllung.

Zu den wesentlichen Sinnbildern des dritten Grades gehört der Sarg mit Totenschädel und Knochen. Die Gebräuche sind bei den einzelnen Großlogen allerdings verschieden; uns kommt es jedoch nicht darauf an zu wissen, daß bei der Loge „Zu den drei Weltkugeln" die Wachsleiche eines alten Mannes im Sarge liegen muß, oder daß die Brüder über den eigenen Sarg zu schreiten haben, oder endlich, daß bei der Großen Landesloge von Deutschland ein Sarg auf schwarzem Teppich mit silbernen Tränen aufgebahrt ist, uns läßt es gleichgültig, daß dabei bei der einen Großloge das Winkelmaß am Fußende (im Osten) und der Zirkel zu Häupten (im Westen) angebracht sind, bei anderen dagegen die umgekehrte Ordnung gilt usw., wir wollen uns lediglich merken, daß das Sargsymbol in allen Logen einen wesentlichen Bestandteil freimaurerischer Lehren und Gebräuche bildet. „Der Freimaurer beginnt seine Laufbahn in der schwarzen Kammer und beendet sie ebenda als Meister." „Der Meistergrad der Johannislogen zeigt den Freimaurern den Menschen in seiner tiefsten Erniedrigung." Er soll die unbestreitbare Wahrheit lehren, daß schließlich alles menschliche Wissen, Streben und Wirken eitel und hinfällig ist. „Um dies zu lehren — sagt Br.·. Otto Hieber von der Großen Landesloge von Deutschland — wählt der Orden das Bild des Todes, von dessen Schauern die Meisterloge erfüllt ist: „aber — fügt er an anderer Stelle erklärend hinzu — das eigentliche Mysterium des Meistergrades besteht in der Aufgabe, den Tod mit dem Leben zu versöhnen."

Das Symbol des Lehrlingsgrades ist der rohe oder rauhe Stein. Der rauhe Stein muß erst bearbeitet, behauen werden, um bei dem Bau verwendet werden zu können. Der Lehrling selbst, der in den Freimaurerorden eingetreten ist, ist für die Loge der rauhe Stein; der Lehrling muß daher zuerst seine Rauheiten und Mängel, seine Fehler und Leidenschaften erkennen und sein ganzes Streben soll auf Selbsterkenntnis gerichtet sein.

Das Sinnbild des Gesellengrades ist der kubische Stein. Als behauener oder kubischer Stein soll er dann dem Menschheitstempel eingefügt werden. Selbstbeherrschung ist demnach das Ziel, das der Geselle anzustreben hat; Selbstbeherrschung und

Unterordnung gegenüber dem Meister, der die behauenen Steine nach seinem Willen durch die Gesellen zusammenfügen läßt. Mit dem Gesellengrad beginnt somit erst die Ausübung der Maurerarbeit.

„Der Meister aber muß den Plan entwerfen, dessen Ausführung überwachen und den Arbeitern den Lohn zahlen."

Die geheimen Erkennungszeichen und Worte sollen hier nicht weiter berührt werden. Für den Nicht-Freimaurer hat es auch wenig Sinn, die 5 P. d. M., das alte M. W., das neue M. W. und gewisse geheime Ausdrücke kennen zu lernen. Ebensowenig braucht die ohnedies erst viel später erfundene Hiramssage hier näher erklärt zu werden.

IV.

Johannismaurerei — Andreasmaurerei.

(Blaue und rote Logen, niedere Grade, Hochgrade.)

Die drei Grade: Lehrling, Geselle und Meister sind gegenwärtig allen blauen oder Johannislogen eigentümlich. Das war nicht immer der Fall. Das Konstitutionsbuch der englischen Großloge von 1723 kennt den Meistergrad überhaupt noch nicht. Es heißt dort ausdrücklich: „Der erfahrenste Geselle soll zum Meister oder Aufseher ernannt werden." Damals wurde kein Bruder, so erfahren er auch war, Meistermaurer genannt, bis er zum Meister einer Loge erwählt worden war. Erst im Jahre 1725 kam der Meistertitel in Gebrauch; bis dahin war eben Meistermaurer nur der Meister vom Stuhl.

Einer Erklärung bedarf der Ausdruck „blaue" oder „Johannislogen": Von blauen Logen, beziehungsweise Graden, spricht man unter Beziehung auf die himmelblaue Farbe der Abzeichen der Freimaurer; Johannismaurerei heißt sie nach dem Schutzheiligen der alten Steinmetzen; eben deshalb wurde offenbar auch die Gründung der neuen Geistesmaurerei am St. Johannistage (24. Juni 1717) vorgenommen. Wenn von symbolischen Logen, beziehungsweise Großlogen die Rede ist,[1] so sind damit die Grade, Logen und Großlogen der Johannismaurerei gemeint, und zwar mit Rücksicht auf die zahlreichen, in ihr gebräuchlichen Sinnbilder, von denen einige früher Erwähnung fanden.

Den Gegensatz dazu bildet die rote oder Andreasmaurerei, die ihren Namen von der roten Farbe der Abzeichen, beziehungsweise vom heiligen Andreas herleitet, der als erster von Johannes dem Täufer zu Jesus übergetreten sein soll. Die roten Grade werden auch kurz als Hochgrade bezeichnet, weil sie eine den Meistern unbekannte, höhere Kenntnis der Freimaurerei bieten wollen. Sie lassen die drei alten Grade nur als Vorschule gelten, sind aber je nach dem einzelnen System verschieden eingerichtet. „Langsam, aber stetig drückte man die

---

[1]) Z. B. die „Symbolische Großloge von Ungarn", die sich jedoch seit 1886 mit der ungarischen Hochgradmaurerei vereinigt hat.

Johannislogen abwärts, damit sie nur als Schemel für die Hochgrade dienen sollen", sagt die sehr geachtete freimaurerische Zeitschrift „Latomia" (1869, Band 28 S. 22). „Die Johannislogen sind zum Zahlen und Schweigen da" — läßt sich ein anderer Bruder darüber aus. „Die unteren Brüder sind der kontribuierende Teil, die oberen der genießende Teil" — hieß es schon im 18. Jahrhundert auf dem Wilhelmsbader-Kongreß (1782).

Woher stammen nun die Hochgrade? Den Anfang dürfte der Grad vom Royal Arch (Grad vom königlichen Gewölbe) gemacht haben, der sich nach 1740 in Frankreich bildete und sich eine gewisse Oberhoheit über die entarteten niederen Grade anmaßte. Dann entstanden die buntscheckigen schottischen Grade, die aber mit Schottland erwiesenermaßen gar nichts zu tun haben, sondern französischen Ursprungs sind. Die Schaffung des „Ritter Kadosch-Grad", der die Rache der Templer darstellt, fällt in das Jahr 1743. Vermutlich ist der Ausdruck „schottischer Meister" (maître écossais) auf eine unbeabsichtigte Verwechslung mit maître acassais zurückzuführen, das auf die Akazie, den heiligen Baum der Freimaurer, hinweisen würde. Dann entstanden in rascher Folge immer neue Grade, bis man die Zahl 25 erreichte. Aber auch dabei blieb man nicht stehen und nach französisch-schottischem System, das die größte Verbreitung über die ganze Erde gefunden hat, bestehen noch gegenwärtig 33 Grade. An Lehrling, Gesellen und Meister reiht sich dann als vierter Grad der „Geheime Meister", es folgt der „Vollkommene Meister" (5. Grad), dann, um nur einige hervorzuheben, der „Erhabene Auserwählte" (11. Grad), der „Großmeister-Architekt" (12. Grad), der „Royal-Arch"-Grad (Grad vom königlichen Gewölbe, derzeit der 13. Grad), dann der „Große schottische Ritter" (14. Grad), der „Ritter vom Osten" (15. Grad), der „Großfürst von Jerusalem (16. Grad), der „Ritter vom Westen" (17. Grad), der „Souveräne Fürst von Jerusalem" (18. Grad), der „Große Oberpriester (19. Grad), der „Preußische Ritter" (21. Grad; „er verhandelt nur bei Vollmond ohne anderes Licht, und zwar über — die Zerstörung von Jerusalem"), ferner der „Fürst von Libanon" (22. Grad), der „Fürst des Tabernakels" (23. Grad), der „Ritter der ehernen Schlange" (25. Grad), der „Fürst der Gnade" (26. Grad; er verhandelt über die Bünde Gottes mit den Juden und Christen!), dann der „Souveräne Großkommandant des Tempels (27. Grad), der „Ritter der Sonne" (der Betrachtungen über die Wohltaten Gottes anstellt, 28. Grad), ferner der „St. Andreas-Ritter" (29. Grad), der „Ritter Kadosch" (30. Grad; er stellt die Rache der Tempelritter wegen des an ihrem Großmeister Molay vollzogenen Todesurteiles dar und gilt noch heute als Rachegrad der Freimaurer); endlich folgt der „Groß-Inquisitor-Kommandeur" (31. Grad), der „Erhabene Fürst des königlichen Geheimnisses (32. Grad) und der „Souveräne General-Groß-Inspektor" (33. Grad).

Diese prunkvollen Titel mögen auf den unbefangenen Laien lächerlich wirken; brave deutsche Freimaurer haben sich oft genug über diesen „Schwindel" entrüstet und ihn mit der Lauge ihres Spottes übergossen — es nützte nichts, die Grade mit den hoheitsvollen Namen bestehen und werden angewendet, wie das ganze System, das an der Spitze der Großlogen (oder Großoriente) von Frankreich, Italien, Spanien, Portugal und der mittel- und südamerikanischen Großoriente marschiert, das aber überdies auch in England, Schottland, Irland, Belgien, Ungarn und in Nordamerika neben den Großlogen und Großorienten besteht.

Dr. Otto Henne am Rhyn meint allerdings, daß die meisten dieser Grade keinerlei Daseinsberechtigung haben und will nur den 18. und 30. Grad gelten lassen, weil sie allein mit wirklichen Gebräuchen verbunden seien. Aber Henne am Rhyn ist eben nur ein „Meister vom Stuhl", er gehört den unwissenden blauen Logen an, die mit ihrem rührenden Kinderblick in die Welt schauen und von dem, was um sie vorgeht, anscheinend wirklich keine Ahnung haben. Er wundert sich zwar sehr darüber, daß der Kongreß des schottischen Ritus in Lausanne (1875) von den pomphaften Titeln auch nicht ein Jota gestrichen habe, er versichert uns aber in einem Atem, daß „in Wahrheit" gar nicht 33 Grade, sondern bloß fünf oder höchstens sieben bestehen. Die Franzosen freilich wissen es besser, warum sie ihre 33 Grade beibehalten haben und hüllen sich als kluge Leute in Nacht und Schweigen.

Die schottische Lehrart wird übrigens durch zwei andere Gründungen französischen Ursprungs übertroffen, die ebenfalls bis auf den heutigen Tag bestehen: Den freimaurerischen Ritus von Misraim (hebräischer Name für Ägypten) und den ganz ähnlichen Ritus von Memphis. Der erstgenannte orientalische Orden wurde von dem jüdischen Armeelieferanten Michel Bédarride und seinen zwei Brüdern gegründet; die Sage von seinem Alter ist zu lächerlich, um erwähnt zu werden. Die Lehren werden in 4 Serien, 17 Klassen und 90 Graden mit äußerst hochtrabenden Titeln „mitgeteilt". Selbstverständlich nur gegen bar; nach dem Preis darf man sich natürlich nicht erkundigen. Dafür besitzt aber dieser Orden neben seinem sichtbaren Oberhaupt, dem „souveränen Fürsten“, noch einen unbekannten, unsichtbaren Großmeister. Im Jahre 1898 arbeiteten zehn Logen nach dieser Lehrart.

Der ganz ähnliche Ritus von Memphis, der sich ebenfalls Freimaurer-Orden nennt und natürlich ebenfalls „uralten“ Ursprungs ist, wurde in Wirklichkeit von einem gewissen Samuel Honis, der auch kein Christ gewesen sein dürfte, aus Kairo nach Frankreich gebracht. Samuel Honis verteilte seine Geheimnisse in 7 Klassen mit 95 Graden, deren oberster „Souveränes Sanktuarium“ genannt wurde. Die Lehre des Ordens ist ein Wandelgang durch alle Mysterien und Geheimbünde der Geschichte. Später schränkte er seine Grade auf 33 ein, erhielt daraufhin vom französischen Großorient die Anerkennung und fand sogar in Deutschland Eingang und Anhänger.

Nun kann man freilich sagen, das sind bloße Schwindelgründungen, um Geld zu reißen, sie verdienen daher keine weitere Beachtung. Aber gibt es denn nicht andere, hochgeachtete Freimaurer-Orden, deren geschichtlicher Entwicklungsgang ebenfalls dunkle Punkte in Menge aufzuweisen hat? Wie steht es denn beispielsweise mit dem schwedischen System? Begründet wurde es vom Kanzleirat Karl Friedrich Ekleff, der auf Grund eines Freibriefes unbekannter Herkunft 1756 in Stockholm ein Kapitel errichtete, das er als „Vikar Salomos“ leitete. Später verkaufte er seine „Rechte“ dem König von Schweden und seit dieser Zeit ist der jeweilige König von Schweden Großmeister und der Kronprinz Landesgroßmeister.

Das schwedische System wurde von dem Feldarzt Ellenberger, der durch Adoption den Namen v. Zinnendorf annahm, auch in Deutschland eingeführt (1766) und besteht mit einigen Abweichungen in der von Zinnendorf gegründeten „Großen Landesloge von Deutschland“ auch heute noch. Das Protektorat bekleidete seit 1860 der König von Preußen, später der Kronprinz Friedrich Wilhelm (Kaiser Friedrich III.), der es jedoch niederlegte, als die Ordensleitung sein Verlangen nach genauer Prüfung der geschichtlichen Ansprüche mit abweisendem Widerstand beantwortete und alle Reformvorschläge kalt lächelnd zurückwies. Bloß die Templerfabel, nämlich die Lehre, daß die Freimaurer sich von den Tempelrittern herleiteten, ließ man fallen (1880), sonst nichts.

Doch kehren wir, ohne uns mit der „Großen Landesloge von Deutschland“ näher zu beschäftigen, zum schwedischen System als solchem zurück. Betrachten wir es genauer: Es ist in drei Abteilungen gegliedert, nämlich:

I. in die arbeitenden St. Johannislogen mit den drei Graden: 1. Lehrling, 2. Geselle und 3. Meister;

II. in die leuchtenden Andreas- oder Schottenlogen mit ebenfalls drei Graden: 4. Andreas-Lehrling, 5. Andreas-Geselle, 6. Andreas-Meister; daran schließen sich

III. die erleuchteten und wirkenden Stewardslogen mit weiteren vier Graden: 7. die hocherleuchteten Stewardsbrüder, 8. der „Höchstleuchtende Salomonsvertraute", 9. der „Erleuchtete Vertraute der St. Johannisloge", 10. der „Hocherleuchtete Vertraute der St. Andreas-Loge, Ritter des Purpurbandes". Daran reiht sich noch der 11. Grad mit dem „Höchsterleuchteten Kommandeur mit dem roten Kreuz"; er nennt sich „Vicarius Salomonis", denn der weise König Salomo wird als Stifter und erster Großmeister des Ordens angesehen. Mit diesen elf Graden ist es aber nicht abgetan. An der Spitze der schwedischen Maurerei steht vielmehr ein nur dem Ordensmeister bekannter „Oberer". Die großmeisterliche Würde ist in seinem Geschlechte erblich. Der weltliche Name und Aufenthalt des Oberen ist für alle Ordensbrüder mit Ausnahme der Ordensmeister ein Geheimnis. So heißt es im dritten Kapitel (§ 3) der Freimaurerkonstitution der „Großen Landesloge von Schweden" wörtlich (nach der Übersetzung der „Latomia"): „Die Welt, in neun (jetzt zehn) Provinzen geteilt, wird durch einen Großmeister oder Salomo regiert, der von Vater auf Sohn zur Regierung erwählt wurde, um die Arbeiter den guten Weg zu leiten. Er ist den Maurern bekannt und unbekannt! Dieser Salomo läßt jede Provinz durch einen Vikar regieren, den er ernennt oder durch die Brüder der Provinz ernennen läßt. Dieser regiert die Provinz" usw. Die „Latomia" (28. Jahrgang, 1869, S. 18) knüpft daran die Frage: „Wer ist dieser Salomo? Wo ist sein Sitz? Wenn die Fundamentalkonstitution die Wahrheit redet und keine Märchen erzählt, so ist König Salomo sogar Stifter des ganzen Bundes und hat bestimmt, daß die großmeisterliche Würde in seinem Geschlechte bleiben soll. Die gewiß nicht antisemitische „Latomia" knüpft daran die Befürchtung, daß nicht ein christlicher Fürst, sondern ein wahrhafter Israelite dieser unbekannte Obere sein könnte. . . . (Dabei trägt sie aber selbst auf der Titelseite den sechseckigen Stern Davids!)

Zu bemerken wäre, daß in der Freimaurerei überhaupt nicht immer das sichtbare Oberhaupt zugleich auch das wirkliche Oberhaupt ist. Wir wissen dies aus dem Munde englischer, französischer und amerikanischer Freimaurer. In der Verfassung der schwedischen Großloge findet diese Behauptung eben nur ihre einwandfreie Bestätigung. Treten Fürsten der Loge bei, so wird ihnen der Bestand von Hochgraden entweder verheimlicht oder, wenn dies nicht möglich ist, gibt man ihnen bloß scheinbar Hochgrade und erfindet ein besonderes Ritual dafür, aus dem alles ausgemerzt wird, was etwa ihren Verdacht erregen könnte. So wurde z. B. dem Br .·. Friedrich II., König von Preußen, das Bestehen von Hochgraden ängstlich verheimlicht, eine Tatsache, die uns der freimaurerische Geschichtsschreiber Louis Blanc berichtet. (Brouwers L'Action de la Francmaçonnerie, 1892, S. 17). Und daß Fürsten und Könige, wenn sie je an der Spitze der Loge standen, durchaus nicht „wissende Brüder" zu sein brauchten, geht aus unzähligen Belegen hervor.

Doch kehren wir zu den niederen Graden zurück. Die blauen Grade oder die Johannismaurerei ist an sich vielleicht ungefährlich, ja, sie wirkt in manchen Beziehungen wohltätig, wenigstens in Deutschland; sie unterhält eine große Anzahl von Stiftungen, treibt im allgemeinen keine Politik und kann, soweit sie nicht von Hochgraden abhängig ist, als gemeinnützige Anstalt betrachtet werden. Aber die blauen Grade sind — wie Br.·. A. Pike sagt — „eben nur der Vorhof und die Vorhalle des Tempels. Ein Teil der Symbole wird dort allerdings dem Lichtsuchenden erklärt. Er wird jedoch absichtlich durch falsche Auslegungen irregeführt. Es wird nicht beabsichtigt, daß er verstehe, es wird vielmehr beabsichtigt, daß er sich einbilde, er verstehe. Die wahre Auslegung ist den wirklich Eingeweihten, den Fürsten der Maurerei vorbehalten ..." (Morals and Dogma, S. 819.) Daraus geht wohl mit Klarheit hervor, daß die Freimaurer in ihrer überwiegenden Mehrheit keine blasse Ahnung davon besitzen, zu welcher Rolle sie mißbraucht werden.

Von den Arbeiten der maurerischen Werkstätten höherer Grade verlautet in der Tat nirgends etwas; sogar ihre Mitgliederlisten werden ängstlich geheim gehalten, und zwar nicht bloß gegenüber den „Profanen", sondern auch gegenüber den Brüdern niederer Grade. Das wurde sogar dem Br .·. Dr. Julius Goldenberg zu bunt und er beklagte sich bitter „über den unkontrollierbaren Einfluß der Hochgrade, die eine unsichtbare, unverantwortliche Macht darstellen". Goldenberg, ein bekannter Wiener Freimaurer, der mehrere Schriften veröffentlichte, gibt unumwunden zu, daß die Wirksamkeit der Hochgrade über die allgemein maurerischen Zwecke hinausgehe und beschwert sich darüber, daß die ersten drei Grade stets im unklaren gehalten oder gar getäuscht werden, während man von ihnen blinden Gehorsam verlange. Mit Recht sagt Goldenberg, daß solche Zustände freier Männer unwürdig seien. Was Br.·. Goldenberg über die ungarische Hochgradmaurerei sagt, trifft buchstäblich zu. Offenbar wußte er damals noch nicht, daß es zu den Aufgaben der Hochgrade gehört, auf die unteren Grade jeden erdenklichen Einfluß auszuüben und insbesondere Politik zu treiben; selbstverständlich nicht etwa bloße Kirchturmpolitik, sondern Staatspolitik, ja geradezu Weltpolitik. Deutlich genug sagt dies ein italischer Hochgradmaurer: „Die Johannisloge ist notwendig als Vorstufe der Hochgrade. . . . Der Schwerpunkt unserer Arbeiten liegt in den Hochgraden. Dort machen wir den Fortschritt, die Politik und die Weltgeschichte. . ." („Freimaurerzeitung" vom 9. Mai 1874.)

Die Hochgrade waren auch von jeher die Seele aller monarchiefeindlichen Bestrebungen. Nicht unabsichtlich, nicht ohne Zweck haben sich daher die verschiedenen Hochgradsysteme schon im 18. Jahrhundert die klangvollsten Namen wie „Souveräne Maurerfürsten" oder „Kaiser des Ostens und Westens" beigelegt, Titel, die damals außerhalb der Freimaurer nicht besonders ernst genommen wurden, aber doch schon die eigentlichen Endziele der freimaurerischen Hochgradbestrebungen deutlich genug verrieten. Heute sind die Throne gestürzt, die Monarchen vertrieben und die „Freimaurerfürsten" wagen sich allmählich aus dem dreifachen Nebel, der sie umhüllt, ans helle Tageslicht hervor.

V.

Maurerische Bekleidung, Abzeichen, Erkennungszeichen, Hilfszeichen.

Bei den „Arbeiten" in der Loge legen die Freimaurer über ihren gewöhnlichen Anzug den Schurz an, den man schlechthin die „maurerische Bekleidung" nennt. Dieser Maurerschurz, der schon 1723 bezeugt ist, stammt von den Steinmetzen her, und bildet also an sich schon einen Beweis für den wahren Ursprung der Freimaurerei. Er besteht aus weißem Lammsleder — seine weiße Farbe wie sein Stoff bedeuten die Unschuld, mit welcher der Mensch ins Leben tritt — die blaue Verzierung nimmt mit den Graden an Umfang zu und soll die zunehmende Treue gegen den Bund und seine Grundlehren versinnbildlichen. Farbe und Umrandung wechseln jedoch; Logenbeamte tragen nach einigen Freimaurersystemen grünen Schurz. Die Farbe des Meisters ist blau und gold. Jubilierenden Meistern werden zuweilen Schurze überreicht, die mit silbernen Ähren geschmückt sind.[1])

Der belgische Großorient schreibt für seine Würdenträger einen himmelblauen Schurz mit einem Rande aus echtem Metall vor.

Bei den Hochgraden wird die blaue Randfarbe durch die rote, grüne oder schwarze ersetzt; beim Rosenkreuzer ist die Randfarbe rot, beim Schottenmeister grün, beim Ritter-Kadosch schwarz. In den Hochgraden wird übrigens meist nicht Zivilkleidung, sondern Ornat getragen.

Zur Bekleidung gehören ferner auch die Bänder, an denen die metallenen Beamtenabzeichen (Bijou) und Logenzeichen getragen werden; sie sind oft durch Goldstickereien und Bilder verziert; so trägt z. B. der belgische Großmeister auf seinem Bande eine Sonne, der zugeteilte Großmeister einen Pelikan usw.

Früher war es allgemein üblich, bei den Logenarbeiten und sogar bei den Tafellogen den Hut aufzubehalten. Von diesem Brauche beginnt man jetzt allmählich abzugehen; so hat unlängst die Großloge von Preußen, genannt „Zur Freundschaft", angeordnet, daß die Brüder bei den „Arbeiten" von der üblichen Kopf-

---

[1]) Vgl. „Wr. Fr. Z.", Juli 1919, S. 22.

bedeckung absehen können und die Großloge „Zu den drei Weltkugeln" läßt seit dem Umsturz wenigstens statt des Zylinderhutes auch einen niedrigen Hut zu.[1]) Dagegen gehören auch heute noch die weißen Handschuhe zur maurerischen Bekleidung. Der Neuaufgenommene erhält außer seinen eigenen auch noch ein paar weißer Frauenhandschuhe für seine Gattin oder Braut; es soll dies ein Zeichen sein, daß die Loge die Ehe hochhält.

Zur vollen Ausrüstung der Maurer gewisser Grade gehört ferner der Degen (Schwert) und der Hammer. Das Tragen eines Degens war ursprünglich in den Logen unbekannt und dürfte erst durch die „angenommenen Maurer", soweit sie Edelleute waren, eingeführt worden sein.

Jene freimaurerischen Lehrarten, welche Hochgrade kennen, wie das schottische System, das schwedische System, selbstverständlich also auch die „Große Landesloge von Deutschland", halten an dem Degen fest; desgleichen auch einige unabhängige Logen. Der Degen spielt dort bei verschiedenen Anlässen eine gewisse Rolle, so z. B. bei der Aufnahme, beim Eid, beim Gesellenzug. („An der Spitze des Gesellenzuges schreitet der Bruder Aufseher dahin, den Ersten stützend und ihm mit der Degenspitze auf die Brust deutend, wo das Herz schlägt" — erklärt uns Br .·. Paul Mensdorf von der Loge „Minerva zu den drei Palmen" in Leipzig.)

Der Hammer als Zeichen der Macht kommt in der Freimaurerei nur den vorsitzenden Meistern zu, dem Meister vom Stuhl und den beiden Aufsehern.

Wenn man die Loge verläßt, werden Bijou und Schurz abgelegt. Äußerliche Erkennungszeichen lieben die Brr. Freimaurer im allgemeinen nicht. Eine kleine goldene Kelle an der Uhrkette, ein kleines Winkelmaß im Knopfloch wird da und dort vom abgetretenen Meister getragen. Die Brüder erkennen sich in der Regel an anderen Zeichen, am Händedruck (Griff), an bestimmten Worten, an der eigenartigen Stellung der Füße gegeneinander und endlich an gewissen Zeichen (Hals-, Brust-, Bauchzeichen, großes Not- und Hilfszeichen).

Das Halszeichen ist das Erkennungszeichen des Lehrlings, gilt aber allgemein als freimaurerisches Erkennungszeichen überhaupt. Wie es gemacht wird, soll hier nicht näher erörtert werden. Das „Halszeichen" weist zugleich auf die schwere Strafe hin — „Durchschneiden der Gurgel" — die den Maurer beim Bruch der

[1]) „Wr. Fr. Z.", Mai 1919, S. 50.

Verschwiegenheitspflicht treffen soll. Für den Gesellen kommt das „Brustzeichen“, für den Meister das „Stomachale“ oder „Bauchzeichen“ in Betracht. Das Brustzeichen bezieht sich auf das Herausreißen des Herzens, das Bauchzeichen will andeuten, daß der Meister seinen Leib selbst zum Unterpfand seiner Verschwiegenheit einsetzt.

Alle diese Handbewegungen verändern sich in gewissem Maße mit dem Übertritt in die oberen Grade. Auch der Händedruck ist in den verschiedenen Graden nicht genau derselbe. Das Erstaunungszeichen dagegen ist kein Erkennungszeichen, wird nur in der Loge selbst ausgeübt, und zwar von der Bruderkette bei der dramatischen Darstellung von Meister Hirams Tod. Näheres braucht hier nicht mitgeteilt zu werden. Was ferner die 5 P. d. v. M. Gr. anlangt, so sei nur erwähnt, daß dieser zusammengesetzte Griff bei der Einsetzung des Meisters seine Bedeutung hat, die man, um sie zu verstehen, entweder selbst erlebt oder doch mitempfunden und durchdacht haben muß.

Die Erkennungsworte endlich, die nahezu sämtlich aus dem Hebräischen stammen, sind entweder dauernder Natur oder Paßworte mit bloß zeitlicher Geltung. Solche Paßworte wurden schon 1746 eingeführt und galten für ein ganzes oder halbes Jahr. Die Semestralerkennungsworte werden vom Großmeister persönlich der Bruderkette ins Ohr geflüstert. Da sie aber nicht in allen Lehrarten (Systemen) gleich waren, führten sie zu zahllosen Verwirrungen und Mißverständnissen.

Für den Profanen, der nicht etwa wissenschaftliche Zwecke verfolgt, ist es vollkommen gleichgültig, wie diese Erkennungsworte heißen und welcher Sinn ihnen beigemessen wird. Er braucht auch weder das neue, noch das alte M. W. zu kennen, ihm kann es gleichgültig sein, was sich hinter „M. B.“, beziehungsweise J . . . . . verbirgt.

Bemerkenswert hingegen ist das große Not- und Hilfszeichen, das von Freimaurern im Zustande der Lebensgefahr gegeben wird. Es gehört eigentlich in den Meistergrad, wird aber seiner praktischen Bedeutung wegen schon den Lehrlingen mitgeteilt. In freimaurerischen Zeitschriften werden gelegentlich rührende Geschichten erzählt, wie so mancher Freimaurer sein Leben nur der Anwendung dieses Not- und Hilfszeichens zu verdanken habe, wie insbesondere im Kriege feindliche „Brüder“, nachdem sie sich erkannt hatten, in dem Gegner nicht mehr den Feind, sondern nur noch den Bruder sahen. Über einen derartigen Fall berichtet z. B. die freimaurerische Zeitung „Globe“ (Bd. 2 S. 496) folgendes:

„Man sah auf den Schlachtfeldern Kämpfende sich ein Zeichen geben . . . die Waffen wegwerfen, und sich küssen; aus Feinden, die sie gewesen, wurden sie augenblicklich Freunde und Brüder, eingedenk der Eide, die sie geschworen hatten." Ein besonders klares Beispiel wurde auf dem maurerischen Kongreß in Nancy (Mai 1896) vorgebracht: Ein französisches Schiff wurde im Jahre 1801 während des Krieges von einem englischen Schiffe stark beschossen und konnte sich mangels entsprechender Armierung nicht wehren. Die französische Besatzung, eine Halbbrigade, war trotz der zahlenmäßigen Überlegenheit dem sicheren Untergange geweiht. Die französische Flagge wurde eingezogen, die englische Artillerie jedoch wütete weiter. Da stürzten sich die französischen Offiziere, die sämtlich das Licht erhalten hatten, auf den Vorderteil des Schiffes, setzten sich offen dem Feuer aus, gaben das freimaurerische Notzeichen und riefen um Hilfe. Und was die Menschlichkeit nicht zu erreichen vermochte, das bewirkte die Maurerei; unter den englischen Offizieren befanden sich ebenfalls Maurer, das Feuer wurde daraufhin sofort eingestellt und die Bedingungen der Übergabe vereinbart.

Solche Fälle haben sich zu wiederholten Malen zugetragen. „Unterscheidet in Kriegszeiten weder Nation noch Uniform; seht nur den Bruder und gedenkt eurer Eide!" — das ist die Lehre, die Br .·. Bouilly 1841 den Brüdern neuerlich einschärfte, eine Lehre, die auch im Kriege 1870—71 und sicher auch im Weltkriege wiederholt beherzigt wurde.

Aber das Notzeichen (signe de détresse) darf auch in anderen Notfällen angewendet werden. Gibt ein Freimaurer in seiner Bedrängnis das Notzeichen, so müssen alle anwesenden Brüder zu seiner Hilfe herbeieilen. Auf Nichtfreimaurer jedoch dehnen sich die brüderlichen Gefühle nicht aus; ihre Menschlichkeit erstreckt sich nur auf alle diejenigen, welche „die Füße in den rechten Winkel stellen". Mit Recht tadelt Br .·. Henne am Rhyn diese engherzige Auffassung und macht seiner inneren Empörung mit folgenden Worten Luft: „Derjenige, der auf das Not- und Hilfszeichen hin helfend eingreift, würde also in demselben Falle nichts tun, wenn dieser kein Maurer wäre, d. h. unter Umständen einen Menschen ruhig zugrunde gehen lassen! Soll das irgend etwas mit Humanität zu tun haben? Steht der verächtlich behandelte „Profane", der ohne Zeichen und Ausweis als Mensch hilft, nicht viel höher?" Henne am Rhyn hält das Not- und Hilfszeichen für eine Erfindung, die mit wahrer Menschlichkeit gar nichts zu tun hat und verlangt daher die Abschaffung dieser Einrichtung.

Sucht ein Freimaurer Annäherung, so stellt er, so wie beim Hilfszeichen, die Füße in den rechten Winkel und kein Meister, und wäre er auch ein gekröntes Haupt, würde daraufhin die Annäherung verweigern. Manch geheimnisvoller Vorfall, der sich anders nicht erklären läßt, namentlich auch in Begnadigungs- und Amnestiefragen, wird dadurch verständlich .....

Erkennungszeichen und Sinnbild sind für die Freimaurer auch die Zweige der Akazie. Die Akazie, eigentlich die Cassia, ist der den Freimaurern heilige Baum. Kleine Akazienzweige werden von den Brüdern auch als Abzeichen getragen; das war beispielsweise der Fall, als am 4. Juni 1908 zahlreiche Brr. an der Überführung der Leiche des Romanschriftstellers Br.·. Emil Zola in das Pantheon teilgenommen haben.

Auch an der Art des Anklopfens erkennen sich die Maurer, wobei die Meister anders klopfen als Lehrlinge und Gesellen. Auf die symbolische Bedeutung der drei (neun) Schläge, die wieder an die Hiramslegende anknüpfen, soll hier nicht näher eingegangen werden. Übrigens bestehen auch in dieser Hinsicht in den einzelnen Lehrarten große Verschiedenheiten.

Die Freimaurer haben auch, zum Teil wenigstens, ihre eigene Zeitrechnung; seit einem Beschlusse des Wilhelmsbader Kongresses von 1782 rechnen sie nämlich zu der Jahreszahl die Zahl 4000 hinzu; gegenwärtig schreiben sie also das Jahr 5919.

VI.

Freimaurerei und Christentum.

Nach den Satzungen der alten Werkmaurerzünfte war die erste Pflicht eines Freimaurers die: „Du sollst treu sein gegen Gott und gegen die heilige Kirche und keinem Irrtum und keiner Ketzerei Eingang verstatten."

Im Konstitutionsbuch des Predigers Anderson dagegen (1723) ist diese Hauptpflicht des Freimaurers ganz anders ausgedrückt: der Maurer ist nur zu jener Religion verpflichtet, in der alle Menschen übereinstimmen; „und wenn er die (königliche) Kunst recht versteht, so wird er nie ein törichter Gottesleugner (stupid atheist) oder Wüstling (irreligious libertine) sein". Dieser letzte Satz ist einigermaßen irreführend und hat auch tatsächlich viele Mißverständnisse hervorgerufen. Es gibt unzählige Freimaurer, welche mit Rücksicht auf jenen Satz auch heute noch annehmen, daß der Gottesglaube die Grundlage der Freimaurerei sei. Hatte doch sogar der 1. Artikel der Konstitution der französischen Freimaurerei, von der es am wenigsten zu erwarten wäre, bis zum Jahre 1877 folgenden Wortlaut: „Die Freimaurerei ... hat als Grundlage die Existenz Gottes und die Unsterblichkeit der Seele." Und Br.·. H. Normann, ein bekannter freimaurerischer Schriftsteller, versichert uns allen Ernstes, daß ein ausgesprochener „Atheist" vergeblich um Aufnahme an den Türen des Tempels bitten würde. Anderer Meinung ist freilich Bruder Wilhelm Ohr: „Aus diesem Satz folgt nicht, daß man einen Mann, der Gott leugnet, nicht aufzunehmen vermöge. Schon mancher „Atheist" ist in die Loge getreten und hat die Kunst mit Eifer gelernt und wenn er auch nicht den Glauben an einen persönlichen Gott gefunden hat, ein „stupid atheist" kann keiner sein, der das Symbol des allmächtigen B. a. W. wirklich erfaßt und in seinen mannigfachen Andeutungen wiedererkannt hat. Findet sich in einer Loge ein solcher Mann, auf den die Ausdrücke „stupid atheist" und „irreligious libertine" Anwendung finden sollten, so ist dies eben kein Mann, der die Kunst recht versteht."[1])

---

[1]) Dr. Wilhelm Ohr, Der französische Geist und die Freimaurerei. Leipzig 1917 S. 54.

Wie steht es nun in Wahrheit damit? Glauben die Freimaurer an Gott? Die Frage läßt sich nicht mit einem klaren Ja oder Nein beantworten; manches spricht dafür, vieles dagegen. Dem Gesellen wird zum Beispiel der „flammende Stern“ gezeigt, in dessen Mitte der Buchstabe „G“ erglänzt; und man sagt ihm, dieser geheimnisvolle Buchstabe bedeute Gott! Aber bei einer anderen Gelegenheit erfährt er wieder, der Buchstabe „G“ bedeute gar nicht Gott, sondern — Geometrie. Und wieder ein anderesmal heißt es, dieses strahlende „G“ weise auf Gnosis hin, auf die Erkenntnis, und habe überhaupt mehrfache symbolische Bedeutung.

Andererseits hat der französische „Grand Orient“ am 10. September 1877 alles, was an das Dasein Gottes erinnert, aus seiner Verfassung ausgemerzt; italische Freimaurer taten dasselbe und erklärten wiederholt ganz offen, Gott sei als Herrscher abgesetzt. Und in der freimaurerischen Zeitschrift „Orient“ (Budapest 1893 Nr. 10) wird Christus kurz bezeichnet als der „historisch berühmt gewordene Nazarener Zimmermann“. Die deutschen Freimaurer gebrauchen nun zwar in ihren Ansprachen an Lehrlinge und Gesellen vielfach Wendungen, welche auf Gott hinzuweisen scheinen, und Sätze wie: „Ohn' Gottes Gunst, all' Baun umsunst“ werden gerne hervorgeholt. Trotzdem kommt der unbefangene Beobachter zu dem Schlusse, daß es sich hierbei nur um Worte ohne Inhalt handelt. Der Ausdruck „Gott“ wird übrigens tunlichst vermieden; viel lieber sprechen sie vom „Allerhöchsten Baumeister aller Welten“, vom „Dreifach großen Baumeister des Weltalls“ oder vom „Allmächtigen Baumeister der Welt“ (A. B. d. W.).

Die Freimaurer erklären dies so: In frühesten Zeiten hatte jedes Volk, jeder Stamm seinen eigenen Gott; erst der Gott der Christen wurde zum Gott der Menschheit überhaupt, der keinen Unterschied der Völker kennt. Aber er ist bloß Gott der Erde, die er vor allen anderen Weltkörpern bevorzugt, was darin seinen höchsten Ausdruck findet, daß er ihr den eingeborenen Sohn als Erlöser sendet. Nach den ungeheueren Fortschritten der Astronomie seit Kopernikus sei diese Auffassung unhaltbar geworden; es gebe Millionen Sonnen mit wahrscheinlich undenkbar vielen Planeten, auf denen organisches Leben, bis zum Denken gesteigert, besteht, bestand und bestehen wird. Die Freimaurer glauben daher nicht an einen Gott der Erde, sondern an einen Baumeister des Weltalls.

Wie steht es nun mit der zweiten Grundlage der Freimaurerei, der Unsterblichkeit der Seele?

Br. .·. Dr. Henne am Rhyn, der immer spricht, wie er denkt, und stets bestrebt ist, alles auf die kürzeste Formel zu bringen, hat sich niemals über Einzelheiten des Unsterblichkeitsglaubens ausgesprochen, sondern die Ansichten über diesen Begriff den Brüdern freigegeben. (Symbolik der Freimaurerei, S. 125, Verlag Franz Wunder, Berlin 1907.) Br .·. Hugo von Kupffer (Drei Weltkugeln), einer der geistvollsten Logenredner und Meister vom Stuhl der Loge „Zum flammenden Stern", ist der Überzeugung, daß der Tod nicht das absolute Ende sein könne. (Aus einem Vortrag in der Loge „Zum flammenden Stern", Orient Berlin, am 23. Jänner 1912.) „Es ist eine Schlußfolgerung der Vernunft, die uns sagt, daß das Menschendasein mit all seinen Entwicklungsphasen und Erscheinungen geradezu etwas Sinnloses wäre, gäbe es nicht ein, wenn uns auch noch so rätselhaftes Etwas jenseits des Grabes . . ." Und an anderer Stelle: „. . . Unsterblichkeit, das ist der gewaltige Gedanke, der aus den hellen Strahlen des flammenden Sternes über dem Altar des Meistertempels in unsere Seelen wärmend hineinleuchten soll." Unsterblichkeit — meint Kupffer — sei auch der wesentliche Sinn der Hiramslegende. (Gemeint ist die Sage von Hiram, dem angeblichen Erbauer des Tempels Salomos, der von pflichtvergessenen Gesellen ermordet und dann zu neuem Leben erweckt wird.)

Auch Br .·. Ernst Diestel von der „Großen Landesloge von Deutschland" meint, daß der Geist, der in uns wohnt, uns auffordert, einen künftigen Zustand nach dem Tode anzunehmen. Aber Br .·. Diestel ist seines Zeichens Hofgerichtsprediger und mag daher manchem nicht als vollwertiger Zeuge erscheinen. Die anderen aber, die man zitieren könnte, stehen zumeist schon im gegnerischen Lager. Dem Br .·. Röver (von Royal York) „lebt der Verstorbene in seinen Taten fort, wenn längst sein irdisch Teil im Grabe ruht", und Karl Trauner vom „Eklektischen Bund", seines Zeichens Bankdirektor in Frankfurt am Main, stellt als unbestreitbare Tatsache fest, „daß ein großer Teil der Freimaurer, gute, echte und hervorragende Brüder, nicht ganz von dem Glauben an Gott und an die Unsterblichkeit erfüllt seien." In einer Ansprache bei einer Meisterbeförderung läßt er zwar die Frage der Unsterblichkeit offen und die kirchliche Deutung gelten, bringt aber im Grunde genommen nur Dinge vor, die gegen diese Auffassung sprechen. Und Br .·. Andreas Blank (Großloge Bayreuth) weist die Maurer auf eine Unsterblichkeit hin, die sie sich selbst verdienen können, die kirchlichen Vorstellungen dagegen verwirft er: „Es gibt kein Erwachen zu einem neuen glücklicheren Leben!“

Bei manchen Logenschriftstellern wird daher auch die Freimaurerei dem Christentum scharf gegenübergestellt. So wendet sich Br.·. Friedrich Will, Privatgelehrter in Erlangen (Eklektiker) und Stuhlmeister der Loge „Zu den drei Zedern“, gegen jene Lebensauffassung, die in der Erde nur ein Jammertal sehen und das Leben diesseits nur als eine Vorstufe für ein unbekanntes Jenseits betrachten möchte. Die freimaurerische Lehre hingegen, sagt Br.·. Will, verlangt vom Einzelmenschen die höchste Ausbildung aller Gaben und Kräfte. Arbeit soll das Leben füllen und sie soll geleistet werden im Hinblick auf einen gemeinsamen großen Zweck. Ferner lehre die Freimaurerei, die Freuden des Lebens mit Mäßigkeit und Weisheit zu genießen; und die Befolgung dieser Lehre bringe eine gewisse Lebensfreudigkeit, einen freien, edlen Lebensgenuß mit sich, der über die Häßlichkeiten und schmerzvollen Ereignisse leichter hinwegkommen lasse ...

Das klingt soweit ganz schön und läßt sich hören. Es geht daraus hervor, daß die Freimaurerei eine Art Religion sein will, eine Humanitätsreligion, die sich gleich dem Christentum über die ganze Erde verbreiten soll. Damit ist naturgemäß Kampfstellung und Kampfansage verbunden. Treffend bemerkt daher Br.·. Carlos von Gagern, der in der Loge seinerzeit eine hervorragende Stellung eingenommen hat: „Religion und Freimaurerei sind kontradiktorische (unvereinbare) Begriffe.“ Und an einer anderen Stelle: „Mit jedem Ansturm gegen den Altar — und jeder Zweifel an den religiösen Dogmen ist ein solcher — wird von jenem ein Steinchen abgebröckelt und schließlich muß er ganz zusammenstürzen.“ Wenn demgegenüber Br.·. Milim, der fünfundzwanzig Jahre Freimaurer war, uns beteuert, die Freimaurer dächten nicht im entferntesten daran, irgend etwas gegen die Religion zu unternehmen, so ist zwar an seinem guten Glauben nicht zu zweifeln, aber doch festzustellen, daß Br.·. Milim nicht zu den Eingeweihten gehört. Er und viele Tausende seinesgleichen sind eben bloße Mitläufer, sie gehören zur misera contribuens plebs, wissen zwar manche Einzelheiten und gewisse Äußerlichkeiten, z. B. wie man das Halszeichen richtig macht, wie man klopft, wie man die Füße in den rechten Winkel stellt, aber der tiefere Sinn und Zweck der Maurerei ist ihnen zeitlebens unklar geblieben. Sehr bemerkenswert dagegen ist die Anschauung des Br.·. Hiram (Deckname für Br.·. Limousin von L'Acacia), der kurzerhand erklärt, die Freimaurerei sei die Gegenkirche, und zwar schon seit 1723, also fast seit ihrer Gründung. (L'Acacia, Mai 1908, Nr. 65.)

Daß sich die Freimaurerei dem Christentum, namentlich dem Katholizismus feindlich gegenüberstellt, ist das Selbstverständlichste von der Welt. Es ist ein Kampf um Sein oder Nichtsein für beide Teile, der Haß ist gegenseitig und nur die Form des Kampfes wechselt je nach Zeit, Ort und Stärke des Gegners. „Unser Reich ist von dieser Welt" ruft Br.·. Alexander Mintz in seiner Festrede aus, gehalten in der Festarbeit der „Großloge von Wien" am 1. Juni 1919. Damit hat er den klaffenden Unterschied schärfer beleuchtet als irgendein anderer vor ihm.

In Deutschland ist dieser Kampf weniger sichtbar; erstens ist dort die Freimaurerei nahezu von allen Fesseln befreit, dann besitzt sie in ihren Reihen eine große Anzahl protestantischer Geistlicher, die in führender Stellung, als Stuhlmeister usw. tätig sind, endlich ist der Deutsche von ruhiger Gemütsart und sein Streben nach Selbstbestimmung und Geistesbefreiung ist durchaus verinnerlicht. Die Freimaurerei in Deutschland hat sicherlich einen stark religiösen Einschlag. Die freimaurerische Kunst soll nach Wilhelm Ohr — „das ganze Leben der menschlichen Seele von der Wiege bis zum Grabe mit allen Impulsen und Trieben umfassen, um in dieser Umfassung Wege zu höherer Sittlichkeit zu bieten und Menschen emporzuziehen, wie jede edle Kunst es tut; daher umfaßt sie selbstverständlich auch die Religion ... Die Religion ist überall drin in der Symbolik und wenn sie im Weltenbaumeistersymbol sozusagen eine besondere Betonung erfährt in einer Weise, die ans geistige Leben, und zwar an die Gottesidee streift, so ist das lediglich eine selbstverständliche Sache für den, der die maurerische Kunst recht versteht." Dagegen kann auch in Deutschland über den klaffenden Gegensatz zwischen Freimaurerei und Ultramontanismus nicht der geringste Zweifel bestehen. Sagt doch der freimaurerische „Herold" (5. Dezember 1909, Nr. 45) wörtlich: „Der Feind ist der Ultramontanismus, und seine Macht zu brechen, das ist ein Ziel, das des Schweißes aller Edlen wert ist."

Solche Stimmen stehen auch in Deutschland durchaus nicht vereinzelt da, in den romanischen Ländern hingegen wurde der Kampf geradezu mit äußerster Kraftanstrengung geführt. Allerdings nicht von jeher! In Frankreich war beispielsweise noch um die Mitte des 18. Jahrhunderts das römisch-katholische Glaubensbekenntnis unentbehrlich für die Aufnahme in die „Grand Loge de France". Das änderte sich aber sehr rasch unter der Aufklärungsarbeit der Enzyklopädisten; es sei hier nur Voltaire genannt, der bereits in jungen Jahren das Licht erhalten hatte und sich im hohen Alter neuerdings in eine Loge aufnehmen ließ. Voltaires viel zitiertes Wort „Ecrasez l'infame" — vernichtet die Ruchlose (katholische Kirche) — zündete in weitesten Kreisen. Der Kampf entbrannte auf allen Linien, er richtete sich gegen Kirche und Papst, gegen Gott und die Religion. „Was zerstört werden muß, das ist das Werkzeug selbst, dessen sich der Klerus bedient, um die Massen zu betören ..., das ist die Religion selbst ..." sagte z. B. der Großmeister des belgischen Groß-Orients Br .:. Cocq auf dem Freimaurerkonkreß im Jahre 1900. „Der Kampf zwischen Kirche und Freimaurerei ist ein Kampf auf Leben und Tod, ohne Rast und Gnade" — erklärt „Bulletin de Travaux du Suprême Conseil de Belgique" (Nr. 51, S. 59).

Natürlich suchten sich die Päpste zu wehren. Papst Klemens XII. war der erste, der sich in der denkwürdigen Konstitution „In eminenti" vom Jahre 1738 in schärfster Weise gegen die Freimaurerei wandte. Er nennt sie Gesellschaften, in welchen Menschen jeder Religion und Sekte zu einem streng abgeschlossenen Bunde vereinigt sind; er betont, daß sie vorzugsweise im Geheimen wirken und endlich, daß sie durch schwere Eide mit furchtbaren Strafandrohungen zu unverbrüchlichem Stillschweigen verpflichtet seien; das sind übrigens Vorwürfe, denen man auch heute noch eine gewisse Berechtigung nicht absprechen kann. Andere Päpste folgten. Im 19. Jahrhundert waren es insbesondere Pius VII., Leo XII., Pius VIII., Gregor XVI., Pius IX. und Leo XIII., die sich in wiederholten Enzykliken gegen die geheimen Gesellschaften kehrten. Namentlich gegen die Freimaurer und die ihnen verwandten Carbonari schleuderten sie den großen Kirchenbann. Die italischen Freimaurer, die an der Schaffung des geeinten Italien einen sehr großen Anteil hatten — Mazzini, Garibaldi, ja nahezu sämtliche politischen Führer waren Logenbrüder — antworteten mit Spott und Hohn und forderten geradezu die Verbrennung des Papsttums (Rivista della Massoneria Italiana 1882, S. 89). Die Logen der ganzen Welt wurden zum Kampf gegen Papst und Kirche um Hilfe angegangen und der Großorient von Italien verlangte namentlich auch von den deutschen Großlogen eine gemeinsame Aktion gegen den Papst.[1]) Und merk-

[1]) Aus einem Rundschreiben des italischen Großorients an die deutschen Großlogen, abgedruckt in der „Bauhütte" 1887 S. 5.

würdig! Während die deutschen Logen doch immer darauf hinweisen, daß ihre Tätigkeit mit Politik nicht das Geringste zu schaffen habe, weiß das italische Logenorgan zu berichten, daß im Kampfe gegen den Papst eine vollständige Übereinstimmung mit den deutschen Großlogen erzielt worden sei. (Rivista della Massoneria Italiana, 1886, S. 159). Natürlich dürfen auch die ungarischen Brüder nicht fehlen, die ja stets in engster Verbindung mit dem Großorient von Italien standen; und es ist zweifellos ein hübsches Wort des ungarischen Großmeisters, das festgehalten werden soll, wenn er in einem Festgruße den italischen Brrn .·. den Wunsch übermittelt, der „große Baumeister aller Welten" möge ihnen im Kampfe gegen die Finsternis zu Hilfe eilen (1895)! Hübsch ist diese Wendung deshalb, weil das anerkannte „Haupt der Finsterlinge", der Papst, die Schätze des vatikanischen Archivs schon seit langem der freien wissenschaftlichen Forschung zugänglich gemacht hat, während sich die Großoriente der ganzen Welt in Nacht und Schweigen hüllen und jeden mit dem Tod bedrohen, der es wagt, auch nur einen Teil ihrer Geheimnisse ans Licht der Öffentlichkeit zu bringen. Haben nun die italischen Freimaurer Gott längst entthront und dafür ihren Garibaldi zu einem übermenschlichen Wesen, ja zum Nationalgott erhoben (Rivista Massoneria Italiana, 1889, S. 172) — denselben Garibaldi, den andere einen lächerlichen Maulhelden nannten, dessen militärische Fähigkeiten gleich Null gewesen seien — so gingen die französischen Logenbrüder noch einen Schritt weiter, sie entthronten sogar den „Allerhöchsten Baumeister aller Welten" selbst! So geschehen am 10. September im Jahre des Lichtes 5877 (1877). Die Formel „A la gloire du Grand Architecte de l'Univers", mit der alle Aktenstücke des „Grand-Orient de France" begannen, wurde gestrichen. Darob großes Entsetzen in der Freimaurerei der ganzen Welt! Die englische Großloge brach sofort alle Beziehungen zum „Grand-Orient" ab, desgleichen die von Schottland und Irland und mehrere amerikanische Großlogen. (Die deutschen Großlogen hatten dies nicht nötig, weil sie bereits im Jahre 1871 jede Verbindung mit dem Grand-Orient gelöst hatten, als nämlich während des deutsch-französischen Krieges zehn Pariser Logen die Kühnheit besaßen, Kaiser Wilhelm I. und den damaligen Kronprinzen vor ihr Gericht zu laden und überdies gegen sie einen Kopfpreis von einer Million Franken öffentlich auszuschreiben)!

Die Schweizer Großloge „Alpina" wird heute noch von zwanzig amerikanischen Großlogen nicht anerkannt, weil sie mit dem von

England und Amerika nicht anerkannten französischen Großorient Beziehungen unterhält. Und die Großloge „Zu den drei Weltkugeln“ in Berlin erklärte noch am 14. Mai 1905, daß sie mit der „Grande Loge de France“ nicht in nähere Beziehungen treten könne, weil diese, ebenso wie der „Grand-Orient de France“, in ihrem Ritual „jede Andeutung des großen Baumeisters aller Welten sorgfältig vermeide und durch Anrufung der Vernunft, Gleichheit, Freiheit und Brüderlichkeit ersetze“.

Das waren also, in groben Umrissen gezeichnet, die Folgen des Schrittes vom 10. September 1877. Es nützte dem „Grand-Orient“ wenig, daß er immer aufs neue beteuerte, es sei ihm nur darum zu tun gewesen, „die Idee der Toleranz restlos zur Durchführung zu bringen“; gegen den Gottesglauben oder den Glauben an die Unsterblichkeit der Seele habe er durchaus nicht Front machen wollen. „Die französische Freimaurerei ist weder theistisch, noch atheistisch ... Sie hat als einzigen Grundsatz die vollkommene Achtung vor der Gewissensfreiheit“. Derartige Stimmen verhallten jedoch ungehört.

Wilhelm Ohr ist nun freilich der Überzeugung, daß solche Äußerungen des „Grand-Orient“ zwar ehrlich gemeint, aber trotzdem durchaus unrichtig seien: Die französische Freimaurerei sei „völlig politisiert und antiklerikal“. Tatsache ist, daß Monarchisten ebensowenig aufgenommen werden, wie Leute, deren religiöse Überzeugung außer Zweifel steht; daher auch die zahllosen Fragen seitens der französischen Stuhlmeister, wenn es sich um die Aufnahme eines neuen Lichtsuchenden handelt; sie verlangen eben, sagt Br.·. Romeissen, daß man „ein guter Republikaner und *Freidenker* sei“. Dafür liegen eine Anzahl von einwandfreien Beweisen vor, von denen zwei hier noch angeführt seien: An der Spitze des französischen Großorients steht der Ordensrat (Conseil de l'Ordre), der aus dreiunddreißig Mitgliedern besteht und die eigentliche Leitung innehat. Mitglied dieses Ordensrates kann nur derjenige sein, der sich *verpflichtet*, daß weder er selbst, noch seine Kinder die Gebräuche irgendeiner Religion befolgen werden.[1]) Auch die „Acacia“ (Februar 1908, Nr. 62, S. 81—99) gibt zu, daß seit der dritten Republik (1871) die Freimaurerei und insbesondere der „Grand-Orient“ offiziell eine *antiklerikale* Haltung einnehmen. „Die Freimaurerei steht heute im offenen Kampf mit der Kirche ... Aber welche Taktik sollen wir anwenden? Sollen wir die Katholiken töten (!), peinigen (!), ein-

[1]) Mitgeteilt in der freimaurerischen Zeitung „Orient“, Ofenpest 1893.

sperren (!), ihre Güter konfiszieren? Wir brächten es nicht über's Herz!" Bald darauf aber brachten es die Brüder doch über's Herz, wenigstens die Güter der Kirche zu konfiszieren. Aus all diesen Beispielen ergibt sich wohl von selbst, daß der Wahlspruch der schottischen Hochgradmaurerei „Deus meumque jus" (Gott und mein Recht) heute nur mehr ein trügerisches Aushängeschild ist. Man will der profanen Welt Sand in die Augen streuen, und überdies den Bruch mit der englischen und amerikanischen Freimaurerei, die drei Viertel aller Freimaurer der Erde umfaßt, um jeden Preis vermeiden.

Selbstverständlich treiben die Freimaurer in den meisten Staaten auch Religionspolitik. Ein Beschluß der ungarischen Hochgradmaurerei vom 16. März 1890 lautet wörtlich: „Aufgabe der hohen Grade ist: Die wirksamste Verbreitung der freimaurerischen Grundsätze. Die Werkstätten der hohen Grade vollführen mit zentralisierter Kraft die geistige Leitung der Logen, sie streben dahin, daß in der profanen Welt solche Fragen erfolgreich gelöst werden und solchen Ideen Geltung verschafft wird, welche unter den gegebenen Verhältnissen den Sieg der Sache der Freimaurerei am meisten fördern." Zu diesen Ideen gehört z. B. die Einführung der Zivilehe, die den ungarischen Freimaurern nach jahrelanger Vorbereitung tatsächlich gelungen ist; zu diesen Ideen gehört ferner die Abschaffung des Religionsunterrichtes in den Schulen; sie wird von den ungarischen Freimaurern genau so gefordert, wie von ihren italischen Brüdern. „Kein Religionsunterricht! Gewissensfreiheit!" rief Br.·. Ulisse Bacci vom 33. Grad aus[1]) und: „Kein Religionsunterricht! Gewissensfreiheit!" hallte es in allen Logen Italiens wieder.

Als dann Br.·. Ernesto Nathan, 33. Grad, früher „durchlauchtigster Großmeister" des italischen Großorients, zur Verwunderung aller plötzlich Bürgermeister von Rom wurde (1908) war es sein erstes, in allen städtischen Lehranstalten den Religionsunterricht abzuschaffen (11. Juli 1908).

Man hat sich immer gewundert, daß es nicht einmal dem feinen Diplomaten, Papst Leo XIII., gelungen ist, eine Aussöhnung zwischen Königtum und Papsttum herbeizuführen. Die Schuld lag weder auf seiten des Königs, noch auf der des Papstes; es waren die Freimaurer, welche eine solche Versöhnung aufs schärfste bekämpften und tatsächlich auch verhinderten. Die Minister, insbesondere Depretis, der selbst Freimaurer des 33. Grades war, wurden entsprechend beeinflußt, an ihre Eide erinnert und zum

[1]) Rede vom Dezember 1906 in der Loge Rienzi, Orient von Rom.

Gehorsam geradezu gezwungen. Dem Nichteingeweihten mag dies übertrieben erscheinen; die landläufige Ansicht geht doch dahin, daß ein Minister bloß dem Könige und allenfalls der gesetzlichen Vertretung des Volkes, also dem Parlamente, verantwortlich sei. Das ist jedoch nicht so in jenen Ländern, wo die Freimaurerei einen bedeutenden Anhang und Einfluß besitzt. Artikel 23 der „Allgemeinen Gesetze der Freimaurerei“ in Italien sagt ausdrücklich: „Jeder Freimaurer hat die Pflicht, . . . wenn er öffentliche Ämter bekleidet, des Programms der Freimaurerei eingedenk zu sein.“ Tut er dies nicht, so begeht er eben ein schweres Vergehen. Auch das ist keine Übertreibung, sondern nackte Wahrheit; Artikel 97 derselben Gesetze führt nämlich unter den „schweren Vergehen“ als dritten Punkt besonders an: die Auflehnung in Handlungen oder Schriften gegen die Befehle und Dekrete des Großorients oder des Großmeisters!

Aber nicht bloß die Minister, das ganze Volk wurde durch die Logen bearbeitet und verhetzt, um eine Aussöhnung der beiden Gewalten zu verhindern. Zu welchem Zweck? Der Zweck geht mit vollster Deutlichkeit aus einem Aufsatz der oft zitierten freimaurerischen Zeitschrift „Rivista della Massoneria Italiana“ (1886, S. 133) hervor: „Das Volk“, heißt es dort, „muß heute verhindern, daß eine ungeheuerliche Versöhnung (zwischen Papst und König) dem Papsttum seine frühere Macht wieder zurückgebe...“

Es wird nun freilich manchen Leser geben, der mit dieser Art von Logentätigkeit durchaus einverstanden ist. Die Absicht des Verfassers geht aber nicht dahin, Kritik zu üben, sondern Tatsachen festzustellen und Zusammenhänge aufzudecken; dem Leser soll es überlassen bleiben, sich selbst sein Urteil zu bilden.

Weniger einverstanden aber wird man mit gewissen Entartungserscheinungen der Freimaurerei sein, die nicht etwa bloß in der überhitzten Phantasie eines Römlings bestehen, sondern schlechthin Tatsachen sind.

Daß die italischen Freimaurer Christus für sich in Anspruch nehmen, mag ja hingehen, desgleichen, daß sie ihn kurz den „Freimaurer von Nazareth“, den idealen Freimaurer, nennen und wenn die französische Freimaurerei Rufe ausstößt, wie z. B. den: „O du heilige Freimaurerei, du, durch dreifache Weihe geheiligte Freimaurerei!“ so mag man darin eine arge Geschmacksverirrung erblicken, die um so mehr zu mißbilligen ist, weil sie vom „Grand-Orient“ selbst ihren Ausgang nimmt (Bulletin du G.·. O.·. 1888 bis 1889, S. 574). Bedenklich ist es auch, wenn Br.·. Zacharia das Christentum „eine abscheuliche Lästerung auf das süße Antlitz

Gottes" nennt (Rivista della Massoneria Italiana 1890, S. 205); aber ein derartiger Ausspruch mag als Übertreibung eines Einzelnen gelten, die dem freimaurerischen Bund als solchem nicht zur Last gelegt zu werden braucht. Was aber soll man sagen zur Verherrlichung — **Satans**, wie sie namentlich durch die italischen Freimaurer in ihrer Gesamtheit betrieben wird?? Es ist wirklich so; sie feiern Satan und stellen ihn als Sinnbild der Vernunft dem Christentum gegenüber. Wir finden in den freimaurerischen Schriften Stellen, welche von einem „Satan dem Großen" sprechen (vgl. z. B. Rivista della Massoneria Italiana, 1896, S. 157), Stellen, welche darauf hindeuten, daß die Freimaurer in Satan ihren wirklichen höchsten Chef und Abgott sehen, neben welchem Christus nur eine ganz untergeordnete Rolle spielt. Man mag darüber ungläubig lächeln; damit schafft man aber die Tatsache nicht aus der Welt, daß die italischen Freimaurer eine eigene Hymne an Satan besitzen, die sie bei feierlichen Gelegenheiten mit einer Begeisterung singen, die ihresgleichen sucht. Diese Satanshymne stammt von Br.·. Giosue Carducci; ihre beliebteste Strophe lautet:

„Salute, o Satana
O Ribellione,
O forza vindice
della Ragione!"

(Sei gegrüßt Satanas, du Rebell, du rächende Kraft der Vernunft!) Mag sein, daß die italischen Freimaurer zu ihrer Satansverherrlichung nur durch ihren Gegensatz zu Kirche und Papsttum gedrängt worden sind; wenn die Vernunft, wenn die Ergebnisse freier Forschung und Wissenschaft als Teufelswerk verschrien werden, ist es naheliegend, daß diejenigen, welche sich für die Pächter der Vernunft und für die wahren Vertreter der Wissenschaft halten, diese Schmähung aufgreifen und mit teuflischer Bosheit den Teufel zu ihrem Gott erheben. Geschmacklos bleibt es trotzdem.

Die Satanshymne Carduccis ist eine unleugbare Tatsache; sie wurde beispielsweise am 27. August 1887 im „Teatro Umberto" in Rom gesungen, ebenso bei der Enthüllung des Garibaldi-Denkmals (1893). Aber die italischen Freimaurer begnügten sich damit keineswegs. Bei ihren Umzügen und Feierlichkeiten verwenden sie gelegentlich auch schwarze Banner mit dem Bilde Satans, so bei der Enthüllung des Mazzini-Denkmals (22. Juni 1882) und bei einem großen Umzug durch Genua und Vororte am 20. Dezember 1883; ja man äußerte die Absicht, im gegebenen Augenblicke das Satansbanner auf allen Kirchen Italiens und insbesondere auf dem Vatikan aufzupflanzen. Monsignore Delassus führt in seiner Schrift: „Le problème de l'heure présente“, 1. Band, 54. Kapitel, noch zahlreiche weitere Beispiele an und glaubt auch an die Abhaltung von freimaurerischen „Schwarzen Messen“; auf den Inhalt seiner Schrift kann hier nicht weiter eingegangen werden; so wurden übrigens nur jene Tatsachen daraus entnommen, die auch anderweitig bestätigt erscheinen.

Wie steht es nun mit der sittlichen Beschaffenheit jener Männer, die sich derartige Geschmacklosigkeiten erlauben? Daß der Ministerpräsident Br.·. Crispi in seiner Jugend Bomben fertigte, die den König Ferdinand II. von Neapel in Stücke reißen sollten, ist eine geschichtliche Wahrheit, die uns von Br.·. Mazzini selbst bestätigt wird. Das gehört jedoch in eine frühere Zeit. Ohne auf zahlreiche Einzelheiten, Bankskandale, Panaminos usw. einzugehen, sei hier bloß das Urteil eines der angesehensten italischen Freimaurer über seine Mitbrüder veröffentlicht, nämlich Auszüge aus Briefen des Br.·. Timoteo Riboli vom 33.·. an den Br.·. Alb. Pike in Washington, den bekannten „Freimaurerpapst“. Riboli sagt über die oberste italische Freimaurerbehörde: „Profane Interessen beherrschen diesen Großorient, . . . ich versichere Ihnen, es ist eine schwere Aufgabe, einfältige und unwissende Maurer zu regieren.“ (Official Bulletin, Charleston, 1884, S. 251 ff.) In anderen Briefen beschwert sich Riboli über die „halsstarrigen und lügenhaften“ Brüder, die im Orden allerlei Umtriebe entfalten, spricht von „Scheusalen“ (pests) und von „unsittlichen Mitteln, die sie anwenden, um Anstellungen, Auszeichnungen, Ämter, Titel und geheime Zuschüsse zu erlangen“ (Official Bulletin, Charleston, 1884, Seite 669 und 674). Ein anderes Haupt der italischen Hochgradmaurer, Br.·. v. Milbitz, berichtet dem Vorsitzenden des höchsten Rates der 33.·. (Br.·. Palmer in Boston), daß viele Mitglieder des Großorients Verbrechen auf dem Kerbholz haben, die durch den Strafrichter geahndet werden müßten. (Official Bulletin, Charleston, 1884, S. 249.)

Die italischen Br.·. scheinen sich also tatsächlich viele Mühe zu geben, Satan, ihrem obersten Herrn und Gebieter, alle Ehre zu machen: Salute, o Satana, O ribellione!

VII.

Freimaurerei und Judentum.

Ein Kenner der Freimaurerei sagt über sie kurz und bündig: Ihr Ursprung liegt in England, der Aufbau der Hochgrade erfolgte in Frankreich, ihre geistige Durchbildung in Deutschland, die Äußerlichkeiten jedoch entstammen großenteils dem Judentum.

Das ist richtig, aber bezüglich des letzten Punktes nur unvollständig.

Die Geistesmaurerei knüpft bekanntlich an den Tempelbau Salomons an und dieser weise König spielt in der Freimaurerei eine große Rolle. Nach schwedischer Lehrart wird König Salomon geradezu als Stifter und erster Großmeister des Ordens verehrt. (Kapitel III, § 3 der Fundamental Konstitution.) Die großmeisterliche Würde soll in seinem Geschlechte verbleiben. Aber dem ganzen Organismus steht ein nur dem Ordensmeister (Vicarius Salomonis) und dem Ordensrate bekannter Oberer, der den Brrn. aller anderen Grade unbekannt ist. An der Spitze der einzelnen Provinzen (Schweden, Norwegen, Dänemark und Deutschland) steht der weiseste Vicarius Salomonis als oberster Regent, dessen Befehle mit gleichem Gehorsam ausgeführt werden sollen, als wären sie von dem lebenden Salomo selbst ausgefertigt. (Kapital IV und V der Fundamental-Konstitution; abgedruckt in der freimaurerischen Zeitung „Latomia", 28. Jahrgang S. 26.) Auf Einzelheiten und Folgerungen kann hier nicht näher eingegangen werden.

Salomons Tempel, der mithin sinnbildlich ist für die ganze freimaurerische Arbeit am Bau des „Menschheitstempels", war allerdings keineswegs so großartig, wie man nach den biblischen Schilderungen annehmen könnte; mit dem Dom von Köln, mit der Paulskirche in London oder gar mit der Peters-Kathedrale in Rom ließe er sich auch nicht im entferntesten vergleichen. Die rückwirkende Ernennung König Salomons zum ersten Großmeister der Freimaurerei erfolgte erst um das Jahr 1730, die alte Werkmaurerei hat damit nicht das geringste zu tun.

Was nun mit Salomons Tempel irgendwie zusammenhängt, wurde in die Freimaurerei hinübergenommen. Da ist zunächst der Name „Tempel" selbst, der mehr und mehr den alten Namen „Loge", „Bauhütte", verdrängt; (Loge, Bauhütte oder Werkstätte heißt der Versammlungsort der Brüder zu feierlichen Handlungen; der wichtigste Raum ist der Logensaal, der auch Loge — im engeren

Sinne — oder Tempel genannt wird). Da ist ferner der Altar, vor dem unter Kniebeugung das Gelübde abgelegt und die Weihe empfangen wird — wenigstens nach dem Ritual der großen Landesloge von Deutschland — da sind weiter die beiden Säulen mit den hebräischen Namen Jachin und Boas, die siebenarmigen Leuchter und sogar die Bundeslade findet sich vor. Mit dieser Bundeslade hängt ein hübsches Geschichtchen zusammen, das hier eingeschaltet sei. Kaiser Friedrich III. war als Kronprinz Großmeister der Großen Landesloge von Deutschland und gab sich die redlichste Mühe, überall der Sache auf den Grund zu gehen und alles Unglaubwürdige aus der Landesloge auszumerzen. Als Großmeister hielt er sich selbstverständlich für berechtigt, in die Geheimnisse eingeweiht zu werden und so wünschte er eines schönen Tages auch den Inhalt der Bundeslade zu sehen. Der Ordensrat war überrascht und sträubte sich dagegen, soviel er konnte; aber der Großmeister gab nicht nach und so mußten sich schließlich die Brüder dazu bequemen, von ihrem ehrwürdigen Heiligtum die Schleier des Geheimnisses zu lüften. Schweren Herzens wurde also in Gegenwart des fürstlichen Maurers die Bundeslade geöffnet. Und was fand sich darin? — Nichts! Rein gar nichts! („Bauhütte" 1888, S. 158.) War wirklich nichts darin gewesen oder hatten die Brüder den Inhalt schon vorher beiseite geschafft? Man wird es nie erfahren.

Außer dieser Bundeslade hängen noch viele andere Dinge mit Salomons Tempel, beziehungsweise mit den jüdischen Gebräuchen und Einrichtungen zusammen: So der Teppich, der als Lehrlings-, Gesellen- und Meisterteppich verschiedene Veränderungen durchmacht und nach den Teppichen der mosaischen Stiftshütte (2. Mos. 26) erklärt wird; dann das musivische Pflaster, das heißt das aus Mosaik bestehende Pflaster, das den Vorhof im Tempel Salomos (1. Kön. 6, 36) vorstellen soll; auch die auf dem Teppich — nach englischer Lehrart abgebildete Jakobsleiter weist auf den jüdischen Vorstellungskreis hin. Das englische Lehrsystem entlehnt auch die Wendeltreppe aus Salomons Tempel und das Ersteigen der sieben Stufen, das den Weg zu höherer geistiger Vollkommenheit versinnbildlichen soll, stammt aus demselben Ideenkreis. Über der Tür des Heiligtums, zu welcher die sieben Stufen hinaufführen, befindet sich ebenfalls ein Symbol, das mit dem Judentum aufs engste zusammenhängt: der flammende Stern. Dabei ist folgendes hervorzuheben: Dem Lehrling leuchtet bloß ein fünfeckiger Stern, das in einem Zuge gezeichnete, in sich selbst zurückkehrende Pentagramm; dem Gesellen hingegen zeigt sich ein anderes Licht, ihm geht erst das **wahre Licht** der Freimaurerei auf, das ihm fortan durch den ganzen Orden bis zum Schlusse das Geleite gibt: **der sechseckige Stern Davids!** ...

Der sechseckige Stern soll dem Freimaurer „ein Sinnbild der Tätigkeit des **göttlichen Wortes** sein, des **Freiwerdens göttlicher Kräfte!**" Dieser flammende Stern befindet sich stets über der Tür im Osten des Logensaales.[1])

Damit sind jedoch erst einige wenige Beziehungen zwischen Freimaurerei und Judentum bloßgelegt; tatsächlich gibt es deren eine Unmenge. Salomons Thron z. B. kommt im Konstitutionsbuch Andersons als Stuhl des Großmeisters vor, Salomons Siegel spielt in den Logen ebenso eine Rolle wie Salomons Siegelring. Vor allem aber die Hiramslegende. Hiram oder Adonhiram ist der sagenhafte Erbauer von Salomons Tempel. Er wird von den drei Gesellen, die ihm die Kenntnisse der Meisterschaft mit List oder Gewalt abringen wollen, erschlagen. In der Freimaurerei wird dieser Hiram, der schon in Andersons Konstitutionsbuch (1723) vorkommt und dort der vollkommenste Maurer auf Erden genannt wird, zur Idealgestalt erhoben und allen Maurern wegen treuester Pflichterfüllung und Charakterfestigkeit als Vorbild hingestellt. Welche Rolle diese Sage im dritten Grade der Johannisfreimaurerei spielt und mit welchen Gebräuchen sie umgeben ist, wissen die Meister. Da dieses Buch nicht geschrieben wurde, um bloße Neugier zu befriedigen, so bleibe das Geheimnis gewahrt. Mit der Hiramsage hängt wieder manches andere zusammen, das gleichfalls jüdischen Ursprunges ist; so vor allem das große Not- und Hilfszeichen, das die Worte enthält: „Z. m., i . . K . . . . . d . . W . . . .",[2]) wobei der Rufende die Füße in den rechten Winkel zu stellen hat.

Aber auch die meisten Paß- oder Losungsworte stammen aus dem Hebräischen, sowohl das Losungswort des Lehrlings T . . . . als auch das des Gesellen Sch . . . . . th, welches übrigens ziemlich

---

[1]) Der Logensaal ist ein längliches, rechtwinkeliges Viereck, dessen Seiten nach den vier Himmelsrichtungen benannt sind. Die Schmalseiten heißen Osten (Orient) und Westen, die Längsseiten Süden und Norden. Der Osten ist für den Freimaurer die bedeutsamste Himmelsgegend. Im Osten geht die Sonne auf (ex oriente lux), vom Orient kommt (angeblich) alle Bildung! Orient wird überdies jede Stadt zubenannt, in der eine Loge arbeitet, z. B. Orient Kiel.

[2]) Hiram war nämlich der Sohn einer Witwe aus dem Stamme Naphtali, weshalb sich seine Nachfolger, nämlich die Freimaurer, als Söhne oder Kinder der Witwe zu bezeichnen pflegen. Nach altfranzösischer Lehrart nahmen sich die Freimaurer Hirams Witwe nach seinem Tode an und nannten sich ihre Kinder.

allgemein bekannt ist und soviel wie Kornähre (aber auch Landstraße) bedeutet.

Der Johannismeister nennt sich G....n; warum? Weil der vornehmste Altar und die Bundeslade vor der Erbauung des Tempels in G....n verwahrt wurde: Also auch hier, wie überall Zusammenhänge und Anspielungen auf das alte Testament. Nach dem Vorausgeschickten kann es uns kaum mehr überraschen, daß auch die Meisterworte hebräisch sind, und zwar sowohl das neue Meisterwort, das M... B... lautet, als auch das alte „verloren gegangene" Meisterwort; es heißt — Jahwe (= Jehovah)!

So wenig die Freimaurerei mit dem Christentum zu tun hat, so sehr ist sie beeinflußt von Bibel und Bibelglauben. Ein Beispiel gibt uns die 17. und 18. Frage des Lehrlingskatechismus. Frage 17: Welches sind die drei großen Lichter der Freimaurerei? Antwort: Bibel, Winkelmaß und Zirkel! — Frage 18: Wie erklären Sie das? — Antwort: Die Bibel ordnet und richtet unseren Glauben, das Winkelmaß unsere Handlungen und der Zirkel bestimmt unser Verhältnis gegen alle Menschen, insbesondere gegen unsere Brüder! — — — Wie stimmt das nun mit der stets betonten Lehre überein, daß von den Freimaurern nur jene Religion verlangt werde, in der alle Menschen übereinstimmen, und daß vollste Glaubens- und Gewissensfreiheit herrsche? — Offenbar gar nicht! Das sehen vernünftige Freimaurer auch ein und wollen daher die Bibel nur als Sinnbild wahrer Frömmigkeit gelten lassen. Es gibt Logen, bei welchen demnach auch das Gelübde nicht mehr auf die Bibel abgelegt wird; für die „Große Landesloge von Deutschland" dagegen ist die Bibel kein bloßes Sinnbild, sondern eine Art Gesetzbuch. (Merkwürdigerweise nimmt aber gerade die „Große Landesloge von Deutschland" Nichtchristen, d. h. Juden, nicht auf — einer der vielen Widersprüche, denen man in der Freimaurerei auf Schritt und Tritt begegnet.)

Nach all dem könnte man fast auf die Vermutung kommen, die Freimaurerei sei von Juden gegründet worden. Diese Auffassung ist jedoch geschichtlich unhaltbar. Die Gründer des Bundes waren insgesamt Christen, die nach englischer Art eine besondere Vorliebe für das alte Testament besaßen. Einer von ihnen war der vielgenannte englische Prediger Dr. Jakob Anderson, der das bekannte „Konstitutionsbuch der freien und angenommenen Maurer" verfaßt hat; weiters seien genannt der Naturforscher Theophil Dasaguiliers und George Payne;

aber auch die Namen der anderen sind der Nachwelt überliefert, ein Jude befindet sich anscheinend nicht darunter. Und trotzdem, auch hier führt eine Brücke zum Judentum hinüber: Der englisch-jüdische Antiquar Elias Ashmole, der sich viel mit Geheimwissenschaften beschäftigte, ließ sich nämlich im Jahre 1646 in die damalige Werkmaurerei aufnehmen und sammelte eine Menge Dokumente über die Freimaurerei, die dann bei der Errichtung der Großloge von England im Jahre 1717 benützt wurden.[1])

Wissen nun die Freimaurer von all diesen Zusammenhängen mit dem Judentum? — Sie müssen es wissen; aber sie lassen sich nicht gerne auf solche Fragen ein und geben ausweichende Antworten; ja gar manchem biederen deutschen Freimaurer fallen diese Zusammenhänge überhaupt nicht mehr auf: er sieht den Wald vor lauter Bäumen nicht. Die jüdischen Freimaurer dagegen, die ihren deutschen Brüdern überall um Nasenlänge voraus sind, geben diese Tatsache, wenn sie glauben unter sich zu sein, ganz offen und mit innerlichem Frohlocken zu; so schreibt der Jude Br.·. Dr. Gustav Karpeles in der Festschrift des B'nai B'rith Ordens (1902): Die Idee der Freimaurerei ist aus dem Judentum hervorgegangen; als ihr Gründer gilt König Salomon, der Israels höchste Blüte gesehen; ein wichtiger Teil ihrer Gebräuche bezieht sich auf den salomonischen Tempelbau, Worte und Bezeichnungen sind großenteils dem Hebräischen entnommen.[2]) — Gegen diesen freimaurerischen Kronzeugen, der noch dazu dem U.O.B.B. angehört, läßt sich schwerlich etwas Stichhaltiges einwenden. Es ist daher durchaus keine Übertreibung, ja es trifft den Nagel auf den Kopf, wenn ein englischer Schriftsteller rundweg erklärt: „Der Freimaurer ist ein künstlicher Jude!“

[1]) Vgl. die kleine Schrift von Louis Dasté (Deutsch von S. Reva): „Die geheimen Gesellschaften und die Juden“, S. 59. Graz 1919, Verlag Styria.

[2]) Vgl. „Die Geheimnisse der Weisen von Zion“, 163. Seite. Verlag: Auf Vorposten, Charlottenburg, 1919.

VIII.

Die Rolle der Juden in der Freimaurerei.

Kaum war die Freimaurerei gegründet, so versuchten es auch schon die Juden, in ihr festen Fuß zu fassen. Das war allerdings nicht so leicht; anfangs war nämlich den Juden der Eintritt in die Logen versagt. Erst um das Jahr 1780 bildeten sich in Frankfurt a. M. zwei Judenlogen, die aber von den anderen Logen nicht anerkannt wurden. Dagegen mehrten sich die Stimmen, welche die Aufnahme von Juden befürworteten; so trat v. Kortum 1786 offen für die Aufnahme von Juden ein. Der „Eklektische Freimaurerbund" in Frankfurt a. M., der 1783 gegründet worden war, nahm anfangs Juden auf, verfügte dann im Jahre 1811 aus uns unbekannten Gründen die Ausschließung aller „Nichtchristen", kehrte jedoch schon 1844 zum ursprünglichen Grundsatze, d. h. zur Zulassung von Juden wieder zurück. Heute sind die bedeutendsten und angesehensten Stellen beim „Eklektischen Bunde" fast ausschließlich von Juden besetzt; einige Namen mögen dies dartun: Großschriftführer ist Kaufmann Ph. Hertz, als Vertreter anderer Großlogen, bzw. Meister vom Stuhl finden wir z. B. die Brr .·. Moritz Löwenhaar, Dr. Willy Levin, Dr. Max Levy, Kaufmann Horkheimer, E. Rosenberg, Carl Kohn, Max Wertheimer, Bernhard Seeligmann, Dr. Auerbach, Max Oppenheimer nebst vielen anderen. Kein Zweifel, die „tätigsten und beharrlichsten Arbeiter" für die Loge sind die jüdischen Freimaurer und sie haben sich auch außerordentliche Mühe gegeben, um hineinzugelangen; so hat z. B. Br .·. Abraham Elissen vom Eklektischen Bund schon 1846 die altpreußischen Logen scharf getadelt, weil sie an dem „christlichen Prinzip" festhielten und Juden die Aufnahme verwehrten. Selbstverständlich wurden jene Logen, welche Juden bereits Zutritt gewährten, von Br .·. Abraham Elissen besonders lobend erwähnt.

In Ungarn erfolgte die Neugründung von Logen Ende der sechziger Jahre des 19. Jahrhunderts; schon um die Mitte der siebziger Jahre besaßen die jüdischen Freimaurer die Führung, die Christen jedoch verließen massenhaft die Logen und zwar ohne jeden Kampf. Heute bilden die Juden in der ungarischen Freimaurerei die entschiedene Mehrheit, wie auch nahezu ausschließlich Juden an ihrer Spitze stehen. Dies berichtet uns ein ehemaliger Freimaurer, der 1871 in die Loge eintrat, 1874 Meister wurde, dann Logensekretär und Abgeordneter der Großloge war, aber 1876, nachdem er sich auf Grund eigener Erfahrungen sein Urteil gebildet hatte, austrat und die „ehrenvolle Deckung" erhielt. Es ist dies Karl Koller, der spätere Chefredakteur des Wiener „Vaterland". Einmal Herren der Loge, gingen die Juden gar bald zum Angriff gegen diejenigen über, die sich ihrem raschen und planmäßigen Aufstieg entgegenstemmen wollten. Die ungarische Johannisgroßloge (blaue Maurerei) zog gegen den Antisemitismus los, wobei Br.·. Julius Goldenberg, einer der Rufer im Streite, die dringendste Aufgabe der Freimaurerei in der Abwehr des — Antisemitismus erblickte! Auch der Großorient von Ungarn als Vertreter der Hochgradmaurerei erließ ein Rundschreiben gegen den Antisemitismus! (1882). Zu dieser Zeit spielte sich auch der bekannte Tisza-Eszlarer-Prozeß ab; die ungarische Freimaurerei hielt es nun für zweckmäßig und passend, dem Oberstaatsanwalt-Substituten, Eduard Seiffert, ein Dankschreiben zu übersenden für seine „Verteidigung des Rechtes" (1883).

Keine Loge ohne Juden! Dieses Wort der freimaurerischen Zeitschrift „Acacia" über die Zustände in den französischen Logen gilt in dreifach verstärktem Maße von den ungarischen Logen. Zwecks Vermeidung von Mißverständnissen sei jedoch im vorhinein betont, daß die „Acacia" (1908, Nr. 62) dieses Wort nicht etwa in herabsetzender Absicht gebraucht; keineswegs! Sie empfindet es im Gegenteil als eine Errungenschaft und hebt ein paar Zeilen später zum Lobe des Judentums hervor, daß die „jüdische Kirche" keine Dogmen hat, sondern nur Symbole „ganz wie bei den Freimaurern" ... „Deshalb", fährt die „Acacia" fort, „deshalb ist die israelitische Kirche unser natürlicher Verbündeter, deshalb unterstützt sie uns, deshalb sind eine Menge Juden in unseren Reihen ..." Ob die gegenseitige Unterstützung gerade nur deshalb oder aus anderen, tieferliegenden Gründen erfolgt, sei vorderhand dahingestellt. Sicher ist jedoch, daß das Judentum in den ungarischen Logen die Führung besitzt, wie ein Blick in Dalens Freimaurer-Kalender (1914) bestätigt. Schon unter den Ehrengroßmeistern treffen wir die Brr.·. Friedrich Glück, Dr. Simon Medgyes und Moriz Mezei; unter den Vertretern anderer Großlogen die Brr.·. Heinrich Glücksmann, Karl Duschnitz, Friedrich Artner, Geza Winter; unter den Meistern vom Stuhl die Brr.·. Dr. Marcell Glaser

(Loge „Humboldt"), Alex Fleißner (L. „Galilei"), Dr. Illés Pollak (L. „Könyves Kalmán"), Dr. S. Eisler (L. „Franz Deak"), Dr. Rudolf Temesvary (L. „Demokratia"), Dr. S. Braun (L. „Minerva"), Dr. Julius Frankl (L. „Progressio"), sämtlich in Ofenpest; in der Provinz aber herrschen ähnliche Verhältnisse und die 13 Wiener Freimaurer Logen, die bisher ihre Logentätigkeit in Preßburg ausüben mußten, da in Österreich die Freimaurerei verboten war, haben gleichfalls fast ausschließlich jüdische Meister vom Stuhl: Dr. N. S. Rumpler (L. „Humanitas"), Viktor Weinert (L. „Zur Verschwiegenheit"), Dr. Alexander Holländer (L. „Zukunft"), Dr. Karl Ornstein (L. „Sokrates"), Dr. Emil Frankl (L. „Sokrates", 1916), E. V. Schick (L. „Eintracht"), Dr. K. Gombrich (L. „Schiller"), Dr. Albert Engel (L. „Freundschaft), Dr. A. Heller (L. „Treue"). Richard Teweles (L. „Pionier"), Alfred Kirsch (L. „Kosmos"), Friedrich Artner (L. „Zur Wahrheit"), Bernhard Schiller (L. „Gleichheit"). Das sind Tatsachen, die jeder an der Hand von Dalens Kalender 1914 (bzw. 1916) nachprüfen kann.

Ähnlich steht es in Deutschland mit den der Hamburger Großloge unterstehenden Berliner Logen; die Loge „Victoria" in Berlin hat z. B. als Meister vom Stuhl Herrn Sally Schey, als ersten zugeteilten Meister Dr. Rosenberg, als dritten zugeteilten Meister Dr. Marcuse und bei einer ganzen Reihe von Logen der Hamburger Großloge liegen die Verhältnisse nicht wesentlich anders; ist es da verwunderlich, daß die „Große Loge von Hamburg" von den Juden besonders bevorzugt wird? Um diese Tatsache richtig zu bewerten, ist die Feststellung notwendig, daß die drei altpreußischen Großlogen („Große Loge von Preußen, genannt zur Freundschaft", „Große Landesloge der Freimaurer von Deutschland" und „Große National-Mutterloge zu den drei Weltkugeln") die Juden tunlichst ferne halten; man nimmt sie höchstens in die drei unteren Grade auf, nicht aber in den „inneren Orient" beziehungsweise in die Andreas- und Schottenlogen. Von der Erlangung von Hochgraden sahen sich also die Juden bei den altpreußischen Logen von vornherein ausgeschlossen, was um so mehr ins Gewicht fällt, als z. B. bei der „Großen Landesloge von Deutschland" die drei unteren Grade bis zur Bedeutungslosigkeit herabgedrückt und den höheren Graden unbedingt unterworfen sind. Mit Rücksicht auf ihre jüdischen Brr. gründete daher die Hamburger Großloge (1900) eine Provinzialloge in Berlin, was den verzweifelten Widerstand der altpreußischen Logen hervorrief; diese beriefen sich dabei auf ihr aus dem Jahre 1798 stammendes Vorrecht, auf preußischem Boden allein und ausschließlich maurerische Tätigkeit ausüben zu dürfen.

Durch die Bemühungen der Brr∴ Settegast und Katz wurde jedoch dieses Vorrecht außer Kraft gesetzt und im Jahre 1900 ging der Wunsch der Juden nach völliger Gleichstellung mit den Ariern in Erfüllung.

In diesen Zusammenhang gehört auch die Gründung der Großloge „Kaiser Friedrich zur Bundestreue", die vornehmlich den jüdischen Lichtsuchenden eine Sammelstätte sein sollte. Ihr Gründer ist Hermann Settegast, der durch den Justizrat Alexander Katz in seinen Absichten wesentlich gefördert wurde. Diese Neugründung (1892) erlebte mannigfache Anfeindungen, wurde schlankweg als „jüdische Großloge" bezeichnet und ging nach achtjährigem Bestande wieder ein. Ihre Mitglieder und Logen wurden größtenteils von Hamburg übernommen und bildeten den Grundstock der neugeschaffenen Provinzialgroßloge von Hamburg, die oben erwähnt wurde.

Bei den altpreußischen Logen, die zusammen über rund 42000 Freimaurer verfügen, mag die nationale Geistesrichtung vorherrschend sein; dagegen sind die Großlogen von Hamburg und Frankfurt a. M. („Eklektiker") vermöge des starken jüdischen Einschlages eher international gesinnt; dies zeigte sich beispielsweise auf dem 34. Großlogentag in Berlin (1909), wo der Antrag der Frankfurter Großloge auf Wiederaufnahme der freundschaftlichen Beziehungen zum „Grand Orient" in Paris mit fünf Stimmen gegen drei Stimmen der altpreußischen Logen angenommen wurde. Wenn man bedenkt, daß die Hamburger und Frankfurter Großloge zusammen (derzeit) bloß etwa 9350 Mitglieder zählen, und die übrigen drei Großlogen („L. L. von Sachsen", „Zur Sonne", „Zur Eintracht") auch nur über 10650 Freimaurer, insgesamt also über etwa 20000 Brüder verfügen, so bedeutet dies den Sieg eines schwachen Drittels über die starke Zweidrittelmehrheit sämtlicher deutschen Freimaurer; Schuld daran trägt die Organisation des Großlogenbundes, die *jeder* Großloge, auch der schwächsten, ohne Rücksicht auf deren Mitgliederzahl, je einen Vertreter zubilligt, Schuld trägt natürlich auch die Rührigkeit und Angriffslust jenes Flügels der deutschen Freimaurerei, welcher die „tätigsten und beharrlichsten" Maurer in sich schließt, nämlich *die Juden*.

Aber nicht bloß in Deutschland, in Ungarn und in Österreich, nein, auf der *ganzen Erde sind die Juden die rührigsten und tätigsten Freimaurer* und verstehen es, der Loge ihren Geist einzuhauchen und sie ihren eigenen Zwecken dienstbar zu machen. In Polen tauchen sie das erstemal um das Jahr 1815 auf; in der Logenliste der Loge „Bouclier du Nord" in Warschau sind bereits acht jüdische Brüder verzeichnet, sämtlich Kaufleute von Beruf. Unter den Großbeamten des türkischen Groß-Orients finden wir in neuester Zeit (1909) die Juden Raphaelo Ricci und David Cohen; der Meister vom Stuhl der italisch-türkischen Loge „Macedonia" in Saloniki, Emanuel Carasso, ist ebenfalls Jude. Carasso war auch Mitglied jener Abordnung, die dem besiegten Sultan Abdul Hamid seine Absetzung mitteilte. Die Entthronung dieses Sultans ist das Werk der jungtürkischen Partei. Aber diese jungtürkische Partei besteht, wie uns die freimaurerische Zeitschrift „Acacia"[1]) versichert, ausschließlich aus Freimaurern. Ihr Hauptsitz war Saloniki. Saloniki ist freilich für Verschwörungen ein „ungemein günstiger Ort, da dort unter 110000 Einwohnern 70000 Juden leben" — belehrt uns die offenherzige „Acacia" und da wird sie wohl recht haben.

Werfen wir nun einen raschen Blick auf Italien und greifen wir dessen bekanntesten Freimaurer, Ernesto Nathan, aus der Fülle der Erscheinungen heraus. Wer ist Ernesto Nathan? Die stets „gut" unterrichtete „Frankfurter Zeitung" behauptet, daß Nathan von englischen Eltern stamme und es bis heute nicht zu einem halbwegs erträglichen Italienisch gebracht habe.[2]) Von englischen Eltern? Warum gerade von englischen Eltern? Der besser unterrichtete Jesuit Hermann Gruber, dessen tiefwurzelnde Kenntnisse in maurerischen Angelegenheiten auch wirkliche Freimaurer anerkennen, berichtet uns, Ernesto Nathan sei ein unehelicher Sohn Mazzinis mit einer Jüdin, und beruft sich dabei auf die „Kölnische Volkszeitung".[3])

Ernesto Nathan wurde also Freimaurer; er stieg von Stufe zu Stufe, bis er schließlich — trotzdem er Jude war — die höchste maurerische Würde erlangte: Er wurde „Hochwürdigster Großmeister" des Großorients von Italien (31. Mai 1896). Fünf Jahre später brachte er den Groß-Orient im Palazzo Giustiniani unter, einem der herrlichsten Baudenkmäler Roms, dann wurde er zur allgemeinen Verblüffung Bürgermeister von Rom, als welcher er sofort an allen städtischen Lehranstalten den Religionsunterricht abschaffte. Zu Beginn des Weltkrieges verwandelte sich Nathan in einen der heftigsten Kriegshetzer, der in öffentlichen Versammlungen den Krieg gegen Österreich und Deutschland mit Leidenschaft predigte.

Wenn man Ernesto Nathan nennt, darf Br .·. Bürzel aus Triest natürlich nicht fehlen. Auch er ist Jude — wie

[1]) Acacia, 1907, Nr. 57 S. 148.

[2]) Frankfurter Zeitung vom 28. November 1914 . . . Das böse Wort, das die „Frankfurter Zeitung" so gerne sagen möchte, — er mauschelt — bringt sie nicht über die keuschen Lippen.

[3]) Vom 2. April 1900, Nr. 309.

Nathan; ein politischer Streber — wie Nathan; Freimaurer — wie Nathan; ja er hat es bereits bis zum Großredner des Groß-Orients von Italien gebracht und wird sicherlich dereinst noch die höchste Stufe erklimmen. Kurz nach Ausbruch des Krieges wurde er Minister für die erst zu befreienden Gebiete, die dank des unerhörten Verrates im Hinterland dann auch wirklich „befreit" wurden. Daß Bürzel sich jetzt lieber Barzilai nennen läßt, darf bei der Anpassungsfähigkeit dieser Herren niemand Wunder nehmen; ist doch auch aus einem Samuel Witkowski ein Maximilian Harden, aus einem Salomon Kosmanowski sogar ein — Kurt Eisner geworden!

Kurz gesagt: Was in Italien Einfluß hat, ist Freimaurer, unter diesen aber spielen die Juden eine hervorragende Rolle. „Diese Rasse hat zahlreiche Vertreter im italischen Parlament" — sagt die französische Freimaurerzeitung „Revue Maçonnique" (Januar 1908 Nr. 334 S. 1). „Weit besser als irgendwo anders hat der hebräische Geist in Italien seinen Zweck erreicht." (Ebenda Seite 3.)

Das mit dem „hebräischen Geist" in Italien mag ja seine Richtigkeit haben, aber anderswo ist es gerade auch nicht anders. In Frankreich z. B. treffen wir Juden wiederholt sogar als Gründer und emsige Vertreter von Freimaurerorden an. Hieher gehört z. B. der Pariser Jude Etienne Morin; er war der hauptsächlichste Verbreiter des sogenannten „Schottischen (Hochgrad-) Systems", das freilich mit Schottland so gut wie nichts zu tun hat. Die obersten Bekenner dieser Lehrart legten sich die prunkvollsten Titel bei und nannten sich allen Ernstes „Kaiser des Ostens und Westens". Der „Maurerfürst" Morin erhielt nun von diesen „Kaisern des Ostens und Westens" ein Patent, worin er als „Großer Auserwählter, vollkommener und erhabener Meister, Fürst aller Orden" usw. bezeichnet und zugleich beauftragt wird, die Freimaurerei in Amerika zu verbreiten. Morin tat, wie ihm geheißen, und brachte die schottische Lehrart nach San Domingo, Jamaika und Charleston in Süd-Karolina. Von Charleston aus wurde sie nach der französischen Revolution nach Frankreich zurückgebracht, wo dann 1804 der heute noch bestehende „Suprême Conseil" (Oberster Rat) mit seinen 33 Graden gegründet wurde. Wie sehr dieses Hochgradsystem mit der biblischen Geschichte zusammenhängt und von jüdischem Geist durchtränkt ist, zeigt ein flüchtiger Blick auf die dort vorgesehenen Titulaturen: Da finden wir den Rachegrad vom Ritter Kadosch (30. Grad), dann einen Fürsten von Libanon, einen Fürsten des Tabernakels, ja sogar einen Großfürsten von Jerusalem!

Und nun? Der einheimische Adel ist abgeschafft, die Fürsten beseitigt, die Kaiser entthront. . . Es wird jedoch nicht lange dauern, so sind ihre Plätze wieder besetzt. Die Kaiser sind tot, es leben die „Kaiser des Ostens und Westens!" Freie Bahn für alle Tüchtigen, für Br.·. Haase, Br.·. Eisner,[1] Br.·. Liebknecht,[2] Br.·. Adler,[3] Br.·. Kohn! freie Bahn für den Br.·. Bela Kun,[4] Br.·. Toller! Br.·. Levien! Br.·. Levinè![5] Freie Bahn für alle jene, die sich bei uns „ausleben", sich bereichern und uns der jüdischen Weltherrschaft ausliefern wollen!

Ein anderer Ordensstifter ist der jüdische Armeelieferant Michel Bédarride, der mit seinen beiden Brüdern den Ritus von Misraim (= Ägypten) in Frankreich einführte und verbreitete. Der Misraimorden umfaßt 90 Grade (!), besaß 1898 in Frankreich 10 Logen und wurde 1902 durch den Drogisten Reuß auch nach Deutschland verpflanzt, wo der Orden 1907 ein wenig rühmliches Ende fand. — Reuß lebt gegenwärtig in der Schweiz (Basel), wo er sich als „Ordensoberhaupt" bezeichnet und einen schwunghaften Handel mit Freibriefen zur Errichtung von Logen des Misraim-Ordens betreibt. Er nimmt auch Frauen auf, selbst in die Hochgrade, und hat erst unlängst einer — Tänzerin den Freibrief zur Gründung einer Damenloge verkauft (bloß 600 Franken; Friedenspreis!) Im Misraim-Orden des Herrn Reuß kommt in der Eidesformel für einen bestimmten Grad folgender Satz vor, der so einzig dasteht, daß er hier verewigt sei; der Suchende hat u. a. zu schwören: „Ich will mich von niemandem hypnotisieren lassen als von meinen Ordensoberen."[6]

Der ganz ähnliche Ritus von Memphis verdankt seinen Ursprung einem gewissen Samuel Honis aus Kairo, der ihn 1814 nach Frankreich brachte; vom französischen Grand Orient 1862 anerkannt, kam dieser Orden durch den vorgenannten Reuß ebenfalls nach Deutschland, ohne dort feste Wurzeln schlagen zu können. Seine „Geheimnisse" waren auf nicht weniger als 95 Grade verteilt und nur für schweren Mammon zu erwerben.

Aber — könnte man einwenden — das sind doch lauter Ordensgründungen, die ganz unberechtigt der Freimaurerei angerechnet werden. Der „Deutsche Großlogenbund" hat sie nie anerkannt, sie bestehen demnach nicht zu Recht. Zugegeben! Allein der „Grand Orient de France" hat sie anerkannt und das

---

[1] Br.·. Eisner war Großmeister einer jüdischen Geheimloge Nr. 11 in München.

[2] Br.·. Liebknecht gehörte dem freimaurerischen Illuminaten-Orden an; er war mit der Tochter des jüdischen Börseaners Paradies verheiratet.

[3] Br.·. Fritz Adler ist Hochgradmaurer einer schweizerischen Schottenloge.

[4] Br.·. Bela Kun ist nach verläßlichen mündlichen Mitteilungen ebenfalls Freimaurer.

[5] Toller, Levien, Levinè sind erwiesenermaßen Freimaurer.

[6] Die Mitteilungen über das „Ordensoberhaupt" Reuß sind dem Briefe eines hochstehenden Schweizer Maurers an den Verfasser entnommen.

genügt vollkommen, auch wenn von deutscher Seite diese Orden noch so oft als Schwindelgründungen zwecks Schröpfung von Lichtsuchenden und Leichtgläubigen gebrandmarkt werden. Übrigens handelt es sich hier nicht um die Frage, ob anerkannt oder nicht, sondern bloß um den Nachweis, daß Juden in der Freimaurerei allerorts eine tonangebende Rolle spielen, in Frankreich sowohl wie in Italien, in Ungarn ebenso wie in Österreich und genau so auch in Deutschland. Oder will man leugnen, daß der Jude Cremieux, eines der Häupter der schottischen Lehrart, in Frankreich je eine führende Rolle spielte? Gehörte er nicht nach der Februarrevolution (1848) nebst anderen Freimaurern der provisorischen Regierung an? Oder der einäugige Jude Gambetta? Will man in Abrede stellen, daß der Hochgradmaurer Gambetta es war, der 1869 die Trennung von Kirche und Staat in das bedeutsame Programm von Belleville hineingenommen hat? Kann man überhaupt leugnen, daß es eines der politischen Ziele der Weltmaurerei ist, überall die Trennung von Kirche und Staat durchzuführen? Und daß dies, wo es bereits geschehen ist, der Hauptsache nach ein Werk der Freimaurerei ist? Und innerhalb der Freimaurerei namentlich ein Werk der Juden?

Sehen wir nun einmal, wie es in England steht.

England zählt, einschließlich der Schottenlogen, 225000 Freimaurer. Darunter befinden sich 43000 Juden, das ist beinahe der fünfte Teil; es gibt jedoch Logen, die sich nahezu ausschließlich aus Juden zusammensetzen, wie z. B. die Loge Shelley, die zu drei Vierteilen aus Juden besteht, ja sogar rein jüdische Logen, wie die „Hirams Loge“; die letztgenannte verursachte jedoch so viele Skandale, daß der Großmeister des Ordens, Prinz Eduard Albert, später Eduard VII., sich entschließen mußte, sie aufzulösen. Überaus bezeichnend sind auch folgende Logennamen: König Salomon, König David, König Saul, Baron Hirsch, Lord Rotschild, Henry Bernstein, Sir Albert Sassoon u. a. Und es würden ganz merkwürdige Dinge herauskommen, wenn der Archi-Berith, dem diese Logen unterstehen, so boshaft wäre und sprechen wollte — so versichert uns der französische Schriftsteller Theo Dädalus (Deckname) in seinem Buche L'Angleterre Juive.[1]) Namentlich seit dem deutsch-französischen Krieg drangen die Juden erobernd in die Logen ein, während auch hier die christlichen Brüder es vorzogen, kampflos den Juden das Feld zu räumen.

Damals wurden zahlreiche neue Logen zu dem offenkundigen Zwecke gegründet, die Juden zu begünstigen; so die Loge der Schauspieler von Drury Lane, welche die jüdischen Schauspieler

[1]) L'Angleterre Juive, Israel chez John Bull, S. 323 ff.

in die Höhe bringt, die Loge des „Savage Club", welche die „gelbe Presse" unterstützt und den jungen Nachwuchs der Zeitungsmenschen (Newspaper Man) fördert. Die Juden, die in der Zeit der alten Werkmaurerei mit dem Logenwesen nichts zu tun hatten, dann im 18. Jahrhundert allmählich zugelassen wurden — heute triumphieren sie! Wenn es richtig ist, daß die englische Freimaurerei die Grundlage für den Imperialismus Chamberlains darstellt — und dies steht außer Zweifel, — so darf nicht übersehen werden, daß die Leitung der Freimaurerei in hervorragendem Maße jüdisch ist. Daß der Herzog von Connaught, der Bruder König Eduard VII., als Großmeister an der Spitze steht, ändert an dieser Tatsache ebensowenig, wie daß der Großmeisterstellvertreter (Pro-Grand-Master) Lord Ampthill heißt.

Bezüglich Englands kann man nun die Frage nicht so stellen: Wer ist dort Freimaurer? Die Frage müßte umgekehrt so lauten: Wer ist dort nicht Freimaurer? Denn alles, was Namen und Geltung hat, die Mitglieder der königlichen Familie, die Minister, die Lords, die Parlamentsmitglieder, die Angehörigen der Presse, die Großkaufleute, die Bankdirektoren usw. gehören fast ausnahmslos dem großen Freimaurerbunde an; selbstverständlich auch der Groß-Rabbiner. Und die bekannte Zeitung „The Times" trägt die Freimaurerzeichen in Mosaik offen und für jedermann sichtbar vor ihrer Eingangstür. Freimaurerei und Judentum sind dort derartig miteinander verwoben, daß ein englischer Schriftsteller allen Ernstes erklärt: „Der Freimaurer ist nichts als ein künstlicher Jude." In der englischen Zeitung „The Eye Wittness" sagt ein ungenannter Verfasser, daß die gegenwärtige Lage der Juden in England am sinnfälligsten dadurch gekennzeichnet werde, daß sie die Vorherrschaft in den geheimen Gesellschaften errungen haben, namentlich in der Freimaurerei.[1])

In dem bemerkenswerten Buche von Eduard Demarche[2]) über die Rothschilds wird festgestellt, daß sie seit 1809 dem Freimaurerorden angehören und zwar sowohl deutschen, als französischen und englischen Logen; dies sei der Grund, warum gegen dieses mächtige Haus so gar nichts unternommen werden könne: Jeder Anschlag würde im selben Augenblicke von Brüdern verraten und durchkreuzt. Diese Bemerkung wird verständlich, wenn man bedenkt, daß jeder Freimaurer verpflichtet ist, jeden Bruder auf Gefahren aufmerksam zu machen, die ihm drohen. Darin liegt wohl der Hauptwert der Freimaurerei für das Judentum, zumal sie zahllose Nichtjuden für ihre eigene, engere Organisation dienstbar macht. Diese eigentliche

[1]) The Eye Wittness, „The jewish Question", September 1911, verschiedene Nummern.
[2]) Eduard Demarche „Les Rothschild", Paris 1896, Selbstverlag.

Organisation des Judentums ist bekanntlich die „Alliance Israélite" und Moses Montefiore ihr bedeutendster Vertreter.

Br.·. Moses Montefiore stammt aus Livorno (Italien), ließ sich aber später dauernd in England nieder; er gewann die Gunst der Königin, wurde von ihr zum Ritter ernannt und später zum Baronet erhoben. Montefiore hat sich außerordentliche Verdienste um das Judentum der ganzen Welt erworben und zahlreiche Reisen unternommen, um für seine Rassengenossen Vorteile aller Art herauszuschlagen. Seine Zugehörigkeit zur Freimaurerei kam ihm dabei trefflich zu statten. Br .·. Montefiore war auch bei uns nicht unbekannt. Als in Ungarn die 1867er Verfassung eingeführt wurde, verwendete er sich persönlich bei Franz Deák, Baron Josef Eötvös und Br.·. Graf Andrássy — dem damaligen Ministerpräsidenten — um die Gleichberechtigung der Juden durchzusetzen. Schon vorher hatte er sich mit den Brr.·. Ignaz Hirschler, und Moriz Wahrmann in Ofenpest in Verbindung gesetzt und durch sie einen Zweigverein der „Alliance Israélite" in Ungarn ins Leben rufen lassen. In der entscheidenden Stunde machte er dann die erwähnten Besuche, konnte aber von diesen Staatsmännern keine bestimmte Zusage erhalten; die Frage sei noch nicht für eine Entscheidung reif; aber Montefiore bestand auf seinem Schein, das heißt, er berief sich mit allem Nachdruck auf die „patriotischen Verdienste" der Juden und so kam schon am nächsten Tag der Kultusminister Baron Eötvös zu ihm mit dem Entwurfe von zwei Paragraphen, welche die Juden mit den Christen „in den bürgerlichen und politischen Rechten gleichstellten und alle gegenteiligen Verordnungen und Gebräuche aufhoben".[1])

Aus diesen Ausführungen, die durch unzählige weitere Beispiele erhärtet werden könnten, geht zur Genüge hervor, daß die Juden in der Freimaurerei in einer Stärke vertreten sind, die ihrer Kopfzahl bei weitem nicht entspricht; es geht daraus hervor, daß die jüdischen Freimaurer überall die tätigsten und beharrlichsten Arbeiter sind und es auch verstehen, sich zur Geltung zu bringen; weiters geht daraus hervor, daß sie in allen Ländern nach der Führerschaft innerhalb der Freimaurerei streben, sie in vielen Staaten auch bereits an sich gerissen haben und nun in ihrem Sinne, d. h. vornehmlich zugunsten ihrer Rasse, auszunützen bestrebt sind; endlich geht daraus noch hervor, daß es insbesondere Juden sind, welche die Politik in die Loge hineintragen und die anderen Brüder in gleichem Sinne beeinflussen.

Wenn nun die Verhältnisse wirklich so liegen, so ist wohl die Frage berechtigt, ob denn im ganzen Deutschen Reiche gar niemand dieses Spiel durchschaut, sich auflehnt und dem herrschsüchtigen

[1]) Vgl. die freimaurerische Zeitschrift „Hajnal" 1885 S. 101.

Judentum entgegentritt? Die Antwort ist die: Viele Tausende sehen es — und schweigen; so mancher hält sich durch seinen Logeneid oder durch sein Gelübde gebunden; wer sich aber ernstlich dagegen auflehnt, den trifft der Zorn der Loge, er wird gesellschaftlich bloßgestellt, es werden ihm niedrige Beweggründe unterschoben, es folgt der geschäftliche Verruf und die wirtschaftliche Vernichtung. Mit einem Male fühlt er die Degenspitzen sämtlicher Logenbrüder auf seiner Brust; das Sinnbild von ehedem wird zur rauhen Wirklichkeit. Br .·. Findel, einer der selbstlosesten und edelsten Freimaurer, weiß davon ein Lied zu singen. Er war ein überzeugter Gegner des sogenannten „christlichen Prinzips" und wetterte in Wort und Schrift gegen jene Bestimmung, durch welche den Juden der Zutritt zur Loge verwehrt wird. Br .·. J. G. Findel hat seine Anschauungen im Laufe der Zeit gründlich geändert. „Die Freimaurerei" — sagt er — „wendet sich überall in gleicher Weise an den Menschen als solchen, und zwar unter dem Gesichtspunkt, daß ihre Jünger als Menschen sich zu einem Bruderbunde verbänden, während der Jude allenthalben Jude bleibt, der alle ihm fremden Völker lediglich als Objekt der Ausbeutung betrachtet".[1]) Wie ist nun ein solcher Wechsel in den Anschauungen zu erklären? Br .·. Findel sagt darüber selbst: „... Ich bin früher warm ... für die Juden eingetreten, weil ich sie für die Unterdrückten hielt. Seitdem ich erkannt habe, daß sie unsere Unterdrücker sind, bekämpfe ich sie."[2]) Er betont, daß es auf ihn einen gewaltigen Eindruck gemacht habe, daß die Juden erwiesenermaßen mittels Bestechungen sogar in die Rechtspflege eingreifen; er verweist auf zahlreiche Bibelstellen, die den Juden die Herrschaft über alle Völker verheißen, und kommt schließlich zu dem Ergebnis, daß man von jüdischen Lichtsuchenden vor deren Aufnahme eine besondere Erklärung abverlangen müßte, die etwa so zu lauten hätte:

„Ich verwerfe die Lehre, die Juden seien das auserwählte Volk Gottes, als veraltete, törichte und anmaßende Anschauung.

„Ich verwerfe alle in den Büchern Moses, sonst im Alten Testament und im Talmud enthaltenen unmenschlichen und unsittlichen Lehren über die Beherrschung und Ausbeutung der Völker durch die Juden als für mich nicht bindend.

„Ich schließe mich den Gebildeten des Abendlandes durchaus an in der Mißbilligung und Bekämpfung all jener Juden, welche sich der Überlistung, Übervorteilung, Bewucherung und betrügerischen Ausbeutung ihrer Mitmenschen schuldig machen und lehne alle

[1]) J. G. Findel, Vermischte Schriften II. Band S. 92, Leipzig 1902.
[2]) Ebenda, S. 212.

Geistesgemeinschaft mit solchen jüdischen Übeltätern ab. Ich versichere auf Ehre und Gewissen, daß ich kein Mitglied einer jüdischen Kampforganisation bin, wie des Vereines deutscher Staatsbürger jüdischen Glaubens, des Ordens B'nai Brith[1]) und des Vereines deutscher Juden.

„Ich werde nach meiner Aufnahme in den Freimaurerbund keine jüdischen Sonderinteressen verfolgen und die Loge nicht für geschäftliche Zwecke mißbrauchen.

„Ich halte mich für verpflichtet, die obersten Grundsätze der Freimaurerei, brüderliche Liebe, Hilfe und Treue, nach Kräften zu betätigen und anerkenne die christliche Moral, auf welcher der deutsche Staat und die Freimaurerei beruht, für mich als verbindlich.

„Ich verwerfe den Mammonsdienst und die Aufspeicherung unproduktiven Reichtums als verderbliche Seuche.

„Ich werde weder mittelbar noch unmittelbar irgend etwas unterstützen, was auf die Beherrschung des deutschen Volkes und der Logen durch die Juden abzielt."

Diese Erklärung enthält im Grunde genommen nur Selbstverständliches; aber trotz der hohen und geachteten Stellung, die Bruder Findel im Maurerleben einnahm — er war Herausgeber der „Bauhütte" und Ehrenmitglied von mehr als 40 Johannislogen und einigen Großorienten —, blieb ihm in dieser wichtigsten aller Fragen der Erfolg versagt.

Wie aber denken die Juden selbst über Br.:. Findels Vorschlag? — Hören wir, was ein bewußter Vertreter des Judentums darauf zu erwidern hat; Br.:. Alfred Cohn (von der Loge „Zur Morgenröte" in Berlin, F. Z. A. S.), Zahnarzt von Beruf, erklärt uns kurz und bündig: Ein anständig und rechtlich denkender Jude, der Freimaurer werden will, würde demjenigen, der ihm eine derartige „Erklärung" zur Unterschrift vorlegen wollte, mit einem — „Faustschlag ins Gesicht" ant-

[1]) Der unabhängige Orden B'nai Brith (U. O. B. B.) ist rein jüdisch und wird als Geheimbund von den acht deutschen Großlogen nicht anerkannt. Er zählt in Deutschland etwa 40 Logen mit mehr als 5000 jüdischen Mitgliedern. Er wirkt in den Vereinigten Staaten von Nordamerika, wo er 1842 gegründet wurde, in England, Deutschland, Österreich, Ungarn, Rumänien usw. Die neue „Großloge von Wien" hat ihren Mitgliedern, die größtenteils Juden sind, erlaubt, auch in den B'nai Brith einzutreten. — Bemerkenswert ist ferner, daß das neue Ordenshaus des „U.O.B.B." in Berlin vom deutschen Kaiser persönlich eingeweiht wurde! Die Anregung hiezu dürfte wohl von Rathenau d. Ä. ausgegangen sein, der Mitglied des U. O. B. B. und der „Alliance Israelite universelle" gewesen ist. Rathenau war bekanntlich jener vertraute und vertrauenswürdige Ratgeber Kaiser Wilhelm II., der die Außenseite seines Palastes mit 63 abgeschnittenen — Königsköpfen verzieren ließ!

worten ...[1]) Nun, ihr lieben, harmlosen deutschen Freimaurer, wie wird euch denn jetzt? Merkt ihr noch immer nichts??

Aber vielleicht ist das bloß die Meinung einzelner; vielleicht steht die Sache in Deutschland doch nicht so schlimm, wie anderswo; vielleicht hat das Judentum in der deutschen Freimaurerei wirklich nicht jenen Einfluß, wie in anderen Ländern, wie in England, Frankreich, Italien oder Ungarn! Prüfen wir auch diesen Einwand auf seine Stichhältigkeit. Ein einziges Beispiel aus jüngster Zeit dürfte vollkommen genügen, um Blinde sehend zu machen:

An der Spitze der deutschen Freimaurerei steht bekanntlich als oberste Behörde der „Deutsche Großlogenbund", der von den acht Großlogen Deutschlands gebildet wird. Geschäftsführender Vorstand war zur Zeit des Kriegsausbruches der Großmeister des Eklektischen Freimaurer-Bundes in Frankfurt a. M.; fragt man aber nach dem Namen dieses Großmeisters, so erhält man keine Auskunft. Dalens Freimaurer-Kalender schweigt sich darüber aus und gibt nur den Namen des Geschäftsführers-Stellvertreters, nämlich Br.·. Gotthold bekannt. Professor Dr. Christian Gotthold war nun allerdings Großmeister des „Eklektischen Bundes" im Jahre 1913/14 und wurde es wieder für das Jahr 1915/16, war es aber nicht im Jahre 1914/15. Wer war aber damals bei Kriegsbeginn Großmeister der Eklektiker und damit zugleich auch geschäftsführender Vorstand des „Deutschen Großlogenbundes?" Das ist offenbar ein Geheimnis. Allerdings ging dieser Großmeister bald nach Ausbruch des Krieges in den ewigen Orient ein, aber dies kann unmöglich den Grund für die Verschweigung seines Namens bilden, denn auch in der „Totenschau" kommt er nicht vor, weder in Dalens Kalender von 1915, noch 1916, noch auch 1917 und 1918! Daß man das Ableben eines Großmeisters, der noch dazu im allerwichtigsten Augenblicke die Geschäfte des ganzen Bundes führte, der teilnehmenden Logenwelt einfach totschwieg, ist auch in Maurerkreisen noch nie dagewesen. Vielleicht liegt des Rätsels Lösung bloß im Namen des in den ewigen Orient eingegangenen Bruders? — Der Hochehrwürdigste Großmeister und Geschäftsführer der gesamten deutschen Freimaurerei zu Beginn des Weltkrieges hieß nämlich — Kohn.[2])

Das spricht allerdings Bände; dieser Name ist fürwahr ein Programm!

---

[1]) „Die Juden und die Freimaurerei" von Br.·. Alfred Cohn, S. 8, Leipzig Verlag Teichmann & Comp.; nur für Brr. Freimaurer des F. Z. A. S.

[2]) Vgl. hiezu das Vorwort S. VII f.

IX.

Freimaurerei, Wohltätigkeit und Politik.

In der Freimaurerei lassen sich zwei Richtungen scharf unterscheiden: Die eine beschränkt ihre Aufgabe auf die Selbstveredlung ihrer Mitglieder, die andere betrachtet es als unerläßliche Aufgabe der Freimaurerlogen, Politik zu treiben, um auf solche Art dem Wohle der Menschheit zu dienen.

Die deutsche Freimaurerei steht im allgemeinen auf dem erstgenannten Standpunkt. Nach ihrer Auffassung von der „königlichen Kunst" ist „das Ziel des freien Maurers, ohne Hilfe von Furcht und Hoffnung gut und vollkommen zu werden", so sagt z. B. Br .·. F. H. Seidel von der Gr. L. Loge von Sachsen. Sie arbeiten daher an Wohlfahrtseinrichtungen mit, bekämpfen das mammonistische Streben, den sogenannten „Dollarismus", und betonen, daß der Kern des wahren Gesellschaftslebens die Aufopferungsfähigkeit sei. Die Loge ist ihnen eine Pflanz- und Pflegeschule der Liebe zum Wohle der gesamten Menschheit. Logen und Großlogen gründen daher Erziehungsheime, Waisenhäuser, Lehranstalten, Darlehenskassen, Sterbekassen, Wöchnerinnenheime usw. Manche Großlogen haben mehrere hundert milde Stiftungen geschaffen, die sie verwalten, so z. B. die „Großloge zu den drei Weltkugeln" allein 457 (1918), die „Große Landesloge von Deutschland" 444, der „Eklektische Bund" dagegen verhältnismäßig wenig, bloß 74; allerdings ist auch seine Mitgliederzahl keine besonders große, denn seit der schleierhaften Geschichte mit dem „Ehrwürdigsten Großmeister" Kohn hat er nahezu ein halbes Tausend Mitglieder verloren und umfaßt jetzt nur mehr 3429 Brr .·., die sich auf 25 Logen verteilen; in jüngster Zeit erlitt der „Eklektische Bund" einen weiteren schmerzlichen Verlust: die angesehene Coburger Loge: „Ernst für Wahrheit, Freundschaft und Recht" mit mehr als 160 Brüdern hat sich nämlich der Großloge „Zu den drei Weltkugeln" angeschlossen! Dafür ist aber der Eklektische Bund jene Organisation, die am meisten Verkehr mit dem Ausland pflegt und hierfür gegen 30 Vertreter bestellt hat; er steht der politischen Richtung in der Freimaurerei am nächsten und es ist bezeichnend, daß er sich seinerzeit für die Wiederanknüpfung der Beziehungen zum „Grand Orient de France" und zur „Grande Loge de France" besonders stark eingesetzt hat. Zum linksstehenden Flügel gehört auch die Hamburger Großloge, die beispielsweise die Anerkennung des Suprême Conseil von Serbien beantragte, ein Antrag, der auch kurz vor Ausbruch des Weltkrieges, nämlich am 31. Mai 1914, vom deutschen Großlogentage angenommen wurde!

Daß die Franzosen kein Verständnis für das ideale Streben der deutschen Freimaurerei besitzen, bedarf kaum eines Beweises. Br.·. Dr. Wilhelm Ohr führt in seinem gehaltvollen Buche „Der französische Geist und die Freimaurerei" auf jeder Seite Belege hiefür an und das „Bulletin des Großorients von Frankreich" vom Jahre 1864 erklärt sogar rund heraus: „Die Wohltätigkeit schlägt nicht in das Fach der Freimaurerei." Das ist deutlich genug.

Wie steht es nun in Ungarn, beziehungsweise in Österreich? In Ungarn haben die Freimaurer zwar anfangs hie und da wohltätige Stiftungen geschaffen und eben dadurch Duldung und Geltung erlangt, zugleich aber drängten sie sich in alle einflußreichen Stellungen und suchten sich insbesondere die Presse dienstbar zu machen. Dann bekamen sie einen großen Teil der Volksschullehrer und die ganze Organisation der Mittelschullehrer in die Hand. Die roten Logen (Schottenlogen) waren nun nach französischem Beispiel bestrebt, auch den Unterricht für Erwachsene an sich zu ziehen und die freimaurerische Monatsschrift „Kelet", der wir diese Angaben verdanken, versichert uns, daß jüdische Freimaurer den „moralischen Unterricht" in den Gefängnissen erteilten.[1]) Aber „Kelet" sagt uns noch ganz andere Dinge; er stellt entschieden in Abrede, daß die Freimaurerlogen Wohltätigkeitsvereine sind, wie tausend andere auch. Das ist eigentlich naheliegend, denn um Wohltätigkeit zu üben, braucht man sich doch nicht einzuschließen, mit einem Schurzfell zu bekleiden und mit Bändern zu behängen. Was aber bezwecken sie sonst? „Wir bauen die Fundamente einer neuen gesellschaftlichen Ordnung," sagt „Kelet";[2]) „wir benötigen das Geheimnisvolle, weil dieser Zauber unseren Zusammenhalt stärkt"; . . . „wir sind Verschwörer; wir verschwören uns jeden Tag mit heiligem Glauben und mit Erbitterung gegen die jetzige Gesellschaftsordnung".[3]) Die Wohltätigkeit ist also nur ein Deckmantel, den man abwirft, so bald er nicht mehr nötig ist. Auch das ist im Grunde genommen nur selbstverständlich, denn das Gelöbnis der Geheimhaltung hätte ja keinen vernünftigen Sinn, wenn es sich um bloße Wohltätigkeitsvereine handelte, von den fürchterlichen Eiden des schwe-

[1]) Kelet, 1896, 10. Heft.
[2]) Kelet, September 1911.
[3]) Kelet, Juli 1911.

dischen Systems gar nicht erst zu reden. Dieses offene Geständnis des „Kelet“, der anerkannten Freimaurerzeitschrift der „Symbolischen Großloge von Ungarn“ ist festzuhalten: die ungarische Freimaurerei vertritt eben ein neues Staatssystem und welcher Natur dies ist, sagte ziemlich unverblümt Br .·. Bela Vas in der Loge „Del“ (Lugos): „Arbeitet dahin, daß die Macht der arbeitsscheuen Herrscher aufhöre.“ Das Ziel ist also zweifellos die Republik.[1])

Politik zu treiben, ist demnach der Hauptzweck, ja der einzige Zweck der ungarischen Freimaurer, und die Politiker werden in der Loge geradezu erzogen. Bei allen Wahlen werden die Freimaurer Ungarns angewiesen, wie sie sich zu verhalten haben, in allen Parlamentsparteien sitzen Freimaurer, die wichtigsten Ämter bis zu den Ministern hinauf sind mit Freimaurern besetzt — versichert uns der vorzüglich unterrichtete ehemalige Br .·. Karl Koller.[2]) Tatsache ist, daß neben unzähligen anderen auch Graf Andrassy Freimaurer war, ebenso Baron Banffy, und Baron Wekerle wurde von den Freimaurern noch besonders an seinen Eid erinnert, als er seinerzeit (1889) das Finanzministerium übernahm.[3]) Er gehört der Hochgradloge „Koloman der Bücherkundige“ (Kalman Könyves) an. Für die politische Betätigung der Logenbrüder Ungarns könnten zahllose Belege erbracht werden. Br .·. Samuel Bakonyi (früher: Samuel Breuer) verlangte z. B. im amtlichen Logenorgan die Einziehung der Kirchengüter und Abschaffung der Adelsprivilegien. Man mag darüber denken, wie man will, jedenfalls müssen derlei Forderungen als politische bezeichnet werden, die mit dem Wesen der rein geistigen Freimaurerei nichts zu tun haben. Die ungarischen Freimaurer geben auch ein eigenes Tagblatt „Vilag“ („Welt“) heraus; es wurde mit geldlicher Unterstützung der Regierung gegründet, nahm aber trotzdem gar bald den Kampf gegen den „Militarismus“ auf. Kennzeichnend für den Geist dieser Zeitung sind Sätze, wie dieser: „Die Soldaten brechen seltener ihren Eid, als die Könige“ („Vilag“, 16. April 1910). Auch „Vilags“ Ideal ist die atheistische Republik, nämlich eine „Ära, frei von Thronen und Altären“.[4]) Das bestätigt die französische Freimaurerzeitung „Acacia“, welche besonders hervor-

---

[1]) Dieser Aufsatz wurde bereits im Mai 1918 geschrieben.

[2]) Die Freimaurerei Österreich-Ungarns, Seite 300, Wien 1897. Herders Verlag.

[3]) Ebenda. Seite 330.

[4]) Zitiert nach „Freimaurerei und Politik“ von Dr. Peter Gerhard, Wien 1917. Seite 70.

hebt, daß die ungarische Freimaurerei der französischen bezüglich ihrer Tätigkeit sehr ähnlich sei; „denn auch in Ungarn sei die Maurerei die Gegenkirche und die wirklich fortgeschrittene Fraktion der öffentlichen Meinung".[1]) Auch das „Mecklenburgische Logenblatt" betont, daß die heutige Tätigkeit der ungarischen Logen ganz und gar von dem abweicht, was sie (die deutschen Freimaurer) unter Maurerei verstehen. „Es mutet uns, wenn wir den „Orient"[2]) lesen, an, als wenn wir ... in eine ganz andere Welt einträten. Der Bundesrat der Großloge erörtert in amtlicher Sitzung ein von Freimaurern gegründetes ... politisches Tagblatt (offenbar ist der „Vilag" gemeint) und sichert ihm die Unterstützung und Förderung der Großloge zu. Der Großmeister hält in einer Loge eine politische Agitationsrede ... In den Logen stehen im Vordergrunde der Teilnahme die Arbeitsgebiete: Kampf gegen den Klerikalismus und Einziehung der Kirchengüter; freie, religionslose Volksschule; freies, geheimes, unmittelbares Wahlrecht. Außer diesen Gegenständen wird auch über den israelitischen Patronageverein,... über die Lehren Ferrers, ... die serbische Frage und vieles andere der Art in Vorträgen und Erörterungen verhandelt, auch viel Geld zu den einschlägigen Zwecken gesammelt." Und weiters: „Die ungarischen Logen sind also ... politische Vereinigungen, die im wesentlichen radikalsozialen Bestrebungen huldigen ..." „Von dem, was wir Freimaurerei nennen" — sagt das Mecklenburgische Logenblatt — „lesen wir im „Orient" nichts."[3]) — Damit wäre also aus freimaurerischem Munde selbst der Beweis für die Richtigkeit unserer Behauptung erbracht. Daß die Brr.·. Kossuth, Klapka, Martinovic u. a. Mitglieder der Loge waren, ist nach dem Mitgeteilten eigentlich selbstverständlich.

Wie aber steht es nun mit Österreich? In Österreich ist die Freimaurerei seit dem Jahre 1794, bzw. 1801, verboten; allein alles, was verboten ist, ist nach einem bekannten Witzwort bei uns erlaubt; folglich auch die Freimaurerei.

In Wien allein gibt es derzeit vierzehn Logen, die sämtlich der ungarischen Großloge unterstellt waren und ihre rituellen Arbeiten in Preßburg verrichteten. Ihre Namen und

---

[1]) „Acacia", Juni 1908 Nr. 66, S. 420.

[2]) „Orient" deutsches, amtliches Blatt der „Symbolischen Großloge von Ungarn". Ofenpest VI.

[3]) Zitiert nach dem „Herold", Wochenblatt für Freimaurer (dz. Schriftleiter: Dr. Kekule von Stradonitz), Berlin 1910, Nr. 18, S. 9 u. 10.

das Jahr der Gründung seien hier angeführt: „Humanitas“ (1871), „Zukunft“ (1874), „Sokrates“ (1874), „Eintracht“ (1875), „Schiller“ (1875), „Freundschaft“ (1877), „Treue“ (1888), „Goethe“ (1892), „Lessing zu den drei Ringen“ (1897), „Pionier“ (1898), „Kosmos“ (1907) „Zur Wahrheit“ (1913), „Gleichheit“ (1913), „Fortschritt“ (1917). Vier von diesen vierzehn Logen bestanden in Wien unter anderem Namen, arbeiteten aber unter denselben Meistern vom Stuhle. Die Loge „Sokrates“ hieß hier „Humanitärer Verein Einigkeit“, die Loge „Schiller“ nannte sich der Polizei gegenüber „Bildung“, die Loge „Zukunft“ verbarg sich hinter dem „Literarischen Geselligkeitsklub“ und die Loge „Eintracht“ wurde gedeckt durch den „Nichtpolitischen Verein Einigkeit an der Donau“. Der Versammlungsort der meisten dieser Logen ist: Wien, 1., Dorotheergasse 12. Außerhalb Wiens bestehen noch Logen und Kränzchen in Asch, Brünn, Franzensbad, Haida, Karlsbad, Marienbad, Pilsen, Prag, Reichenberg, Saaz, Teplitz-Schönau und Tetschen an der Elbe. Die Logen von Abbazia, Linz a. D. und Salzburg sind während des Krieges entweder eingegangen oder wurden vorsichtshalber „gedeckt“. In C. van Dalens „Kalender für Freimaurer“ von 1915 werden sie zum letzten Male angeführt; sie werden aber bald zu neuem Leben erwachen, zumal sie es jetzt nicht mehr nötig haben, ihr politisches Streben „unter dem geheimnisvollen Teppich der Loge zu verbergen“. Die Gesamtzahl der Mitglieder wird mit rund 1100 angegeben, wobei aber wohl nur die derzeit tätigen Mitglieder zu verstehen sind. Die stärkste Loge ist die „Humanitas“ mit gegenwärtig 237 Brüdern; sie unterhält zwei Kinderasyle, und zwar in Kahlenbergerdorf und Saubersdorf; nach dem Rechenschaftsbericht von 1909 werden dort 77 Kinder nach den Grundsätzen der „königlichen Kunst“ erzogen. Die Gesamtkosten für die Erhaltung beider Anstalten betrugen im Jahre 1909 rund 47000 Kronen, die zum größten Teil von jüdischen Logenbrüdern und deren Angehörigen aufgebracht wurden. Ob es sich dabei um eheliche Kinder christlicher Eltern oder um uneheliche Kinder freimaurerischer Väter handelt, läßt sich aus dem Berichte leider nicht entnehmen. Das Vermögen der Kinderasyle betrug am 31. Dezember 1909 nach den Feststellungen der Revisoren S. N. Chiger, Th. Deutschland und S. Österreicher über 261000 Kronen. Von den Wiener Freimaurerlogen oder einzelnen ihrer Mitglieder wurden ferner noch gegründet der „Philanthropische Verein“, das „Heim für obdachlose Familien“, der „Verein zur Ausspeisung hungernder Schulkinder" und andere.[1]) Der „Verein gegen Verarmung und Bettelei" wird als eine Schöpfung der Loge „Schiller" bezeichnet, desgleichen der „Findlingshort".

Wenn man dann aber hört, daß die Loge „Goethe" bloß zwei Kinder und zwei Erwachsene unterstützt, die Loge „Lessing" ihre Hilfe gar nur einem Mann und zwei Frauen gewährt (1902), so wird man mit dem Urteile vorsichtig sein müssen, zumal die christlichen Wohltätigkeitsvereine denn doch ganz andere Ergebnisse aufzuweisen haben.

Aber — meint Br .·. Nathan Grundmann am 25. Oktober 1905 in der Loge „Humanitas", — eine Loge darf eben nie zu einem Wohltätigkeitsverein herabsinken: „In der Loge soll wohl der Geist durch schöne Reden ergötzt, auch soll Wohltätigkeit gefördert werden. Doch dazu brauchen wir keine Freimaurerei." Also wozu denn sonst? „Wozu wir eine Loge brauchen, das lehrt, dazu begeistert uns die Geschichte." — Br .·. Nathan Grundmann denkt dabei offenbar an die Geschichte der französischen Revolution und an die Revolutionen auf der ganzen Welt überhaupt, die ja im wesentlichen Werke der Freimaurer waren, wie noch bewiesen werden wird. Nebenbei bemerkt, ist auch die „Freie Schule" eine Gründung der Freimaurer. Die Loge „Pionier", deren hammerführender Meister damals der spätere Abgeordnete E. V. Zenker war, gründete zunächst den „Verein zur Erhaltung einer freien Schule", dann den Verein „Freie Schule" selbst.[2]) Br .·. Zenker, bei beiden Vereinen tätig, war aus der Loge „Humanitas" hervorgegangen. Abg. Freiherr v. Hock, der stets im Zusammenhang mit der „Freien Schule" genannt wird, ist ebenfalls Freimaurer, desgl. Dr. v. Licht, Professor Redlich u. v. a.

Sieht es nun mit der Wohltätigkeit nicht geradezu glänzend aus, so steht es um so besser mit der Politik.

Weil die Freimaurer im Verdachte standen, Politik zu treiben, blieb das Verbot in Österreich auch aufrecht und man ließ sie bloß in der Form von humanitären Vereinen zu, obwohl allgemein bekannt war, daß sie tatsächlich Logenarbeiten[3])

---

[1]) Eine Aufzählung gibt z. B. die „Bauhütte" vom 27. November 1909 Nr. 98.

[2]) Vgl. „Der Zirkel", Wien 1903, 20. September, Freimaurerisches Wochenblatt. In der Öffentlichkeit wurde stets bestritten, daß der Verein „Freie Schule" eine freimaurerische" Gründung sei; heute wird es offen zugegeben (vgl. „Wr. Fr. Z.", August 1919, S. 11).

[3]) Unter Logenarbeiten versteht man jene rituellen Handlungen, die nur in einer „echten und gerechten Loge" vorgenommen werden können, so die Aufnahme von Lichtsuchenden, Beförderungen, Affiliationen, Ausschließungen usw.

verrichteten, und zwar in Ungarn (zuerst in Neudörfl, dann in Preßburg). Ausdrücklich wird in der Geschichte der (Loge) „Humanitas" zugegeben, daß diese Logen und (humanitären) Vereine identisch sind und ein und dieselbe freimaurerische Vereinigung mit denselben Mitgliedern und derselben Verwaltung bilden.

Die politische Ausdrucksform der Freimaurerei war damals der Liberalismus. Nach dessen Zerschmetterung suchten sie auf die Sozialdemokratie mehr und mehr Einfluß zu gewinnen. Die Gegensätze zu überbrücken, war gar nicht so schwer, der gemeinsame Wahlspruch: „Freiheit, Gleichheit, Brüderlichkeit" half darüber hinweg. Dieser Wahlspruch war ursprünglich den Freimaurern eigen, wurde dann der Schlachtruf der französischen Revolution und ging schließlich auf alle republikanischen Parteien über, also auch auf die Sozialdemokratie.

Namentlich von jüdischen Freimaurern wurde das Zusammengehen mit den Sozialdemokraten ersehnt, verlangt und gefordert. Br.·. Raimund Mautner nennt den Sozialismus geradezu die verkörperte Freimaurerei, „darum sollen wir uns ihm anschließen" (Zirkel", Nr. 4, 37. Jahrg., S. 61). Gemeinsam sei beiden der Kampf gegen den Klerikalismus und gegen alle Auswüchse des Nationalismus. Dazu ist fürs erste zu bemerken, daß in der Freimaurersprache „Klerikalismus" stets als gleichbedeutend mit Christentum gebraucht wird, und zweitens, daß Auswüchse des Nationalismus nur bei Deutschen, nie aber bei den Slaven entdeckt und bekämpft werden. Deutsche Gesinnung an sich ist nach freimaurerischer Auffassung bereits ein „Auswuchs" des Nationalismus, tschechische Gesinnung bei den Tschechen gilt hingegen jederzeit als etwas Selbstverständliches.

Auch Br .·. Dr. Alexander Holländer (Loge „Zukunft") kommt zu dem Ergebnis, daß das Endziel der Freimaurer und der Sozialdemokratie im großen ganzen das gleiche ist (Festrede in der Großversammlung der „Symbolischen Großloge von Ungarn", Ofenpest, 16. April 1905, entnommen dem „Zirkel", 35. Jahrg., Seite 447).

Derselben Anschauung ist Br .·. Emmerich Szekely: Das Programm der Sozialdemokraten sei im wesentlichen auch ihr Programm. Er verlangt, daß man an der Schaffung des künftigen sozialistischen Staates kräftig mitarbeiten soll. Namentlich aber müsse sich die Freimaurerei an der sozialistischen Organisation rege beteiligen.[1]) Br .·. Szekely verlangt geradezu,[2]) daß sich die Freimaurerei ganz auf die radikale Demokratie einschwören und der Arbeiterschaft anschließen müsse; das sei für sie der einzige Weg, da der bürgerliche Liberalismus in ganz Europa, so in Belgien, in Österreich und in Ungarn vollkommen abgewirtschaftet habe. Also: Zuerst mit dem Liberalismus, und wenn es da durchaus nicht mehr geht, mit dessen geschworenem Feinde, dem Sozialismus! — Ein Musterbeispiel freimaurerischer Überzeugungstreue und Charakterfestigkeit!

Wenn aber Br .·. Szekely meint, die Freimaurer sollen sich der zahlenmäßig viel stärkeren Arbeiterschaft als Hilfstruppe anschließen, so will er damit genau das Gegenteil davon sagen, nämlich die Freimaurer sollen als Führer an die Spitze der Arbeiterschaft treten und diese soll ihre Schutztruppe bilden. Viel klarer, viel anschaulicher drückt diesen Gedanken Br .·. Dr. Alexander Holländer aus; er vergleicht den Freimaurer mit einem Wanderer, der mit sehnsuchtsvoll ausgestreckten Armen nach der Insel der Seeligen starrt. „Da nähert sich dem Wanderer ein Boot, gelenkt von einem Manne, dessen Haut sonnengebräunt, dessen Hand schwielig, dessen Körper sehnig ist und dürr von Mühen und Entbehrung; der nimmt den am Ufer sehnend hinüber Starrenden auf seinen Kahn und bringt ihn ungefährdet zur Insel der Seeligen. Die Freimaurerei ist der Wanderer, der Bootsmann die Sozialdemokratie." Allerlei Hochachtung! Fürwahr ein treffender, ein tiefsinniger Vergleich: Auf der Insel der Seeligen bleibt dann eben nur der Wanderer, der Freimaurer zurück, der sozialdemokratische Bootsmann hingegen hat seine Schuldigkeit getan, wird rasch abgefertigt und darf wieder umkehren.

Ganz unumwunden drückt jedoch diesen Grundgedanken das Wiener freimaurerische Organ „Der Zirkel", aus; in Nr. 29 vom Jahre 1906 lesen wir die bedeutungsvollen Worte: „Der Geist der Zeit fordert von uns (Freimaurern), daß wir die Führung des Sozialismus in die Hand nehmen, und in dieser Beziehung fanden schon einige Logen den rechten Weg und die rechten Mittel." So z. B. Br .·. Schuhmeier, der ein eifriges Mitglied der Wiener Loge „Sokrates" war und einmal sogar

---

[1]) Das geschah übrigens schon früher; zahlreiche Führer der Sozialdemokraten entstammen den Freimaurerlogen, so Br .·. Pernerstorfer, Br .·. Schuhmeier Br .·. Dr. Viktor Adler, Br .·. Ellenbogen, Br .·. Karl Seitz u. m. a.

[2]) Versammlung der „Symbolischen Großloge von Ungarn", 8. April 1906.

vor Tausenden von Arbeitern eine rituelle Logenarbeit[1]) verrichtete und zum Schlusse den Kettenspruch sprach.

Br.·. Szekelys Rat, man müsse sich schleunigst auf die radikale Demokratie einschwören, wurde übrigens auch sonst noch von der österreichischen Freimaurerei in die Tat umgesetzt. Die Wiener Loge „Pionier", oder genauer gesagt, dessen hammerführender Stuhlmeister Br.·. C. V. Zenker, gründete die radikale (demokratische) Partei und eroberte sich mit Hilfe von ahnungslosen Deutschnationalen sein Reichsratsmandat (1911)!

Wie hat nun die österreichische Sozialdemokratie diese freimaurerische Führung aufgenommen? — Die Antwort ist einfach: Sie läßt sich willig von den Brrn.·. Adler, Ellenbogen usw. führen; sie ist ahnungslos, sie weiß nichts von den geheimen Beziehungen des Br.·. Adler zum Br.:. Baron Rothschild und sie würde offenbar auch gar nichts besonderes darin erblicken, wenn sie erführe, daß sich gelegentlich die Vertreter von Großkapital und Proletariat mit kunstvollem Meistergriff brüderlich umschlingen......

Nicht überall lassen sich die Arbeiter derart von der Loge gängeln. In Oberitalien zum Beispiel haben es die italischen Arbeiter ausdrücklich ausgesprochen, daß es eine unabweisliche Pflicht der Sozialisten sei, sich diese geheimen Organisationen vollständig ferne zu halten; denn durch die Zugehörigkeit zum Freimaurer-Orden — erklärten sie in einer Massenversammlung in Mailand am 24. Februar 1907 — entstünde ein steter Widerstreit zwischen dem blinden Gehorsam, den die Freimaurer fordern, und jenen Pflichten, welche einem Genossen als Mitglied einer Arbeiterorganisation obliegen, „ganz abgesehen davon, daß wir von den Freimaurern für uns Proletarier nichts zu erhoffen, wohl aber alles zu befürchten haben ..." Diese scharfe Stellungnahme bildet allerdings eine Ausnahme, denn auch in Italien ist es die Regel, daß die freimaurerischen und sozialdemokratischen Führer untereinander sehr enge Beziehungen unterhalten.

Aus all diesen Zitaten geht wohl einwandfrei hervor, daß die Wohltätigkeit nur den Deckmantel der Freimaurerei bildet, die in Wirklichkeit als politischer Geheimbund zu betrachten ist — nicht nur bei uns, sondern fast überall auf der ganzen Welt, besonders in Italien, wo sie seit 1821 nach eigenem Geständnisse alle revolutionären Unternehmungen angestiftet und geleitet hat.

---

[1]) Freimaurerischer Ausdruck für Versammlung.

Durch ihre Großmeister Mazzini und Garibaldi wurde die ganze republikanische Partei geschoben und die italische Regierung 1870 gezwungen, Rom zu besetzen.[1]) Zahlreiche italische Ministerpräsidenten waren Freimaurer, so Br.·. Depretis, Br.·. Crispi, Br.·. Zanardelli; sie alle aber wurden von den angeblich „nicht politischen" Logen auf das schärfste angegriffen, weil sie am Dreibund festhielten. An der politischen Tätigkeit der italischen Maurerei kann also nicht im geringsten gezweifelt werden; sie bekämpft nicht etwa bloß den Papst, sondern den christlichen Gedanken überhaupt, insbesondere aber die monarchische Regierungsform. Der sehr zurückhaltende Freimaurer Dr. Ludwig Müffelmann wirft der italischen Maurerei geradezu politisches Strebertum vor und weist ihren überragenden Anteil an der Kriegsbeteiligung Italiens nach. Ein anderer Freimaurer, Br.·. v. Milbitz in Turin, erklärte offen, daß der römische Großorient nur für politische Zwecke wirke und viele Mitglieder des „Suprême Conseil" (des obersten Rates) Verbrecher seien, die vors Gericht gehörten.[2])

Und in Frankreich? — Genau das gleiche Bild. Br.·. Freiherr v. Reitzenstein sagt ausdrücklich: „Fast alle Politiker Frankreichs sind oder waren Freimaurer."[3]) Auch dort sind die Logen — Schulen der Politik. Aber nicht bloß die Mitglieder, auch die Logen selbst treiben Politik: „Die französische Regierung steht vollständig unter der Herrschaft der Loge. . . . Seit Mac Mahon sind alle Präsidenten der Republik der Loge nicht bloß eingegliedert, sondern tätige Agitatoren, die in den Logen eine mehr oder minder hervorragende Stellung eingenommen haben. . . . Ebenso gehören alle jene Männer, die in den Ministerien oder in wichtigen Staatsämtern eine Rolle spielen, der Freimaurerei an. Im allgemeinen bekommt in der französischen Republik niemand ein wichtiges Amt, wenn er nicht von der Loge empfohlen ist."[4]) Sogar die Gesetze werden in den Logen ausgearbeitet und der Regierung, beziehungsweise dem Parlament zur Genehmigung vorgelegt! Ist die Regierung willfährig – sagt Br.·. Freymann —, so wird dies mit Genugtuung anerkannt, ist sie säumig, so wird es je nach Umständen getadelt oder entschuldigt; die unberücksichtigt gebliebenen Forderungen werden aber aufs neue an die Regierung verwiesen.

---

[1]) Vgl. den Vortrag Br.·. Chiossone's, abgedruckt in der „Revue Maçonnique", Juni 1907, S. 89—95.

[2]) Vgl. Hermann Gruber „Der giftige Kern usw." 1899. S. 303 ff.

[3]) Albin Frh. v. Reitzenstein „Die Freimaurerei in Frankreich", Berlin 1906, S. 72.

[4]) Vgl. „Auf den Pfaden der internationalen Freimaurerei" von Br.·. Ernst Freymann S. 7 f.

An der Hand der Rechenschaftsberichte des Großorientes läßt sich Jahre hindurch die volle Übereinstimmung der Logenbeschlüsse und der gesetzgeberischen Maßnahmen der Regierung nachweisen. Nicht selten kommt es vor, daß höhere Beamte, die mit Hilfe der Loge in hohe Staatsämter gelangt sind, vor entscheidenden Sitzungen in der Loge erscheinen, um dort Ratschläge entgegenzunehmen. ... Das ausgesprochene Herrschaftsgebiet der Loge ist das Parlament. Die Wahlen stehen im Zeichen der Logen. Das französische Parlament ist ein ausgesprochenes Freimaurerparlament. Der „republikanische Block" (Republikaner, Radikale, Radikalsozialisten) besteht ausschließlich aus Freimaurern. Die linksradikalen Sozialisten stehen wenigstens unter freimaurerischer Führung: Dies alles sagt uns ein deutscher Freimaurer, der lange Jahre im Ausland verbrachte, namentlich auch in Paris das Logenleben gründlich kennen gelernt und an den „Arbeiten" selbst teilgenommen hat.[1]) Von französischen Maurern wird es bestätigt. Selbst Br.·. Hiram (Limousin) gibt offen zu, daß sich die Freimaurerei seit 1871 als Körperschaft auf die Politik verlegte. „Das widersprach ihrer Verfassung, ihren Regeln, ihren Interessen, aber das Interesse Frankreichs und der Republik erforderte es gebieterisch."[2]) Das ist nun keineswegs eine Entgleisung dieses freimaurerischen Blattes, denn schon früher stellte es die Tatsache fest, „daß die Freimaurerei Frankreichs gegenwärtig „eine einflußreiche politische Gruppe sei".[3])

Ein besonders starkes politisches Stück sei hiermit der Vergessenheit entrissen: Im November 1870 verlangten die Loge „Henri IV." und neun andere Pariser Logen die Bildung eines „unparteiischen" (!) Gerichtshofes, um den König Wilhelm von Preußen und dessen Sohn vor dieses Gericht zu schleppen, weil sie sich des größten Verbrechens schuldig gemacht und sich als Freimaurer gegen die von ihnen feierlich beschworenen „Gesetze" der Freimaurerei vergangen hätten:

„Wilhelm von Hohenzollern und sein Sohn sind demzufolge angeklagt des Meineides und Verrates. Die **Weltfreimaurerei** ladet sie binnen drei Monaten vor die Schranken ihres Gerichtshofes!" ...

Darüber berichtet auch Moritz Busch.[4]) Am gemeinsten — schreibt Busch — benahmen sich die französischen Logen.

---

[1]) Br.·. Ernst Freymann, ebenda.
[2]) „Acacia", Juni 1908, Nr. 66, S. 406.
[3]) Acacia, 1908, Nr. 62, S. 81.
[4]) M. Busch „Graf Bismarck und seine Leute", S. 462.

So brachte der „Courier de Lyon" nachstehenden, wohl unerhörten Aufruf:

„Die Delegierten der R. R. C. und der F. R. J. (Freimaurerlogen!) haben in ihrer Sitzung zu Lyon am 26. November 1870 folgendes Urteil verkündet:

1. Wilhelm und seine beiden Genossen Bismarck und Moltke, Geißeln der Menschheit und durch ihren unersättlichen Ehrgeiz Ursache so vieler Mordtaten (!), Brandstiftungen und Plünderungen, stehen außerhalb des Gesetzes wie drei tolle Hunde.

2. Allen unseren Brüdern in Deutschland und der Welt ist die Vollstreckung gegenwärtigen Urteils aufgetragen.

3. Für jede der drei verurteilten Bestien (Kaiser Wilhelm, Bismarck, Moltke) ist eine Million Franken bewilligt, zahlbar an die Vollstrecker oder ihre Erben durch die sieben Zentrallogen." [1])

Auch heute sollen sich zwei Hohenzollern einem „unparteiischen" Gerichtshof zur Verfügung stellen. Wieder sind es Freimaurer, die nach einem Gerichtshof schreien, um jene „Verbrecher" abzuurteilen, welche an dem Überfall (!) Belgiens schuldtragend sind. Wilhelm II., der deutsche Kronprinz, die Könige und Kronprinzen von Sachsen, Bayern und Württemberg, die kommandierenden Generäle usw. alle, alle sollen zur Verantwortung gezogen werden: so wünscht es die Pariser Loge „L'avant Garde"! Der „Oberste Rat" des französischen Großorients geht noch weiter; er stellt gleich alle deutschen Freimaurer als Meineidige hin, welche die „heiligen Grundsätze der Freimaurerei" verraten hatten! Zugleich werden alle Deutschen, ob Freimaurer oder nicht, in Bausch und Bogen verurteilt. Dieses merkwürdige Kulturdokument stammt vom 13. Dezember 1914 und ist in einem Buche Br.·. Müffelmanns vollinhaltlich abgedruckt.[2])

Bedarf es noch weiterer Beweise der politischen Tätigkeit der französischen Maurer? Soll man an die Zettelaffäre (L'Affaire des fiches) des französischen Kriegsministers Br.·. André erinnern, der im größten Stil Erkundigungen über die politische und kirchliche Gesinnung der Offiziere einziehen ließ? Soll man darauf verweisen, daß die Trennung von Kirche und Staat in Frankreich im wesentlichen das Werk der Freimaurer ist? Soll man erst weitläufig beweisen, daß der Deutschenhaß und die Deutschen-

[1]) Abgedruckt bei Karl Heise, „Ententefreimaurerei und Weltkrieg", S. 23 f.

[2]) Dr. Ludwig Müffelmann, „Die italienische Freimaurerei und ihr Wirken für die Teilnahme Italiens am Kriege", Berlin 1915, Verlag A. Unger.

hetze ihren eigentlichen Sitz in den französischen Logen hat? Daß der „Revanchegedanke“ dort stets künstlich genährt und großgezogen wurde? — Genug an dem, was französische Freimaurer selbst zugeben und deutsche Brüder bestätigen; Br.:. Bouley, 33.:. nennt mit Recht den französischen „Grand Orient“ eine „historische Macht, die seit beinahe zwei Jahrhunderten ihren Einfluß über die ganze Welt ausgeübt hat, deren Rolle und Tätigkeit zwar verschieden beurteilt wird, keinem aber gleichgültig bleiben kann“.[1]) Bouley war Vizepräsident des Ordensrates des Großorients von Paris;[2]) die Rede wurde am 27. Oktober 1907 in der Kölner Loge „Freimut und Wahrheit“ gehalten und rief dort stürmische Zustimmungskundgebungen für die französischen Brüder hervor. Sehr bezeichnend ist, daß die Loge „Freimut und Wahrheit“ der altpreußischen „Großen Landesloge der Freimaurer von Deutschland“ angehört, die als monarchisch und staatstreu gilt!

Die Freimaurer Frankreichs haben sich auch der meisten sozialdemokratischen Gewerkschaften bemächtigt; insbesondere sind folgende Sozialdemokraten Freimaurer: der ehemalige Ministerpräsident Br.·. Aristide Briand, der jetzige Ministerpräsident Br.·. Millerand, Br.·. Marcell Sembat, der ehemalige Munitionsminister Br.·. Albert Thomas, die Abgeordneten Br.·. Quesde, Br.·. Renaudel und verschiedene andere. Daß die Freimaurer, welche sich an die Spitze der Gewerkschaften gestellt haben, vorwiegend jüdischer Abstammung sind und darnach streben, die Arbeiterbewegung dem Judentum dienstbar zu machen, geht aus einem Bericht über eine große Arbeiterversammlung hervor, die am 3. April 1911 in Paris stattfand und sich gegen die vorwiegend jüdisch-freimaurerische Führerschaft in heftigster Weise verwahrte.[3])

Auch sonst sind die Freimaurer überall politisch tätig, so zum Beispiel in Belgien; der belgische Großorient war sogar der erste, der (um 1840) die Logenarbeiten auf das Studium politischer Fragen ausdehnte. Ausdrücklich wurde dieser Standpunkt 1854 unter dem damaligen Großmeister Br .·. Verhaegen gutgeheißen und unbeirrt bis auf die Gegenwart beibehalten. Das Ziel der belgischen Freimaurer ist die belgische Republik. Die franzosenfreundliche und deutschfeindliche Stimmung der Belgier

---

[1]) Br .·. Bouleys Rede in Köln, Oktober 1907, vgl. Br .·. Wilhelm Ohr, „Der französische Geist und die Freimaurerei“, S. 44.

[2]) Br .·. Bouley wurde später wegen Gründungsschwindels zu drei Monaten Gefängnis verurteilt; vgl. die Mitteilung des „Herold“, 1914, S. 370.

[3]) Vgl. „Deutschsoziale Blätter“ vom 8. April 1911, Nr. 28.

ist auf die engen Beziehungen des belgischen und französischen Großorientes zurückzuführen. Bemerkenswert ist die große Anteilnahme der belgischen Freimaurer an der Frage der Wehrreform. Die Wehrpflichtfrage stand bei den verschiedensten Logensitzungen stets auf der Tagesordnung; das war 1910 bis 1913, also unmittelbar vor Kriegsausbruch,[1]) bezeichnend genug für die berühmte belgische Neutralität und die bekannte Friedensliebe der Freimaurer!

Auch die englische Freimaurerei ist politisch tätig, allerdings in ganz anderem Sinne; sie treibt großzügige Weltpolitik, scheut dabei jedoch vor gemeinen Verbrechen, vor Bestechungen und Mordanschlägen nicht zurück; sie unterstützt grundsätzlich alle aufrührerischen Bewegungen des Auslands (Kossuth, Mazzini, Garibaldi, Magalhães Lima usw.). Politik der englischen Freimaurerei und offizielle englische Politik ist ein und dasselbe, denn die jeweilige Regierung dient restlos den freimaurerischen Idealen. Man könnte fast meinen, sagt Br.·. Freymann, die Freimaurerei sei eigens zu dem Zwecke gegründet worden, um England die erstrebte Vorherrschaft zu Wasser und zu Lande zu verschaffen und zu sichern.[2])

Die amerikanischen Freimaurer sind ebenfalls mit der Politik aufs engste verwachsen; im Senat bilden sie die Mehrheit, im Repräsentantenhaus sogar die Zweidrittelmehrheit. In Washington selbst üben die Brüder der schottischen Hochgrade einen starken politischen Einfluß aus; war doch ihr früherer Chef, Br.·. Richardson, 33.·., Präsident des demokratischen Wahlkomitees. In englischen Logenblättern wurde wiederholt hervorgehoben, daß die guten Beziehungen zwischen England und Amerika durch das freundschaftlich-brüderliche Verhältnis zwischen englischen und amerikanischen Freimaurern wesentlich gefördert werden.[3]) Der Schluß ist naheliegend, daß der Eintritt Amerikas in den Weltkrieg der Hauptsache nach ein Werk der Freimaurer war; (die Richtigkeit dieser Schlußfolgerung wird im 25. Aufsatz überzeugend dargetan!)

Was die deutschamerikanischen Brr.·. anlangt, so sind die meisten ihrem Volke entfremdet; viele geben sich auch als „deutsch" aus, ohne es zu sein. Unter den Stuhlmeistern und Sekretären deutscher Logen findet man beispielsweise folgende Namen: Bernhard Hertzbach, Charles Schmiel, W. K. Tutlemond, A.

[1]) Vgl. „Auf den Pfaden der internationalen Freimaurerei", S. 10.

[2]) Ebenda S. 11.

[3]) „The Freemason's Chronicle" 1901, II. 135; zitiert nach Gruber „Freimaurerei, Weltkrieg und Weltfriede" Wien 1917.

Mailänder, Adam Licht, M. Goldschmidt, Eugen Cohn (von der deutschen (!) Loge „King Salomon"!) — Die führenden Geister sind also großenteils — Juden.

Bis jetzt war bloß von der politischen Betätigung der Freimaurer die Rede. Was nun die politische Gesinnung besonders der deutschen Freimaurer anlangt, so wird gewöhnlich behauptet, die Mitglieder der drei altpreußischen Großlogen seien monarchisch und staatstreu gesinnt, die Brr.:. der anderen fünf deutschen Großlogen neigen mehr der internationalen und republikanischen Richtung zu; das mag sein; vielleicht aber ist die erstere Behauptung doch nicht so ganz richtig: der Umstand, daß die Beziehungen zum „Grand Orient" in Paris und zur „Grande Loge de France" erneuert und solche zum „Suprême Conseil" von Serbien erst etliche Wochen vor Kriegsbeginn angesponnen wurden, gibt immerhin zu denken. Und wenn nun auch während des Krieges unter dem Zwang der Verhältnisse die Beziehungen zum Großorient von Italien abgebrochen wurden, so darf man doch nicht übersehen, daß dies bloß bezüglich Italiens der Fall war, während die Beziehungen zu den Großorienten in anderen feindlichen Ländern damals bloß „ruhten": auch das gibt zu denken. Und wenn nun gar Br.·. Gartz, Großmeister der „Großen Landesloge der Freimaurer Deutschlands" bei der Jubiläumsfeier des belgischen Großorientes (Brüssel 1907) versicherte, „trotz der Verschiedenheit der Formen sei die Freimaurerei dieselbe in Deutschland wie in Belgien",[1]) so ist dies erst recht bedenklich: steht doch die belgische Freimaurerei mit der französischen auf derselben Stufe der Auffassung und Betätigung! Gleichwohl — lassen wir die deutsche Freimaurerei ganz außer Spiel.

Was aber die Freimaurer der übrigen Länder anlangt, einschließlich Österreichs und Ungarns, so kann man ruhigen Gewissens sagen, daß ihre Haupttätigkeit auf politischem Gebiete liegt; ihr Hauptzweck war und ist in monarchischen Ländern der völlige Umsturz der ganzen bestehenden Staats- und Gesellschaftsordnung; Politiker und Staatsmänner, ja ganze Parteien sollten allmählich zu republikanischem Denken bekehrt und erzogen werden.[2])

Von diesem Gesichtspunkt aus stellt sich der Weltkrieg als die von der Loge schon lange vorbereitete Kraftprobe der Weltfreimaurerei dar, deren politischer Generalstab in London und deren geistige Leitung in Paris ihren Sitz hat.

---

[1]) Bulletin du „Grand Orient de Belgique", 5907 1. Heft, S. 63. Brüssel.
[2]) Dieser Aufsatz wurde bereits Ende August 1918 geschrieben!

X.

Die revolutionäre Freimaurerei, insbesondere in Amerika und Frankreich.

Was hat es für einen Sinn, wenn im Ritter-Kadosch-Grad Dolchstöße gegen eine Königskrone gerichtet werden?

Der Ritter-Kadosch-Grad ist der 30. Grad der schottischen Lehrart, der wichtigste Grad des ganzen Systems; der Aufzunehmende hat bei der Aufnahmsfeier tatsächlich Dolchstöße gegen eine päpstliche Tiara und gegen eine Königskrone zu führen. Es soll damit sinnbildlich an die Hinrichtung des Templer-Großmeisters Jakob Molay erinnert werden, der am 11. März 1314 — angeblich als schuldloses Opfer des päpstlichen und königlichen Despotismus — bei langsamem Feuer verbrannt wurde. Die Zeremonie selbst wird von Freimaurern zugegeben und ist auch in unterrichteten Kreisen ziemlich allgemein bekannt; der Geist der Rache, der daraus spricht, ist übrigens heute noch genau so lebendig wie je zuvor.[1] Der hochgeachtete Br.·. Albert Pike, der oberste Chef der amerikanischen Hochgradfreimaurer, gibt in einem Rundschreiben an alle Freimaurer der Welt folgende Anweisungen, die den gleichen Geist der Rache gegen alle „Tyrannen" atmen:

„In Wort und Schrift, mit Einsetzung unseres ganzen offenen und geheimen Einflusses mit unserer Börse und, wenn nötig, auch mit unserem Schwerte, wollen wir die Sache des menschlichen Fortschrittes fördern, auf die Befreiung des menschlichen Geistes und menschlichen Gewissens und auf die Verwirklichung der menschlichen Gleichberechtigung hinarbeiten. Wo immer eine Nation sich erhebt, um ihre Freiheit zu erringen oder wiederzuerringen, wo immer der Menschengeist seine Unabhängigkeit erstreitet und das Volk seine unveräußerlichen Rechte zurückfordert, dahin sollen sich unsere wärmsten Sympathien wenden."[2])

Das „Recht auf Empörung" wird hier ausdrücklich anerkannt; die Weltfreimaurerei will allen jenen Völkern helfen, die ihre

[1]) Die deutschen Hochgradlogen, vor allem die echten Rosenkreuzer, lehnen die Rache ab; es wird betont, daß Gott allein das Recht hat, Rache zu üben. (Aus dem Briefe eines deutschen Hochgradmaurers an den Verfasser).

[2]) The Inner Sanktuary, Part. IV. The Book of the Holy House. Washington. Charleston (S. Carolina) A.·. M.·. 1867 Seite 547, zitiert nach Hermann Gruber-

Befreiung anstreben, alle Revolutionen unterstützen, die sich gegen die verhaßten „Tyrannen" richten.[1])

Br .·. A. Pike verabscheut also die Tyrannen, d. h. Monarchen, und seine Anschauung ist in der Freimaurerei als die herrschende zu betrachten. „Ein von hohen Idealen beseelter Freimaurer kann . . . kühn einen Schlag gegen die Tyrannei führen und sich mit anderen (zu einer Verschwörung) verbinden, um durch Mittel, die sonst verwerflich wären, Abhilfe für unerträgliche Mißstände zu schaffen.[2]) Solche verwerfliche Mittel, die also unter Umständen von Freimaurern angewendet werden dürfen, sind Bestechungen, Mordanschläge, Verschwörungen usw. Mit Recht sagt deshalb Hermann Gruber: „Die Freimaurerei ist nichts anderes als eine über die ganze Welt verzweigte Gesellschaft von Verschwörern."[3]) Er sagt damit sicher nichts Unwahres; das ungarische Freimaurerblatt „Kelet" gibt es ja offen zu: Wir sind Verschwörer, wir verschwören uns gegen die jetzige Gesellschaftsordnung und arbeiten an ihrer Vernichtung. „Gesellschaftsordnung" ist ein mehrdeutiger Ausdruck; gemeint ist in erster Linie die monarchische Staatsform. Auch der bekannte Logenschriftsteller und frühere Herausgeber der „Bauhütte", J. G. Findel, gibt dies mittelbar zu: „Rings um uns her durchdringt der Geist dieser (französischen) Revolution die Massen des Volkes in seiner neubelebenden Kraft. Viele alte Gewaltherrschaften (d. h. Monarchien) sind bereits unter seiner Berührung zusammengestürzt, andere krümmen sich in den Todeskämpfen der Umbildung."[4]) Br .·. Sicard de Plauzoles vom „Grand Orient" nennt die Freimaurerei geradezu die „Mutter der Revolution",[5]) was insofern richtig ist, als die Ideen der Revolution zumeist von der Freimaurerei ausgegangen, stets jedoch von ihr genährt und verbreitet worden sind. Br .·. Perrin, ein Mitglied des französischen Ordensrates, erblickt im Großorient von Frankreich den Bewahrer des revolutionären Gedankens.[6]) Felonie und Empörung sind eben, wie Br .·. A. G. Mackay vom 33. Hochgrad offen zugibt, keine maurerischen Vergehen und daher auch von keiner maurerischen Strafe bedroht;[7]) im Gegen-

[1]) Wenn in freimaurerischen Schriften von „Tyrannen" die Rede ist, so sind damit stets und ausschließlich die Monarchen gemeint. Wilhelm II. ist in ihren Augen ebenso ein „Tyrann", wie der allzu gütige Kaiser Franz Josef I., der König von Spanien genau so, wie der König von Griechenland Eine Ausnahme machen nur jene Könige, die Freimaurer sind oder sich von ihnen willig führen lassen.

[2]) The Freemason's Chronicle, London 1889. I. 178 zitiert nach H. Gruber.

[3]) Hermann Gruber „Mazzini, Freimaurerei usw." Seite 62.

[4]) J. G. Findel, Grundsätze der Freimaurerei im Völkerleben. S. 165.

[5]) Entnommen Wilhelm Ohr: „Der französische Geist und die Freimaurerei", S. 128

[6]) Ebenda, S. 151.

[7]) A. G. Mackay, Masonic Juris prudence, Neu-York 1867, S. 510, zitiert bei H. Gruber.

teil, die Revolution ist nicht bloß ein Recht der Freimaurer, sie ist sogar „in gewissen Fällen eine heilige Pflicht".[1])

Zu diesem Ergebnis kommt das führende englische Freimaurerblatt bei der Auslegung der „Pflichten" des Maurers. Gelingt die Verschwörung, so wird der Freimaurer als ruhmgekrönter Held geehrt, wie z. B. Br∴ Magalhães Lima nach der erfolgreichen Revolution in Portugal; gelingt sie nicht, so wird ihm nach Kräften wenigstens Beistand und Hilfe geleistet, er wird als Märtyrer liebevoll aufgenommen und von der Loge gedeckt, wie z. B. Br∴ Kossuth, Klapka, Türr und viele andere. Treffend bemerkte daher seinerzeit der Freimaurer Stark bezüglich der französischen Revolution: „Ohne geheime Gesellschaften hätte man keine geheimen politischen Komitees gehabt und die Revolution wäre nie vollendet worden" — ein Satz, der allgemeine Gültigkeit auch heute noch hat, heute mehr denn je zuvor. Es ist daher auch kein Wunder, daß, wo immer in den letzten zwei Jahrhunderten Revolutionen, politische Anschläge und Staatsstreiche stattfanden, Freimaurer ihre Hand dabei im Spiele hatten.

Schon die Verschwörung von 1776, durch welche sich Amerika die Unabhängigkeit von dem englischen Mutterstaate erzwang, war zum guten Teil ein Werk von Freimaurern. Die amerikanischen Freimaurer waren aber auch sehr praktische Leute; so war es Br∴ Jefferson, der die „Erklärung der Rechte" in die Verfassung der Vereinigten Staaten durchsetzte; und Br∴ Lafayette spielte sowohl beim amerikanischen Unabhängigkeitskrieg wie auch bei der späteren französischen Revolution eine hervorragende Rolle; Br∴ Georges Washington, der Nationalheld der Amerikaner, war gleichfalls Freimaurer. Auch der amerikanische Staatsmann Benjamin Franklin, der uns als Erfinder des Blitzableiters bekannt ist, war Freimaurer, mit 30 Jahren bereits „Meister vom Stuhl" und bald darauf Großmeister; er war es auch, der Voltaires feierliche Aufnahme in die Loge veranlaßte. Gleiches gilt von Mexiko. Br∴ Krumm-Heller, der als Arzt in Mexiko lebt und von seinem Freunde, dem Präsidenten Br∴ Carranza, beim letzten Umsturz zum Obersten ernannt wurde, erzählt in seiner Geschichte Mexikos ohne jede Verschleierung, daß alle Umwälzungen in Mexiko und in Amerika überhaupt von Freimaurern verursacht worden seien. Br∴ Krumm-Heller ist Hochgradmaurer (33. Grad) und somit ein einwandfreier Gewährsmann.[2])

Genau dasselbe Bild zeigt sich uns in Südamerika. Ein Menschenalter nach der Unabhängigkeitserklärung der Vereinigten

[1]) The „Freemason's Chronicle", London, 1875, I. 81).

[2]) „Die Geheimnisse der Weisen von Zion", 158. Seite.

Staaten begann dort der Freiheitskampf gegen die spanische Herrschaft und wieder sehen wir Freimaurer an der Spitze der Bewegung stehen. Da diese Tatsachen in nicht-freimaurerischen Kreisen wenig oder gar nicht bekannt sein dürften, seien sie hier auf Grund einer einwandfreien Quelle, der freimaurerischen Wochenschrift „Der Zirkel"[1]) auszugsweise wiedergegeben: Die erste Organisation des spanisch-amerikanischen Freiheitskampfes stand im Zeichen der Freimaurerei. Der Freiheitskämpfer Br∴ Miranda suchte zuerst die spanische Krone für den Gedanken zu gewinnen, den spanisch-amerikanischen Provinzen aus freien Stücken die Selbständigkeit zu gewähren, doch vergebens. „So blieb denn die Entscheidung nicht der Vernunft, sondern der Gewalt vorbehalten." Der von Miranda gegründeten Loge Lautaro, die vor allem die Abschüttelung des spanischen Joches zum Ziele hatte, fiel eine Rolle von ausschlaggebender Bedeutung zu, denn sie schuf die Verbindung zwischen den Hauptstädten der spanischen Kolonialherrschaft: Mexiko, Carracas (Venezuela), Lima (Peru), La Paz (Bolivia), Santiago (Chile) und Buenos-Aires (Argentinien), so daß auf ein gegebenes Zeichen die Erhebung allenthalben fast zur gleichen Zeit erfolgen konnte. Vorsitzender der Loge in Buenos-Aires war der General Br∴ San Martin (der nicht nur in Argentinien, sondern auch in Chile, Peru und Bolivia der spanischen Herrschaft den Todesstoß versetzte). Der Loge gehörte auch der General Br∴ Zapiola an. Freimaurer von Bedeutung waren ferner der bekannte Revolutionär Br∴ Juan José Castelli, dann später unter anderen der Sieger im Kriege gegen Brasilien: General Br∴ Carlos de Alocar usw.

Ob die Einführung der republikanischen Staatsform (1811 bis 1823) den Völkern Südamerikas gar so sehr genützt hat, sei dahingestellt. Tatsache ist, daß in allen diesen Republiken Jahrzehnte hindurch blutige Bürgerkriege wüteten, die das Aufblühen dieser Staaten weit eher behindert als gefördert haben.

Die französische Revolution (1789) wurde von Freimaurern nicht bloß vorbereitet, sie wird vielmehr von ihnen selbst als ihr eigenstes Werk bezeichnet; dafür gibt es eine Unmenge von Belegstellen. Die geistige Vorbereitung erfolgte allerdings durch die sogenannten Enzyklopädisten, wobei jedoch zu bemerken ist, daß ja gerade auf Drängen der französischen Großloge und auch auf deren Kosten die enzyklopädische Literatur entstand![2]) Überdies waren die hervorragendsten Enzyklopädisten, wie Br∴

[1]) „Der Zirkel", Wien, 13. April 1913, Nr. 28, S. 428 ff.
[2]) „Orient", Ofenpest, 1892, Nr. 12, S. 288.

Montesquieu, Br.·. Condorcet, Br.·. Diderot, Br.·. Helvetius, Br.·. D'Alembert, vor allem aber Br.·. Voltaire selbst Freimaurer. Voltaire erhielt bereits zwischen 1723—1730 in einer Londoner Loge das Licht und wurde 1778 unter ganz außergewöhnlichen Feierlichkeiten in die berühmte Pariser Loge „Les neuf Soeurs" aufgenommen.

Der nächste Zweck der französischen Revolution war freilich der, die Dynastie Bourbon zu beseitigen und Louis Philipp Herzog von Orleans, den Großmeister der französischen Freimaurerei, zum König von Frankreich auszurufen. Da man sich aber des Pöbels als Werkzeug bediente, kam es statt dessen zunächst zur Pöbelherrschaft, welche schließlich den ganzen Freimaurerorden verschlang. Auch an dem Ausbruch der Schreckensherrschaft, welche mit Morden auf offener Straße arbeitete, trugen die Freimaurer selbst schuld, denn in einer ihrer Versammlungen wurde die Durchführung des „Système de la terreur" beschlossen und zugleich jene Personen namhaft gemacht, welche zunächst dieser Politik zum Opfer fallen sollten. Es sind genau dieselben, die in den ersten Wochen der „glorreichen französischen Revolution" auf dem Pariser Stadthausplatz gehängt oder anderweitig hingemordet und deren Köpfe auf Piken in den Straßen der Stadt herumgetragen wurden: Gewährsmann hierfür ist Br.·. Mirabeau.[1]) Danton, Robespierre und viele andere waren ebenfalls Freimaurer; sie bereiteten die Pläne vor, welche dann durch Verschworene niederen Ranges ausgeführt wurden. Auch die Hinrichtung König Ludwigs XVI. ging von den Freimaurern aus, die, wie uns der Freimaurer L. K. Cadet-Gassicourt mitteilt, im Palaste ihres Großmeisters Philipp von Orleans ihre geheimen Zusammenkünfte hatten. Daß die Ermordung Ludwig XVI. eine schon 1786 von Freimaurern beschlossene Sache war, wird uns überdies mit allen Einzelheiten von mehreren Eingeweihten bestätigt, die längere Zeit dem Orden angehört hatten. Unter den Logen waren es namentlich „Les Amis réunis"[2]) in Rennes, aus welchen die bedeutendsten Männer der französischen Revolution hervorgegangen sind. Außer den schon genannten Brr.·. Condorcet, Mirabeau und Robespierre finden wir dort als Mitglieder unter anderen noch den Abbé Siéyès und Marat,[3]) während Br.·. Brissot, Br.·. Camille Desmoulins und

[1]) Vgl. das Vortragswerk: „Die Freimaurerei Österreich-Ungarns" Seite 182—183, Wien, Herders Verlag, 1897.

[2]) Ebenda, S. 185.

[3]) Jean Paul Marat ist in London Freimaurer geworden; dieses Ungeheuer, das von Charlotte Corday ermordet wurde, ist jüdischer Abstammung.

Br .·. Danton der Loge „Les neuf soeurs" angehörten. Mit Recht sagt daher Br .·. Felix Portal: „Von der Arbeit der Loge nahm die französische Revolution ihren Ausgang," und mit vollem Recht nehmen alle französischen Freimaurer bis auf den heutigen Tag die Revolution von 1789 als ihr Werk in Anspruch. So erklärt sich auch der stürmische Jubel und das stolze Selbstgefühl, mit dem die Freimaurer der ganzen Welt die „glorreiche Revolution" begrüßten. „Von unseren Tempeln — heißt es in einer uns erhaltenen Rede jener Tage — gingen die ersten Funken des heiligen Feuers aus, das mit Windeseile von Osten nach Westen, von Norden nach Süden übergreifend, die Herzen aller Bürger entflammte." (Die Rede wurde in der Pariser Loge „Parfait Union" am 23. Juli 1789 anläßlich der Erstürmung der Bastille gehalten.) Hält man sich vor Augen, daß um diese Zeit die Zahl der französischen Logen 700 überstieg — um hundert mehr als gegenwärtig der „Grand Orient de France" und die „Grande Loge de France" zusammen besitzen — so kann man schon aus der Zahl allein auf die außerordentliche Tätigkeit der Freimaurer jener Zeit einen Rückschluß ziehen. Allerdings richtete sich die „glorreiche" Revolution von 1789 später gegen die Freimaurer selbst; ihre Häupter wurden vom Pöbel hingemordet, die Zahl der Logen ging 1794 bis auf 12 zurück, in Paris unterhielt nur eine einzige das heilige Feuer, der Großmeister selbst aber saß im Gefängnis: Deshalb und nur deshalb wird stets erklärt, die Freimaurer haben die Revolution vorbereitet und geleitet; denn später waren sie ja gespalten in Republikaner und Orleanisten, noch später aber unterstützten sie willig Br .·. Napoleon Bonaparte, der schon in Bonifacio auf Korsika das Licht erhalten hatte, denselben Napoleon I., der es verstand, mit den freimaurerischen Errungenschaften so gründlich aufzuräumen und der Republik ein so rasches Ende zu bereiten! Daran wird natürlich nirgends erinnert, am wenigsten in den Erklärungen des „Grand Orient" selbst; in einer solchen amtlichen Erklärung dieser höchsten freimaurerischen Behörde Frankreichs wird — anfangs dieses Jahrhunderts — neuerlich betont, daß tatsächlich die Freimaurerei die Revolution von 1789 vorbereitet[1]) und ihr die Formel geliefert hat, in der

[1]) „C'est la Franc-Maçonnerie qui a préparé notre Révolution, la plus grande de toutes les épopées populaires que l'histoire ait enregistrée dans ses annales, et c'est à la Franc-Maçonnerie que revient le sublime honneur d'avoir fourni à cet inoubliable événement la formule où sont incarnés ses principes".

ihre Grundsätze Fleisch geworden sind: Freiheit! Gleichheit! Brüderlichkeit!

Freiheit, Gleichheit, Brüderlichkeit war und ist nun aber bekanntlich der Wahlspruch der Freimaurer, der sich in den französischen Logen bis in das Jahr 1740 zurückverfolgen läßt. Damit im Zusammenhang steht die „Erklärung der Menschen- und Bürgerrechte", die auf Veranlassung Br.·. Lafayettes 1789 an die Spitze der französischen Verfassung gesetzt wurde.

Auch die freimaurerische „Acacia" (April 1903, Nr. 5, S. 351) gibt zu, daß die Revolution von 1789 ein Versuch war, die freimaurerischen Lehren zu verwirklichen. Nur unsere Geschichtsschreiber wissen nichts davon, stellen sich blind und wollen die Tatsachen nicht sehen. So z. B. die bekannten Forscher H. Taine und A. Aulard, die beide erklären, sie seien bei ihren Untersuchungen über die Ursachen und die Vorbereitung der französischen Revolution nie auf die Freimaurer gestoßen! Was aber sagt uns Br.·. Hiram in der „Acacia"? Eine große Zahl der Mitglieder der konstituierenden Nationalversammlung gehörte den Logen an. „Es waren freimaurerische Mitglieder der Nationalversammlung, welche zuerst den Bretonischen Klub, dann die Gesellschaft der Freunde der Konstitution und später den Jakobinerklub gründeten. Sie taten es nach dem Muster der Freimaurerei und während der ganzen Zeit ihres Bestandes hielt die berühmte Gesellschaft, die sich durch ihre Filialen über ganz Frankreich ausbreitete, öffentliche und geheime Sitzungen ab. Zu diesen letzteren wurden nur solche zugelassen, die das Licht erhalten hatten..."[1])

Das ist wohl deutlich genug. Und Graf Haugwitz, preußischer Minister und ehemaliger Freimaurer, sogar Großmeister, erklärt in seiner bekannten Denkschrift an den Fürstenkongreß in Verona (1822): „Ich erlangte die feste Überzeugung, daß das Drama, welches in den Jahren 1788 und 1789 begonnen hatte, nämlich die französische Revolution und der Königsmord mit all seinen Greueln, nicht nur (von der obersten Leitung des Freimaurerordens) beschlossen worden waren, sondern auch, daß sie das eigentliche Resultat der Vereinstätigkeit und der dort geleisteten Schwüre gewesen sind." Die unglückliche Maria Antoinette aber, die doch am Versailler Hofe einen tiefen Einblick in die dortigen Verhältnisse erhalten hatte, schrieb ihrem kaiserlichen Bruder Leopold II.: Nehmen Sie sich dort unten gut in

[1]) „Acacia", Mai 1908, Nr. 65, S. 334, 336.

acht vor jeder Freimaurerverbindung; man wird Sie schon davon benachrichtigt haben. Die hiesigen Ungeheuer rechnen darauf, auf diesem Wege in allen Ländern das gleiche Ziel zu erreichen. O Gott! Schütze mein Vaterland und Sie vor solchem Unglück!"[1]) Die bedauernswerte Königin, die auf dem Schaffot endete, sprach die Wahrheit.

Die französische Revolution mußte, um jeden Zweifel an ihren eigentlichen Urhebern zu beseitigen, etwas ausführlicher behandelt werden. Wem das Mitgeteilte nicht genügt, der möge die einschlägige Fachliteratur zu Hilfe nehmen und er wird die vorgebrachten Belege durch hundert andere ergänzen können.

Wie verhielten sich nun aber die Freimaurer unter Napoleon und bei den späteren Umwälzungen in Frankreich? Napoleon I. war selbst Freimaurer, benützte sie und hielt sie klug in Schach, die Kaiserin Josefine wurde Schutzherrin der Freimaurer, die Damen ihres Hofes wurden in den Orden aufgenommen; Napoleons Bruder Josef, der König von Spanien, wurde Großmeister; sein Bruder Ludwig Napoleon zugeteilter Großmeister; sein Schwager Murat, der König von Neapel, wurde ebenfalls Großmeister; Eugen v. Beauharnais, Vizekönig von Neapel, war Meister vom Stuhl. Aber auch seine Generale bekleideten im Freimaurerorden als Großmeister und Meister vom Stuhl hervorragende Stellungen, so z. B. Massena, Kellermann, Marschall Bernadotte u. a. Freimaurerische Gefangene wurden von Napoleon vor anderen begünstigt; so z. B. in den Friedenspräliminarien von Leoben.

Napoleons Stellung zu den Freimaurern läßt sich also kurz dahin kennzeichnen, daß er sie bei seinen weitausgreifenden Plänen als Werkzeug geschickt benützte und verstand es, den weitverzweigten Einfluß des Bundes seiner Weltpolitik unterzuordnen.

Mit Napoleons Sturz „seufzte die Freimaurerei erleichtert auf." („Acacia", Juni 1908, Nr. 66, S. 403.) Die Brr.·. fielen schleunigst um und huldigten Ludwig XVIII. aus dem Hause Bourbon. Als Napoleon aus Elba zurückkehrte, liefen sie ihm wieder zu und verrieten den Bourbonen, nach der Schlacht bei Waterloo ließen sie Napoleon aufs neue im Stiche, um vor Ludwig XVIII. im Staube zu liegen. Die Großmeister Josef Bonaparte und Murat wurden vom Großorient ihres Amtes entsetzt, im übrigen blieb alles beim alten, da Ludwig nicht daran dachte, die Mörder seines Bruders zu bestrafen. Übrigens war Ludwig

[1]) Vgl. „Freimaurer-Zeitung", 3. November 1886.

XVIII. selbst Freimaurer, er hatte 1776 das Licht erhalten, so wie sein Bruder Karl X., der ihm 1824 in der Regierung folgte. Aber Karl X. war den Freimaurern, trotzdem er zu den ihrigen zählte, wegen seiner Gesinnung verhaßt. Das heilige Feuer revolutionärer Grundsätze, geschickt genährt durch Br .·. Louis Philipp, den Sohn des Br .·. Egalité (Herzogs von Orléans), loderte im Jahre 1830 wieder mächtig empor; König Karl X. wurde vertrieben und Br .·. Louis Philipp von der vorläufigen Regierung zum König (Bürgerkönig) ernannt, nachdem er alle erdenklichen Zugeständnisse gemacht hatte. An eine Republik war ja zunächst nicht zu denken, die Brr .·. gaben sich daher vorläufig zufrieden, denn, wie die „Acacia" schreibt, die Freimaurerei hatte unter der Julimonarchie nichts zu fürchten, der Bürgerkönig, ihr Bruder, war ihr großer Beschützer.[1])

Auf die Dauer jedoch gab sich die Loge mit diesem Zustand nicht zufrieden. Sie wollte die Republik und wühlte weiter, bis im Jahre 1848 der ersehnte Umsturz gelang. Der neuen republikanischen Regierung gehörten mehrere Freimaurer an, darunter der Jude Cremieux. Man versuchte allerlei sozialistische Systeme durchzuführen, sie schlugen fehl, es kam zu wütenden Straßenkämpfen, zur Militärdiktatur und zur Präsidentschaft Louis Napoleons, der schließlich 1852 als Napoleon III. den Thron bestieg. Die „Acacia", die es ja wissen muß, versichert uns auf das bestimmteste, daß Napoleon III. Freimaurer war und in einer schweizerischen Loge das Licht erhalten hatte.[2]) Er war sogar Mitglied einer geheimen Gesellschaft italischer Verschwörer, der Carbonari, und kannte demnach die Geheimbünde aus eigenster Erfahrung; auch die Orsinibomben lernte er kennen, die ihn an seine Jugendeide erinnern sollten. Als Kaiser jedoch sah sich Napoleon III. bald genötigt, gegen die Freimaurer aufzutreten. Aus eigener Machtvollkommenheit gab er ihnen einen Großmeister, den Marschall Magnan, der nicht einmal Maurer war und an einem Tage das Licht und alle 33 Grade erhielt! Das war eine starke Leistung. Überdies verdarb er sich's bald darauf mit den italischen Großmeistern Mazzini und Garibaldi, so daß er in den letzten Jahren seiner Regierung die gesamten Freimaurer geschlossen gegen sich hatte. Sein Sturz (4. September 1870) wurde daher von ihnen auf das lebhafteste begrüßt.

Die französischen Freimaurer haben demnach im 19. Jahrhundert weder eine besondere Charakterstärke, noch eine feste Über-

[1]) Vgl. „Acacia", Februar 1908, Nr. 62, S. 86.
[2]) Vgl. „Acacia", Juni 1908, Nr. 66, S. 405.

zeugungstreue an den Tag gelegt. Sie paßten sich an; sie waren der Reihe nach — äußerlich wenigstens — Anhänger Napoleons, Ludwig XVIII. wieder Napoleons, nochmals Ludwig XVIII., dann orleanistisch, republikanisch und neuerdings imperialistisch, bis sie zum Schlusse bei ihrem republikanischen Ausgangspunkt wieder anlangten. Stets aber waren sie — innerlich — revolutionär und sowohl bei der Revolution von 1830 wie bei der von 1848 hatten sie ihre Hand im Spiele; fehlte ihren Wünschen augenblicklich die Aussicht auf Erfolg, so „verbargen sie ihr politisches Streben unter dem geheimnisvollen Teppich der Loge".

Erst mit 1870, seit der dritten Republik, war der französische Großorient in der glücklichen Lage, nicht mehr Gefühle heucheln zu müssen, die ihm fremd waren; denn die „dritte Republik" steht derart unter dem Einfluß der Freimaurerei, daß man sie schlechthin als freimaurerische Republik bezeichnen kann. Schon die Präsidenten Grevy und Carnot gehörten dem Freimaurerorden an, desgleichen Br.·. Jules Ferry (Loge: La clemente amitié), Br.·. Felix Faure (Loge „Amenité"), die Ministerpräsidenten Bourgeois und Doumer waren Freimaurer, ebenso der „berühmte" Kriegsminister André, der Minister Br.·. Meline („L. Travail") u. v. a.

Selbstverständlich ist auch Br.·. Poincaré Freimaurer, desgleichen der „Tiger" Br.·. Clemenceau, dann die früheren Ministerpräsidenten Br.·. Aristide Briand, Br.·. Painlevé, Br.·. Viviani, Br.·. Dupuy, dann die Sozialdemokraten Br.·. Millerand (Kriegsminister), Br.·. Marcell Sembat, Br.·. Albert Thomas (Munitionsminister); Freimaurer ist auch der Freund König Eduards VII., Br.·. Delcassé, dann der frühere Außenminister Br.·. Stephen Pichou, der Präsident der Armeekommission in der französischen Kammer Br.·. René Renault, der Kriegshetzer Br.·. Hervé, der Sozialdemokrat Br.·. Guesde usw.;[1]) kurz — sie haben die Republik fest in ihren Händen! Das genügte ihnen jedoch nicht. Schon seit einem Menschenalter waren sie bestrebt ihr Tätigkeitsgebiet zu erweitern, um womöglich Elsaß-Lothringen zurückzugewinnen und auch anderswo Throne zu stürzen; und dies selbst um den Preis eines Weltkrieges ....

[1]) Im Einzelfall kommt gar wenig darauf an, ob dieser oder jener Politiker, der tatsächlich das freimaurerische Programm verwirklicht, Logenbruder ist oder nicht; es kommt nicht selten vor, daß jene Männer, die in der Außenwelt die Logenziele am wirksamsten fördern, nicht Logenbrüder sind, wenngleich sie durchaus unter dem Einfluß der Loge stehen. Das Wesen der königlichen Kunst scheint eben darin zu bestehen, Menschen nach Belieben zu lenken, ohne daß diese den Einfluß gewahr werden; „man glaubt zu schieben und man wird geschoben".

XI.

Die revolutionäre Freimaurerei in Italien.

Die „revolutionären Unternehmungen, welche seit 1821 (in Italien) stattfanden, waren das Werk der Freimaurer" — sagt Br.·. Chiossone in einem Vortrage, den er 1907 in der Pariser Loge „Solidarité" hielt.[1]) Wenn dies auch richtig ist, so ist damit noch keineswegs gesagt, daß sie vor 1821 an staatsfeindlichen Umtrieben nicht teilgenommen haben; da sie aber dabei stets den Kürzeren zogen, kann diese Zeit wohl übergangen werden.

Das Bild änderte sich mit einem Schlage, als sich Mazzini zum Führer der Freiheitsbewegung aufschwang. Dieser Mann, 1805 in Genua geboren, kann mit Recht das Haupt und die Seele aller Revolutionen in Europa seit 1821 genannt werden. Schon in jungen Jahren beschäftigte er sich mit Politik und revolutionären Ideen, 1827 trat er der Carbonari-Verbindung bei und gründete als ihr Agent eine „Venta" in Livorno. Er wurde verhaftet und angeklagt, jedoch mangels Beweisen freigesprochen; daraufhin ging er ins Ausland. 1831 rief er die Verbindung „Jung-Italien" (Giovine Italia) ins Leben, deren Mitglieder schwören mußten, sich der Aufgabe zu widmen, Italien zu einer einheitlichen, freien, republikanischen Nation zusammenzufügen. Dieser Geheimbund erstreckte sich bald über ganz Italien; seine Mitglieder waren zur strengsten Geheimhaltung verpflichtet, mit Waffen ausgerüstet und in ihren Mitteln nicht sonderlich wählerisch. 1834 schuf Mazzini mit gleichgesinnten Deutschen, Polen und Italienern die Verbindung „Jung-Europa", welche zunächst die nationalen Verbände „Jung-Deutschland", „Jung-Polen" und „Jung-Italien" umfaßte.

Mazzinis Hauptziele waren die Vernichtung Österreichs, die Einigung Italiens, die Beseitigung der päpstlichen Macht und die Einführung von Republiken auf der ganzen Erde. Er stand mit den Revolutionsmännern der ganzen Welt in Verbindung, so mit Kossuth, dem polnischen Revolutionär Stanislaus Worcell und dem russischen Juden Alexander Herzen, die sämtlich Freimaurer waren. Europa sollte völlig umgestaltet werden. Nicht ohne Grund sagt daher noch 22 Jahre nach seinem Tode die „Rivista della Massoneria Italiana" von ihm und seinen Anhängern: „Mazzini, Garibaldi und Kossuth werden im Glanze eines Ruhmes, der nicht übertroffen werden kann, die ge-

[1]) Abgedruckt in der „Revue Maçonnique", Juni 1907, Nr. 327, S. 89—95.

krönten Häupter erblassen machen."[1]) Unermüdlich hetzte er gegen Österreich und drängte zum Kriege hin. Seine Bestrebungen fanden in England volles Verständnis und finanzielle Unterstützung. Mazzini war allerdings auch für den Weltfrieden, jedoch sprach er die Überzeugung aus, daß dieser nicht ohne Revolution und Krieg erreichbar sein würde. Die kriegerischen Aktionen Garibaldis unterstützte und förderte er nach Kräften, so seinen Zug nach Neapel und den daneben geratenen Zug nach Rom. Giuseppe Garibaldi war bestimmt Freimaurer, er wurde in späteren Jahren sogar zum Großmeister auf Lebenszeit ernannt.

War nun aber auch Mazzini Freimaurer? Er hat sich allerdings gelegentlich in seinen Werken scharf über den „hohlen Symbolismus" der Freimaurerei geäußert, der nicht selten in „unwürdige Possen" ausarte.[2]) Ebenso tadelte er an ihr, daß sie kein einheitliches politisches Programm habe und einem verschwommenen Weltbürgertum huldige. Dessenungeachtet kann es nicht dem geringsten Zweifel unterliegen, daß Mazzini, ebenso wie Garibaldi, Freimaurer war, wenn er sich auch bei seinen politischen Unternehmungen in erster Linie auf die von ihm selbst gegründeten Geheimbünde und auf die Carbonari-Verbindung stützte.[3]) Mit den namhaftesten Führern der Freimaurerei stand er übrigens zeitlebens in engsten Beziehungen, so mit Aurelio Saffi, dem Herausgeber seiner späteren Werke, und mit dem Juden Adriano Lemmi, dem späteren verdienstvollen (?!) Erneuerer der italischen Freimaurerei, der sie ganz im Sinne Mazzinis umgestaltete. Früher schon, Ende der sechziger Jahre, hatte sich die süditalische Freimaurer-Großloge in Palermo den Wünschen Mazzinis vollständig angepaßt, was natürlich voraussetzt, daß Mazzini selbst Logenbruder gewesen sein muß. Mazzini — und mit ihm Garibaldi — werden auch in den freimaurerischen Blättern außerordentlich geschätzt und über alle Maßen gelobt; das amtliche Logenorgan nennt sie geradezu die „größten Sterne der italischen Freimaurerei",[4]) die „Heroen des Jahrhunderts und die Vorbilder des Freimaurers".[5])

---

[1]) Rivista della Massoneria Italiana", 1894, S. 151.

[2]) G. Mazzini, Opere di, I. Band, S. 120 und 29.

[3]) Die Carbonaria (= Köhlerei) umfaßte vier Grade; Zweck der Carbonari-Logen war schon 1847—1849 die Weltrevolution; ihr diente besonders der „carbonarische Totenbund". Dem Carbonaro bedeuten die bekannten vier Buchstaben „J.N.R.I.": Justum necare reges Italiae. (Es ist nur recht und billig, die italischen Könige umzubringen!) Nach dem deutschen Br.·. Dr. Leopold Wolfgang besaß Mazzini das Patent des 33. Grades des „Schottischen Ritus." („Der Unsichtbare Tempel", 1916, S. 308).

[4]) Rivista della Massoneria Italiana, 1891, S. 149.

[5]) Ebenda 1891, S. 96.

Wenn sich Mazzini bei seinen politischen Bestrebungen weniger auf die Freimaurerei gestützt hat, so ist dies darauf zurückzuführen, daß die Logen damals unter sich uneins waren, einer zielbewußten Leitung entbehrten und zahlreiche minderwertige Mitglieder besaßen. Nach Mazzinis Tode übernahmen jedoch seine besten und getreuesten Schüler die Führung. Damals wurde der erste Ordensrat der italischen Maurer mit 33 Mitgliedern ernannt. Unter dem Großmeister Adriano Lemmi, Mazzinis persönlichem Freund, erfuhr die Freimaurerei Italiens 1887 ihre Festigung. Das Jahr 1872 hat die maurerische Einheit Italiens begründet, seither wird sie eingestandenermaßen ganz im mazzinistischen Sinne geleitet. Dafür gibt es keinen besseren, keinen schlagenderen Beweis, als den Eintritt Italiens in den Weltkrieg, der ausschließlich der freimaurerischen Tätigkeit zuzuschreiben ist; davon wird später noch ausführlich die Rede sein.

Aber ganz abgesehen von diesem Weltereignis war die italische Freimaurerei nie anders als revolutionär. Die Freimaurerei war es, die von der italischen Regierung verlangte, daß Rom besetzt und die weltliche Macht des Papstes beseitigt werde (1870). (Es handelt sich hier nur um eine geschichtliche Feststellung, mag man sich sonst zu diesem Ereignis stellen, wie man will.)

Auch unter den Irredentisten befanden sich zahllose Freimaurer, die von den Logen wie von den amtlichen Freimaurerzeitungen offenkundig unterstützt und gefördert wurden.[1]) Dabei ist hervorzuheben, daß die ungarisch-österreichische Freimaurerei zum Großorient von Italien die allerbesten Beziehungen unterhielt, zu Br .·. Kossuth, der in Turin eine Zufluchtsstätte gefunden hatte, förmliche Pilgerfahrten veranstaltete und den Haß der italischen Maurer gegen das „wilde Haus Habsburg" nicht im mindesten befremdlich fand. Ebensowenig fand man es bedenklich oder anstößig, daß italische Logen mit Wissen und Genehmigung des Großorients Wilhelm Oberdank als Bekenner und Märtyrer feierten, jenen Triestiner, der bekanntlich ein Bombenattentat auf Kaiser Franz Josef I. versucht und seine Tat mit dem Tode gebüßt hatte. Derlei Erscheinungen können niemand verwundern, der Br .·. Mazzinis Anschauungen über den Tyrannenmord kennt. „Aus Rache töten," meint er, „ist allerdings ein Verbrechen, aber einem Tyrannen den Garaus machen, von dessen Tod das Wohl des Volkes abhängt, ist

---

[1]) Vgl. zum Beispiel Rivista della Massoneria Italiana, 1894, S. 65.

Kriegestat und — Tugend!"[1]) Damit steht durchaus im Einklange, daß Mazzini, wie er selbst eingesteht,[2]) einmal einem Verschworenen einen Dolch gab, der zu einem Anschlag auf den „Verräter" und „Tyrannen" König Karl Albert von Piemont dienen sollte. (Das Attentat unterblieb nur deshalb, weil der in Aussicht genommene Mörder inzwischen anderen Sinnes geworden war.)

Nach diesem Eingeständnis wird es niemand mehr überraschen, daß Mazzini österreichische Soldaten durch seine Sendlinge in den Straßen Mailands erdolchen ließ (1853), um einen Aufruhr hervorzurufen; daß 1854 der Herzog von Parma ermordet wurde und die Richter, welche die Verschwörer verurteilt hatten, nach und nach eines gewaltsamen Todes starben: Système de la terreur!" — Für den Geist, der damals in den Logen und den italischen Geheimbünden überhaupt herrschte, ist es überaus bezeichnend, daß Br .·. Crispi, der spätere italische Ministerpräsident Francesco Crispi,[3]) in seiner Jugend dem bekannten Carbonaro Orsini persönlich behilflich war, Bomben zu verfertigen, die den König Ferdinand II. von Neapel in Stücke reißen sollten![4]) Ja, noch mehr: das Mazzinistische Komitee, dessen Mitglied derselbe Br .·. Crispi war, hatte damals den König Ferdinand II. zum Tode verurteilt und in ganz Italien waren Flugblätter verbreitet worden, die den politischen Mord als erlaubt hinstellten; eine Belohnung von 100 000 Dukaten wurde demjenigen versprochen, der den „Tyrannen" Ferdinand II. aus dem Wege räumen würde. Der Soldat Agesilas Milano verübte daraufhin einen Mordanschlag (1856), wurde jedoch ergriffen und hingerichtet. Als nun vier Jahre später Br .·. Garibaldi in Neapel einzog, verschaffte er der Mutter Milanos eine Pension aus Staatsmitteln und Br .·. Francesco Crispi billigte Milanos Tat sogar in der italischen Kammer mit folgenden Worten: „Diese kühne Tat wird kein Patriot Milano zum Vorwurfe machen!" An derlei Vorfälle wurde anläßlich der Ermordung König Humberts II. in Monza (1900) von italischen Blättern wieder erinnert, ihre Richtigkeit steht daher außer Zweifel; sie sind sehr bezeichnend für den Geist, der in Italien herrschte und vielleicht auch gegenwärtig noch dort herrscht.

Man könnte einwenden, das sei doch nur die Anschauung eines Einzelnen, die Gesamtheit der italischen Freimaurer habe damit

---

[1]) Vgl. G. Mazzini, Opere di, X. S. 48, zit. nach Hermann Gruber.
[2]) Ebenda, III. S. 340—342.
[3]) G. Mazzini, Opere di, XI. Band, S. 36, Anmerkung.
[4]) G. Mazzini, Opere di, XI. Band, S. 36.

nichts zu tun; ja man könnte auf den Brief des Großmeisters Ernesto Nathan verweisen, der die Meuchelmorde der Anarchisten anläßlich der Ermordung König Humberts ausdrücklich verurteilt hat. Aber derlei Erklärungen sind stets mit Vorsicht aufzunehmen. Wir haben es in Österreich vor ganz kurzer Zeit erlebt, daß ein politischer Mörder, der Hochgradmaurer Br.·. Friedrich Adler, von seiner eigenen Partei zuerst als wahnsinnig hingestellt und seine Tat auf das schärfste mißbilligt wurde; kaum zwei Jahre später hat dieselbe Partei den begnadigten Mörder mit stürmischem Jubel in ihren Parteivorstand berufen ...

Genug an dem; Mazzini und Garibaldi sind bis an ihr Lebensende Revolutionäre und Republikaner geblieben und die italischen Könige haben ihnen ihre Huldigung[1]) bezeugt. Ihr revolutionäres Programm wurde restlos von den italischen Freimaurern übernommen, die nur den richtigen Zeitpunkt abwarten, um auch die letzte Forderung desselben, die Abschaffung der Monarchie und des Adels, zu verwirklichen.

Noch ein Wort über die Ermordung König Humberts II. Nach den Zeitungsberichten war der Mörder, Angelo Pressi, ein Anarchist. Aus dem Geständnis des Verbrechers ergibt sich jedoch, daß er einer Freimaurerloge in Paterson im Staate Neu-Jersey angehörte. Er selbst war zwar niemals in Amerika, wurde aber von zwei Logenbrüdern zur Mordtat gedungen.[2])

---

[1]) So hat z. B. König Humbert für das Denkmal Mazzinis, des erbittertsten Gegners seines Vaters, 100 000 Lire gewidmet; vgl. „Neue Freie Presse", 31. Juli 1900.

[2]) Vgl. „Die Geheimnisse der Weisen von Zion". S. 62. Charlottenburg, Verlag „Auf Vorposten". 1919. 3. Aufl.; ob auch Lucheni, der Mörder der Kaiserin Elisabeth von Österreich, Freimaurer war, muß vorläufig unentschieden bleiben. Allerdings ist es schwer einzusehen, warum der Anarchist Lucheni sich gerade die österreichische Kaiserin, die niemandem je etwas zuleide getan hatte, als Opfer ausersehen haben sollte; die Lösung, daß die Weltfreimaurerei mit diesem Schlage den alten Kaiser Franz Josef I. treffen wollte, wäre näherliegend. Vielleicht weiß einer unserer Leser Bescheid?

XII.

Die revolutionäre Freimaurerei in Spanien und Portugal.

Der Großorient von Spanien umfaßt gegenwärtig 120 Logen mit etwa 5200 Brüdern; er hat während des Weltkrieges um mehr als 20 Prozent zugenommen, ein Zeichen für die besondere Rührigkeit seiner Leitung. Großmeister und Präsident des Ordensrates ist gegenwärtig noch immer Dr. Miguel Morayta, der schon seit mehr als 20 Jahren an der Spitze des Ordens steht. Morayta ist erklärter Republikaner und machte nie ein Hehl aus seiner Gesinnung. Aber nicht immer konnten die Freimaurer sich so offen betätigen, wie unter Alfons XIII.; es gab Zeiten, wo sie „ihr politisches Streben unter dem geheimnisvollen Teppich der Loge verbergen mußten" — wie sich die „Bauhütte"[1]) recht geziert auszudrücken beliebt.

Auch nach Spanien wurde die Freimaurerei von England aus verpflanzt (1728), bald darauf aber wegen politischer Umtriebe verboten (1751); da das Verbot jedoch nur lässig durchgeführt wurde, bildeten sich immer neue Logen, die sich (1767) von der englischen Großloge trennten und einen eigenen Großorient einrichteten (1780).

Der Sturz der Bourbonen (1808) wurde auch in Spanien von den Brüdern mit hellem Jubel begrüßt. Während der Franzosenherrschaft stand Josef Bonaparte an der Spitze des Großorients, nach der Rückkehr der Bourbonen (1814) hatten die Freimaurer unter Verfolgungen zu leiden. Ob und inwieweit sie damals an Revolutionen teilgenommen haben, läßt sich nicht mit Sicherheit feststellen, da die spanischen Quellen über die freimaurerische Tätigkeit zu jener Zeit nur spärlich fließen. In neuerer Zeit hingegen sind sie erwiesenermaßen an allen revolutionären Unternehmungen beteiligt und arbeiten unverhüllt auf die Einführung der republikanischen Staatsform hin. Großmeister Br.·. Morayta gestand dies auf der internationalen Freimaurer-Zusammenkunft in Madrid (Juli 1894) ausdrücklich ein: „Das Volk — sagte er — ist bisher immer der Politik der Könige gefolgt. Diese Zeit

[1]) Nr. 4 vom 23. Januar 1909.

ist vorbei. . . . Die Republik in Spanien ist ein notwendiger und nahe bevorstehender Fortschritt."[1]) Seitdem sind 25 Jahre verflossen; und wenn auch die spanischen Freimaurer ihr erklärtes Endziel noch immer nicht erreicht haben, so gaben sie sich doch jederzeit die redlichste Mühe den Umsturz herbeizuführen. Der bekannteste Revolutionär ist zweifellos Enrico Ferrer, der nach dem blutigen Aufstand, den er in Barcelona angezettelt hatte, den Behörden in die Hände geriet und erschossen wurde. Ferrer hatte den Einfluß seiner großen Anhängerschaft denn doch gewaltig überschätzt: Er war offenbar der Meinung, daß ihm überhaupt nichts geschehen könne; war ja auch ein früheres Verfahren gegen ihn tatsächlich eingestellt worden, und zwar infolge des Druckes, den die gesamte Freimaurerei und die ihr verwandte Bewegung des „Freien Gedankens" auf die spanische Regierung ausgeübt hatte.

Bemerkenswert ist, daß Br.·. Ferrer auch mit dem Anarchisten Morral in regen Beziehungen stand, der den Bombenanschlag auf den königlichen Hochzeitszug anläßlich der Vermählung Alfons XIII. mit Ena von Battenberg (31. Mai 1905) verübt hatte. Mit welchen Gefühlen die Freimaurer dieses Attentat begleiteten, darüber gibt die maurerische „Revue Maçonnique" vom Juli 1905 (Nr. 316, S. 115) beachtenswerte Aufschlüsse: „Am 31. Mai — heißt es dort — explodierte in Madrid die furchtbare anarchistische Bombe, die Morral gegen den königlichen Hochzeitszug geschleudert hatte. Sie forderte zahlreiche Opfer und fehlte die, welche sie treffen wollte. Der junge König hätte seine Eitelkeit bändigen und darauf verzichten sollen, bei Festen zu glänzen, die den müßigen Zuschauern verhängnisvoll werden mußten." Also: Kein Wort über die Niederträchtigkeit der Tat, wohl aber unangebrachte Vorwürfe gegen den jungen König, wobei das Bedauern, daß die Bombe diejenigen gefehlt habe, die sie hätte treffen sollen, unschwer zwischen den Zeilen herauszulesen ist. Morral kam vor Gericht und — man sollte es nicht für möglich halten — er wurde freigesprochen! Wer war nun jener Verteidiger, der so geschickt Recht in Unrecht, Unrecht in Recht zu wandeln verstand, daß trotz des überaus klaren Tatbestandes kein Schuldspruch zu erzielen war? Es war Br.·. Bulot, selbstverständlich ein Freimaurer, wie uns die „Revue Maçonnique" (Januar 1906, Nr. 310, S. 13) triumphierend mitteilt. Spanien ist eben, — um die Worte des Großmeisters Dr. Morayta auf der freimaurerischen Weltkonferenz in Antwerpen zu gebrauchen — „Spanien ist ein sehr liberales Land". Aber so liberal

[1]) Vgl. Dr. Brauweiler, „Dreipunktebrüder", S. 27.

ist Spanien denn doch nicht, daß es den Freund Morrals, Enrico Ferrer, als man ihn zum zweitenmal auf handhafter Tat erwischte, nochmals begnadigt hätte. So „liberal" war man bloß in — Österreich, siehe Kramarsch!

Diese Blitzlichtaufnahme dürfte genügen, um den Geist der spanischen Freimaurerei scharf zu kennzeichnen, zumal von ihrer kriegshetzerischen Tätigkeit ohnedies noch die Rede sein wird; nur soviel sei noch erwähnt, daß auch die Ermordung des spanischen Ministerpräsidenten Br.·. Canalejas ein Werk der Freimaurer ist, wie der deutsche Freimaurer Br.·. Ernst Freymann feststellt.[1])

Nun einen Blick nach Portugal.

In Portugal besteht der „Vereinigte Großorient von Lusitanien und Suprême Conseil von Portugal in Lissabon". Er umfaßt gegenwärtig 133 Logen mit 4341 Brr.·. und hat während des Krieges ebenfalls zugenommen, aber nicht so stark wie der spanische Großorient.[2]) An der Spitze der portugiesischen Freimaurerei steht der sehr bekannte Revolutionär Dr. Magalhães Lima, Journalist, Advokat und Senator; im Kabinett vom Juni 1915 bekleidete er den Posten eines Arbeitsministers.

Magalhães Lima ist eine der führenden Personen der Weltfreimaurerei überhaupt. Er ist, wie Morayta, strenger Republikaner, sogar ihr anerkannter Führer. Seine Zeitung „Avanguarda" ist zugleich Organ des „Freien Gedankens". Freier Gedanke, Republik und Freimaurerei sind in Portugal nahezu gleichbedeutende Begriffe, allein die Freimaurerei hat die unbestrittene Führung. Dies bestätigt uns der bekannte Freidenker Raphael Rens in der „Bauhütte" (23. Januar 1909, Nr. 4, S. 29), der bezüglich der Verhältnisse in Portugal u. a. wörtlich sagt: „Es ist vor allem die Freimaurerei, welche in diesem Lande die Gewissensfreiheit verteidigt und die Lehren des freien Gedankens verbreitet." Das ist unschwer zu verstehen, denn die internationalen Beziehungen der Freimaurerei braucht man eben, um sich gegenseitig über die Staatsgrenzen hinweg zu unterstützen und zu fördern. Besonders Magalhães Lima wußte diese Beziehungen gut zu verwerten. Im Dezember 1907 hielt er, um nur den denkwürdigsten Vorfall herauszugreifen, eine Reihe von Vorträgen in Pariser Logen; sie trugen den bezeichnenden Titel: „Portugal. Niedergang der Monarchie, Notwen-

---

[1]) Vgl. „Auf den Pfaden der internationalen Freimaurerei" S. 22. — Br.·. Canalejas war übrigens selbst Freimaurer und nur scheinbar Monarchist. [2]) Das läßt sich vielleicht daraus erklären, daß in Portugal die Hauptaufgabe der Freimaurer — Änderung der Staatsform — bereits seit 1910 in ihrem Sinne gelöst ist.

digkeit der republikanischen Regierungsform. Die Errichtung der Republik." Abbé Tourmentin, der bekannte, überaus scharfe und gewandte Gegner der Freimaurer, griff die Sache auf und teilte sie unverzüglich den Lesern seines Blattes[1]) mit. Er äußerte dabei die Besorgnis, daß in kurzer Zeit der König Dom Carlos vertrieben oder ermordet werden würde... Tourmentins Befürchtung war nur zu sehr gerechtfertigt.

Wenige Wochen später fiel König Carlos und sein ältester Sohn, der Kronprinz, einem Mordanschlag zum Opfer .... Vielleicht ein unglücklicher Zufall? Mag sein. Abbé Tourmentin aber klagte die Freimaurer unverblümt des Königsmordes an, die Loge hingegen beachtete es nicht und fand es auch gar nicht der Mühe wert, die Anklage zu entkräften. Das führende Blatt der Pariser Freidenker hingegen, der „Courrier Européen" (10. Februar 1908, S. 103) hatte gegen den Königsmord an sich überhaupt nichts einzuwenden und bedauerte nur, daß der den Freimaurern verhaßte Ministerpräsident Franco mit dem Leben davongekommen sei: „Der Blitz, der den König und seinen Sohn traf, hatte nur den Fehler, daß er den Haupturheber so vieler Verbrechen und Scheußlichkeiten geschont hat." Welche Verbrechen und Scheußlichkeiten hatte nun der gehaßte Joao Franco eigentlich begangen? Er wollte im Einverständnis mit seinem König den parlamentarischen Augiasstall gehörig ausmisten und von bestechlichen und käuflichen Politikern reinigen. Das und nichts anderes war sein „Verbrechen".

König Manuel, jung, unerfahren und leichtlebig, ein rechter Operettenkönig, bestieg nun den väterlichen Thron. Aber auch mit ihm wurde kurzer Prozeß gemacht. Ein neuerlicher Mord wäre freilich bedenklich gewesen, also schickte man ihn ohne viel Federlesens in die Verbannung. „Waren das vielleicht wieder die Freimaurer? Müssen denn die an allem schuld sein?" — Hören wir, was sie selbst darüber unter sich verlauten lassen. Br.·. Furnemont, Großredner des belgischen Großorients, berichtete in der Sitzung vom 12. Februar 1911 den aufhorchenden Brüdern wörtlich folgendes:

„Erinnern Sie sich der tiefen Empfindung des Stolzes, die wir alle hatten, als wir kürzlich die Nachricht von der Revolution in Portugal erhielten? In wenigen Stunden war der Thron gestürzt, das Volk triumphierte, die Republik war erklärt. Das war wie ein Blitz aus heiterem Himmel für das unwissende Volk. Aber wir, meine Brr.·., wir waren Wissende. Wir

[1]) „La Franc-Maçonnerie Demasquée", Paris 25. Dezember 1907.

kannten die wunderbare Organisation unserer portugiesischen Brüder, ihren rastlosen Eifer, ihre zäh ausdauernde Arbeit. Wir besaßen das Geheimnis dieses glorreichen Ereignisses ....“[1])

Bedarf es noch eines weiteren Beweises? Dann sei als einwandfreier Zeuge das „Bundesblatt“ vorgeführt, amtliches Organ der altpreußischen Großloge „Zu den drei Weltkugeln“. Das „Bundesblatt“ bespricht ein Buch des portugiesischen Professors Borges Graïnha über die „Geschichte der Freimaurerei in Portugal von 1733 bis 1912“ und zitiert zustimmend die Einleitungsworte aus dessen Vorrede: „Die Mehrzahl der bedeutenden Männer der religiösen, politischen und literarischen Umwälzungen Portugals in den letzten zwei Jahrhunderten haben der Freimaurerei angehört“, weiters bringt es folgende Feststellung Graïnhas, die besonders schwer ins Gewicht fällt: „Fast alle bedeutenden Köpfe der Staatsumwälzung vom 5. Oktober 1910 sind Angehörige der Freimaurerlogen gewesen.[2])

Woher aber konnten die belgischen Brr .·. im vorhinein wissen, was sich in Portugal abspielen werde? Überflüssige Frage! Hatte doch Br .·. Magalhães Lima schon vor der portugiesischen Revolution die Großoriente von Brüssel, London und Paris aufgesucht, um sich die Unterstützung der maßgebenden Freimaurer für diesen Fall zu sichern. Selbstverständlich erfuhren dieses „Geheimnis“ nur die Brr .·. der höchsten Grade, also die vom obersten Rate, deren Verschwiegenheit außer jedem Zweifel steht.

Auch die Art der Durchführung der portugiesischen Revolution ist bemerkenswert; man arbeitete nach dem bewährten Muster der brasilianischen Revolution vom Jahre 1889, die bekanntlich mit der Vertreibung des letzten Kaisers von Brasilien, Dom Pedro II., endete. War damals der verräterische Kriegsminister, Marschall Br.·. Deodoro da Fonseca die Hauptperson, so spielte diesmal bei dem Umsturze von 1910 sein Neffe eine hervorragende Rolle: Zu Ehren des Präsidenten der Republik Brasilien, des Marschalls und Brs.·. Hermes da Fonseca, der sich zufällig gerade in Portugal aufhielt, wurde nämlich ein großes Festessen gegeben, zu dem auch der junge König Manuel geladen war; und der junge König Manuel, ahnungslos, wie er war, ging richtig in die Falle.

---

[1]) Bulletin du G .·. O .·. de Belgique 5910 (1909/10), 92.

[2]) Zitiert im „Herold“, Berlin, 17. Januar 1915, S. 11.

Während der vergnügten Stunden brach die wohlvorbereitete Revolution aus: Admiral Br.·. Candido dal Reis — ein Vetter des brasilianischen Eisenbahndirektors Aaron Reis (Konfession Nebensache) — ließ die Republik ausrufen und die portugiesischen Kriegsschiffe richteten die Mündungen ihrer Geschütze auf die Hauptstadt Lissabon. Der junge König Manuel bekam es mit der großen Angst zu tun, er suchte sein Heil in der Flucht und wurde von England bereitwilligst aufgenommen. ...

Viel hat auch der seltsame Erzbischof von Lissabon, Kardinal Salomon Netto,[1]) zum Umsturze beigetragen, dann der in Portugal ansässige Engländer Burnay und der Bankier S. Weiß de Valbranca; die beiden letztgenannten hatten von König Carlos, dem Vater König Manuels, den Grafenstand erhalten und galten daher als „festeste Stützen" des wackeligen Thrones.

Wenn nun diese offenkundig revolutionäre Unternehmung der portugiesischen Freimaurer beispielsweise vom „Berliner Tageblatt" als „humanitäre Bewegung" gekennzeichnet wurde, so liegt darin eine bewußte Irreführung und Verhöhnung des dummen deutschen Lesetieres; mit „Humanität" im Sinne von Wohltätigkeit hat sie höchstens das gemein, daß es jeder Freimaurer als eine Wohltat empfinden mag, wenn da und dort mit den Thronen aufgeräumt wird.

So mancher Leser wird sich nun fragen, wer eigentlich jene Kreise sind, denen an der Vertreibung des portugiesischen Königshauses am meisten gelegen war? — Es sind die dort herrschenden Familien der Castros, Costas, Cohens, Pereiras, Ferreiras, Teixeiras, Fonsecas usw.; sie sind weitverzweigt, man trifft sie außer in Portugal auch in Spanien, Holland, England, sowie in ganz Amerika in führenden Stellungen an; sie alle sind miteinander verwandt und verschwägert, sie alle umschlingt als gemeinsames Band die Freimaurerei und — die Alliance israelite universelle![2])

Als Schlußpunkt sozusagen sei an dieser Stelle noch eine höchst bemerkenswerte Tatsache verzeichnet: Der vielgefeierte Freimaurerfürst Br.·. und Großmeister Magalhães Lima wurde jüngst wegen Beteiligung an der Ermordung des portugiesischen Präsidenten Sidonio Paes verhaftet! So zu lesen in der — „Wiener Freimaurer-Zeitung", Mai 1919, S. 55; im Juniheft wird dies

[1]) Nach Karl Heise (S. 135) mutmaßlich verwandt mit Dr. Arnold Netter in Paris, Mitglied des Zentralkomitees der „Alliance israelite".

[2]) Ebenda; S. 133.

bereits dahin „richtiggestellt“, daß nicht der Großmeister selbst am Morde beteiligt war, sondern einer seiner beiden Brüder, von denen der eine früher Minister (!) gewesen ist. Gleichzeitig erfahren wir, daß die gesamte romanische Freimaurerei und Demokratie aufgefordert wurde, sich zugunsten des verhafteten Großmeisters zu verwenden, und daß daraufhin tatsächlich in Italien eine solche Bewegung eingeleitet worden ist. Die „Brüderlichkeit“ ist also doch kein leerer Wahn in der Freimaurerei.

XIII.

Die revolutionäre Freimaurerei in der Türkei.

Das 19. Jahrhundert verlief für die Türkei höchst unglücklich, denn ein Land nach dem anderen erkämpfte sich die Freiheit.

Eine ganze Reihe türkischer Herrscher wurde gewaltsam entthront: So Sultan Selim III., der 1808 ermordet wurde, und Mustapha IV., den sein Bruder Mahmud II. töten ließ (1809). Abdul Aziz wurde abgesetzt und öffnete sich angeblich selbst die Pulsadern (1876), Murad V. wurde im selben Jahre entthront und verlor seine Freiheit.

Mit all diesen Gewalttaten haben die Freimaurer anscheinend nichts zu tun, im Gegenteil, der entthronte Sultan Murad V. war einer der Ihrigen und bekleidete in der Freimaurerei einen hohen Rang. Abdul Hamid hingegen hatte vor den Freimaurern eine gräßliche Angst und bezahlte ein ganzes Heer von Spionen, die sie überwachen mußten.

Um das Jahr 1900 begann sich der „Grand Orient de France" um die inneren Zustände der Türkei zu bekümmern. Die Jungtürken, die hauptsächlich aus Juden, Griechen und Armeniern bestanden, kamen mit ihren politischen Bestrebungen nicht recht vorwärts. Da fanden sie Hilfe bei den Freimaurern, die schon längst Abdul Hamids Untergang beschlossen hatten, und nun gings mit einem Male rasch nach aufwärts: „Es wurde ein jungtürkisches Geheimkomitee gegründet und von Saloniki aus die ganze Bewegung geleitet. Saloniki als die judenreichste Stadt Europas — von 110000 Einwohnern sind 70000 Juden — war hiezu besonders geeignet; außerdem bestanden dort bereits mehrere Logen, in welchen die Revolutionäre ungestört arbeiten konnten. Diese Bauhütten standen unter dem Schutze der europäischen Diplomatie, gegen sie war der Sultan wehrlos, sein Untergang nicht mehr zu vermeiden." Diese Worte der gut unterrichteten „Acacia"[1]) erklären alles. In Saloniki gab es damals zwei Logen, die dem Groß-Orient von Italien unterstanden, nämlich die „Macedonia", deren Meister vom Stuhl der italische Jude Emanuel Carasso war, und „Labor et Lux"; außerdem bestand die Loge „Veritas" vom Groß-Orient von Frankreich, ferner die spanische Loge „Perseveranza" und die griechische Loge „Philippos", die aber ausschließlich nationale Zwecke verfolgte. Nament-

---

[1]) Oktober 1908, Nr. 70, S. 242.

lich die beiden erstgenannten Logen leisteten den Jungtürken wesentliche Dienste.

Die Jungtürken traten also in diese Logen ein und trafen sich dort, um sich zu organisieren und die Revolution vorzubereiten. Andrerseits verstärkte ein großer Teil der bisherigen Logenmitglieder das jungtürkische geheime Komitee „Für Einheit und Fortschritt", in welchem sie durch ihre sorgfältigen Nachforschungen wertvolle Arbeit leisteten und den Jungtürken gewissermaßen als Siebmaschine dienten. Die türkische Regierung, der diese emsige und geheimnisvolle Arbeit auf die Dauer nicht verborgen bleiben konnte, schöpfte Verdacht; aber ihre Polizeiagenten konnten keinen Zutritt erlangen, weil ihnen offenbar die Paßworte fehlten. Vorsichtshalber wandten sich die Logen überdies an den Groß-Orient von Italien, der ihnen für den Bedarfsfall den Schutz der italischen Botschaft in sichere Aussicht stellte.[1]) So bestand schließlich die jungtürkische Partei nahezu ausschließlich aus Freimaurern, unter denen wieder die Juden die einflußreichsten Stellen bekleideten. Diese Tatsachen werden durch das „Giornale d'Italia" vollinhaltlich bestätigt, das die Freimaurerei geradezu als „den Hauptherd der jungtürkischen Bewegung" bezeichnet.[2]) Und dies alles, trotzdem die Freimaurerei in der Türkei verboten war, wie die „Acacia" mit spöttischem Lächeln ihren Lesern unter die Nase hält![3])

Dazu kam, daß nun auch zahlreiche Offiziere des mazedonischen Armeekorps „das Licht erhielten" und die Armee selbst nach ganz bestimmten Plänen mit Verschwörern durchsetzt wurde. Einer der „Wissenden", der Führenden, hat hinterher darüber Mitteilungen gemacht, die der Vergessenheit entrissen zu werden verdienen, zumal es auch für uns höchst wünschenswert sein muß, diese Arbeitsweise etwas genauer kennen zu lernen. Es ist einer von dem berühmten Brüderpaare Burton, Noel Burton, der Präsident des Balkankomitees, ein von England bezahlter Auslandsagent, der in allen Balkanwirren seine Hand im Spiele hat. Noel Burton also erzählt: „Das Komitee „Für Einheit und Fortschritt" war die heimliche, ungeheure Macht, deren Führer und Versammlungsorte unbekannt blieben." . . . „Das mazedonische Armeekorps wurde von fünf zu fünf Mann von der revolutionären Verschwörung durchsetzt. Nur je einer von diesen

[1]) Vgl. den Bericht der französischen Tageszeitung „Le Temps", vom 20. August 1908, Paris.

[2]) Vgl. auch „Volna Myšlenka" vom September 1908.

[3]) „Acacia", Januar 1907, Nr. 39, S. 52.

fünf wußte die Namen anderer Mitglieder. Führer der Bewegung standen als Falkenjäger verkleidet in Saloniki, verkauften Zündhölzchen oder Zeitungen aus Paris, je nach der Gelegenheit. Andere wieder ließen sich als Kutscher bei den Paschas anstellen, die das Komitee überwachen sollten. Wenn ein Regiment bearbeitet werden sollte, ließen sich die Verschwörer dorthin versetzen. Als Enver Bey (Pascha) endlich nach Resna zog, wurde eine Abteilung zu seiner Verfolgung ausgeschickt. An ihrer Spitze stand sein bester Freund . . ." Bemerkenswert sind auch die Schlagworte, die ausgegeben wurden: „Für die Türken war die Revolution die Befreiung von den europäischen Räubern. Bei anderer Gelegenheit aber — den Juden gegenüber — bedeutete sie „europäische Freiheit" und „gute Geschäfte". Den Gläubigen sagte man: „Mohammed wollte nicht, daß eine Handlung ohne Beratung stattfinde. Vor kurzem aber haben unsere Gesetzgeber begonnen, ohne Ratsversammlung zu regieren. Ihr seht die Folgen — ihr bekommt keinen Sold und dürft nicht in die Heimat!" So paßte sich das Komitee auf allen Seiten den Verhältnissen an . . . Merkwürdig! Von Freimaurern und Juden enthält dieser Bericht nicht eine Silbe! Das Rätsel wird gelöst, wenn man erfährt, daß Noel Buxton selbst Freimaurer ist und daß der Aufsatz, dem diese Zeilen entnommen sind, in der „Neuen Freien Presse"[1]) stand. — Wozu es hinausposaunen in alle Welt, daß es unsere Leute gewesen sind, welche gemacht haben die große Revolution in der Türkei, was den Sultan gekostet hat den Thron? — Nein, das kann man von der „Neuen Freien Presse" wirklich nicht verlangen. Wir aber wollen uns merken, daß die freimaurerische „Acacia" bereits im September 1907 den Sturz des Sultans vorausgesagt hat, während sie sich nach Eintritt dieses Ereignisses plötzlich dumm stellte und nach den bewährten Regeln der königlichen Kunst zur rechten Zeit ihr Gedächtnis verlor; damit der peinliche Eindruck so rasch als möglich verwischt würde. Wir wollen uns merken, daß der jüdische Stuhlmeister Emanuel Carasso von der Loge „Macedonia" an jener Abordnung beteiligt war, die dem besiegten Sultan seine Absetzung mitteilte. Ebenso wollen wir im Gedächtnis behalten, daß nach der Einverleibung Bosniens und der Herzegowina (3. Oktober 1908) die Aussperrung der österreichischen Waren von den jüdischen Bootsleuten und Lastträgern in Saloniki ihren Ausgang nahm, während die jungtürkischen Komitees im ganzen

---

[1]) „Neue Freie Presse", Wien 7. Januar 1909, Nr. 15941.

Reiche die Durchführung dieses Boykotts erzwangen.[1]) Die revolutionäre Freimaurerei hatte also auch im Ottomanischen Reiche gesiegt und freute sich ihres Triumphes. Einer ihrer mächtigsten Führer, Br .·. Ahmet Riza, ein aus der Türkei ausgewiesener Journalist, wurde zur Belohnung seiner großen Verdienste Präsident des türkischen Abgeordnetenhauses, in das naturgemäß zahlreiche Juden, Griechen und Armenier hineingewählt wurden.

Die von den jungtürkischen Brüdern angeordneten Massenhinrichtungen von Anhängern des früheren Zustandes entsprachen nun allerdings nicht den freimaurerischen Grundsätzen der Freiheit, Gleichheit und Brüderlichkeit; die Grausamkeit, mit der sie — noch dazu öffentlich — vollzogen wurden, stand sogar mit dem maurerischen Humanitätsgedanken in schreiendem Widerspruch — allein, was hat das zu bedeuten? Der Enderfolg der glorreichen türkischen Revolution war doch so überwältigend, daß man über derlei Kleinigkeiten ruhig hinwegsehen kann!

Die Freimaurerei hatte gesiegt und verstand es, ihren Sieg entsprechend auszunützen; bald danach, am 1. April 1909, traten die Vertreter von 45 türkischen Logen in Konstantinopel zusammen und gründeten den „Grand Orient Ottoman“. Mahomed Orphi Pascha wurde zum Großmeister gewählt; von den übrigen Großwürdenträgern seien folgende „Türken“ besonders hervorgehoben: David Cohen, Raphaelo Ricci, Nicolas Forte, Marchione, Jacques Souhami, Georges Sursock.[2]) Der sehr verdiente Br .·. Mehmed Djavid Bey wurde Meister vom Stuhl einer Loge in Konstantinopel („Konstitution Nr. 309“) und überdies Finanzminister.

Auch für das Hochgradwesen hatten die jungen türkischen Freimaurer volles Verständnis, denn wie der „Herold“ berichtet,[3]) bildete sich kurz darauf ein oberster Rat, ein „Suprême Conseil des alten angenommenen Schottischen Ritus für die Türkei“, dem auch schleunigst die Anerkennung seitens der Groß-Oriente von Frankreich und Italien zuteil wurde. Der deutsche Großlogenbund hingegen hält ihn bis heute nicht für vollwertig und gleichberechtigt und hat dem „Suprême Conseil“ sowohl wie dem „Ottomanischen Großorient“ die erbetene Anerkennung versagt; ja nicht eine einzige deutsche Großloge hat bis heute für die Türkei einen Vertreter ernannt!

---

[1]) „Neue Freie Presse“, Wien, 15. Januar 1909, Nr. 15949.

[2]) Vgl. „Bulletin“, Nr. 20 des Internationalen Büros für maurerische Beziehungen. Juli-Sept. 1909, S. 193.

[3]) „Herold“ 1910, Nr. 14 vom 3. April.

XIV.

Die revolutionäre Freimaurerei in Serbien.

Während der türkische Großorient vermöge seiner hochpolitischen Vergangenheit die Anerkennung der deutschen Großlogen nicht erhalten konnte, wurde dem „Obersten Rat“ der serbischen Freimaurer, dem am 23. Mai 1912 geschaffenen „Suprême Conseil pour la Serbie in Belgrad“, in überraschend kurzer Zeit die erbetene Anerkennung zuteil. Der Antrag war allerdings bereits zu Pfingsten 1913 von den Großlogen von Hamburg und Sachsen gestellt worden, wurde aber damals noch auf ein Jahr zurückgestellt; zu Pfingsten 1914 neuerlich eingebracht, wurde er diesmal vom (39.) Großlogentag in Frankfurt a. M. am 31. Mai 1914 auch tatsächlich angenommen. Genau vier Wochen später, am 28. Juni 1914, wurde der österreichische Thronfolger, Erzherzog Franz Ferdinand, in Sarajewo von serbischen Freimaurern ermordet; von serbischen Freimaurern mit Unterstützung der mächtigen und weitverzweigten Verschwörergesellschaft „Narodna Odbrana“. Major Tankosic, der den Bombenwerfern die Waffen ausfolgen und ihnen Unterricht in deren Gebrauch erteilen ließ, war nämlich ebenso Freimaurer, wie Ciganovic, der den gedungenen Mördern die Brownings und Bomben persönlich übergab. Beide gehörten überdies zu den Führern der „Narodna Odbrana“. Bezeichnend ist, daß die Belgrader Loge ihre Sitzungen im selben Hause abhielt, in welchem der Geheimbund „Narodna Odbrana“ seinen Hauptsitz hatte.[1]) Von den Mördern selbst war Cabrinovic nach eigenem Zugeständnis Freimaurer. Das Geld für die Ausführung des Mordanschlages wurde durch den Freimaurer Dr. Kazimirovic beschafft, der zu diesem Zwecke im April 1914 Reisen nach Frankreich und England unternahm. All dies sind aktenmäßig festgestellte Tatsachen. Endlich wurde auch im Prozeß von Sarajewo durch mehrere Zeugen erhärtet, daß die Ermordung des Thronfolgers schon im Jahre 1912 vom „Grand Orient de France“ beschlossen worden war, die Ausführung des Mordes zunächst aber unterbleiben mußte, weil sich keine Mörder fanden. Damit man sich von dem wahren Sachverhalt ein rich-

[1]) Vgl. „Latonia“ vom 24. Dezember 1914; entnommen Heises Ententefreimaurerei und Weltkrieg, S. 201.

tiges Bild machen könne, seien hier einige Stellen aus der Hauptverhandlung, die sich auf die Freimaurerei beziehen, wörtlich nach dem stenographischen Protokoll mitgeteilt, und zwar nach der aktenmäßigen Darstellung von Professor Pharos.[1])

Es ist dies um so notwendiger, als der ganze Prozeß von der gesamten liberalen (freimaurerischen) Tagespresse totgeschwiegen oder doch nur derart verstümmelt wiedergegeben wurde, daß sich kein vernünftiger Mensch über die eigentlich treibenden Kräfte Klarheit verschaffen konnte.

Vertreter der Loge in der Angelegenheit des Mordanschlages war der schon genannte Dr. Radoslav Kazimirovic, ein Serbe. Über ihn äußert sich der angeklagte Bombenwerfer

Cabrinovic: „Er (Kazimirovic) ist Freimaurer, ja gewissermaßen eines ihrer Häupter. Er reiste gleich darauf (nachdem sie sich für das Attentat angeboten hatten) ins Ausland. Er bereiste den ganzen Erdteil. Er war in Ofenpest, Rußland und Frankreich. Wann immer ich den Ciganovic fragte, wie es mit unserer Angelegenheit stehe, pflegte er zu antworten: „Dann, wenn jener (Kazimirovic) kommt ...." Damals erzählte mir auch Ciganovic, die Freimaurer hätten den Thronfolger schon vor zwei Jahren (1912) zum Tode verurteilt, aber sie hatten keine Leute um das Todesurteil auszuführen. Hernach, als er mir den Browning und die Patronen übergab, sagte er: „Jener Mann ist gestern abends von Ofenpest zurückgekehrt." Ich wußte, daß derselbe die Reise im Zusammenhang mit unserer Angelegenheit unternommen und im Ausland mit gewissen Kreisen konferiert habe."

Präsident: Sind das nicht Märchen, was du da erzählst?[2])

Cabrinovic: Das ist die reine Wahrheit und hundertmal wahrer als Ihre Dokumente von der „Narodna Odbrana".[3])

(Es ist jedenfalls sehr bezeichnend, daß man diese Mordbuben aus Serbien nicht mehr fortließ und ihnen früher keine Waffen gab, bis Kazimirovic von seiner Rundreise zu den Logenzentren in Ofenpest, Kiew, Paris und London zurückgekehrt war; übrigens haben Dokumente, die man beim Einmarsch in Serbien fand, über diese Angelegenheit helles Licht verbreitet.)

---

[1]) „Der Prozeß gegen die Attentäter von Sarajewo". Aktenmäßig dargestellt von Prof. Pharos. Mit Einleitung von Geheimem Justizrat Prof. Dr. Josef Kohler. Berlin 1918, v. Decker's Verlag.

[2]) Die Ansprache mit „du" ist in Bosnien gebräuchlich.

[3]) Vgl. „Der Prozeß gegen die Attentäter von Sarajewo". S. 162.

Eine andere Stelle:

Verteidiger Dr. v. Premusic zu Cabrinovic: Hast du die Bücher von Rosic gelesen?

Cabrinovic: Ich las seine Abhandlungen von der Freimaurerei.

Premusic: Wurden diese Bücher in Belgrad verteilt?

Cabrinovic: Ich habe sie als Schriftsetzer gesetzt . . .

Premusic: Sage mir, glaubst du an Gott oder an irgend etwas?

Cabrinovic: Nein.

Premusic: Bist du ein Freimaurer?

Cabrinovic (wird verwirrt und schweigt. Das Schweigen dauert einige Zeit. Er wendet sich gegen Premusic und schaut ihn an): Was fragen Sie mich darum? Ich kann darauf nicht antworten . . .

Premusic: Ist der Voja Tankosic ein Freimaurer?

Cabrinovic (schweigt wieder verlegen): Wozu fragen Sie mich darum? (Nach einigem Schweigen): Ja, und auch Ciganovic . . . . .

Präsident: Daraus folgt, daß auch Sie Freimaurer sind. Denn ein Freimaurer wird nie einem anderen als einem Freimaurer sagen, daß er Freimaurer sei.[1])

Cabrinovic: Bitte mich um das nicht zu fragen; ich will darauf nicht antworten.[1])

Präsident: Wer auf eine Frage schweigt, der bejaht sie.[2])

Noch eine dritte Stelle sei hier wiedergegeben:

Präsident: Sagen Sie mir noch etwas von den Beweggründen. War es Ihnen, bevor Sie sich zum Attentate entschlossen, irgendwie bekannt, daß Tankosic und Ciganovic Freimaurer seien? Hat es auf Ihren Entschluß Einfluß gehabt, daß Sie und jene Freimaurer seien?

Cabrinovic: Ja.

Präsident: Erklären Sie mir das: Haben Sie von jenen den Auftrag erhalten, das Attentat auszuführen?

Cabrinovic: Ich habe von niemand den Auftrag erhalten, das Attentat zu vollführen. Die Freimaurerei steht mit dem Attentat insofern in Verbindung, als sie mich in meinem Vorsatz bestärkte. In der Freimaurerei ist es erlaubt, zu töten. Ciganovic hat mir gesagt, daß die Freimaurer

[1]) Textverbesserung nach den „Stimmen aus Bosnien“, Juli 1915.
[2]) Ebenda S. 11 und 12.

den Erzherzog Franz Ferdinand schon vor einem Jahre zum Tode verurteilt haben.

Präsident: Hat er Ihnen das sofort gesagt oder erst dann, als sie ihm sagten, sie hätten Lust, das Attentat auszuführen?

Cabrinovic: Wir sprachen auch früher schon von der Freimaurerei, allein er sagte uns nichts von diesem Todesurteil, bis wir fest zu dem Attentat entschlossen waren.[1])

Nun noch eine Stelle aus dem Verhör mit dem eigentlichen Mörder, dem Juden[2]) Gabrilo Princip:

Präsident: Haben Sie mit dem Ciganovic über die Freimaurerei gesprochen?

Princip (frech): Warum fragen Sie mich das?

Präsident: Ich frage Sie, weil ich es wissen will. Haben Sie mit ihm darüber gesprochen oder nicht?

Princip: Ja. Ciganovic sagte mir, er sei Freimaurer.

Präsident: Wann sagte er Ihnen, daß er Freimaurer sei?

Princip: Als ich mich wegen der Mittel zur Ausführung des Attentates an ihn wandte, sagte er es mir und betonte, er werde mit einem gewissen „Mann" sprechen. Er werde von diesem die Mittel zur Ausführung des Attentates bekommen. Bei einer anderen Gelegenheit erzählte er mir, der österreichische Thronfolger sei in einer Loge von den Freimaurern zum Tode verurteilt worden.

Präsident: Und Sie? Sind Sie vielleicht auch Freimaurer?

Princip: Wozu diese Frage? Ich werde darauf keine Antwort geben. (Nach einer kurzen Pause): Nein.

Präsident: Ist Cabrinovic Freimaurer?

Princip: Ich weiß es nicht. Vielleicht ist er's. Er sagte mir gelegentlich, er werde in eine Loge eintreten ...[3])

Aus dem Mitgeteilten ergibt sich sonnenklar, daß der Plan der Ermordung von den Freimaurern ausgegangen ist. Ein Jahr und darüber verstrich jedoch, weil sich keine Mörder finden ließen. Da wurde auf geheimnisvolle Art dem Cabrinovic sowohl, wie dem Princip, Grabez, Cubrilović usw. der Mordgedanke nahegelegt; sie ließen sich anwerben und führten die von langer Hand vorbereitete Tat auch aus. Auf die Einzelheiten der Anwerbung usw., so bemerkenswert sie auch sind, kann hier nicht

[1]) „Der Prozeß gegen die Attentäter von Sarajewo", S. 14.
[2]) Vgl. „Die Geheimnisse der Weisen von Zion", S. 63.
[3]) „Der Prozeß gegen die Attentäter von Sarajewo", S. 33.

näher eingegangen werden. Es sei hier auf Grund des Protokolles nur noch hervorgehoben, daß der Freimaurer **Ciganovic**, von dem die Mörder die Brownings, Patronen, Geld und Bomben erhielten, ein kleiner Eisenbahnbeamter in Belgrad war und wie die anderen aus Bosnien stammte. Er selbst erhielt das Geld von dem **Freimaurer Major Tankosic**, der reichlich mit Mitteln ausgestattet war und selbst die Waffen einkaufte.[1])

Wie verhielt sich nun die Logenpresse gegenüber diesem freimaurerischen Mord? — **Der Wiener „Zirkel" schwieg den Fall einfach tot.** Keine schwarz geränderte Nummer, kein Nachruf, ja nicht einmal die kleinste Notiz setzte die Leser des Zirkels von dieser weltgeschichtlichen Begebenheit in Kenntnis. Wozu auch? Die „Wissenden" wußten es ohnedies, weil es ihnen der seltsame Kronanwärter von Albanien, Br.·. **Essad Pascha**, Komthur des Franz Josefsordens (!), bei einer festlichen Veranstaltung im Hotel „Meißl & Schaden" (Wien) bereits im **April** 1914 verraten hatte[2]); und die übrigen? — Mboh! — Die brauchten sich keine Gedanken zu machen. — Die auswärtigen Logenzeitungen hingegen machten aus ihrem Herzen keine Mördergrube; so pries z. B. die „**Acacia**" den feigen Mord von Sarajewo geradezu als eine — **Heldentat!**[3]) ... Übrigens war dies keineswegs der erste freimaurerische Mord in Serbien; die serbischen Logen hatten vielmehr ihre Kräfte bereits früher erprobt, als sie die österreichfreundliche Dynastie **Obrenovic** hinwegräumten, die ihren Plänen hindernd im Wege stand. Mit **Peter Karageorgevic** kam dann ein **Freimaurer** auf den Thron. Die serbische Freimaurerei blühte darauf mächtig empor; sie gewann an Kraft durch die Angliederung der politischen Geheimbünde, namentlich der großserbischen Verschwörergesellschaft „Narodna Odbrana", deren Beziehungen zur Loge im Sarajewoer Hochverratsprozeß restlos aufgedeckt worden sind.[4])

Eine besonders kraftvolle Tätigkeit entfaltete die serbische Freimaurerei mit dem Augenblick, wo sich ein „Oberster Rat" (Suprême Conseil) für Serbien gebildet hatte. Der Großmeister Br.·. Georg **Weifert** und neun andere serbische Hochgradmaurer erhielten im

---

[1]) Major Tankosić — später **Oberst** Tankosić — leitete auch das (mißlungene) Attentat auf König **Ferdinand von Bulgarien**; vgl. die Berliner „Germania", vom 3. Juli 1915.

[2]) Laut mündlichen Berichtes eines Gewährsmannes! Vgl. auch „Freimaurerei, Presse und Weltkrieg" von Dr. Schwabe, S. 24.

[3]) „Acacia", 1914, S. 241 und 256.

[4]) Vgl. „Auf den Pfaden der internationalen Freimaurerei" von Br.·. Freymann, S. 13.

Jahre 1912 vom „Obersten Rat für Griechenland“ den 33. Grad und die mit demselben verbundenen Geheimnisse der „königlichen Kunst“. Einige Monate später wurde — der Balkankrieg hatte bereits begonnen — die serbische Freimaurerei als selbständige „Großmacht“ in den Weltbund aufgenommen und zwar geschah dies auf dem Weltkongresse der Hochgradmaurer in Washington. Der serbische Abgesandte, Br.·. Duschan Milicevic, 33.·., verteidigte dort die kriegerischen Bestrebungen der Serben, die er mit den Freiheitskämpfen Georges Washingtons verglich: Serbien führe nur Kriege, um Volksgenossen von fremdem Joche zu befreien, also Kriege aus Menschenliebe, wie sie von der Freimaurerei gestattet seien. Diese Darlegungen fanden allgemeine Zustimmung und seit jener Zeit trat die freimaurerische Presse Nord- und Südamerikas offen für die serbischen Kriegsziele ein. Bei einem Festmahle in Neu-York, an dem 800 Hochgradmaurer unter dem Vorsitz des damaligen Präsidenten der Vereinigten Staaten, Br.·. Taft, teilnahmen, erhielt der serbische Vertreter sogar einen Ehrenplatz. Nachdem nun die serbische Nationalloge in den „Höchsten Rat der 33.·.“ aufgenommen war, wurde sie mit der Vollziehung des freimaurerischen Fehme-Urteils wider den Thronfolger betraut.[1]) Daß der Mord von langer Hand vorbereitet war, geht aus zahlreichen Äußerungen hervor. So erhielt auch die Herzogin von Hohenberg, die Gemahlin des Thronfolgers, schon im September 1912 die Mahnung, daß Franz Ferdinand „verurteilt“ sei und auf dem Wege zum Throne sterben müsse.[2])

Höchst beachtenswert ist dabei, daß gerade von Paris aus das „bevorstehende tragische Ereignis im österreichischen Kaiserhaus“ ziemlich unverblümt vorausgesagt wurde, genau so, wie die Entthronung der Hohenzollern-Dynastie, die bereits im Jahre 1910 für das Jahr 1913 angekündigt worden war;[3]) das war allerdings um fünf Jahre zu früh, aber man erkennt daraus wenigstens den Ausgangspunkt jener Bestrebungen.

Wer hat das angekündigt? — Eine in Paris sehr bekannte Dame, Frau Savigny, oder wie sie sich der Öffentlichkeit gegenüber nannte: Madame de Thebes. Madame de Thebes war eine hochmoderne Wahrsagerin, in deren Salons Politiker und Diplo-

[1]) Karl Heise, Ententemaurerei und Weltkrieg, S. 201.

[2]) Ebenda, S. 200.

[3]) Im Jahre 1910 kamen — wie dem Verfasser ein gut unterrichteter Schweizer Freimaurer mitteilt — italische, französische und englische Logenbrüder als Gäste im Grand Orient de France zusammen — darunter Br.·. Clemenceau, Br.·. Poincaré u. a. — und wohnten der Arbeit bei; damals bereits wurde ein Krieg mit Deutschland in ernste Erwägung gezogen. Unschädlich sollten Wilhelm II, Franz Ferdinand von Österreich und andere mehr gemacht werden...“

maten, hochgestellte Persönlichkeiten und verwegene Glücksritter aller Art verkehrten; aus deren Mitteilungen und Andeutungen schöpfte sie wohl den größten Teil ihrer Prophezeiungen, die sie dann im Dezember jedes Jahres mittels ihrer „Almanachs" in die ganze Welt hinausflattern ließ. „Derjenige, der (in Österreich) zur Regierung bestimmt ist (Franz Ferdinand), wird nicht regieren; regieren wird ein junger Mann, der vorläufig zur Regierung noch nicht bestimmt ist." (Karl I.) Diese Prophezeiung bezog sich auf das Jahr 1913; als sie sich nicht erfüllte, ließ sich Madame de Thebes keineswegs entmutigen, im Gegenteil: „Das tragische Ereignis im österreichischen Kaiserhaus, das ich vorausgesagt habe, ist zwar nicht eingetreten — schrieb sie in ihrem Almanach vom Dezember 1913 — es wird aber ganz bestimmt eintreten, und zwar noch in der ersten Hälfte des nächsten Jahres!" So schreibt nur jemand, der mehr weiß, als er sagen will, jemand, der über sehr verläßliche Quellen verfügt und weiß, daß er sich mit seinen Vorhersagungen bestimmt nicht blamieren wird.

Waren nun diese denkwürdigen Prophezeiungen auch hier zu Lande bekannt? — Gewiß! Gingen sie doch unbeanstandet Jahr für Jahr durch einen großen Teil der Tagespresse, wurden sie doch von Hunderttausenden von Lesern mit Begierde aufgegriffen und verschlungen — um am nächsten Tage bereits vergessen zu sein. Wem aber die Prophezeihungen der Madame de Thebes nicht genügen, der sei auf eine kleine Schrift verwiesen,[1]) worin für alle Zeiten festgelegt ist, daß schon im Jahre 1912 bezüglich des Attentates auf Franz Ferdinand ein gewisser Esma öffentlich schreiben konnte:

„Vielleicht erklärt man sich eines Tages den Ausspruch eines hohen Freimaurers der Schweiz in Sachen des Thronfolgers: ‚Er ist ungewöhnlich hervorragend; schade, daß er verurteilt ist. Er wird auf dem Wege zum Throne sterben!'"[2])

Man fragt sich nun unwillkürlich: Waren diese Tatsachen dem deutschen Großlogentag bekannt? War er unterrichtet über die Ziele der großserbischen Bewegung? Wußte er etwas von den Bestrebungen der „Narodna Odbrana"? Hatte er Kenntnis von dem hochpolitischen Wesen der serbischen Freimaurerei? Waren ihm die Führer persönlich bekannt und war er unterrichtet über den engen Zusammenhang der „Narodna Odbrana" mit der serbischen Freimaurerei? Wußten denn die deutschen Großmeister über-

[1]) Athanasius, „Das Geheimnis der Bosheit", S. 14; zitiert nach Karl Heises „Entente-Freimaurerei und Weltkrieg", S. 146.

[2]) Dasselbe berichtet die „Revue internationale de Sociétés sécrètes" vom 15. September 1912!

haupt nicht, daß sich die Freimaurer der südlichen und westlichen Länder stets eines nationalen Hilfsvereines zur Deckung ihrer Anschläge bedienten? In Italien der Carbonari, in Spanien der Freidenkergesellschaft und der Anarchisten, in Portugal des Geheimbundes „Formiga bianca“ (Weiße Ameise) und des „Freien Gedankens“, in der Türkei der jungtürkischen Partei? Soll das alles gerade nur den Häuptern der deutschen Freimaurerei unbekannt gewesen sein? Und dies, obwohl sie doch seit dem Jahre 1909 die Beziehungen zum „Grand Orient de France“ wieder aufgenommen hatte? Ja noch mehr: Hat denn nicht die Hamburger Großloge selbst in Belgrad eine serbische Loge „Schumadija“ gegründet, bei deren feierlichen Eröffnung (1910) die anwesenden Hamburger Großwürdenträger die politischen Ziele der serbischen Logen, die sich gegen Österreich-Ungarn richteten, als berechtigt anerkannt haben?? Die „Hamburger Großloge“ mußte übrigens noch viel mehr wissen; sie mußte vor allem wissen, daß bereits im Jahre 1908 der damalige serbische Ministerpräsident Br.·. Swetomir Nikolajewić in seiner Eigenschaft als Großmeister an sämtliche Freimaurerlogen in Europa einen Aufruf gerichtet hatte, worin er sie aufforderte, „den Serben in ihrem Kampfe gegen Österreich die werktätige Unterstützung aller maurerischen Brüder zuteil werden zu lassen ...“[1]) Dadurch, daß die Hamburger Großloge den Antrag auf Anerkennung des „Suprême Conseil pour la Serbie“ stellte, hat sie sich zum Mitschuldigen jener Bestrebungen gemacht, die den Ausgangspunkt des Weltkrieges bildeten. Übrigens eine Zwischenfrage: Wer stand denn damals an der Spitze der Hamburger Großloge? Der Großkaufmann und Großmeister Fr. Uhrbach, Hamburg, Hopfenmarkt 13; er ist mittlerweile in den ewigen Orient eingegangen. Konfession? — Konfession Nebensache. — Und noch eine Zwischenfrage: Wer stand denn damals an der Spitze der deutschen Freimaurerei? Wer war denn der geschäftsführende Vorstand des deutschen Großlogenbundes, wer war der Vorsitzende auf jenem denkwürdigen Großlogentag, wo der oberste freimaurerische Rat in Serbien Anerkennung, Schutz und Hilfe der deutschen Brüder finden sollte??

O, ihr einfältigen deutschen Maurer, ihr würdet, wenn ihr danach fragen wolltet, seinen Namen doch nie erfahren; dieser Name ist ausgelöscht aus dem Gedächtnisse aller Freimaurer, er wird unter dem geheimnisvollen Teppich der Loge verborgen, denn er könnte zu Mutmaßungen Anlaß geben, die der Freimaurerei unendlichen Schaden zuzufügen geeignet wären ....

---

[1]) Vgl. „Vaterland“, Wien vom 29. Oktober 1908 zit. nach Dr. Brauweiler.

Der geschäftsführende Vorstand des deutschen Großlogenbundes in der weltgeschichtlichen Zeit hieß nämlich — Kohn; jawohl! Der hochehrwürdigste Großmeister des „Eklektischen Freimaurerbundes in Frankfurt a. M." war tatsächlich ein Br.·. Kohn, der freilich nur ganz kurze Zeit an der Spitze der gesamten Freimaurerschaft Deutschlands stand, weil er bald darauf „in den ewigen Orient eingegangen ist"; ob hohes Alter, ob Angriffe aus dem eigenen Lager oder Gewissensbisse dieses rasche Dahinscheiden beeinflußten, läßt sich derzeit nicht nachweisen. Tatsache ist jedoch, daß man in Freimaurerkreisen diesen Namen — wohl mit Absicht — verbirgt und keine „Totenschau" in Dalens Kalender ihn nennt.

Der ermordete Thronfolger Franz Ferdinand wäre nach seiner ganzen Veranlagung zweifellos ein starker Herrscher geworden oder — um eine freimaurerische Redewendung zu gebrauchen — ein Tyrann. Stärke, Tatkraft, unbeugsame Entschlossenheit waren die hervorragendsten Eigenschaften dieses Mannes, der allerdings außerordentlich viele Feinde besaß; namentlich auch wegen seiner religiösen Gesinnung, die nicht geheuchelt war, sondern auf innerer Überzeugung beruhte. Dazu kam eine echte Freundschaft zu Kaiser Wilhelm, den er aufrichtig verehrte; auch seine Gemahlin Sophie, geborene Gräfin Chotek, gehörte übrigens trotz ihrer tschechischen Abstammung und ihrer streng katholischen Gesinnung zu den dankbaren Bewunderern des deutschen Kaisers, der ihr ja auch die eheliche Verbindung ermöglicht und den Rang einer Herzogin verschafft hatte.

Franz Ferdinand, dessen Wille es war, ein starkes Österreich zu schaffen, mußte also fallen. Hatten die Freimaurer mit schwächlicheren Fürsten aufgeräumt — siehe Portugal! — so war ihnen ein starker Monarch erst recht der Inbegriff allen Abscheues. Darin sind sich die führenden Freimaurer der ganzen Welt einig, wenn auch vom bloßen Wunsche bis zum Entschluß und vom Entschlusse bis zur Tat ein gewaltiger Abgrund klafft. Der „Grand Orient de France", welcher im Sarajewoer Prozeß als geistiger Urheber und Anstifter des Mordanschlages entlarvt wurde, besaß nun diesen Willen zur Tat, was bei seinen Anschauungen gewiß zu begreifen ist. Von allen, die noch gestürzt werden sollten, war der Habsburger Thron zunächst in Aussicht genommen. An den greisen Kaiser Franz Josef getraute sich freilich infolge seines Ehrfurcht gebietenden Alters niemand mehr heran. Dieses hohe Alter und natürlich auch seine Abgeschlossenheit schützten ihn vor Mordanschlägen; wie man aber in freimaurerischen Kreisen über derlei Attentate gegen gekrönte Häupter im allgemeinen und über solche gegen die Habsburger im besonderen dachte, das wissen wir sehr genau aus der „Rivista

Massonica Italiana", dem amtlichen Logenblatt des Groß-orients von Italien; dieses Blatt feierte noch im Jahre 1914 den Bombenwerfer Br.·. Wilhelm Oberdank als „Helden und Märtyrer", weil er 32 Jahre vorher (1882), „sein junges Leben dem Vaterland zum Opfer gebracht hatte".[1]) Und damals hatte es sich um denselben Kaiser Franz Josef gehandelt.

Daß also die führenden Freimaurer bestimmter Länder den Wunsch und Willen besaßen, den Thronfolger aus dem Leben zu räumen, kann ernstlich keinem Zweifel begegnen. Es fragt sich nur, ob die Häupter der deutschen Freimaurerei darum gewußt haben oder nicht. Hier kann mangels schriftlicher Urkunden nur folgerechtes Denken zu einer richtigen Beurteilung der Sachlage führen. Fest steht nun einmal, daß die belgischen Freimaurer, d. h. zumindest deren oberste Führer, von der bevorstehenden Entthronung König Manuels von Portugal genauestens unterrichtet waren. „Wir waren Wissende ..... wir besaßen das Geheimnis dieses ruhmvollen Ereignisses" — heißt es im amtlichen Bericht des Großorients von Belgien über die Revolution in Portugal.[2]) Fest steht weiters, daß vor der Ermordung König Carlos von Portugal und seines ältesten Sohnes, des Kronprinzen, (Februar 1908) der Großkommandeur und Großmeister des portugiesischen Großorientes, Dr. Sebastiao de Magalhães Lima, in Paris weilte und dort am 19. November 1907 in der Loge „Kosmos" einen Vortrag hielt, „Über die bevorstehende Errichtung der portugiesischen Republik". Der ihn betreffende Teil der Tagesordnung ist nun so überaus lehrreich und bemerkenswert, daß er hier im vollen Wortlaut wiedergegeben sei: „Feierlicher Empfang des sehr erhabenen Bruders Magalhães Lima, 33. Grad, Großmeister des Großorients von Portugal, durch den höchstleuchtenden Bruder Moses, Mitglied des Bundesrates der Großloge von Frankreich ....

Vortrag über das Thema: Portugal, Niedergang der Monarchie, Notwendigkeit des republikanischen Regimes. Die Errichtung der Republik."[3]) Also: Etwa zehn Wochen vor dem Mordanschlag auf König Carlos wird vom „sehr erhabenen Br.·. Magalhães Lima 33.·.", der Niedergang der Monarchie bereits vorausgesehen und vorausgesagt...

Hatte der bekannte Gegner der Freimaurer, der französische

---

[1]) „Rivista Massonica Italiana", 1914, S. 435 ff.; den Oberdank'schen Mordanschlag rechnet Br.·. Freymann zu den freimaurerischen Attentaten; vgl. „Auf den Pfaden der internationalen Freimaurerei", 22. Seite.

[2]) „Bulletin du Grand Orient de Belgique", 5910 (1909/10, S. 92.)

[3]) „La Franc-Massonerie Demasquée", 25. Dezember 1907.

Abbé Tourmentin, demnach recht, wenn er daraufhin die Königsfamilie warnte und die Befürchtung aussprach, daß in kurzer Zeit König Carlos des Thrones entsetzt, vertrieben oder hingerichtet werden würde? Und weiters: Hatte der Abbé Tourmentin recht, wenn er nach Eintritt dieses Ereignisses die „Brüder" unverblümt des Königsmordes anklagte? Soviel steht auf jeden Fall ganz außer Zweifel, daß sich die führenden Brüder von bevorstehenden Ereignissen rechtzeitig unterrichten, daß also die „Geheimnisse" gegenseitig ausgetauscht und Hilfe und Unterstützung im einzelnen Falle gegenseitig zugesichert und gewährt werden.[1])

Wenn aber nun feststeht, daß der „Großorient von Frankreich" oder allenfalls die „Großloge von Frankreich" (eine solche Verwechslung wäre bei Zeugenaussagen ganz gut möglich), daß also eine der beiden freimaurerischen Körperschaften die Ermordung Franz Ferdinands beschlossen hat, so ist sehr wahrscheinlich, daß auch andere Großlogen, oder wenigstens ganz bestimmte Personen, von diesem Willensentschluß Kenntnis erhalten haben. Bei den internationalen Beziehungen, die gewisse Elemente nun einmal besitzen, ist es außerordentlich naheliegend, daß gewisse führende Freimaurer auch im Deutschen Reiche Kenntnis von dem bevorstehenden Ereignisse gehabt haben, das ja — nach dem Almanach der Madame de Thèbes — „ganz bestimmt eintreten mußte, und zwar noch in der ersten Hälfte des Jahres 1914". Wenn der „höchstleuchtende Br .·. Moses rechtzeitig von dem portugiesischen Ereignis Kenntnis erhalten hatte, warum soll dann der ‚hochehrwürdige Br.·. Kohn' von dem ‚bevorstehenden tragischen Ereignisse im österreichischen Kaiserhause' keine Kenntnis erhalten haben?"

Es ist in hohem Maße befremdend, daß gerade in der kritischesten Stunde ein — Christ sich an der Spitze der deutschen Freimaurerei befand. Und es ist in höchstem Grade auffallend, daß gerade unter dem Vorsitz dieses christlichen Brs.·. und Großmeisters Kohn[2]) ein Beschluß gefaßt wurde, der nach dem, was eingetreten ist, einer Rückendeckung der serbischen Meuchelmörder gleichzustellen ist.

Aufklärung tut hier dringend not und es ist Sache der deutschen Freimaurerei, diesen schweren Vorwurf, der sich gegen ihren ehemaligen Bundestagspräsidenten Kohn richtet, zu entkräftigen und dessen Schuldlosigkeit, wenn dies überhaupt möglich ist, außer Zweifel zu stellen.

---

[1]) Dieser letzte Satz wird noch durch weitere Beispiele belegt werden.
[2]) Vgl. Vorwort zur fünften Auflage, S. VII ff.

XV.

Die revolutionäre Freimaurerei in Österreich.

Wenn nun schon die Freimaurerei in anderen Ländern revolutionären Bestrebungen gehuldigt hat — muß dies deshalb auch in Österreich der Fall gewesen sein? Gewiß nicht! Aber lassen wir, statt viele Worte zu gebrauchen, die geschichtlichen Tatsachen für sich selbst sprechen.

Die Freimaurerei wurde in Österreich durch den Grafen Johann Sporck eingeführt, einen fabelhaft reichen, freigebigen, prachtliebenden Mann, der am 24. Juni 1726, am Tage Johannes des Täufers, in seinem Palast auf der Prager Kleinseite die Loge „Zu den drei Sternen" eröffnete, zu deren Großmeister er gewählt wurde.

Unter den ersten Mitgliedern befanden sich hervorragende Vertreter des böhmischen Adels, wie die Grafen Norbert Wrbna, Wenzel Kaiserstein, Josef Kinsky, Guidobald Martinitz und der „Edelmann" David, ein ehemaliger Sekretär des Grafen Bubna.

Woher die Reichtümer des Grafen Sporck eigentlich stammten, hat man nie erfahren. Seine Widersacher führten sie schon damals auf unlautere Beziehungen zu den Feinden des habsburgischen Hauses zurück. Tatsache ist, daß Graf Sporck zu Karl Albert von Bayern fortwährend heimliche Beziehungen unterhielt und in ihm den berechtigten Thronerben Karls VI. erblickte. Als Sporck 1735 die Großmeisterwürde infolge hohen Alters zurücklegte, wurde die Loge dennoch und erst recht in seinem Geiste weitergeleitet. Der Edelmann David war die Seele der hochverräterischen Bewegung, die von der Loge „Zu den drei Sternen" ausging und einen großen Teil des böhmischen Hochadels umfaßte; er stand auch insgeheim im Einverständnis mit dem französischen Marschall Belleisle und dem bayrischen Kurfürsten Karl Albert, dem am 19. Dezember 1740 von den Ständen als König von Böhmen gehuldigt wurde.

Aber das Blatt wandte sich; das aufrührerische Prag wurde von kaiserlichen Truppen eingenommen, David verhaftet und zum Tode verurteilt. Das Urteil lautete auf Abhauen der rechten Hand, dann Köpfung und Vierteilen. Die Glieder sollten an vier Galgen an den Landstraßen vor der Stadt ausgesteckt werden.

Aber die Freimaurer waren für ihren David tätig und bald konnten sie ihm den Trost zukommen lassen, daß es ihm nicht ans Leben gehen werde; die junge Kaiserin (Maria Theresia) wolle kein Blutgericht vollziehen lassen. Und so war es auch. Am Richtplatze wurde er begnadigt und die Todesstrafe in lebenslängliches Gefängnis umgewandelt.[1])

Von dem hochverräterischen Treiben der Prager Freimaurer wußte man in Wien natürlich nichts; man wußte insolange nichts, als ihre Taten nicht so offenkundig hervortraten. (Genau wie heute!) Vielleicht wollte man auch nichts sehen, denn der Gemahl Maria Theresias, Großherzog Franz Stephan von Lothringen, seit 1745 deutscher Kaiser, war selbst Freimaurer — er hatte am 24. Juni 1731 im Haag „unter freiem Himmel" das Licht erhalten und gehörte der Loge „Zu den drei Kanonen" in Wien an, der der prunksüchtige und verschwenderische Graf Hoditz als Großmeister vorstand. — Br.·. Kaiser Franz I. starb plötzlich am 18. August 1765 in Innsbruck.

Kaiserin Maria Theresia war aus begreiflichen Gründen den Freimaurern nicht sehr gewogen. Sie soll sogar einmal, von Eifersucht getrieben, mit einer Hofdame in Männerkleidung an einer Logensitzung teilgenommen haben — eine Erzählung, die jedoch wenig glaubwürdig klingt. Die Loge „Zu den drei Kanonen" ging übrigens bald ein (1749). Die folgende Zeit kann übergangen werden. Auf Neugründungen folgten plötzliche Verbote und wieder Neugründungen. Eine gute Tat der Freimaurer, die auch von Maria Theresia sehr gelobt wurde, sei der Gerechtigkeit halber hier festgehalten. Es ist die Gründung des Waisenhauses „St. Johann der Täufer" in Prag. Trotzdem konnte die große Kaiserin einen tiefen Argwohn gegen die Freimaurer nie ganz unterdrücken. Bekannt sind ihre an den Staatskanzler Fürsten Kaunitz gerichteten Worte, die aus ihren letzten Regierungsjahren stammen und lauten: „Hör' Er, lieber Kaunitz, Er will uns etwas weiß machen, was Er selber wohl nicht glaubt. Der Josef wird auch noch auf Unsere Worte kommen und es bitter bereuen, sich mit diesen dangereusen Leuten so tief eingelassen zu haben. Gebt acht, wenn die einmal merken, daß beim Goldkochen, Schatzgraben und Geisterbeschwören nichts herauskommt, als Schande und Spott . . . dann werden sie auf einmal lernen einig sein, sie werden, damit sie nicht umsonst auf der Welt sind, Euch in das Handwerk pfuschen und ein bissel regieren wollen. Wir sagen Euch, das Haus werden sie Euch noch um-

[1]) Nach Freih. v. Helferts Vortrag am 30. März 1897 in Wien.

kehren und das Leben sauer genug machen. Wir werden's nicht erleben und sind dessen froh. Ihr aber seht zu, wie Ihr noch mit Euren Brüdern Freimaurern zurecht kommt!"[1])

Die große Kaiserin war, ohne je das Licht erhalten zu haben, sehend geworden. Was sie im Jahre 1768 klaren Verstandes voraussah, ging 150 Jahre später in Erfüllung.

Kaiser Josef II. war, entgegen der landläufigen Ansicht, bestimmt nicht Freimaurer. Aber er war vertrauensselig und kam ihnen in jeder Weise entgegen. Nur das eine verlangte er, daß sie alle Verbindungen zum Auslande aufgeben sollten, also gerade das, was der Freimaurerei zu jener Bedeutung verholfen hat, die sie nun einmal besitzt. Natürlich führten sie diesen Befehl (von 1783) nur zum Scheine aus. Josef II. Zuneigung für die Freimaurerei, der ja sein Vater angehört hatte, war so groß, daß er sich sogar Privatunterricht in den kabbalistischen Wissenschaften erteilen ließ.[2]) Bald aber war er, ohne es zu wissen, nur mehr von Freimaurern umgeben und umgarnt. Die Freimaurerei hatte einen solchen Umfang angenommen, ihre Organisation war derart ausgebaut worden, daß sie nicht bloß Adel und Militär, sondern auch Staatsbeamte, Privatpersonen und deren Untergebene umfaßte. Dabei stand sie mit dem Auslande nach wie vor in engster Verbindung, sie war voll von Geheimnissen und ihre Mitglieder auf Grund strengster Eide zur Verschwiegenheit verpflichtet; mit einem Wort — eine richtige Verschwörergesellschaft, die sich durch vorgeschützte Zwecke, wie Bildung, Wohltätigkeit u. dgl., einen Freibrief verschafft hatte und nun bestrebt war, alles in ihrem Sinne umzugestalten. „Da erkannte er (der Kaiser) — um mit Br.·. Kloß zu sprechen — daß eine Überwucherung im Maurerbunde stattgefunden hatte" und durch das kaiserliche Handbillet vom 1. Dezember 1785 wurde die Zahl der Logen.... beschränkt.[3])

Da er überdies in einem Handschreiben (Dezember 1785) mit Beziehung auf die Freimaurerei den unvorsichtigen Ausdruck „Gaukeleien" gebrauchte, hatte er bald den Haß der ganzen Loge gegen sich und mußte die Wahrnehmung machen, daß allenthalben gegen ihn gearbeitet wurde. Was aber der „Haß der ganzen Loge", die damals beiläufig 100000 Mitglieder in Europa umfaßte, zu bedeuten hatte, sollte Josef II. nur gar zu bald erfahren. Wenn 100000 der „ränkevollsten und in den wichtigsten Staats-

[1]) „Latomia" XXV, 1866, S. 15, 16.

[2]) Diese spielten damals in der Freimaurerei keine geringe Rolle.

[3]) Vgl. „Bauhütte" vom 30. Januar 1909, Nr. 5, S. 25.

ämtern stehenden Menschen" gegen ihn arbeiteten, konnte von einer Durchführung seiner großen Pläne nicht mehr die Rede sein. Professor Hoffmann, ein ehemaliger Freimaurer, der sehend geworden war, nennt einige Ereignisse aus den letzten Lebensjahren Josef II., die er den Freimaurern zur Last legt: „Der Türkenkrieg 1789/90 war ein Werk der geheimen Orden, angezettelt durch (den Freimaurer) Herzberg und seinen guten Freund Pitt. Der Schatz und die Armee des österreichischen Hofes sollte durch diesen Krieg erschöpft und verwüstet werden. Die Unruhen in Ungarn wurden in den Logen entworfen (!) und debattiert; Herzberg leitete sie."[1]) Überdies wurde dem Kaiser auch bekannt, daß die „merkwürdigsten Delinquenten" jener Zeit lauter Freimaurer oder Illuminaten waren, so der Kabinettsdirektor Günther, Szekely, Legisfeld, Sonnenfels u. a. „Diese Wahrnehmungen bewogen Josef II. zu dem ernstlichen Entschlüsse, der Freimaurerei den Garaus zu machen."[2]) Bevor er jedoch diesen Entschluß ausführen konnte, starb er, am 20. Februar 1790, kurz vor Vollendung seines 49. Lebensjahres.

Kaiser Leopold II. war den Freimaurern ebenso günstig gesinnt wie ursprünglich sein Vorgänger Josef — belehrt uns das „Allgemeine Handbuch der Freimaurerei". Professor Hoffmann jedoch, dessen Rat in dieser Angelegenheit wiederholt vom Kaiser eingeholt wurde, versichert uns dagegen, daß Leopold II. sehr genau wußte, „daß ganz Europa und alle Monarchen in der Sklaverei der geheimen Orden lägen. Gleich beim Antritt der Regierung über die gesamten Erblande richtete er sein Augenmerk vorzüglich dahin, die Beziehungen und den unübersehbaren Einfluß dieser geheimen Orden zu sprengen und insbesondere sich selbst und seine Regierungspläne dem Einflusse, der Beherrschung, und den überall herumwirkenden Ränken der österreichischen Freimaurer zu entreißen; denn es ist unglaublich, welche Schliche und Kniffe gewisse Chefs derselben anwendeten, um ihn, wie Josef II., an ihrem Gängelbande und nach ihren Zwecken zu führen."[3]) Das klingt nun doch wesentlich anders als das Urteil des „Allgemeinen Handbuches der Freimaurerei". Daß der Kaiser genau unterrichtet war, geht übrigens auch aus dem schon zitierten Briefe seiner Schwester, der unglücklichen Königin Maria Antoinette,

---

[1]) Promemoria des Wiener Professors Hoffmann an Kaiser Franz I. 1793 mitgeteilt in dem Vortrage Dr. Freih. v. Fuchs, Wien 1897. Vgl. „Die Freimaurerei" Österreich-Ungarns, S. 118.

[2]) Ebenda, S. 119.

[3]) Ebenda S. 249; Vortrag des k. u. k. Kämmerers Ferdinand Graf Buquoy.

hervor, den sie am 17. August 1790 an Leopold II. richtete: „Prenez bien garde là-bas à toute association de franc-maçons. On doit déjà vous avoir averti; c'est par cette voie, que tous les monstres d'ici comptent d'arriver dans tous les pays au même but. Oh Dieu garde ma patrie et vous de pareils malheurs!

(„Nehmen Sie sich dort wohl in Acht vor dem ganzen Freimaurerbund. Man dürfte Sie bereits gewarnt haben; auf diesem Wege hoffen alle Ungeheuer von hier in allen Ländern ans gleiche Ziel zu gelangen. Gott schirme mein Vaterland und Sie vor einem solchen Unglück!"[1])

Kaiser Leopold II. war maurerisch geweiht;[2]) trotzdem befaßte er sich nach den ihm zuteil gewordenen Aufklärungen ernstlich mit dem Plane gegen die Brüder Freimaurer einzuschreiten. Bevor er jedoch diesen Entschluß ausführen konnte, starb er, am 1. März 1792, kurz vor Vollendung seines 45. Lebensjahres.[3]) Er war einer der tüchtigsten Herrscher aus dem habsburg-lothringischen Geschlechte. Sein Nachfolger, Kaiser Franz, war von der Gefährlichkeit der Freimaurer so überzeugt, daß schon im Jahre 1794 ein Regierungserlaß erging, der die Freimaurerei in allen österreichischen Provinzen unterdrückte. Wie notwendig dieses Verbot war, bewies die 1795 aufgedeckte Verschwörung Hebenstreits und Prandstetters, die beide Freimaurer und bekannte Logenredner waren. Mitverschworen waren auch der Geheimsekretär (!) Leopolds II., de Riedel, und der ebenfalls bekannte Freimaurer Martinovic; sie hatten einen Überfall auf den Kaiser geplant, nebstbei sollten die französischen Gefangenen befreit und ein Teil der Stadt in Brand gesteckt werden. Gleichzeitig wurde in Innsbruck eine Jakobinerverschwörung entdeckt, die gleichfalls von Freimaurern angezettelt worden war.[4]) Nun wurde planmäßig und gründlich mit den geheimen Gesellschaften, namentlich mit der Freimaurerei, aufgeräumt. Am 23. April 1801 wurde eine Verfügung erlassen, der zufolge kein Staatsbeamter mehr einem Geheimbund angehören durfte. Jeder einzelne mußte dies eidlich erklären und sein Versprechen alljährlich erneuern. Wer es nicht tun wollte, dem stand es frei, um seine Entlassung anzusuchen.

Das Verbot erfüllte seinen Zweck; Adel, Militär, Beamte und Geistliche — denn auch solche waren damals in der Frei-

[1]) Arneth, Briefwechsel Kaiser Josef II. usw. mit Marie Antoinette S. 250.

[2]) „Wr. Freimaurer-Zeitung", August 1919, S. 9.

[3]) Gottfried zur Beek behauptet in seinem Buche: „Die Geheimnisse der Weisen von Zion", S. 66, Leopold II. sei ermordet worden, und zwar von Mitgliedern des Illuminatenordens.

[4]) Arneth, Briefwechsel Kaiser Josef II usw. mit Marie Antoinette S. 251 und 235.

maurerei tätig — kehrten den Logen den Rücken, die nun verödeten. Auch bei uns verbargen die Freimaurer nunmehr ihre politischen und umstürzlerischen Bestrebungen unter dem geheimnisvollen Teppich der Loge, holten sie aber von dort sofort wieder hervor, wenn sie Morgenluft witterten; so in den Jahren 1805 und 1809, als die Franzosen nach Wien kamen. Hören wir, was Br .·. Lewis in seiner „Geschichte der Freimaurerei in Österreich" darüber zu erzählen weiß; er stellt zunächst diese Tatsachen fest und betont dann, daß insbesondere im Jahre 1809 die von Wiener Brüdern neugeschaffene „Große Nationalloge von Österreich" mit dem Groß-Orient von Paris Verbindungen unterhielt. „Durch die Vermählung der Erzherzogin Marie Louise mit dem Kaiser Napoleon unterlag die Postverbindung mit Frankreich einer weniger strengen Aufsicht und so blieb die maurerische Korrespondenz zwischen der Wiener Loge und dem Orient von Paris der österreichischen Polizei verborgen. Man arbeitete im Stillen weiter, bis Napoleons Entthronung und das bekannte päpstliche Anathema im Jahre 1814 bewirkte, daß diese Tätigkeit eingestellt wurde."

Dieses meisterhafte Anpassen an die jeweiligen Verhältnisse, diese Zähigkeit und Zielstrebigkeit könnte einem fast so etwas wie Bewunderung abringen, oder auch etwas anderes. Aber hören wir weiter, was der hocherleuchtete Br .·. Lewis uns zu berichten weiß: „Im Jahre 1848 brachen unter Kaiser Ferdinand die Unruhen aus." („Unruhen" ist gewählt als Verdeutschung für das fremdsprachige Wort Revolution.) „Sie wurden von dem intelligenten Teile der Bevölkerung der Hauptstadt angeregt." Wir wissen schon, wer der intelligente Teil der Großstadtbevölkerung ist, es ist nicht der gebildete Teil, es ist eben der — intelligente Teil. „Als die Verleihung einer freien Staatsverfassung zugesagt war, hielt es der in Wien anwesende Br .·. Lewis für angemessen, die ersten Vorbereitungen zur Wiedereröffnung der im Jahre 1794 geschlossenen Loge „Zum heil. Josef" zu treffen. Es gelang dem Br .·. Lewis — wie uns Br .·. Lewis berichtet — im September 1848 die Zustimmung des Ministeriums des Innern zu erhalten und am 5. Oktober 1848 fand im Hause des Grafen Harnoncourt (I., Teinfaltstraße 76) die feierliche Wiedereröffnung der Loge „Zum heil. Josef" statt. Zufällig — so erzählt uns Br.·. Heinrich Glücksmann von der Wiener Großloge[1]) — zufällig war die Loge am Tage der Ermordung des österreichischen Kriegsministers, Grafen Latour, feierlich eröffnet worden, an jenem 5. Oktober 1848, an dem auch (rein zufällig) die Oktober-

[1]) „Wiener Freimaurer-Zeitung", August 1919, S. 9.

revolution ausbrach. „Die gewandten Klerikalen — sagt Br.·. Glücksmann wörtlich — schufen da Zusammenhänge, an die wohl kein vernünftiger Mensch glaubte, die aber doch auf lange hinaus allen Bemühungen hindernd in den Weg traten, der „königlichen Kunst“ in Österreich Eingang zu verschaffen.“ Eine Zwischenfrage: Wer war denn der Mörder des Grafen Latour? Alberne Frage: der Pöbel natürlich; der süße Pöbel, der jedesmal mit wunderbar feinem Gefühl gerade jenen herauszufinden weiß, der jeweils am würdigsten ist, an der nächstbesten Laterne aufgeknüpft zu werden; am würdigsten sind selbstverständlich allemal diejenigen, die in treuer Pflichterfüllung ausharren bis zum letzten Atemzug; so wie der in Ehren ergraute, 68jährige Kriegsminister Graf Latour. Wie derartiges unauffällig gemacht wird, darüber könnte allenfalls der portugiesische Großmeister Br.·. Magalhães Lima Aufschluß geben der jetzt wegen (angeblicher!) Beiteiligung an einem Morde verhaftet ist ... Aber das sind ja bloß Vermutungen .... Jedenfalls gibt dieser merkwürdige „Zufall“ zu denken ..., auffallend ist auch die Ähnlichkeit gewisser Namen: 1848 war es der Br.·. Lewis, 1919 sind es die Herren Levin, Leviné, die eine bemerkenswerte Vielgeschäftigkeit entwickelten. .... Doch lassen wir das; reden wir von etwas anderem: Die Revolution wurde also trotz Ermordung des Kriegsministers niedergeschlagen. Lewis berichtet uns weiter: „Nach Herstellung der Ruhe begab sich Br.·. Lewis mit einigen anderen Brüdern zum Gouverneur von Wien, Feldmarschalleutnant Freiherrn v. Welden, um die Erlaubnis zu erlangen, sich wieder versammeln zu dürfen. In diesem Gesuche wurden Gottesglaube und Nächstenliebe als höchste Ziele der Freimaurer hingestellt, der Ausschluß jeder politischen Tendenz besonders hervorgehoben und endlich auf die Aufnahme des Prinzen von Preußen als Protektor aller preußischen Logen, wie auch auf König Friedrich Wilhelm III. als Mitglied des Freimaurerbundes hingewiesen, um dadurch den Beweis zu erbringen, daß die Freimaurerei nicht staatsgefährlich sein könne. Aber der „Finsterling“ Freiherr v. Welden nahm die Abordnung befremdlicherweise höchst ungnädig auf und kehrte ihr sogar den Rücken. Ob er dabei zur Bekräftigung jene volkstümliche Redewendung gebraucht habe, die auf Götz von Berlichingen zurückgeführt wird, ist geschichtlich nicht erwiesen. Auch vom Minister des Innern, Dr. Bach, wurde Br.·. Lewis abgewimmelt. Da es in Wien unmöglich war, während des Ausnahmezustandes eine Logentätigkeit zu entfalten, versammelten sich die Brüder nun in der Kurstadt Baden und sandten von einer Festloge an das Kriegsministerium 80 (achtzig) Gulden zum Besten der k. k. Armeen in Italien und Ungarn, was in der Wiener Volkszeitung besonders hervorgehoben wurde. Aber auch diese „hochherzige" Handlungsweise prallte an dem Unverstand und der Borniertheit der Wiener Regierung ab, die sich noch immer nicht einreden lassen wollte, daß die Freimaurer ihr höchstes Ziel wirklich nur im „Gottesglauben" und in der „Nächstenliebe" erblickten; sie war vielmehr nach wie vor der Überzeugung, es hier mit einem Geheimbund gefährlichster Sorte zu tun zu haben, auf den man gar nicht scharf genug aufpassen konnte. Denn alles, was an Nachrichten aus Ungarn, aus Böhmen und Deutschland einlief, mußte sie in dem Argwohn bestärken, daß es sich hier um eine revolutionäre Bewegung handelte, die von der Freimaurerei ihren Ausgang nahm (siehe: Frankreich) und in allen Ländern, wo es zur 1848er Revolution kam, von den Freimaurern unterstützt und gefördert wurde. Dabei soll die Frage, ob und was sie Gutes brachte und **wer** schließlich den Hauptvorteil daraus zog, vollständig unerörtert bleiben. Hier handelt es sich bloß um eine Feststellung geschichtlicher Tatsachen, die einem Großteil der Gebildeten unbekannt sind, von den unteren Schichten des Volkes gar nicht erst zu reden.

Anfangs der Sechzigerjahre begegnet uns Br.·. Lewis, Professor der englischen Sprache, in **Ungarn**, „wo er sogenannte unregelmäßige Aufnahmen in den Orden vollzog, wofür er sich bezahlen ließ." In Österreich hatten nämlich die Logen ihre Tätigkeit vollkommen eingestellt, wenigstens getrauten sie sich nicht mehr ans Licht der Öffentlichkeit.

Mit der Verfassung von 1867 trat hierin eine wesentliche Änderung ein.

Vorher soll jedoch noch ein Ereignis besprochen werden, das uns wenigstens mittelbar betrifft, nämlich die Hinrichtung des Kaisers Max von Mexiko, welche ja ebenfalls mit den Freimaurern in Zusammenhang gebracht werden muß. Im „Budapesti Naplo", einem von Freimaurern herausgegebenen Tagblatt, erschien am 15. Januar 1897 ein Aufsatz, der dem Andenken des Grafen Josef Zichy, des einstigen Obersthofmeisters des unglücklichen Kaisers, gewidmet war, woraus folgende höchst bemerkenswerte Stelle entnommen sei:

„Als der ritterliche Monarch bereits zum Tode verurteilt war und in Queretaro im Armensünderstübchen saß, sandte der Präsident der Republik, Juarez, seinen Adjutanten, den Baron

Gagern, zum Kaiser. In Mexiko flüsterte man sich nämlich zu, daß Kaiser Max, der ein außerordentlich liberaler, von menschenfreundlichen Gefühlen durchdrungener Mann war, ein Freimaurer sei; da nun auch Juarez dem Orden angehörte, schickte er den Baron Gagern zu ihm, um im Gespräche herauszubringen, ob der Kaiser tatsächlich „Bruder" sei. Falls das Gerücht auf Wahrheit beruhen sollte, war Gagern von Juarez ermächtigt, dem Kaiser mitzuteilen, daß im Hafen ein Schiff vor Anker liege und der Kapitän nur den Befehl erwarte, ihn, den Kaiser, entfliehen zu lassen. Gagern gelang es, den Kaiser allein zu sprechen und er suchte nun herauszubringen, ob dieser ein Freimaurer sei oder nicht. Aber der Kaiser wollte nicht Farbe bekennen: „Lassen Sie das", sagte er, dann senkte er sein Haupt und versank in tiefe Gedanken. Gagern sah, daß er nicht ans Ziel komme, nahm verehrungsvollen Abschied und meldete Juarez, daß der Kaiser sich nicht erklärt habe. Der Präsident der Republik sah ernst vor sich hin und sagte finster: „Gott sieht in meine Seele, ich wollte ihn retten .... Es werde also der Wille des Gesetzes vollzogen ...."

Die Frage, ob Kaiser Max von Mexiko Freimaurer war oder nicht, ist bis heute nicht entschieden. War er es *nicht*, so hätte ihn einfach ein „Ja" vom sicheren Tode errettet, er aber wollte selbst um den Preis seines Lebens nichts Unwahres behaupten. *War* er es hingegen, so wollte er offenbar seine ehemaligen Beziehungen zur Freimaurerei zu einer Zeit, da er ihr nicht mehr innerlich angehörte, nicht dazu ausnützen, um sich in Sicherheit zu bringen. In beiden Fällen ist die Seelenstärke dieses wahrhaft großen Mannes zu bewundern.

Kehren wir nun zur Freimaurerei in Österreich wieder zurück! Warum wurden denn die Logen auch nach der Erteilung der Verfassung von 1867 bei uns nicht anerkannt? Die Antwort darauf mögen uns die Freimaurer selbst geben: In der „Geschichte des Wiener nichtpolitischen Vereines Humanitas"[1]) findet sich die Äußerung, daß die Regierung sich stets geweigert hat, dem Vereine ein rechtliches Dasein zu gewähren, weil die Beiziehung eines staatlichen Beamten zu den Versammlungen rundweg abgelehnt wurde. Da die österreichische Regierung die Freimaurerei als *politische* Vereinigung betrachtete und politische Vereine sich die Anwesenheit eines Regierungsbeamten nun einmal gefallen lassen müssen, so war nicht einmal das ausgesprochen liberale Bürgerministerium in der Lage, die angesuchte Anerkennung zu erteilen.

---

[1]) Erschienen bei Prätorius, Wien, 1885.

Geheime Vereinigungen sind in Österreich verboten (§ 285 StGB.); dazu gehören naturgemäß auch jene, die, wenn auch ihr Dasein der Behörde bekannt ist, eine andere Verfassung oder andere Satzungen besitzen, als sie vorgeben, sowie auch jene, die insgeheim andere Zwecke verfolgen, als sie öffentlich vortäuschen. Für die Freimaurer ein schwieriges Dilemma; aber diese Klippe wurde in echt österreichischer Weise umschifft. Man erfand nämlich für die freimaurerischen Vereine ein höchst merkwürdiges Doppelleben: In Österreich sollten sie bloß als Wohltätigkeitsvereine gelten und wirken, die eigentliche Logenarbeit hingegen, die durften sie mit Schurz und Handschuhen, mit Bändern und Bijous in Ungarn ausüben! Das ist nicht etwa ein schlechter Witz, sondern eine echt österreichische Erfindung, die verdiente, in allen Kulturstaaten patentiert zu werden. Den Beweis für die Richtigkeit des Gesagten liefert uns die „Geschichte der Humanitas" selbst, die unter anderen folgende wichtige Beschlüsse mitteilt: „Nur die Mitglieder der Loge Humanitas in Neudörfl in Ungarn können wirkliche Mitglieder des Vereines Humanitas (in Wien) sein;" weiters: „Alle in Neudörfl an der Leitha aufgenommenen oder beigetretenen Brr .·. verpflichten sich, dem nichtpolitischen Vereine „Humanitas" in Wien oder einer seiner Filialen beizutreten." Dann wird in Punkt 7 der erwähnten Beschlüsse noch festgesetzt, was alles in Neudörfl gemacht werden muß und was in Wien stattfinden darf: Alle maurerischen Arbeiten, welche nur in einer „echten und gerechten Loge" stattfinden können, wie Aufnahmen, Beförderungen, Affiliationen, Beamtenwahlen, Ausschließungen usw. können nur in Neudörfl stattfinden; Meisterberatungen dagegen, Unterrichtsabende und leitende Versammlungen sind in Wien abzuhalten. Schon aus diesen Satzungen geht also klar hervor, daß es sich nicht um gewöhnliche Vereine handelt, sondern um Freimaurerlogen, die allerdings nur unter gewissen Beschränkungen hier arbeiten konnten. (An Stelle von Neudörfl und Ödenburg ist später Preßburg getreten.)

Infolge des staatlichen Verbotes konnte sich die Freimaurerei in Österreich nur langsam entwickeln. Der Gründung der Loge „Humanitas" (1869) folgen andere nach und gegenwärtig gibt es in Wien allein 14 Freimaurerlogen, wozu noch 16 Logen und Kränzchen in der Provinz kommen (1919). Die Namen und Stuhlmeister der Wiener Logen sind am Schlusse dieses Buches angeführt.

Die österreichischen Logen haben sich seit ihrer Neugründung, also ungefähr seit 1870, unter ungarischen Schutz gestellt und wurden auch von Abgesandten der Pester Großloge überwacht. Stuhlmeister und Meister von Wiener Logen bekleiden demnach auch in der ungarischen Großloge höhere Ämter, auch treffen wir sie mehrfach als Vertreter deutscher Großlogen an; so ist z. B. der Redakteur Heinrich Glücksmann (Wien) Vertreter des „Eklektischen Bundes“ (Frankfurt a. M.), der Advokat und kaiserliche Rat Dr. Rumpler (Wien) Vertreter der Großloge von Hamburg, der Stuhlmeister der Loge „Zur Wahrheit“, Friedrich Artner (=Abeles, Wien), „Vertreter der Großen Landesloge von Sachsen“ und Br.·. Dr. Geza Winter (Wien) Vertreter der Unabhängigen Logen (Leipzig).

Unter ungarischem Schutz atmeten die österreichischen Logenbrüder naturgemäß auch den Geist der ungarischen Großloge ein. Es wurde schon früher im IX. Aufsatz: (Freimaurerei, Wohltätigkeit und Politik) darauf hingewiesen, daß die Politik in den ungarischen Logen eine außerordentliche Rolle spielt und der in ihnen herrschende revolutionäre Geist wurde durch einzelne Beispiele grell beleuchtet. Die *österreichische* Freimaurerei steht darin ihrer ungarischen Ziehmutter in keiner Weise nach. Der Zahl nach marschieren die österreichischen Freimaurer zwar nicht an der Spitze, im Gegenteil fast in keinem Lande Europas sind sie ziffermäßig so schwach wie hier; übersteigt doch ihre Gesamtzahl kaum die Zahl 1200; allein ihr *Einfluß* steht im umgekehrten Verhältnis dazu. Schon die „Acacia“ gibt an,[1]) daß die „Symbolische Großloge“ von Ungarn“, die *einzige* ordentliche Oberbehörde für ganz Österreich-Ungarn, *jeder* anderen Oberbehörde vollkommen gleichwertig und rücksichtlich ihrer Tätigkeit der *französischen Maurerei sehr ähnlich* sei; sie sei dort „die wirklich fortgeschrittene Fraktion der öffentlichen Meinung“. Und ein Wiener Freimaurer, Br .·. Oskar Erstling, bestätigt und ergänzt dieses Urteil im „Zirkel“[2]) noch durch das wertvolle Einbekenntnis: „In *Österreich* lebt und regiert das freimaurerische Prinzip *so kräftig wie gerade dermalen vielleicht nirgends auf der ganzen Welt*.“ Zweifellos denkt Br .·. Erstling dabei zuvörderst an die gesamte liberale Presse, die ja von Freimaurern mit und ohne Schurz herausgegeben und geleitet wird. Man denke weiters an den unbeschreiblichen Jubel, mit dem seinerzeit Br .·. Enrico *Ferrer* auf dem internationalen Friedenskongreß in Prag begrüßt und gefeiert wurde! Aber das waren doch nicht lauter Freimaurer? — Gewiß nicht, denn nicht jeder Freidenker ist zugleich Freimaurer, *wohl aber umgekehrt*. Der Unterschied ist ein mehr

[1]) „Acacia“ Juni 1908, Nr. 66, S. 420. — [2]) „Der Zirkel“, 13. Dezember 1908.

äußerlicher, förmlicher; ihrem Wesen und ihren Zielen nach sind sie bei uns ebenso nahe verwandt wie in Spanien und Portugal. Alle, alle denken sie so, wie Br.·. Maeterlinck im Wiener Logenblatt „Der Zirkel", der von Br.·. Heinrich Glücksmann herausgegeben wurde, seinerzeit sagte: „Zögern wir nicht, unsere zerstörenden Kräfte bis zum Übermaß zu gebrauchen. Wir haben nicht zu fragen, was wir an die Stelle des Zerstörten setzen werden." Selbstverständlich; denn diese Frage ist ja für Freimaurer bereits längst erledigt: An Stelle der Monarchie hat eben nach der großen Weltrevolution die freimaurerische Republik zu treten ... Mit Br.·. Seitz an der Spitze.

Über die Art und Weise ihrer Arbeit sagte einst das „Wr. Journal für Freimaurer" tiefsinnig und geheimnisvoll: „Wir wandern, in dreifache Nacht gehüllt, mitten unter unseren Widersachern. Ihre Leidenschaften dienen uns als Triebfedern, durch die wir sie, ohne daß sie es gewahr werden, ins Spiel setzen, um sie unvermerkt zu zwingen, gemeinschaftlich mit uns zu arbeiten. Im Schatten einer Autorität — d. h. geduldet von der Monarchie — arbeitet die Maurerei an dem großen, ihr anvertrauten Werk," d. h. an der Zerstörung der Monarchie.

An dieser Zerstörungsarbeit haben namentlich auch die Irredentisten im italischen Sprachgebiete Österreichs einen großen Anteil. Die irredentistische Bewegung war ein Werk der Freimaurerlogen, welche das Erbe Mazzinis, die Befreiung der Italiener vom „österreichischen Joche", in die Tat umsetzen wollten. Die hervorragendsten irredentistischen Führer, z. B. der österreichische Reichsratsabgeordnete Br.·. Cesare Batisti, dann der Herausgeber des „Triester Piccolo" Br.·. Teodoro Mayer (Jude!), ferner der liberale Abgeordnete Br.·. Felice Venezian waren Freimaurer; der letztgenannte war Meister vom Stuhl der Loge Alpi Giulie (Udine), zugleich Mitglied des Großorientes von Italien und des „Obersten Rates" der 33.·.; Br.·. Teodoro Mayer wieder war ein persönlicher Freund des italischen Großmeisters Ernesto Nathan. Der „literarische (!) Verein" Dante Allighieri, der die Irredentisten Südtirols vereinigte, war dieser Loge „Alpi Giulie" in Udine angegliedert und förderte die Pläne des Großorients von Italien, die auf Vernichtung Österreichs abzielten. Diese Feststellungen, die wir der „Bauhütte" vom 21. August 1915 (S. 269) entnehmen, sind nötig, um die wirklichen Urheber unseres Elends aus der „dreifachen Nacht", die sie umhüllt, ans Tageslicht zu ziehen.[1])

[1]) Vgl. auch: „Auf den Pfaden der internationalen Freimaurerei" von Br.·. Ernst Freymann, 21. Seite.

XVI.

Die Tragödie von Meyerling. Kronprinz Rudolf in den Händen der Freimaurer.

Auch jenes dunkle, geheimnisvolle Ereignis, das seinerzeit in ganz Österreich und weit darüber hinaus ungeheures Aufsehen erregt hat, gehört in den Kreis dieser Betrachtungen.

Am 30. Januar 1889 wurde Kronprinz Rudolf in seinem Jagdschlößchen Meyerling bei Baden tot aufgefunden, mit ihm zugleich seine Geliebte, die junge, bildhübsche Baronesse Mary Vetsera. Allem Anschein nach lag eine Liebestragödie vor. Allein sowohl die tieferen Beweggründe als auch die näheren Umstände blieben in undurchdringliches Dunkel gehüllt, zumal sich die österreichischen Behörden die größte Mühe gaben, den Tatbestand zu verschleiern. Bis heute schwankt die öffentliche Meinung, ob Doppelselbstmord oder Mord und Selbstmord vorliegt, ja manche behaupten auch jetzt noch, das ursprüngliche Gerücht beruhe auf Wahrheit, wonach der Kronprinz im Walde ermordet und erst dann ins Schloß gebracht worden sei.

Um klar zu sehen, ist es zunächst nötig, sich eine Reihe bestimmter Tatsachen, die nicht bestritten werden können, vor Augen zu halten. Der Kronprinz war, wie allgemein bekannt, nicht glücklich verheiratet. Seine Gemahlin, Prinzessin Stephanie von Belgien (geboren am 21. Mai 1864), war für ihn nicht die richtige Frau; unzählige Liebesverhältnisse Rudolfs begleiteten diese Ehe und Mary Vetsera war nur eine von den Vielen. Sie selbst suchte Rudolfs Bekanntschaft und als ihr dies geglückt war, warf sie sich ihm an den Hals. Nebenbei bemerkt, war sie nicht mehr unberührt, von einer Verführung durch den Kronprinzen kann daher keine Rede sein. Daß sie den Kronprinzen ermordet haben sollte, ist ausgeschlossen, es stünde mit ihrem ganzen Wesen in Widerspruch. „Sie war kokett aus Instinkt, unbewußt unmoralisch in ihren Neigungen, fast Orientalin in ihrer Sinnlichkeit und dabei so süß und lieblich, daß sie jeder gern haben mußte. Sie war zur Liebe geboren ..." so beschreibt sie ihre Freundin Gräfin Marie Larisch, geborene Freiin von Wallersee, die Nichte und Hofdame der

Kaiserin Elisabeth.[1]) Möglich ist, daß beide im gegenseitigen Einverständnis Selbstmord verübt haben, wahrscheinlicher jedoch, daß der Kronprinz auf ihren Wunsch zunächst sie und dann sich selbst getötet hat.

Nun stehen wir aber wieder vor derselben Frage: Welcher vernünftige Grund lag für die beiden vor, gemeinsam in den Tod zu gehen? Etwa die Furcht vor einem Skandal? Der war ja längst da. Das Verhältnis des Kronprinzen mit der Baronesse Vetsera war stadtbekannt und ganz Wien sprach von dem peinlichen Vorfall, der sich kurz vor dem traurigen Ende im Ballsaal der deutschen Botschaft zugetragen hatte: Mary Vetsera hatte dort der Kronprinzessin den Gruß verweigert und beide Frauen standen sich einige Augenblicke wie zwei sprungbereite Tiger gegenüber; Mary Vetsera stampfte schließlich einmal, zweimal mit dem Fuße auf und warf den Kopf mit einer Bewegung tiefster Verachtung zurück, bis sie von ihrer entsetzten Mutter aus dem Saale hinausgezogen wurde. Die Furcht vor einem Skandal kann also unmöglich die beiden in den Tod getrieben haben. Aber vielleicht die Beschämung darüber? Der Vorfall war gewiß nicht alltäglich; aber am Wiener Hofe war man an stärkeren Tabak gewöhnt, über derlei Entgleisungen pflegte man sich nicht allzusehr aufzuregen und Scham und Reue gehörten nicht zu Rudolfs hervorstechendsten Eigenschaften.

Ein Wiener Blatt tischte nun — nach 30 Jahren — seinen gläubigen Lesern neuerdings das alte Märchen auf, Kronprinz Rudolf und Mary Vetsera seien — Geschwister gewesen! Der Kaiser selbst habe dem Kronprinzen dieses „niederschmetternde" Geständnis abgelegt, um ihm die Unmöglichkeit einer Ehe mit Mary klar zu machen. Richtig ist an diesem unsinnigen Gerüchte, das anscheinend nur zu dem Zwecke erfunden wurde, um die Wahrheit zu verschleiern, bloß das Eine, daß bezüglich Marys Vater verschiedener Klatsch im Umlauf war; aber dieser gesellschaftliche Klatsch richtete sich nie gegen den Kaiser oder einen der Erzherzoge. Bei Rudolfs sehr freien Anschauungen ist es auch im höchsten Grade unglaubwürdig, daß ihn eine Mitteilung, wie die von der Blutsverwandtschaft mit Mary, völlig niedergeschmettert und in Wahnsinn und Tod getrieben hätte. Lag Selbstmord vor, so muß also der Beweggrund anderswo zu suchen und die Liebestragödie nur eine Begleiterscheinung gewesen sein.

---

[1]) Vgl. „Meine Vergangenheit" von Baronin Wallersee, Berlin 1913, S. 135.

Nun sprechen allerdings verschiedene Umstände für einen Mord, der an dem Kronprinzen begangen worden sei. Dabei bleibt aber die Frage der Täterschaft völlig in Dunkel gehüllt. Man weiß, daß sich damals im Jagdschloß von Meyerling eine größere Gesellschaft befand, darunter der Prinz Philipp von Coburg, Graf Hoyos und mehrere andere. Gerüchtweise verlautete, der Kronprinz sei durch die Hand eines Onkels der Mary Vetsera gefallen, der die Schande seiner Nichte rächen wollte. Die alte Baronin Vetsera war eine geborene Baltazzi und gegen einen ihrer vier Brüder (Alexander, Hektor, Aristides und Heinrich Baltazzi) richtete sich der Verdacht. Dagegen läßt sich nun einwenden, daß es den Baltazzis gerade darum zu tun war, jeden öffentlichen Skandal zu vermeiden. Auch ist zu bedenken, daß die alte Baronin Vetsera eine sehr „bequeme" Mutter war, die alles wußte und beide Augen zudrückte. Sie hätte gar nichts dagegen gehabt, wenn ihre Tochter Mary die Rolle einer Pompadour oder Dubarry gespielt hätte; auch war sie nicht grundsätzlich gegen eine „Liaison" mit dem Kronprinzen: ihr einziger Kummer war, daß heutzutage Liebschaften mit Fürstlichkeiten so geheim gehalten werden müssen! Dazu kommt, daß ihre Vermögensverhältnisse nicht die besten waren; sie zehrte vom Kapital und hielt nur mit Mühe den Schein großen Reichtums aufrecht. Und so betraute sie denn ihre Freundin, die Gräfin Marie Larisch, mit der heiklen Aufgabe, die Angelegenheit ihrer Tochter Mary mit dem Kronprinzen zu verhandeln; Rudolf sollte wissen, daß sie, die Mutter Vetsera, in den Flirt eingeweiht sei; „dann werde er sich ihr gegenüber viel freier fühlen". Gräfin Larisch war nun allerdings für diese Vermittlerrolle wie geschaffen; als Tochter des Herzogs Ludwig von Bayern aus seiner morganatischen Ehe mit der Schauspielerin Henriette Mendel, die den Titel einer Baronin Wallersee erhalten hatte, war sie die Nichte der Kaiserin Elisabeth von Österreich und somit die Cousine des Kronprinzen Rudolf. Und Gräfin Larisch wies diese Vermittlerrolle, die ihr ausgezeichnet lag, nicht zurück ....

Unter solchen Umständen und bei derartigen Anschauungen der Mutter Vetsera kann ihren Brüdern, den Baltazzis, eine Mordabsicht doch schwerlich zugetraut werden; der Baronesse Mary aber erst recht nicht; sie schwärmte für Rudolf, sie liebte ihn leidenschaftlich, ja, sie war sogar bereit, mit ihm in den Tod zu gehen .....

Einem anderen Gerüchte zufolge soll der Kronprinz von einem Förster aus Eifersucht oder Rache im Walde erschlagen worden sein. Dafür sprach hauptsächlich der Umstand, daß der Schädel des Kronprinzen zertrümmert war.. Allein aus dem Zeugnis Dr. Wiederhofers, der die Leiche gesehen und die Wunden verbunden hat, geht unwiderleglich hervor, daß der Kronprinz Selbstmord verübt hat und zwar in seinem Zimmer in Meyerling. Die wichtigsten Stellen seines Berichtes seien hier nach den Aufzeichnungen der Baronin Wallersee wiedergegeben:[1]) „.... Alles schwamm in Blut. Die Kopfkissen waren besudelt, die Wände bespritzt, es rieselte in einem purpurnen Bach vom Bett auf die Erde herab, wo es eine schreckliche Lache bildete. Rudolf lag auf der Seite, die Hand hielt noch immer den Revolver, der Schädel war fast völlig zerschmettert. ... Das Bett bauschte sich ein wenig und Graf Hoyos lüftete die Decken. Mary Vetsera lag unter ihnen — tot. Auch sie hatte einen Kopfschuß ..."

Aus dieser anschaulichen Darstellung Prof. Dr. Wiederhofers, die einen durchaus wahrhaften Eindruck macht — Dr. Wiederhofer hatte sich bekanntlich auch geweigert, als Todesursache des Kronprinzen einen „Schlaganfall" amtlich festzustellen — geht also unzweideutig hervor, daß Rudolf zuerst seine Geliebte und dann sich selber getötet hat. Dies wird überdies durch das aufgenommene Protokoll vollinhaltlich bestätigt, aus dem die wesentlichen Stellen hier wiedergegeben seien: 1. Kronprinz Rudolf ist an Zertrümmerung des Schädels gestorben. 2. Diese Zertrümmerung wurde durch einen aus unmittelbarer Nähe abgefeuerten Schuß gegen die rechte vordere Schläfengegend bewirkt. 3. Der Schuß aus einem Revolver mittleren Kalibers war geeignet, die beschriebene Verletzung zu erzeugen. 4. Das Projektil ist nicht aufgefunden worden, da es durch die über dem linken Ohr festgestellte Ausschußöffnung ausgetreten war.[2]) 5. Es ist zweifellos, daß der Kronprinz sich selbst den Schuß beigebracht hat und der Tod augenblicklich eingetreten ist, usw. Dieses Gutachten trägt die Unterschriften der Professoren Dr. Hofmann, Dr. Kundrat und Dr. Widerhofer. — Für einen Selbstmord spricht endlich auch die Tatsache, daß der Kronprinz mehrere Abschiedsbriefe hinterließ, gerichtet an den Kaiser, die Kaiserin, die Kronprinzessin, den Herzog von Braganza und an den Sektionschef Szoegyenyi. Die Briefe an die beiden Letztgenannten wurden seinerzeit in den Zeitungen veröffentlicht; aus ihnen geht hervor, daß der Kronprinz unter dem Einflusse dritter Personen gehandelt hat; von außen her wirkten

[1]) „Meine Vergangenheit" von Baronin Wallersee, Berlin 1913, S. 220 ff.

[2]) Die Kugel steckte, wie sich später herausgestellt hat, im Nachtkästchen.

Umstände auf ihn ein, die ihm die Waffe in die Hand drückten: „Ich muß aus dem Leben scheiden . . .“ heißt es in dem Schreiben an den Sektionschef, und „Ich muß sterben. Ich konnte nicht anders handeln . . .“ in dem kurzen Brief an den Herzog von Braganza. Auch von der Baronesse Vetsera fand sich ein Abschiedsschreiben vor, das an ihre Mutter gerichtet war. Darin heißt es: „Ich sterbe mit Rudolf, wir lieben uns zu innig . . . .“ Schon aus diesen wenigen Worten geht die Sinnlosigkeit jenes Gerüchtes hervor, wonach sie den Kronprinzen, während er schlief, mittels eines Rasiermessers entmannt haben soll (!). Angeblich wurde es durch Aristides Baltazzi in Umlauf gesetzt,[1]) der ja besondere Gründe dafür haben mochte. Richtig ist, daß der Kronprinz Selbstmord verübt, ebenso richtig ist jedoch, daß er sich nicht freiwillig getötet hat.[2]) (Aus diesem Umstand erklärt sich auch die Vornahme der kirchlichen Einsegnung, die ursprünglich vom Vatikan verweigert und erst nach einem aufklärenden Telegramm des Kaisers gestattet worden war).

Offen bleibt aber noch immer die Frage nach dem Beweggrund. Daß nicht bloß eine Liebestragödie vorlag, wurde schon früher betont. Rudolfs Tod hat eben einen ausgesprochen politischen Hintergrund. Er befand sich, um es kurz zu sagen, in den Händen der Freimaurer, deren dunklen Plänen er zum Opfer fiel. Es handelte sich um nichts Geringeres als um einen Staatsstreich, um Ungarn zur vollen Selbständigkeit und Unabhängigkeit zu verhelfen. Franz Josef sollte entthront und Rudolf König von Ungarn werden. Österreichs Krone war für Erzherzog Johann von Toskana bestimmt.

Ohne jede Voreingenommenheit sei hier festgestellt, daß dieser Prinz, der jüngste Sohn des Großherzogs von Toskana, auch der geeignete Mann hiefür war; ihm ist es um so eher zuzutrauen, daß er dem Plane eines gewaltsamen Umsturzes willfährig gegenüberstand, als er sich schon zwei Jahre vorher eigenmächtig um den bulgarischen Fürstenthron beworben hatte (1887); das war auch der Grund, weshalb er vom Kommando der 3. Infanterie-Division (in Linz) plötzlich enthoben wurde.

---

[1]) Vgl. das vor kurzem erschienene Werk: Kaiser Franz Josef I. und sein Hof, Wien 1919, S. 57.

[2]) Zu diesem Schlusse gelangt auch Ernst Edler von der Planitz in seinem Buche „Die volle Wahrheit“, Berlin 1889; er bringt darin zahllose Einzelheiten, gelangt aber zu falschen Ergebnissen, weil er die handelnden Charaktere unrichtig beurteilt und die treibenden Beweggründe nicht kennt.

Erzherzog Johann war ein freier Geist, der schon früher durch seine mutige, Aufsehen erregende Schrift „Drill oder Erziehung“ die Augen der Öffentlichkeit auf sich gelenkt hatte. Er war mit Rudolf, der um sechs Jahre jünger war als er, eng befreundet, beim Kaiser jedoch schlecht angeschrieben. Nachdem durch Rudolfs Selbstmord der Plan gescheitert war, verzichtete der Erzherzog auf Rang und Würden, nahm den Namen Johann Orth an, ging ins Ausland und rüstete ein Kauffahrerschiff, die „Margarita“, aus. Im Jahre 1891 ging dieses Schiff an der Südküste Südamerikas angeblich zugrunde; seit dieser Zeit ist Johann Orth verschollen.

Nimmt man die Behauptung, daß Rudolf sich in den Händen der Freimaurer befunden hat, als wahr an, so findet das Rätsel, das über des Kronprinzen Ende schwebt, seine volle und restlose Lösung. Gleichzeitig findet aber auch das geheimnisvolle Verschwinden Johann Orths eine Aufklärung, die bisher noch nicht versucht worden ist. Wenn sich der Kronprinz, wie die Kaiserin ihrer Nichte, der Baronin Wallersee, gelegentlich einmal sagte,[1]) wirklich in den Händen der Freimaurer befand, so muß er unbedingt selbst Freimaurer gewesen sein, denn nur einem Freimaurer können Freimaurer Befehle geben und von ihm Gehorsam erzwingen. Dann finden aber auch alle die dunklen Andeutungen und Äußerungen, die uns als vom Kronprinzen herstammend überliefert sind, mit einem Schlage ihre einwandfreie Erklärung. „Du kannst Dir die Wirrnis nicht vorstellen, die mich umstrickt,“ sagt er bei Gelegenheit zu seiner Cousine, der Gräfin Larisch; „ich bin selbst in großer Gefahr“, „... ich stehe am Rande eines Abgrundes“,... „jeden Augenblick kann der Kaiser die Durchsuchung meiner Papiere anordnen ...“ Derlei Aussprüche, die gewiß nicht erfunden sind, weisen deutlich auf ganz außergewöhnliche Verhältnisse hin, die notgedrungen mit politischen Dingen zusammenhängen müssen. Übrigens sagt es ja der Kronprinz selbst: „Die Gefahr, die mir droht, ist politischer Natur.“ Wenn nun Rudolf von einer „Gefahr“ spricht, die ihm droht und die politischer Natur ist, so läßt dies nur den einen Schluß zu, daß es sich um ein hochpolitisches staatsumwälzendes Unternehmen handelt, in das er selbst verwickelt ist, wobei er eine Rolle spielen soll, die ihm offenbar nicht liegt. Vermutlich hat er Versprechungen und Zusagen gemacht, und nun, wo es gilt zu handeln, fehlt es ihm an Mut und innerer Entschlossenheit. Er schrickt vor dem Letzten, dem Äußersten zurück; willensschwach wie er ist, kann er sich nicht aufraffen zur entscheidenden Tat und hat nun einerseits den Zorn

[1]) „Meine Vergangenheit“ von Baronin Wallersee, Berlin 1913, S. 242.

und die Rache der Mitverschworenen, zugleich aber die Aufdeckung der ganzen Verschwörung zu fürchten ... Ein Hamlet-Charakter am österreichischen Kaiserhof! — Die Gräfin Larisch, die darüber ganz bestürzt ist, rät ihm, sich der Kaiserin oder, noch besser, dem Kaiser selbst anzuvertrauen. Er schilt sie eine Närrin. „Wenn ich mich dem Kaiser anvertrauen wollte, würde ich mein eigenes Todesurteil unterschreiben" ist seine rätselhafte Antwort; aber diese Antwort verliert alles Rätselhafte in dem Augenblick, wo man weiß, daß Rudolf Freimaurer ist und die Degenspitzen der von ihm verratenen Brüder an der Stelle seines Herzens fühlen muß. Wenn sich Rudolf dem Kaiser anvertrauen wollte, wie ihm seine Cousine rät, so würde er zwar höchst wahrscheinlich dessen Verzeihung erlangen, aber dafür die Blutrache der verratenen Brüder eintauschen; er würde eben nur „sein eigenes Todesurteil unterschreiben", Worte, welche die nicht eingeweihte Gräfin Larisch natürlich nicht versteht und daher ohne jeden Versuch einer Erklärung wiedergibt.

Zur Unterstützung unserer Ansicht, daß Kronprinz Rudolf ein Werkzeug und Opfer der Freimaurer war, sei auch die geheimnisvolle Geschichte mit der Stahlkassette herangezogen.

Ein paar Tage vor seinem Tode bringt der Kronprinz in größter Erregung der Gräfin Larisch eine in Stoff eingenähte schwere Kassette und verlangt von ihr, daß sie diese an sich nehme und schleunigst an einem sicheren Orte verberge. „Sie darf unter keinen Umständen in meinem Besitze gefunden werden. Jeden Augenblick kann der Kaiser eine Durchsuchung meines Eigentumes befehlen." Die Gräfin weigert sich zunächst, doch Rudolf zwingt sie ihr auf mit der Versicherung, daß die Kassette nichts für sie Kompromittierendes enthalte. „Wie lange soll ich dieses schreckliche Ding aufbewahren?" fragt sie ihn. „Bis ich sie zurückfordere oder bis jemand anderer sie zurückverlangt. Für den Fall, daß es dazu kommen sollte — sagte er ernst — muß ich Dir Verhaltungsmaßregeln geben. Nur ein Mensch kennt das Geheimnis dieser Kassette und er allein hat außer mir das Recht sie zurückzuverlangen." „Wer ist das?" — „Sein Name tut nichts zur Sache. Du kannst sie der Person übergeben, die Dir vier Zeichen nennt. Schreib' sie Dir auf und wiederhole sie." Und langsam sprach der Kronprinz die vier Buchstaben: „R. J. U. O."

Daß die unter so merkwürdigen Umständen übergebene Kassette die Liebesbriefe des Kronprinzen enthalten hat, dürfte wohl auch das argloseste Gemüt nicht glauben wollen. Wahrscheinlich enthielt sie den genauen Plan für die Ausführung des Staatsstreiches sowie alle jene Papiere, die Rudolf als Freimaurer von der Großloge zugegangen waren. Jeder Freimaurer kann übrigens bestätigen, daß die Brüder verpflichtet sind, alles was sich auf ihren Bund bezieht, unter strengstem Verschluß zu halten und dafür Vorsorge zu treffen, daß nach ihrem Tode sämtliche Briefe, Papiere und sonstigen Dokumente einem Bruder höheren (oder gleichen) Grades ausgehändigt werden.

Halten wir uns alle diese Umstände vor Augen, so kommen wir zu dem Schluß: Die Liebesgeschichte mit der Baronesse Vetsera kann es gar nicht gewesen sein, die ihn derart in Unruhe und Angst versetzt und ihn schließlich bis zur Verzweiflung und in den Tod getrieben hat. Davon ist übrigens bei derselben Zusammenkunft ausdrücklich die Rede. Rudolf spricht von der „Gefahr", die ihm droht und der er zu entrinnen hofft. Die Gräfin fragt ihn: „Betrifft die ‚Gefahr' die Zwistigkeit mit Stephanie?" — Rudolf lacht: „Stephanie! — Ach nein, die ist nur ein häusliches Unheil. Die Gefahr, die mir droht, ist politischer Natur." Die Gräfin ist darüber entsetzt, denn sie hätte nie geglaubt, daß sich der Kronprinz in gefährliche politische Abenteuer einlassen würde.

Wer ist nun jener „einzige" Mensch, der außer Rudolf um das Geheimnis der Stahlkassette weiß und gegebenen Falles sie zurückverlangen soll? Es ist ein Mitverschworener. Einige Tage nach Rudolfs schrecklichem Ende erhält Gräfin Larisch ein Schreiben, worin sie aufgefordert wird, denselben Abend um ½11 Uhr an einem bestimmten Ort zu erscheinen und das ihr „Bekannte" mitzubringen. Die Unterschrift ist durch vier Buchstaben ersetzt: R. J. U. O. Sie kommt und trifft einen fremden, großen Mann, der einen steirischen Mantel und Filzhut trägt. Die ungewöhnlich schönen Augen des Fremden fallen ihr auf, ebenso das interessante Gesicht; aber sie erkennt ihn nicht. Der Fremde spricht sie mit ihrem Namen an, nennt die vier Buchstaben, sie will ihm schon die Kassette übergeben, da stellt er vorher noch an sie einige Gewissensfragen: „Haben Sie jemals von dieser Kassette gesprochen?" — „Niemals — niemals." Der Fremde atmet bei diesen Worten erleichtert auf. „Hat ‚ER' Ihnen von dem Geheimnis erzählt?" — „Nein, ich weiß nichts davon." — „Es ist auch besser so, sonst könnte Ihr Leben auf dem Spiele stehen." Er nimmt die Kassette und lüftet den Hut. Jetzt erst erkennt die Gräfin den vor ihr Stehenden: Es ist Erzherzog Johann von Toskana.

Was die vier Buchstaben „R. J. U. O." anlangt, so findet sich in dem Buche der Gräfin Larisch keine Erklärung. Vielleicht sind sie ganz willkürlich gewählt; vielleicht aber liegt ihnen ein tieferer Sinn zugrunde, der das Ziel der Verschwörung ins Auge faßt: Rudolf-Johann, Ungarn-Österreich!

Dafür spricht wenigstens der sonstige Inhalt der nächtlichen Unterredung, die so bemerkenswert ist, daß sie hier in ihren wesentlichen Punkten wiedergegeben sei. Erzherzog Johann sagte weiter: „Hätte der Kaiser diese Papiere (die sich in der Kassette befanden) gefunden, so hätten die Dinge für ihn (Rudolf) viel schlimmer gestanden. Der Kronprinz hat Selbstmord begangen; aber hätte der Kaiser alles gewußt, so hätte er ihn vor ein Kriegsgericht stellen und als Hochverräter erschießen lassen müssen." Die Gräfin schrie auf. „Mein Gott, was hat er getan? ... Hat er an die Krone von Ungarn gedacht?" — „Der Erzherzog nickte zustimmend und mir fielen plötzlich Tantes Worte ein (gemeint ist die Kaiserin Elisabeth), mit denen sie vor langer Zeit einmal angedeutet hatte, daß Rudolf sich in den Händen der Freimaurer befinde."

Das ist nun freilich die einzige Stelle des Buches der Baronin Wallersee, wo von den Freimaurern die Rede ist. Aber gerade diese eine Stelle enthält den Schlüssel für das Verständnis der ganzen Tragödie. Wenn eine ungarische Verschwörung bestand, so konnte sie schlechthin nur von den Freimaurern ausgehen, die ja bei allen Revolutionen und Zettelungen des 19. Jahrhunderts nach ihren eigenen Eingeständnissen die Hand im Spiele haben. Natürlich sind da nicht die unteren drei Grade gemeint, die ja von all dem nichts wissen, weil sie in die großen Staatsaktionen nicht eingeweiht werden. Gemeint sind die schottischen Hochgrade, die auch in Ungarn bestehen und dort genau so um die politische Machtstellung kämpfen wie etwa in Frankreich oder Italien, in Portugal, Spanien, Belgien usw. Selbstverständlich muß auch Johann von Toskana Freimaurer gewesen sein, und zwar dürfte er einen höheren Rang eingenommen haben als Rudolf.

Über das Ende des Kronprinzen ließ sich Johann von Toskana der Gräfin Larisch gegenüber folgendermaßen aus: „Können Sie sich vorstellen, was die Furcht vor Entdeckung für Rudolf bedeutet haben muß, für einen Mann mit seiner nervösen Veranlagung und seiner von Reizmitteln und Branntwein untergrabenen Gesundheit? Schon die Furcht allein hätte ihn zum Selbstmord treiben können. Es ist ein Jammer, daß er so schwach war. Er hat mir sein Wort gebrochen, und ich habe ihm vertraut! Aber eine Flasche Kognak scheint ihn in einen verächtlichen Feigling verwandelt zu haben ...." Aus dieser Äußerung läßt sich der Schluß ziehen, daß der Tag für die Ausführung des Staatsstreiches bereits verstrichen war. Der Kronprinz hatte sich offenbar ehrenwörtlich verpflichtet, an einem bestimmten Tage — vielleicht war es der 2. Dezember 1888, der Tag des 40jährigen Regierungsjubiläums Kaiser Franz Josephs — vom Throne Ungarns Besitz zu ergreifen und dem Erzherzog Johann ein dahinzielendes Versprechen abgegeben. Dieses Versprechen hatte er nicht gehalten, sein Wort gebrochen; und so lebte er in der doppelten Furcht vor der Aufdeckung des Planes durch die Staatspolizei und der Rache seiner Mitverschworenen. An Vorwürfen wird es nicht gefehlt haben. Erzherzog Johann nennt ihn einen verächtlichen Feigling, andere werden ihn einen Verräter gescholten und ihn an seine Eide, vielleicht auch an jene Strafen erinnert haben, die auf den Treubruch gesetzt sind. So befand sich Rudolf allerdings in einer fürchterlichen Lage. „Schon die Furcht vor Entdeckung allein — sagte Johann von Toskana — hätte ihn zum Selbstmord treiben können"; nimmt man dazu die Vorwürfe der Mitverschworenen, die Furcht vor ihrer Rache und nicht zuletzt auch die eigenen Gewissensbisse, so sind das wahrlich Gründe genug, um ihm den Revolver in die Hand zu drücken. Der wichtigste von allen Beweggründen aber war wohl der: Der Kronprinz fand aus diesem Labyrinth keinen Ausweg mehr. Das scheinbar Nächstliegende, dem Kaiser alles zu beichten, bedeutete den Verrat seiner Mitverschworenen; und das hieß nichts anderes, als — wie er selbst sehr richtig sagte —, „sein eigenes Todesurteil unterschreiben". Nach Ofenpest zu fahren, konnte er nicht mehr wagen; er fürchtete die Vorwürfe, den Zorn und die Rache der Logengewaltigen, die ihn doch nur als Werkzeug ihrer eigenen Machtgelüste gebrauchen wollten. Was blieb ihm also übrig? Nichts als der Tod. Und den wollte er sich nach Möglichkeit versüßen. Mary Vetsera war ihm treu ergeben. Sie sollte seine letzten Stunden mit ihm teilen, sie, die schon seit Wochen ein eisernes Armband trug, ein Geschenk Rudolfs, das nach seinen eigenen Worten „Treue bis in den Tod" versinnbildlichte. Deshalb ließ er Mary, die zu Hause eingesperrt gehalten wurde, durch die Vermittlung der Gräfin Larisch zwei Tage vor seinem Ende auf geheimen Wegen in die Hofburg bringen und durch den ihm ergebenen Fiaker Bratfisch nach Meyerling entführen. Mit ihr, die ihn von allen am meisten geliebt, die ihn verehrt und bewundert hatte, wollte er gemeinsam den Mühseligkeiten eines Lebens entrinnen, das er nicht meistern konnte. So ist denn der Tod Rudolfs die Verzweiflungstat eines schwachen, halt- und hilflosen Menschen, der nicht aus noch ein wußte, und die Liebestragödie nur eine mehr oder minder zufällige Begleiterscheinung.

Daß dies die richtige Auffassung ist, geht überdies auch aus der Äußerung eines sehr bekannten Hochgradmaurers hervor, des Grafen Julius Andrassy, die hier eingeschaltet sei; dieser ehemalige bedeutende Staatsmann gehörte zu den besten Freunden der Baronin Wallersee, und zwar schon seit ihrer ersten Ankunft in Österreich; ihm vertraute sie sich an, so oft sie sich in Gödöllö — dem Jagdsitz der Kaiserin — in irgendwelchen Schwierigkeiten befand. Andrassy besucht die Gräfin Larisch (Baronin Wallersee) sofort nach Rudolfs Tode. „Sagen Sie mir, hat Rudolf Ihnen gegenüber jemals von Politik gesprochen?" — forscht er die Gräfin aus — „Denn Sie müssen wissen, daß der Tod des Kronprinzen nicht lediglich eine Liebestragödie ist." Das ist doch deutlich genug. Doch kehren wir auf einen Augenblick zu Johann von Toskana zurück. Am Schlusse seiner nächtlichen Aussprache mit der Gräfin Larisch gibt er ihr zu verstehen, daß sie ihn nie mehr wiedersehen werde. Aber er danke ihr sein Leben — weil sie nämlich die Kassette uneröffnet und unversehrt ihm ausgehändigt hatte — und nie werde er ihr vergessen, was sie an ihm getan habe. Die Gräfin ist betroffen und verwirrt. „Kaiserliche Hoheit — sagt sie — gehen Sie denn fort von Österreich?" Johann von Toskana lächelt. „Ja. Ich werde sterben, ohne tot zu sein ...." Und als Mann von Wort handelte er, wie er sprach. Er legte Titel und Würden ab, nahm den schlichten Namen Johann Orth an, rüstete ein Schiff aus und verschwand aus dem Gesichtskreise der Lebenden. Niemand kann sagen, ob er noch lebt oder mit seinem Schiffe Margarita im Jahre 1891 an der Südspitze Südamerikas zugrunde gegangen ist.

Darüber aber kann kaum ein Zweifel herrschen, daß sowohl er wie Kronprinz Rudolf Werkzeuge in den Händen der Freimaurer waren, wobei der eine den geplanten Staatsstreich mit seinem Leben, der andere mit freiwilliger Verbannung gesühnt hat.

Daß der Kronprinz Freimaurer war, wird mir nun gerade zur rechten Zeit von durchaus glaubwürdiger Seite bestätigt; es ist eine Dame der Wiener Gesellschaft, die kraft der Stellung ihres Gemahls — er war österr.-ungar. Botschafter in Rom — vielfach Gelegenheit hatte, einen Blick hinter die Kulissen zu tun; sie machte mir hierüber bemerkenswerte Mitteilungen, aus denen das Wesentliche in Folgendem hervorgehoben sei:

Kronprinz Rudolf wurde nach seiner Weltreise vom Prinzen von Wales, dem späteren König Eduard VII., Ende der siebziger Jahre in die Freimaurerei eingeführt, wobei sein Reisebegleiter, der bekannte Naturforscher Prof. Brehm vorgearbeitet hat. Später wurde Kronprinz Rudolf auch Mitglied der ungarischen Großloge. Anläßlich eines Jagdausfluges nach Siebenbürgen war er Gast eines gewissen Grafen Teleki, der ebenfalls Freimaurer war. Dort hatte sich eine größere Jagdgesellschaft eingefunden und bei einem Champagnergelage wurde dem Kronprinzen eine Schrift vorgelegt, worin er sich verpflichten sollte, für die Selbständigkeit der ungarischen Armee und für die Unabhängigkeit Ungarns einzutreten. Der Kronprinz, der sich der Tragweite seiner Handlung nicht mehr bewußt war, unterschrieb diese Urkunde.

Einige Zeit später hielt das Mitglied des Magnatenhauses, Br. ∴ Graf Pista (Istvan) Karolyi, eine Parlamentsrede, worin er die Aufsehen erregende Mitteilung machte, daß in kürzester Zeit die ungarische Armee die volle Selbständigkeit erhalten werde. Er berief sich darauf, daß er dies aus zuverlässiger Quelle wisse. Der Kronprinz jedoch — derart in die Klemme gebracht — weigerte sich nun, das ihm im Zustand der Trunkenheit abgelistete Versprechen zu erfüllen. Dies war die Einleitung des politischen Trauerspieles von Meyerling.

Zum Abschluß sei noch eine Zeitungsnotiz vom Juli 1919 mitgeteilt, die dem Verfasser von befreundeter Seite eingesendet wurde:

Ermordung eines Zeugen des Dramas von Mayerling. Das „Agramer Tagblatt" berichtet aus Brod a. d. Save, daß dort der frühere Förster Wolf von Mayerling ermordet wurde. Wolf war Zeuge des Dramas von Mayerling gewesen, hatte aber schwören müssen, niemals mit irgend jemand über den Tod des Kronprinzen Rudolf zu sprechen. Bald darauf traf er in Brod ein, kaufte sich ein kleines Gut und führte ein Einsiedlerleben. Er benützte einen alten Eisenbahnwagen als Wohnung. Kürzlich wurde Wolf in seinem Wagen ermordet aufgefunden. Die Polizei stellte fest, daß er das Opfer eines Raubüberfalles (?!) durch bosnische Arbeiter geworden ist.

Möglich, aber nicht gerade sehr wahrscheinlich!

XVII.

Die neue „Großloge von Wien".

Die Zeit der Duldung der Freimaurerei ist nun vorüber; sie ist zur Herrschaft gelangt. Der „Tyrann" Kaiser Karl I. ist vertrieben und weilt nun in den Schweizer Bergen, von wo vor mehr als 600 Jahren sein Ahnherr Rudolf von Habsburg herbeigerufen worden war, um der „kaiserlosen, der schrecklichen Zeit" ein Ende zu machen und in ganz Deutschland Zucht und Ordnung wiederherzustellen. Diesem ersten Habsburger gelang das Riesenwerk; der letzte Sproß desselben Stammes hat durch seine schier unglaubliche Milde am unrechten Ort nicht nur das alte Habsburgerreich zerschlagen, er hat vielmehr den Zusammenbruch des ganzen Deutschen Reiches geradezu mitverschuldet. Ich will den jungen, von allen guten Geistern so ganz verlassenen Kaiser weder schmähen noch anklagen; aber jeden Tag meines Lebens beklage ich das furchtbare Schicksal unseres niedergetretenen Volkes, das in seiner beispiellosen Einfalt und Harmlosigkeit dem ruchlosen Treiben der inneren Feinde nicht jene wachsame Aufmerksamkeit geschenkt hat, die einen Clemenceau, einen Lloyd Georges — man mag sonst über diese beiden denken, wie man will — so sehr auszeichnet. Nie und nimmer hätten wir unter einem Bismarck den Weltkrieg verloren; wären unsere Staatsmänner hüben und drüben unseren Heerführern gleichwertig gewesen — nie wäre es zu einem derart schmachvollen Zusammenbruch gekommen . . .

Kaiser Karl ist nun vertrieben, sein Nachfolger ist Sir William Goode, der von den Ententemächten unserer hilflosen Republik als oberster Beherrscher aufgenötigt werden soll. Er steht an der Spitze jener Überregierung, die sich Reparations-Kommission nennt, ist Engländer, Jude und — was gilt die Wette? — sicherlich auch Freimaurer. Der wird nun unser Land regieren! Ihm zur Seite treten als seine vertrautesten Ratgeber unsere einheimischen Freimaurer mit und ohne Schurz.

Die „Großloge von Wien" hat sich inzwischen als „ordnungsgemäße, gerechte und vollkommene Großloge" aufgetan. An der

Spitze des Ministeriums des Innern stand damals als Staatssekretär ein Christlichsozialer, Dr. Mataja, an der Spitze der Landesregierung ebenfalls ein Christlichsozialer, Leopold von Steiner; jener wurde durch den sozialdemokratischen Unterstaatssekretär Glöckel, dieser durch einen anderen Sozialdemokraten, den Landeshauptmann-Stellvertreter Sever, bearbeitet und dahin beeinflußt,[1]) die Bildung des Vereines „Großloge von Wien" zur Kenntnis zu nehmen,[2]) wodurch die Freimaurerei in Österreich ihre amtliche Anerkennung gefunden hat.

Im Logentempel (Wien I, Dorotheergasse 12) erfolgte am 31. Mai 1919 die endgültige Wahl des Großmeisters: Br.·. Dr. Richard Schlesinger wurde einstimmig gewählt und der Vorsitzende, Br.·. Hans Neeser, erteilte ihm Huldigung und Gruß in 3×3. Zu deputierten Großmeistern wurden gewählt die Br.·. Dr. Karl Ornstein, Hans Neeser und Dr. Adolf Kapralik; zu Großbeamten folgende Brr:.·. Felix Kopetzky zum 1., Johann C. Barolin zum 2. Aufseher, zu Aufseher-Stellvertretern Friedrich Artner (Abeles) und Dr. Alexander Mintz, zu Großrednern Dr. Emil Frankl, Dr. Gustav Spieler und Eduard Zinner, zum protokollierenden Großsekretär Br.·. Otto Fuchs, zum korrespondierenden Großsekretär Br.·. Dr. S. H. Rumpler, zu stellvertretenden Großsekretären Dr. Robert Pelzer und Heinrich Glücksmann, zum Großschatzmeister Franz Fischer, zum Stellvertreter Br.·. Fritz Walker, zum Großbibliothekar Balduin Bricht, zum Großalmosenier Br.·. Anton Walk, zum Großzeremonienmeister Dr. Ottokar Mascha, zum Großschaffner Heinrich Kehrer, zum Großstempelhüter Angelo Carraro, zum Großquästor Rudolf König, zum Großarchivar Heinrich Glücksmann. Hierauf wurden die 15 von der Großversammlung zu wählenden Bundesräte, Präsident, stellvertretender Präsident und Richter des Großlogengerichtshofes gewählt und ins Gelöbnis genommen.

Am 1. Juni 1919 fand dann im früheren Palast des Erzherzogs Ludwig Viktor die „Festarbeit" statt, an der gegen 600 Brüder in maurerischer Bekleidung teilnahmen.[3]) Der Großmeister Br.·. Schlesinger wurde „feierlich eingeholt" und „in 3×3

---

[1]) „Wiener Freimaurer-Zeitung", Mai 1919 S. 6.

[2]) Ebenda S. 4: Erlaß vom 23. Dezember 1918 und Dekret der n. ö. Landesregierung vom 28. Dezember 1918.

[3]) Es ist nur der übergroßen Bescheidenheit der hochehrwürdigen Brr.·. zuzuschreiben, daß sie für ihre Festarbeit nicht die Säle der ehemaligen K. K. Hofburg in Anspruch genommen haben.

begrüßt". Auf die „markige Rede" des Großmeisters folgte die „geistsprühende Festrede" des Br.·. Dr. Alexander Mintz. Aus ihr ist zu entnehmen, daß heute alle Freimaurer „ein ungeheucheltes Gefühl freudiger Zuversicht" beseelt, und daß für sie alle nunmehr das beruhigende Wort gilt: „Die Loge ist gedeckt." Mit beißendem Spott macht sich Br.·. Mintz über die früheren Regierungen lustig, welche die Freimaurer „in beschämend hohem Maße" für — ungefährlich, ja „für bloße Schwarmgeister von ausgesprochener Friedfertigkeit" hielten! Das läßt tief blicken. Geistsprühend ist insbesondere der Satz, daß man sie, die Freimaurer, bisher „als eine Art von Kammerknechten des Königs von Ungarn" betrachtete: als Kammerknechte des Königs galten nämlich im Mittelalter die — Juden; und daß man ihnen, den Freimaurern, bloß „eine recht bescheidene geistige Ghettoexistenz gönnte". Br.·. Mintz gibt durch diese köstliche Selbstverspottung mittelbar zu, daß die Wiener Freimaurer bestimmt keine — Antisemiten sind, noch waren. Ganz im Gegenteil!

Auch sonst erfahren wir aus ihrem eigenen Munde recht erbauliche Dinge. So versichert uns der Großmeister Schlesinger, daß die Freimaurer von jetzt ab „eine freimaurerische Tätigkeit im eigentlichen Sinne" entfalten werden.[1]) Die bisherige Tätigkeit der sogenannten „Humanitären Vereine in Österreich" war also bloß — Mumpitz, berechnet, den Behörden Sand in die Augen zu streuen! Ja, der Großmeister selbst ist es, der die Überzeugung ausspricht, daß die Logen heute Politik treiben müssen; natürlich nur soziale Politik, beileibe keine „Parteipolitik", denn das würde sich mit dem obersten Grundsatz der Freimaurerei, der Toleranz, nicht vereinbaren lassen! Also: um soziale Politik zu treiben, braucht man die Logen mit ihrer, sich jeder Aufsicht entziehenden Tätigkeit; dazu braucht man die ganze Geheimniskrämerei, die scharfen Vorkehrungsmittel bei der Aufnahme, die überaus strenge Abschließung, die starre Über- und Unterordnung, das ganze Heer von Großbeamten, den Großlogengerichtshof (!), die zahllosen Gelöbnisse, Gebote und Verbote! Und das soll einer glauben!! Im übrigen: Vielen Dank, Bruder Schlesinger, für das offenherzige Eingeständnis, daß die bisherige, bloß humanitäre Tätigkeit der österreichischen Logen nur der Köder, das Aushängeschild, die Maske gewesen ist. Diejenigen, die das, was Sie, hochehrwürdigster Großmeister, heute

---

[1]) „Wiener Freimaurer-Zeitung", Juli 1919 S. 8.

offen gestehen, schon früher behauptet haben, galten bekanntlich als Ehrabschneider und Verleumder...

Daß nun, wo die Maske gefallen ist, auch die alten, schönen und harmlosen Namen fallen müssen,[1]) ist selbstverständlich. Bald werden wir also anstatt der „humanitären Vereine": „Goethe", „Schiller", „Treue", „Freundschaft" usw. vollwertige Logennamen begrüßen können, wie zum Beispiel: König Saul, König Salomo, Stern Davids, Baron Rothschild usw. Solche Namen würden schon äußerlich ein richtigeres Bild unserer Freimaurerei darstellen und manche höchst peinliche Überraschung für begeisterungsfähige junge Männer verhüten. Eine solche Umbenennung der Logen wäre auch deshalb empfehlenswert, weil sich die hiesigen Freimaurer mit der Absicht tragen, die — Burschenschaft für ihre Zwecke einzuspannen! Dies ist nicht etwa ein schlechter Witz; dem Großmeister Dr. Schlesinger ist es bitterer Ernst damit; er braucht die Burschenschaft, denn er braucht akademisch gebildete — Nichtjuden. Allerdings denkt der Großmeister dabei „nicht an jenes Zerrbild, das heute, von Rassen- und Nationalitätendünkel beherrscht, uns geläufig ist", sondern „an jenes Urbild der Burschenschaft, wie es sich bei deren Gründung zu Anfang des 19. Jahrhunderts gezeigt hat".[2]) Dem hochehrwürdigsten Großmeister passiert da ein verzeihlicher Irrtum: Er übersieht, daß die damaligen Freimaurer denn doch ganz andere Kerle waren als die von heute: Br.·. Johann Gottlieb Fichte, dessen „Reden an die deutsche Nation" vor hundert Jahren die akademische Jugend entflammten, war zwar Oberredner des „Innersten Orients", aber doch so sehr von nationalem Geiste durchglüht, daß er dem Freimaurerorden den Rücken kehrte.[3]) Von demselben nationalen Geiste waren aber auch andere berühmte Freimaurer beseelt, so Br.·. Scharnhorst, Br.·. Frh. vom Stein usw. Und Eines ist sicher: Ein heiliges Donnerwetter würde niederprasseln, wenn heute Br.·. Fürst Leberecht Blücher auferstünde und z. B. der internationalen Großloge von Wien einen Besuch abstattete; dieser Br.·. und Meister vom Stuhl würde sich gewaltig dagegen verwahren, wenn ihn die Wiener Herren „als Fleisch von ihrem Fleische, als Blut von ihrem Blut und noch mehr als Geist von ihrem Geiste" bezeichnen wollten, wie es die „Wiener Freimaurer-Zeitung" in einer Besprechung des Blücher-Romans „Das heilige Donnerwetter" zu tun beliebt.[4])

[1]) „Wiener Freimaurer-Zeitung" Mai 1919 S. 5.
[2]) Ebenda Mai 1919 S. 19.
[3]) Vgl. „Auf der Warte" Nr. 9, S. 71, 1. Mai 1920.
[4]) „Wiener Freimaurer-Zeitung" August 1919 S. 30.

Daß die Wiener Freimaurer bisher eine Maske trugen, geben sie also heute offen zu; sie selbst sprechen von einer „erzwungenen Maskierung“; und sie selbst legen heute das Geständnis ab, „daß sich die Freimaurerei dem österreichischen Vereinsgesetz selbstredend (!) nicht unterwerfen konnte“.[1]) Für die Freimaurer anderer Länder war das natürlich auch kein Geheimnis: Der reichsdeutsche Br.·. Schwabe gibt zu, daß sich die österreichischen Freimaurer nicht an das Gesetz gehalten haben; aber, sagt er, daran sind nicht die Freimaurer schuld, sondern das — Gesetz! Begründung: „Das „Gesetz“ hat die Loge zu einem ungesetzmäßigen Dasein ‚gezwungen‘.“[2]) Mit dieser Art von Logik kann man schließlich alles auf den Kopf stellen. Mit gleichem Recht könnte auch der Dieb seine Unschuld beteuern: nicht er sei schuld, sondern das Gesetz, weil es das Stehlen verbietet. Wenn nun bei anderer Gelegenheit der Br.·. und Großredner Dr. Emil Frankl mit dem Brustton der Überzeugung das stolze Wort ausspricht: „Als Freimaurer haben wir die beschworene Pflicht, Gesetze zu halten“[3]) — so müßte ihm gerade von freimaurerischer Seite homerisches Gelächter entgegen dröhnen. Aber sie lachen nicht; die Jünger der „königlichen Kunst“ wissen sehr gut, daß solche volltönende Worte bloß für die Außenwelt berechnet sind. Wir „Profanen“ aber, die wir nicht die Füße in den rechten Winkel stellen, wissen, was wir von den schönen Worten dieser Großredner zu halten haben. Die früheren österreichischen Regierungen haben ihnen mit Recht ein starkes Mißtrauen entgegengebracht, mit Recht haben sie diesem Geheimbund — denn er ist ein solcher trotz aller Ableugnungsversuche — die staatliche Anerkennung versagt. Der christlichsoziale Staatssekretär Dr. Mataja war nicht gut beraten, als er in einer schwachen Stunde dem freimaurerischen Drängen um staatliche Anerkennung nachgegeben hat. War er auf diesem Gebiete nicht bewandert, so hätte er sich eben erkundigen müssen.

Bekanntlich haben die Wiener Freimaurer zu Beginn des Weltkrieges ihre hochpatriotische Gesinnung durch zahlreiche Geldspenden zu markieren versucht, die z. B. in marktschreierischer Weise in der „Neuen Freien Presse“ ausgewiesen wurden. Auch das war eine Heuchelei. Der Großmeister selbst, also der berufenste Mann, macht seinen Brüdern einen „berechtigten Vorwurf“ daraus und spricht von einem „ziemlich verunglückten Aufmarsch, den die Wiener Logen zu Anfang des Weltkrieges mit ihren Spendenausweisen in den Wiener Tagesblättern unter-

[1]) „Wiener Freimaurer-Zeitung“ ebenda S. 11.
[2]) Ebenda, Juli 1919 S. 17.
[3]) Ebenda, Mai 1919 S. 27.

nommen haben.“[1]) Und die Begründung? — „Die Wiener Logen waren nie kriegshetzerisch.“ — Stimmt auffallend; sie waren sogar noch mehr: sie waren Flaumacher. Ihre wahre Neigung stand auf Seite der Gegner und der Großmeister der ungarischen Großloge, der sie damals noch unterstanden, rühmt sich geradezu, daß die Abberufung der ungarischen Truppen, die den furchtbaren Zusammenbruch unserer Südwestfront herbeigeführt hat, mit Willen der Loge erfolgt ist.[2])..

Die Wiener Großloge hat ihren Mitgliedern gestattet, auch dem rein jüdischen „B'nai Brith-Orden“ anzugehören“.[3]) Bei der bekannten Zusammensetzung der Großloge von Wien ist dieser Beschluß weiter nicht auffällig. Bemerkenswert dagegen ist folgendes: Jahrzehntelang haben die Juden einen scharfen Kampf gegen jene deutschen Großlogen geführt, welche den Nichtchristen die Aufnahme versagten; sie wurden solange als unduldsam, rückständig und rückschrittlich hingestellt, bis sich die Mehrzahl von ihnen entschloß, das „christliche Prinzip“ fallen zu lassen. Und nun, da die Juden ihr nächstes Ziel erreicht hatten, schufen sie sich selbst eine rein jüdische Organisation auf freimaurerischer Grundlage, zu der kein Nichtjude Zutritt hat; wohl aber beanspruchen sie für ihre eigenen Mitglieder ungehinderte Zulassung zu allen übrigen Logen. Das ist die berühmte „Gleichberechtigung“, wonach die Juden allerorts so heftiges Verlangen tragen: Gleichberechtigung mit — Agio!

Infolge des Umsturzes haben sich auch die tschechischen Freimaurer selbständig gemacht. Hier sei zunächst eingeschaltet, daß während des Weltkrieges der Sitz des tschechischen „Aktionskomitees im Ausland“ beim Großorient von Frankreich war (Paris, 16 Rue Cadet): Dort wurden die leitenden Grundsätze für die hochverräterische tschechische Politik — im Einvernehmen mit Prag — aufgestellt, welche die Tschechenführer im Inland im Sinne der Entente gewissenhaft durchführten. Den Vorsitz führte der jetzige Präsident der tschechisch-slowakischen Republik, Br.·. Th. G. Masaryk. Eine andere freimaurerische Organisation der Tschechen im Ausland war die „John Hus-Leagne of Slave Freemasons“, die von Nordamerika aus ihre Werbetätigkeit betrieb und die freimaurerischen Ententemächte bewog, die Unabhängigkeit Böhmens als eines ihrer Hauptkriegsziele zu verkünden. Ihrem Einfluß ist es auch zuzuschreiben, daß der allstaatliche Großlogentag, der am 3. Juli

[1]) „Wiener Freimaurer-Zeitung“, Mai 1919, S. 16.
[2]) Ebenda, Mai 1919, S. 40; vgl. den XIX. Aufsatz dieses Buches.
[3]) Ebenda Mai 1919 S. 31.

1917 in Paris stattfand, die Unabhängigkeit Böhmens als eine der wesentlichsten Friedensbedingungen hinstellte.[1]) Daß Br.·. Dr. Karl Kramarsch Hochgradmaurer ist und dem Grand Orient de France angehört, wurde bereits früher erwähnt.

Nach dem Umsturz traten dann sämtliche Tschechen aus der Loge „Hiram" in Prag aus und gründeten eine rein tschechische Loge „Jan Amos Komensky" (Comenius), die sich sofort dem französischen Großorient unterstellte.[2]) Eine selbständige tschechische Großloge ist in Bildung begriffen; für sie ist Br.·. Jaroslav Kwapil, Dramaturg am tschechischen Nationaltheater in Prag, als Großmeister in Aussicht genommen.[3])

Aus dem amtlichen Blatte der „Großloge von Wien", der „Wiener Freimaurer-Zeitung", erfahren wir auch, daß der Ansturm gegen die Todesstrafe in Österreich von Freimaurern ausgegangen ist.[4]) — Nun, ist das nicht der beste Beweis für ihre Menschenfreundlichkeit? — Vielleicht; wer aber sachlich urteilt, weiß, daß gerade die Todesstrafe das wirksamste Abschreckungsmittel für den angehenden Mörder ist; wer sie abschaffen will, dient also nicht der Menschlichkeit, sondern den — Mördern. Der wahre Grund scheint demnach ein anderer zu sein; vielleicht hängt er mit dem Satze zusammen: „In der Freimaurerei ist es erlaubt zu töten!"[5]) Mordbuben sind meistens Feiglinge und lassen sich in der Regel nur dann anwerben, wenn es ihnen nicht selbst an den Kragen gehen kann. — Hier sei ein persönliches Erlebnis eingeschaltet: Es war am 5. Oktober 1911, wir Abgeordneten waren im Parlamente versammelt. Der Führer der Sozialdemokraten, Br.·. Dr. Viktor Adler, hielt eine unerhört aufpeitschende Rede gegen den damaligen Justizminister Dr. von Hochenburger. Plötzlich — die Rede hatte gerade ihren Höhepunkt erreicht — fielen von der Galerie fünf scharfe Schüsse. Gegen wen? — Gegen den Justizminister. Der Täter? — Ein Serbe aus Süddalmatien; er hatte die umständliche, tagelange Reise ausgerechnet zu diesem Zwecke unternommen! Beweggrund? — Er wußte keinen anzugeben. — Wer ihn zum Morde gedungen habe? — Es war nicht herauszubringen! — Da alle Schüsse fehlgegangen waren, kam er mit einer längeren Freiheitsstrafe davon; die Anstifter aber blieben straflos. ...

Bezeichnend ist auch, daß der Sohn des genannten Sozialistenführers Dr. Viktor Adler zum politischen Mörder wurde:

[1]) Vgl. „Auf den Pfaden der internationalen Freimaurerei" von Br.·. Ernst Freymann, Rostock 1919, S. 21 (Geheimschrift für Br.·. Freimaurer). [2]) „Wiener Freimaurer-Zeitung" Juni 1919, S. 21.
[3]) Ebenda, Mai 1919, S. 42. [4]) Ebenda, August 1919 S. 9.
[5]) Ausspruch des serbischen Freimaurers Br.·. Cabrinovic; vgl. S. 111.

Friedrich Adler war es, der bekanntlich am 22. Oktober 1916 den damaligen österreichischen Ministerpräsidenten Grafen Stürgkh meuchlings niederschoß. Noch bezeichnender für unsere Verhältnisse ist jedoch, daß derselbe Friedrich Adler, dem der letzte Kaiser lange vor verbüßter Strafe die Freiheit geschenkt hat, heute bereits eine tonangebende Rolle spielen kann: Er ist nämlich der Führer des kommunistischen linken Flügels der Sozialdemokraten, sitzt in der Nationalversammlung und strebt nach Höherem....

Ist nun vielleicht auch Friedrich Adler Freimaurer? Die Tat — der politische Meuchelmord — sprach entschieden dafür; noch mehr die seltsame Begründung seitens des Täters. Friedrich Adler sagte bei seiner gerichtlichen Einvernahme wörtlich:

„Berechtigt zur Gewalt ist nach meiner Meinung, wenn das Gesetz zertreten ist, ein jeder Staatsbürger, jeder ist berechtigt, sich sein Recht selbst zu verschaffen auf Grund des Notstandes, den die Regierung verschuldet hat. Jeder Staatsbürger hat nicht nur das Recht zur Gewalt, sondern meiner Überzeugung nach auch die Pflicht.“ — Diese Auffassung entspricht durchaus den Lehren der schottischen Hochgradmaurerei.[1]) Die bisher offen gelassene Frage kann jetzt mit aller Bestimmtheit bejaht werden: Friedrich Adler ist Br.·. Freimaurer und zwar gehört er einer schweizerischen Loge als Hochgradmaurer an![2])

Zweifelhaft bleibt nur Eines: Ob Br.·. Friedrich Adler geneigt ist, dieses „Recht zu töten“ auch jedem anderen Staatsbürger einzuräumen? Br.·. Friedrich Adler mag Tausende von überzeugten Anhängern haben; bestimmt hat er aber auch Hunderttausende von Gegnern, die gerade seiner politischen Tätigkeit einen Großteil der Schuld an dem jetzigen Massenelend beimessen. Folgerichtig gedacht müßte ein jeder seiner Gegner das Recht haben, ihn einfach niederzuknallen. Wenn dies bisher nicht geschah — welchem Umstand ist dies zuzuschreiben? — Dem politischen Anstandsgefühl, der großen Rechtlichkeit und nicht zuletzt der christlichen Denkweise aller Nichtfreimaurer, die sich an das Gebot halten: Du sollst nicht töten! In dem Augenblicke jedoch, wo Adlers Anschauungen auch in den Kreisen seiner Gegner gebilligt würden, wäre es mit dieser einseitigen Schonung vorbei: Dann würde so mancher von jenen merkwürdigen Staatskünstlern, die heute das arme Volk zuschanden regieren, Knall und Fall in den ewigen Orient hinüber befördert....

[1]) Vgl. S. 84.

[2]) Laut Mitteilung eines deutschen Freimaurers, der den Br.·. Friedrich Adler persönlich kennt.

XVIII.

Die revolutionäre Freimaurerei in Ungarn.

Höchst auffällig ist das starke Anwachsen der ungarischen Freimaurerei während des Weltkrieges. Die „Symbolische Großloge von Ungarn“ zählte Ende 1913 — also vor Ausbruch des Krieges — 91 Logen mit 6526 Brüdern; Ende 1917 dagegen 102 Logen und 14 Kränzchen mit 7447 Freimaurern, das ist ein Zuwachs von 12, bzw. 13 v. H., eine Steigerung, die in Europa nur von der englischen und spanischen Großloge und sonst noch von der amerikanischen Freimaurerei übertroffen wird. Welche Schlüsse darf man daraus ziehen? Wären die ungarischen Freimaurer je eine verläßliche Stütze des Reiches gewesen, so könnte man daraus folgern, daß es ihnen um die Erhaltung des Staates zu tun war; so aber war es, um mit Maeterlink zu sprechen, eine Anspannung aller zerstörenden Kräfte bis zum Übermaß — und die Zerstörung ist, wie wir sehen, ja auch vortrefflich gelungen ... Dabei darf man nicht vergessen, daß diese 7447 Brüder nur die Zahl der wirklich tätigen Mitglieder darstellen. In früheren Jahren wurde der Unterschied deutlich hervorgehoben; so gab es im Jahre 1878 in Ungarn insgesamt 7341 Brüder, von denen 2781 als ausübende, tätige Mitglieder angeführt erscheinen. Im Jahre 1896 werden bloß 2805 Brüder ausgewiesen, d. h. die Zahl der eingetragenen und verpflichteten Mitglieder wird überhaupt nicht mehr angegeben, sondern bloß die jener Brüder, welche wirkliche Logenarbeit verrichten. Legt man, um die richtige Zahl von heute zu erfahren, das damalige Verhältnis zugrunde, so würde also die symbolische Großloge von Ungarn einen Mitgliederstand von etwa 20000 umfassen.

Der durchaus revolutionäre Charakter der Freimaurerei geht insbesondere aus ihrem Verhalten gegenüber den Führern der ungarischen Revolution vom Jahre 1848 hervor; gegenüber den Brr .·. Kossuth, Klapka, Pulßky usw.

Da könnte man nun freilich einwenden, daß es damals eine organisierte Freimaurerei in Ungarn noch gar nicht gegeben hat und daß die „äußerst geheime Loge", die der Musikalienhändler Thoma in Pest gründen wollte, erst am 24. August 1848 ins Leben getreten ist, nämlich die Loge „Zur Morgenröte des höheren Lichts!" Kossuth sollte ihr erst beitreten. Zugegeben! Dessenungeachtet bleibt aber die Tatsache bestehen, daß die Führer der Revolution mit den ausländischen Logen in engster Verbindung standen, von dort Unterstützung erhielten und nach der gewaltsamen Niederschlagung der ganzen Bewegung im Ausland Schutz und Deckung fanden. Kossuth wurde im Februar 1852 in Cincinnati (Amerika) in den Freimaurerbund aufgenommen, desgleichen Graf Gregor Bethlen und Paul Hajnik. Graf Julius Andrássy wurde am 24. April 1854 Mitglied der Pariser Loge „Mont Sinai", Georg Klapka erhielt in der Turiner Loge „Dante Alighiori" das Licht, der Bischof Hyazinth Rónay wurde in London, Bischof Michael Horvath in der Schweiz zum Freimaurer gemacht. Überhaupt gab es damals kaum einen der bedeutenderen ungarischen Verschwörer, der nicht im Ausland, sei es nun in Amerika oder England, in Frankreich, Italien oder in der Schweiz, von einer Freimaurerloge gedeckt worden wäre. Das ist dem Kenner der Verhältnisse nichts Auffälliges, nichts Neues. „Aufruhr und Empörung sind keine maurerischen Vergehen." „Die Empörung ist in gewissen Fällen eine heilige Pflicht." „Ein Freimaurer kann, ohne sich eines Verbrechens schuldig zu machen, kühn einen Schlag gegen die Tyrannei führen, sich mit anderen zu einer Verschwörung verbinden und dabei auch Mittel anwenden, die an sich verwerflich wären" — derlei Aussprüche sind in der freimaurerischen Literatur nichts Seltenes, man begegnet ihnen sozusagen auf Schritt und Tritt.

Doch kehren wir zu unserem Ausgangspunkt, der ungarischen Bewegung des Jahres 1848, wieder zurück. Ungarns Krone wurde damals im Namen Kossuths durch die beiden Grafen Seherr-Thoß und Stephan Esterházy dem Herzog von Leuchtenberg angetragen. Da aber General Görgey, bei Vilagos von den kaiserlichen Truppen geschlagen, sich zur Übergabe entschließen mußte, kam es nicht dazu. Kossuth aber und „General" Türr waren nach Turin übersiedelt, wo sie an den Arbeiten der Loge „Ausonia" teilnahmen.[1]) Er war in ständiger Verbindung mit den Brr.·. Mazzini und Garibaldi. Das war nun erst die richtige Verbindung. „Krieg gegen Österreich!" „Krieg den Barbaren!" „Österreich muß verschwinden!" das sind Wendungen,

[1]) Vgl. „Bauhütte", 26. März 1910, Nr. 13, S. 103.

wie sie Mazzini ungezählte Male in seinen Werken gebraucht, Äußerungen eines Hasses, der sich mit dem eines Kossuth vollständig deckt.

Die österreichischen Staatsmänner waren den Führern des Geheimbundes in keiner Weise gewachsen. Durch Vermittlung eines Freimaurers, des Prinzen Jérôme Bonaparte, trat Kossuth im Mai 1859 auch mit Kaiser Napoleon III. in Verbindung, wie uns der Freimaurer Abafi in seinen „Beiträgen zu einer Geschichte der ungarisch-italienischen Legion" berichtet. Napoleon war bereit, ein Hilfskorps von 20000 Mann für einen Einbruch nach Ungarn zur Verfügung zu stellen, wogegen die Brr .·. Kossuth, Klapka und Graf Ladislaus Teleki in Genua ein „ungarisches Nationalkomitee" bilden sollten, um in Piemont ein ungarisches Heer aus Deserteuren zusammenzustellen. Der Aufruf hiezu erfolgte am 20. Mai 1859 von Genua aus. Honvédoffiziere strömten von allen Seiten zusammen, aber das ungarische „Heer" bestand am 1. Juni 1859 aus einem einzigen Mann! Die Brüder schämten sich ihres Mißerfolges und gingen auseinander. Graf Gregor Bethlen auf das Schlachtfeld, Graf Alexander Teleki und „General" Türr zu Garibaldi, Klapka und Pulszky blieben in Turin. Dann kam man auf einen ganz neuen Einfall, man reihte einfach die gefangenen kaiserlichen Soldaten ein und auf diesem völkerrechtlich durchaus nicht einwandfreien Wege brachte man es schließlich auf 4000 Mann, über welche dann Br .·. Kossuth, der eben aus London zurückgekehrt war, eine Heerschau abhielt. Bald darauf kam es zum Frieden von Villa-Franca.

Schon aus diesen wenigen Zeilen leuchtet hervor, daß der ganze unglückliche Feldzug von 1859 im wesentlichen ein Werk der Freimaurer ist. Aber die ungarischen Freimaurer gaben sich mit dem Endergebnis, das sie und ihre Mitverschworenen sehr enttäuschte, nicht zufrieden. Sie arbeiteten hartnäckig auf einen neuen italisch-ungarischen Krieg hin, dessen Bedingungen am 8. September 1860 zwischen den Brr .·. Klapka, Ladislaus Teleki und Kossuth einerseits und Cavour andrerseits festgesetzt wurden.

Auch an dem Kriege vom Jahre 1866 haben die Freimaurer ihren tatsächlichen Anteil; es genügt der Hinweis auf die Brr .·. Klapka, und Graf Theodor Csaky, denen noch eine ganze Reihe von Namen hinzugefügt werden könnte.

Diese Tätigkeit ungarischer Freimaurer stammt übrigens noch aus einer Zeit, wo es gar keine festen maurerischen Organisationen in Ungarn gab; erst am 30. Januar 1870 wurde unter dem Großmeister Br .·. Franz Pulszky eine Johannisgroßloge errichtet und 1871 der ungarische Großorient gegründet. Diese Gründung ging von Frankreich aus, vom „Grand Orient de France". Für Ungarn kam also, wie der Großmeister Br .·. Pulszky gelegentlich betonte, das Licht aus dem Westen; „nur der Triumph des französischen Geistes kann Ungarn zum Heile führen." (Wie dieses „Heil" in Wirklichkeit aussieht, hat im November 1918 Br .·. Michel Graf Karolyi glänzend bewiesen!)

Am 23. März 1886 vereinigten sich dann die beiden maurerischen Behörden zur „Symbolischen Großloge von Ungarn", die also sowohl die Johannislogen, als auch die Hochgrade der schottischen Lehrart, das heißt also vom 4. bis zum 33. Grade, umfaßt. Nach dieser Feststellung kann es für uns eigentlich keine Überraschung mehr geben. Es kann uns nicht verwundern, daß ungarische Brüder auf den die Weltrevolution ankündigenden und vorbereitenden Kongressen in Paris (1889 und 1900) das große Wort führen, es wundert uns auch nicht, daß der portugiesische Revolutionär Dr. Sebastian Magalhães Lima von der ungarischen Großloge nach Pest eingeladen und dort feierlichst empfangen wird. Den aufmerksam lauschenden Zuhörern hielt er eine Rede äußerst lehrreichen Inhaltes. Das war kurz nachdem die Freimaurer in Portugal das Königtum gestürzt und die Republik eingeführt hatten. Der Inhalt der Rede ist nicht bekannt geworden, dagegen soll hier ein kurzer Bericht wiedergegeben werden, den die ungarische Großloge an das internationale Freimaurerbüro in Neuenburg (Schweiz) einsandte, worin es heißt: „Die treuen Anhänger der königlichen Kunst haben in unserem Vaterlande schwere Stunden vor sich. Von dem Pflichtbewußtsein, der Opferwilligkeit und von der Disziplin unserer Brüder, die auf getrennten Pfaden wandeln müssen, hängt die Zukunft Ungarns ab. Möge niemand, durch profane Mitteilungen verwirrt, ein vorschnelles Urteil über manche unserer Brüder fällen; denn oft setzen gerade diese ihr Bestes ein für den Sieg unserer Sache!" Dieser Bericht stammt aus dem Jahre 1912, er spricht für sich selbst und bedarf kaum irgendeines Zusatzes, wenn man es versteht, auch zwischen den Zeilen zu lesen.

Im höchsten Grade bemerkenswert ist auch der Besuch der ungarischen Großloge, den sie ihren serbischen Brüdern kurz vor Ausbruch des Weltkrieges abstattete. Die Bestrebungen der Freimaurer Serbiens mußten der ungarischen Großloge, mußten allen ungarischen Freimaurern bekannt sein; und trotzdem dieser Besuch? Es sei daran erinnert, daß der serbische Freimaurer Dr. Radoslav Kazimirovic auf seiner wiederholt genannten Rundreise zu den Logenzentren Europas zu allererst Ofenpest aufsuchte ... Und es sei weiters hervorgehoben, daß es keine Persönlichkeit auf der ganzen Erde gab, die in Ungarn — und namentlich in den Freimaurerkreisen — mehr verhaßt gewesen wäre, als der ermordete Thronfolger Erzherzog Franz Ferdinand ...

Und zum Abschlusse dieses Aufsatzes sei hier noch kurz die Tatsache festgehalten, daß die freimaurerische Tageszeitung „Vilag" („Die Welt") in Ofenpest im Januar 1919 die Wahl des englischen Großmeisters Herzogs von Connaught, des Bruders Eduard VII., zum König von Ungarn empfahl, desselben Br .:. Herzog von Connaught, den auch ein Teil der englisch-amerikanischen Tschechen noch während des Weltkrieges für den tschechoslowakischen Königsthron in Aussicht genommen hatte.

XIX.

Die ungarische Großloge und der Umsturz.

Es ist überaus lehrreich, die Haltung zu betrachten, welche die ungarischen Freimaurer zu den weltgeschichtlichen Ereignissen des letzten Jahres eingenommen haben.

Noch im Frühjahr 1918, als die deutschen Waffen im Westen siegreich waren, hielt der ehrwürdige Großmeister Dr. Arpad Bokay anläßlich einer Freimaurer-Zusammenkunft in Wien — am 28. April 1918 — eine hochpatriotische Ansprache: Die Feinde Ungarns, sagte er, sind auch die Feinde Österreichs; jene, welche sich verbündet haben, um Österreich zu zerstückeln, wollen auch Ungarn verstümmeln; die Wehrkraft der Monarchie war es, die im Orkan des Weltkrieges allen Völkern Österreich-Ungarns wirksamsten Schutz geboten hat usw. usw.

Dann aber kam der Herbst und mit ihm das langsame Zurückweichen der deutschen Heeresmassen. In Ungarn bestürmte der sehr bekannte Br. .·. Graf Michael Karolyi den König, er solle ihn zu seinem Ministerpräsidenten ernennen. Karolyi ließ sogar Straßenkundgebungen veranstalten, um seiner Forderung einen gewissen Nachdruck zu verleihen. Der schlecht beratene König Karl gab schließlich nach, weil er keinen andern Ausweg aus den Wirrnissen zu finden wußte...

Wieder hielt der ungarische Großmeister — es war am 2. November 1918 — eine Rede, die aber diesmal in folgenden Worten gipfelte:[1]) „Wir Freimaurer wollen den Frieden mit den Nachbarvölkern, wir wollen ein brüderliches Bündnis mit allen Völkern und Ländern, um das Wort Krieg aus unserem Wörterbuch zu streichen; wir wollen die militärische Abrüstung!"

Die neue Regierung Br .·. Karolyis war eben gebildet worden; nicht weniger als sechs Brüder Freimaurer gehörten ihr an[2]) und die übrigen waren offenbar „Maurer ohne Schurz", von

---

[1]) „Wiener Freimaurer-Zeitung" Mai 1919 S. 40.

[2]) Darunter der Nationalitäten-Minister Br.·. Oskar Jaszi; vgl. „Wiener Freimaurer-Zeitung" Mai 1919 S. 37.

denen keinerlei Widerstand zu befürchten war. Auf Befehl der neuen freimaurerischen Regierung Ungarns wurden die ungarischen Truppen zurückgezogen und die sofortige militärische Abrüstung angeordnet. Tschechische und südslawische Regimenter, die auf diesen Augenblick nur gelauert hatten, folgten sofort dem Beispiele der Ungarn und so kam es innerhalb weniger Tage zum vollständigen Zusammenbruch unserer Südwestfront, die 3½ Jahre hindurch dem italischen Ansturm heldenhaft standgehalten hatte. Der unerhörte Verrat der ungarischen Freimaurer war es also, der unser Schicksal besiegelt hat....

Ob teuflische Bosheit oder bodenlose Dummheit die Triebfeder dieses Handelns war, ist schwer zu entscheiden. Wenn sich die ungarischen Freimaurer vielleicht der Hoffnung hingegeben hatten, die Feinde, vor allem die Italiener, würden Gleiches mit Gleichem vergelten und ihre Truppen ebenfalls abberufen, so sollten sie eine fürchterliche Enttäuschung erleben: In die von den Ungarn aufgegebenen Stellungen rückten nämlich sofort die Italiener ein und ungezählte Tausende von braven deutsch-österreichischen Soldaten büßten den Verrat der ungarischen Freimaurerregierung mit Tod und Gefangenschaft....

Das alles kümmerte den Großmeister wenig oder gar nicht; kein Wort der Besorgnis, daß es vielleicht für Ungarn ganz anders kommen könnte, als er und seine Brr.·. zu erwarten schienen, kam über seine Lippen. Im Gegenteil! Der Großmeister ist von stolzer Selbstzufriedenheit erfüllt, denn — das freimaurerische Programm ist auch das Programm der neuen ungarischen Volksregierung.[1]) Die allgemeine Stimmung des freimaurerischen Bundesrates ist demnach auch sehr zuversichtlich. Der deputierte Großmeister, Br .·. Josef Balassa, geht aus sich heraus — die Loge ist ja gedeckt — und erinnert daran, daß es die ungarische Freimaurerei seit Kriegsbeginn als ihre Hauptaufgabe betrachtet habe .... nun, was denn? Ihre Hauptaufgabe als gute Ungarn wird wohl die gewesen sein, alles daran zu setzen, um den Mittelmächten zum Siege zu verhelfen? — Keine Spur! Seit Kriegsbeginn haben es die ungarischen Freimaurer als ihre Hauptaufgabe betrachtet, den — „Haß zu mindern"! Stets haben sie versucht, „Fühlung mit der Weltkette zu gewinnen", um womöglich im unmittelbaren Verkehr mit den Freimaurern der feindlichen Länder „daran

[1]) „Wiener Freimaurer-Zeitung" Mai 1919 S. 41.

u arbeiten, daß der Freimaurer-Weltbund (wieder) rstehe"![1]) Dieses Zeugnis des hochehrwürdigen dep. Groß-ıeisters verdient an allen Straßenecken plakatiert zu werden, um ie ewig Blinden sehend zu machen.

Den Haß zu mindern, wäre an sich ganz lobenswert gewesen; ur hätte die Arbeit der Logenbrüder bei unseren Feinden ein-:tzen müssen, die gegen Deutschland und Österreich einen wahn-:nnigen Haß hegten und nicht eher ruhen wollten, bis die Ver-ichtung der Mittelmächte erreicht wäre. Nun wissen wir)enigstens aus dem Munde eines Berufenen, daß die un-arischen Freimaurer als ihre Hauptaufgabe die — Flaumacherei etrachteten; nun wird auch mittelbar zugegeben — was bisher ets bestritten und als niedrige Verdächtigung zurückgewiesen)urde — daß die ungarischen Freimaurer an den Freimaurer-longressen unserer Feinde auch während des Krie-es teilgenommen haben, so z. B. 1917 in Rom, um in hrem Sinne zu arbeiten und für den Freimaurer-Weltbund itig zu sein, d. h. mit anderen Worten gesprochen, um schließ-ich die Weltrepublik zu errichten. Auch die ungarischen Frei-ıaurer lassen nun die Maske fallen. Daß ihre eigenen Ver-andlungen mit den romanischen Brüdern den Krieg ebensowenig bgekürzt haben, wie die mit ihren geldlichen Zuschüssen geförderte Stockholmer-Konferenz",[2]) wird heute wohl von keinem einzigen ʒreimaurer bestritten werden können. Wissen wir doch aus dem Nunde Br.·. A. H. Frieds, daß seine den westlichen Frei-ıaurern entgegengestreckte Bruderhand von diesen kaltlächelnd urückgewiesen worden ist, und den von der Wiener Großloge bgesandten Brrn.·. Dr. Felix Holländer und Dr. Emil Frankl rging es nicht besser.[3]) Diese einzig dastehende Bereitwilligkeit, mmer aufs neue mit einem Gegner zu verhandeln, von dem ıan bestimmt weiß oder wissen muß, daß er von dem Willen eseelt ist uns zu vernichten, muß eben anders gedeutet werden. Was hindert uns denn anzunehmen, daß die ungarischen Brr.·. m Kampfe zwischen „Autokratie und Demokratie" — wie die

[1]) Das Wort „wieder" wurde in Klammer gesetzt, weil es den wahren Sinn ur verschleiert. Der Freimaurer-Weltbund hat nach ihren eigenen, wiederholten ;eugnissen nie bestanden, daher kann er nicht „wieder" erstehen; der Begriff: ;reimaurer-Weltbund deckt sich annähernd mit „Weltmaurerei", „Völkerbund" und Weltrepublik". Vgl. „Wiener Freimaurer-Zeitung" Juni 1919 S. 22.

[2]) Die ungarischen Freimaurer stellten den Sozialdemokraten hiefür 10000 :ronen zur Verfügung.

[3]) Vgl. die Rede des Großmeisters Dr. Schlesinger vom 23. März 1919 in Bien; „Wiener Freimaurer-Zeitung" Mai 1919 S. 17.

Freimaurer selbst den Weltkrieg schön umschreiben — überhaupt von allem Anfang an auf Seite der „Demokratie", das heißt also: auf Seiten unserer Feinde, gestanden haben?

Waren sie denn jemals wirkliche und überzeugte Anhänger der monarchischen Staatsform, wie sie immer der Öffentlichkeit gegenüber betonten? Nach dem, was wir aus ihren eigenen Zeitungen wissen, waren sie nie etwas anderes als revolutionäre Republikaner; man denke nur an ihre Hinneigung zu den serbischen Freimaurern, an ihren körperschaftlichen Ausflug nach Belgrad (1914), an den großartigen Empfang, den sie dem portugiesischen Revolutionär Dr. Magalhães Lima zuteil werden ließen, man denke schließlich an die geheimnisvolle Vorsprache des Dr. Kazimirovic bei der ungarischen Großloge in Ofenpest unmittelbar vor dem Thronfolgermord ....

Wie aber lassen sich dann die salbungsvollen Worte des Großmeisters v. Bokay vom 28. April 1918 erklären? — Naive Frage! Als ob bei Freimaurern Worte und Handlungen übereinstimmen müßten! Worte von Freimaurern sind vieldeutig wie ihre Symbole, vieldeutig wie der Buchstabe „G" im „flammenden Stern". Jene Rede war nichts als eine schöne Geste, berechnet für Freimaurergegner und Freimaurer-Lehrlinge ... Daß diese Auffassung die einzig richtige ist, bestätigen uns nun überdies die ungarischen Freimaurer selbst: In einem Rundschreiben an die freimaurerischen Großbehörden aller Staaten bezeichnet die „Symbolische Großloge von Ungarn" die neue ungarische demokratische Republik ausdrücklich als ihr eigenstes Werk, als ihre Arbeit![1])

Die deutschen Brr ∴ Freimaurer werden sich nun wohl oder übel die Frage vorlegen müssen, ob sie dieses Eingeständnis als vollen Beweis gelten lassen wollen und welche Folgerungen sie daraus zu ziehen gedenken? Sollten sie aber stillschweigend darüber hinweggleiten, so wird jeder Deutsche wissen, wofür man die angeblich unpolitischen deutschen Freimaurer in Hinkunft zu halten und demnach auch zu behandeln hat. Mit dem bloßen Klagen über den „Gewaltfrieden" ist niemandem gedient; wem nützte es, wenn der „Verein deutscher Freimaurer" jüngst ein Rundschreiben erließ, worin es in herzbewegenden Worten heißt: „Uns droht Vernichtung! Wahnwitzige Machthaber der Welt wollen uns einen Frieden aufzwingen, an dem wir zugrunde gehen sollen ...."[2]) Was nützt es, wenn die „Großloge von Wien" einen „Notschrei" ausstößt und den Friedensvertrag ein

---

[1]) „Wiener Freimaurer-Zeitung" Juni 1919 S. 21.

[2]) Abgedruckt in der „Wiener Freimaurer-Zeitung" Juli 1919 S. 29.

Todesurteil nennt?[1]) Was nützt die Feststellung des Br.·. Dr. Herbatschek, daß „der Stein der Scharfrichter von Paris, die kein Herz haben", nicht zu erweichen ist?[2]) Was hat es für einen Sinn, wenn Br.·. Julius Norden, der bis zum Kriegsausbruch in London lebte und in einer dortigen Loge arbeitete, den Pro-Großmeister der Großloge von England, Lord Ampthill, in einem Schreiben geradezu anwinselt, er möge beim Großmeister, dem Br.·. Herzog von Connaught, und dessen Neffen, dem König Georg, vorstellig werden, damit sie auf den Abschluß eines Rechtsfriedens hinwirkten?[3]) Dazu ists zu spät. Die ungarischen Freimaurer haben aus selbstsüchtigen Gründen den Vernichtungswillen der Feinde gestärkt, die deutschen Freimaurer den Siegeswillen des deutschen Volkes gelähmt und die österreichischen Brüder, die förmlich stolz darauf sind, daß nie ein „kriegshetzerisches" Wort über ihre Lippen kam, waren die ärgsten Flaumacher, die Liebe gegen die Feinde predigten, um ihren Haß gegen die bisherige Staatsform, das Kaisertum, dahinter zu verbergen: Fürwahr, ein würdiges Kleeblatt.

Aber diese Kundgebungen gegen den „Gewaltfrieden", gegen den „Vernichtungsfrieden" sind überhaupt nicht ernst zu nehmen; sonst könnte nicht gleichzeitig soviel von der Versöhnung, von der Annäherung der feindlichen Völker die Rede sein, sonst könnten sie nicht, wie z. B. Br.·. Bricht, den Feinden im selben Atemzug das „Losungswort der Versöhnung" zurufen.[4]) Die scheinbare Aufregung unserer Brr. Freimaurer wird daher auch von den Feinden nicht als vollwertig genommen. Sie wissen ganz gut, daß die Freimaurer der Mittelmächte derartige Proteste gegen den Gewaltfrieden zur eigenen Rückendeckung sehr, sehr notwendig haben und sehen darüber hinweg. Das „Große Not- und Hilfszeichen" der deutschen Freimaurer blieb also in diesem Falle vollständig wirkungslos. All das bietet jenen, die schon während des Krieges den Vernichtungswillen der Feinde klar erkannt haben, nicht die geringste Überraschung.[5]) Dazu kommt, daß sich die Freimaurer der feindlichen Länder selbst in schärfster Weise gegen jede Milderung der Friedensbedingungen ausgesprochen haben, so z. B. der Großkommandeur des „Suprême Conseil" von Belgien, Br.·. Graf Goblet d'Alviella, ebenso der Großmeister des Großorients von Belgien, Br.·. Magnette, welche an sämtliche Großlogen von Nordamerika ein Telegramm

[1]) „Wiener Freimaurer-Zeitung" Juli 1919 S. 6. — [2]) Ebenda S. 12. — [3]) Ebenda S. 28. — [4]) Ebenda Mai 1919 S. 18. — [5]) Vgl. des Verfassers Buch: „Kramarsch, Der wahre Anstifter des Weltkrieges", Wien-München 1918. 6. Auflage, 30.—38. Tausend, S. 57 ff.

gerichtet haben, worin sie ersuchen, dem Funkspruch der deutschen Freimaurer keine Folge zu geben. — Begründung? — „Die deutschen Freimaurer haben jede Eigenschaft verloren, die sie berechtigt, sich an die amerikanischen Freimaurer zu wenden.“ Das klingt etwas dunkel. Vermutlich soll damit die Enttäuschung ausgedrückt werden, welche die Weltfreimaurer über die deutschen Freimaurer empfanden, weil man sie im Ausland offenbar als geheime Verbündete betrachtete, von denen man mit Recht erwarten konnte, daß sie gleich zu Beginn des Krieges mit dem „tyrannischen Kaisertum“ Schluß machen würden.

Die siegreichen Freimaurer der Ententestaaten fügen aber ihrem ungeheuren Triumph über die niedergerungenen Mittelmächte noch den blutigsten Hohn hinzu. Es ist kein bloßer Zufall, daß die englische Freimaurerei just den 27. Juni 1919 für ihre Friedensfeier, die in Wirklichkeit eine Siegesfeier war, ausgewählt haben. Sie sagen es selbst: Es ist kein Zufall, denn der Tag war seit Monaten festgesetzt.... Ja, warum denn gerade der 27. Juni?? — O, du dummer, einfältiger, deutscher Michel, wann wirst du einmal zur Vernunft kommen?! — Weil am 27. Juni gerade fünf Jahre um waren seit jenem Ereignis, das den Ausgangspunkt des Weltkrieges gebildet hat!

Natürlich wird man dies nicht laut in die Welt hinausposaunen. Aber die wissenden Freimaurer künftiger Jahrhunderte sollen aus diesem sichtbaren Zeichen entnehmen, daß der ganze Krieg ein Werk der Weltloge, ein ungeheurer Freimaurerkrieg war, um mit den „tyrannischen Kaiserstaaten“ aufzuräumen und die Weltrepublik in die Wege zu leiten.

Der deutsche Michel begreift noch immer nicht. ... So möge er denn gefälligst selbst die Frage gewissenhaft und ohne jedes Vorurteil prüfen, warum denn die Unterzeichnung des deutschen Friedensvertrages gerade ausgerechnet am 28. Juni 1919 in Versailles stattfinden mußte, keinen Tag früher, keinen Tag später? Wenn ihm jetzt noch immer kein Seifensieder aufgeht, dann ist ihm nimmermehr zu helfen, dem dummen, deutschen Michel. ....

Fast will es scheinen, als hätten die ungarischen Freimaurer nur die Rolle der betrogenen Betrüger gespielt. Dem König von Ungarn wollten sie die Krone stehlen um sie sich selbst aufs Haupt zu setzen. Fünf Monate dauerte die jämmerliche Herrlichkeit, dann wurden sie von den Kommunisten abgelöst. Br .˙. Michael Karolyi mit dem Wolfsrachen und dem silbernen Gaumen mußte bei Nacht und Nebel die Flucht ergreifen und mit der Herrschaft der Brr.·. Freimaurer war es nun endgültig vorbei. König Karl hatte sich von den großm—ächtigen Herren Freimaurern einschüchtern lassen, der kniffige Jude Br.·. Bela Kún[1]) drehte den Spieß um und jagte den Freimaurern selbst Angst und Schrecken ein. Die angesehensten Brr.·. zog er nach bewährtem Muster als Geiseln ein, so den früheren Großmeister Br.·. Arpad von Bokay, ließ sie aber dann, als man sich mit ihnen „verständigt" hatte, wieder frei. Überhaupt vertrugen sich in der Folgezeit Kommunisten und Freimaurer ziemlich gut. Die kommunistische Räteregierung hat z. B. die von den Freimaurern eingeleitete Sammlung zwecks Errichtung eines Denkmals für den freimaurerischen Dichter Br.·. Andreas Ady, selbst in die Hand genommen; die freimaurerische Tageszeitung „Vilag" wurde das Organ des kommunistischen Volkskommissariates für Unterrichtswesen[2]) und dergleichen mehr. Daß das ungarische Großlogenhaus von den Kommunisten requiriert und von der Genossenschaft der — Hausbesorger (!) mit Beschlag belegt wurde, war zwar weniger erfreulich, aber trotzdem wurde diese Tat von der „Wiener-Freimaurer-Zeitung" mit keinem Worte des leisesten Tadels begleitet; ein Zeichen, daß man sich gefunden hatte. . . .[3])

Die „Symbolische Großloge von Ungarn" hat inzwischen einen weiteren Verlust dadurch erlitten, daß sich in Agram eine Jugoslawische Großloge (Lubov Blizniema) gebildet hat, an deren Spitze der Großmeister Br .·. Dr. Adolf Mihalić steht. Der serbische Großorient hingegen, der sich bloß mit den Hochgraden beschäftigt, hat nach wie vor seinen Sitz in Belgrad und erstreckt seine Tätigkeit über Serbien, Kroatien und Slovenien. An seiner Spitze steht als „Souveräner Großkommdeur" der Großmeister Georg Weifert, Großkanzler ist Br .·. Jova Aleksijevic, beide in Belgrad.[4]) Endlich hat sich auch noch die Loge Sirius in Fiume von der ungarischen Großloge losgesagt und sich dem Groß-Orient von Italien unterstellt.[5]) Diese Tatsachen bedürfen wohl keiner näheren Erläuterung; sie zeigen, daß überall der nationale Gedanke in den Vordergrund tritt, nur bei den Deutschen nicht: die sind und bleiben internationale Idealisten und richten mit ihrer Weltfremdheit das größte Unglück an.

---

[1]) Br.·. Bela Kún ist nach Angabe ungarischer Gewährsmänner Freimaurer; ob er „Lufton", d. h. Sohn eines Meistermaurers sei, ließ sich bisher nicht endgültig feststellen. Richtig ist, daß es in Debreczin eine Loge gibt (Haladas), der ein Dr. Bela Kún als „Meister vom Stuhle" vorsteht.

[2]) „Wiener Freimaurer-Zeitung", Juni 1919, S. 22. [3]) Ebenda, Juli 1919, S. 30.

[4]) Ebenda, Mai 1919, S. 42, Juli, S. 30, August, S. 5.

[5]) Ebenda, Juni 1919, S. 22.

XX.

Die revolutionäre Freimaurerei in Rußland.

Rußland ist sozusagen ein Schulbeispiel dafür, wie durch die Politik die Freimaurerei unter Umständen zugrunde gerichtet werden kann; denn gerade in Rußland fand die Freimaurerei wohlwollende Aufnahme und erst ihre politischen und revolutionären Bestrebungen, die nicht einmal vor Morden zurückschreckten, führten zu ihrer gewaltsamen Unterdrückung.

Es wird behauptet, daß schon Peter der Große Freimaurer gewesen sei. Das ist jedoch in keiner Weise erwiesen und aus verschiedenen Gründen auch wenig wahrscheinlich. Wohl aber mag es schon gegen Ende seiner Regierung — er starb 1725 — Freimaurerlogen in Rußland und Polen gegeben haben. 1743 wurde, wie uns die freimaurerische „Bauhütte" (1909, Nr. 5, S. 34) berichtet, die Petersburger Loge unterdrückt und diejenigen, „welche sie fortsetzen würden, mit Sklaverei bedroht". Unter den geheimen Verbindungen nahmen damals die „Rosenkreuzer" und die „Strikte Observanz" den ersten Rang ein. Auf den ersten Ursprung der Rosenkreuzer und ihre Geheimnisse des Lebenselixirs und des Steins des Weisen kann hier nicht näher eingegangen werden; die „Strikte Observanz" hingegen gehört trotz vielfacher Verleugnung zur Freimaurerei und ihr Hauptgrundsatz des unbedingten Gehorsams hat sich ja auch auf die schwedische Lehrart vererbt, deren bedeutendster Vertreter die „Große Landesloge der Freimaurer von Deutschland" ist.

Die Blütezeit der Freimaurerei fällt in Rußland in die Zeit Katharinas II. Die große Kaiserin, die gewiß nicht in dem Handwerk einer Phryne aufgegangen ist, war ihr gewogen und daher naturgemäß sehr bald von Freimaurern rings umgeben, genau so wie Kaiser Josef II. Die „Bauhütte" (1862) weiß darüber folgende ergötzliche Geschichte zu erzählen, welche die damaligen Zustände treffend veranschaulicht: Die Kaiserin fragte einmal den Polizeiminister, wer denn eigentlich an der Spitze der Freimaurerei stünde. Dieser antwortete: „Den Chef kenne ich genau, wenn Majestät befehlen, soll er sofort hier sein!" Da fragte die Kaiserin verwundert, woher er dies wisse? „Wie soll ich es nicht wissen, wenn ich doch selbst zu dieser Gesellschaft gehöre!" „Ich bin also ganz von Euch Freimaurern umgeben", erwiderte lachend die Zarin, „der Henker hole Euch alle!"

Um diese Zeit sollen bereits 145 Logen im Lande gearbeitet haben, was glaubwürdig ist, wenn man erwägt, daß neben der russischen Landesloge unter dem Fürsten Trubetzkoi noch eine schwedische Provinzialloge unter dem Fürsten Gagarin und überdies eine englische Provinzialloge unter Elagin bestand. Die Freimaurerei war Modesache geworden. Das Arbeiten an sich selbst, die Vervollkommnung des Einzelnen, das wirkliche Wohltun wirklich Leidenden gegenüber war bei vielen Maurern verloren gegangen, Lustgelage und kostspielige Torheiten verdrängten jede ernste Tätigkeit. Wahllos wurden Leute in den Orden aufgenommen, oft geschah es bloß der Gebühren halber, und schließlich gab es in St. Petersburg fast niemand mehr, der nicht irgendeiner Loge angehört hätte — versichert uns Hofrat Reinbeck.[1]) Ja sogar Kutscher und Bediente errichteten Logen und warben Mitglieder um Mitglieder!

Zu allem Überfluß platzte in diese Gesellschaft noch der König aller Schwindler und Beutelschneider hinein, Josef Balsamo. Diesen duftenden Namen legte er jedoch rascheſtens ab, nachdem er seiner Vaterstadt Palermo, wo er wegen Rauflust, Fälschungen und Kuppelei vorbestraft war, den Rücken gekehrt hatte; er nannte sich nunmehr Graf Cagliostro und durchstreifte mit seiner Gemahlin, der „wunderschönen Lorenza", ganz Europa, um vornehme Dummköpfe beiderlei Geschlechtes in die Geheimnisse der „Ägyptischen Freimaurerei" einzuweihen. Damenlogen wurden gegründet, wo die schöne Lorenza den Hammer führte, während sie in den Herrenlogen Geister beschwor und Lebenselixire verkaufte und, wenn dieses Geschäft nicht mehr gehen wollte, „mit den Reizen ihres Körpers nachhalf." Und ihr Josef? Der wandelte nun wieder mit den Damen gar sonderbare Wege zur Vervollkommnung des Menschengeschlechtes.[2])

Das wurde nun selbst der Kaiserin Katharina, die sich gewiß nicht durch besondere Sittenstrenge auszeichnete, zu toll und sie tat, was nur eine Frau, und zwar eine kluge Frau, in einem solchen Fall tun wird: Sie machte die armen, ausgeplünderten Opfer des Grafen Cagliostro und seiner wunderschönen Lorenza lächerlich und goß die ganze Schale ihres Spottes über diese Gesellschaft aus; sie schrieb sarkastische Komödien, in denen sie den „Betrüger" und seine „Verblendeten" auf das unbarmherzigste geißelte. Daß darin auch die Freimaurerei als solche nicht besonders gut behandelt wurde, ist begreiflich, zumal von der edlen, rein menschlichen Seite der königlichen Kunst, in Petersburg wenigstens, längst nichts mehr zu sehen und zu spüren war.

Dann kam die französische Revolution (1789). Ganz allgemein bezeichnete man die Freimaurer als deren Urheber und Drahtzieher, ein Vorwurf, dessen Berechtigung ja die Freimaurer von heute, so weit sie nicht blind sind oder sich blind stellen, ohne weiters zugeben und zugeben müssen. Katharina war eine verständige und vor-

[1]) Zit. in Br. .·. Dr. Emil Friedrichs' „Die Freimaurerei in Rußland und Polen, S. 39." — [2]) Friedrichs, ebenda, S. 42. — An den Schwindeleien Cagliostros ist die Freimaurerei insoferne mitschuldig, als der damalige Großadministrator Br .·. Herzog von Luxemburg-Montmorency die Errichtung einer Mutterloge der ägyptischen Freimaurerei seitens des „Grafen" Cagliostro ausdrücklich genehmigt hat; vgl. „Wr. Fr. Z.", 1919, Heft 6/7, S. 7.

sichtige Frau; sie untersuchte nicht allzu lange und auch nicht allzu sorgfältig, sie hatte genug an dem, was sie selbst gesehen und was anderswo sich ereignet hatte, kurz, sie ließ alle Logen Rußlands ohne Ausnahme anfangs 1794 schließen. Bald darauf, am 17. November 1796, starb sie.

Paul I., Katharinas Sohn, war selbst Freimaurer. Die Logenbrüder erwarteten daher von ihm eine Aufhebung des Verbotes und allem Anschein nach sollte es auch dazu kommen. Paul berief tatsächlich die Freimaurer zusammen und beratschlagte mit ihnen in brüderlicher Weise, was nun geschehen sollte. Nach Abschluß der Beratungen umarmte er jeden von ihnen nach maurerischer Art und gab ihm den maurerischen Handschlag. Plötzlich aber erfolgte ein neuerliches Verbot, das noch dazu mit aller Strenge durchgeführt wurde. Der Grund für diesen raschen Stimmungswechsel wurde niemals vollkommen aufgeklärt. Möglich, daß man bei der Durchsicht der Akten auf Dinge gestoßen war, welche die Freimaurerei schwer belasteten. Kurz darauf wurde Paul I. von einigen Großen des Reiches ermordet, „weil sein Despotismus unerträglich war".

Sein Sohn und Nachfolger Alexander I. war nach dem Zeugnis der „Bauhütte"[1]) selbst Freimaurer und stand auch mit den Mördern in Verbindung (!). Br.·. Dr. Friedrichs bestreitet allerdings seine Zugehörigkeit zum Freimaurerbunde, gibt jedoch zu, daß er ihm freundlich gegenüberstand. Alexander duldete es zunächst, daß die Logen ihre Tätigkeit wieder aufnahmen, und später, im Jahre 1810, erkannte er sie ausdrücklich an. Abermals gehörten die vornehmsten Kreise den Freimaurerlogen an, die besten Männer Rußlands konnten sie zu den ihrigen zählen. In den Logenlisten finden wir auch den Fürsten Ypsilanti, den bekannten Vorkämpfer für Griechenlands Freiheit, den Minister Grafen Rasumowski, einen Prinzen Hohenlohe sowie den Dichter und russischen Staatsrat Kotzebue.

Bald aber bekam Alexander I. vor seinen „Brüdern" Angst, die sich fortgesetzt steigerte; der Bund war ihm allzu einflußreich und allzu mächtig geworden. Dazu kam, daß die neugebildete Großloge „Asträa" den französisch-schottischen Hochgraden Eingang verschaffte, was gleichbedeutend mit der Einführung der hohen Politik in das Logenleben war.

Alexander I. gab daher am 6. August 1822 einen scharfen Erlaß heraus, durch welchen alle geheimen Gesellschaften, einschließlich der Freimaurerlogen, verboten wurden. In der Begründung heißt es, daß die Unruhen und Unordnungen nur durch geheime Gesellschaften hervorgerufen würden, von denen einige unter dem Namen von Freimaurerlogen anfänglich nur Zwecke der Wohl-

[1]) „Bauhütte" vom 30. Januar 1909, Nr. 5, S. 34, 35.

tätigkeit verfolgten, andere jedoch sich heimlich mit politischen Angelegenheiten beschäftigten. Gleichzeitig sollten alle öffentlichen Beamten freimütig erklären, ob sie einer Freimaurerloge angehörten; im bejahenden Falle mußten sie schriftlich versprechen, sofort ihren Austritt anzumelden oder aber den Dienst verlassen. Das hauptsächlichste Bedenken war eben der doppelte Eid: ein Beamter, der an eine Loge eidlich gebunden war, konnte und mußte gelegentlich mit seinem Amtseid in Widerspruch geraten.

Mehrfach wurde bereits darauf hingewiesen, daß sich die Freimaurer zu ihrer eigenen Deckung politische Hilfsvereine schaffen oder sich an solchen wenigstens stark beteiligen: So in Italien die Carbonari, in Portugal die Konstitutionellen, später die Freidenkergesellschaft und die „Weiße Ameise"; in der Türkei das „Komitee für Fortschritt und Wahrheit" usw. Genau dieselbe Erscheinung finden wir auch in Rußland. Dort arbeiteten sie an dem „Bunde des öffentlichen Wohles" mit, dessen Hauptzweck die Hinwegräumung des Herrschers war. Diese letztgenannte Tatsache wird von Br.·. Friedrichs bestätigt. Über die Ermordung Alexanders selbst gleitet er jedoch in auffallender Weise hinweg. Diese Gepflogenheit der Freimaurer, rasch an Dingen vorbeizugehen, die ihrer Sache gefährlich werden könnten, ist so bezeichnend, daß es vielen Lesern erwünscht sein wird, die betreffende Stelle im vollen Wortlaut kennen zu lernen. Br.·. Friedrichs schreibt also:[1])

„Es erfolgte im Jahre 1826 ein nochmaliges Verbot durch Nikolaus, das eigentlich überflüssig war, da die Logen gar nicht mehr bestanden. Hervorgerufen wurde es durch die Verschwörung der Dekabristen, jener Dezembermänner vom Jahre 1825, die zur Durchführung ihrer Ideale nicht vor dem Realsten alles Realen, dem Morde, zurückschreckten. Die Verschwörung wurde entdeckt. An ihrer Spitze standen Pestel, Fürst Sergei Trubezkoi, Nikita Murawew, Sergei Murawew-Apostol, Fürst Chakowskoi, Bestuschew, die alle Freimaurer waren." Diese Tatsache ist vor allem festzuhalten: Alle Verschwörer waren Freimaurer! Zugleich aber waren sie alle überdies die Häupter jenes revolutionären „Bundes des öffentlichen Wohles", die, wie Friedrichs selbst sagt, zwecks Durchführung ihrer Ideale vor dem Realsten, vor dem Meuchelmorde, nicht zurückschreckten. Daß Alexander I. diesen Männern des „Bundes des öffentlichen Wohles" selbst zum Opfer fiel, wird glatt verschwiegen. Das ist offenbar nebensächlich. Hauptsache ist für Br.·. Friedrichs, seine Brr.·. Freimaurer zu schützen und zu „decken". Daher betont er noch ausdrücklich, daß die Verurteilung der Verbrecher nicht etwa deshalb erfolgte, „weil sie Freimaurer, sondern

[1]) Friedrichs: Die Freimaurerei in Rußland und Polen, S. 52, Verlag Franz Wunder, Berlin.

weil sie die Häupter des „Bundes des öffentlichen Wohles" waren. Wie sagte doch der serbische Bombenwerfer und Freimaurer Cabrinovic? „In der Freimaurerei ist es erlaubt zu töten" und „Franz Ferdinand wurde von den Freimaurern zum Tode verurteilt". Das ist die ungeschminkte Wahrheit; Cabrinovic, der „Mann aus dem Volke" ist zwar eines Mordes, aber keiner Lüge fähig. Übrigens — schlagen wir einmal das freimaurerfreundliche Konversationslexikon von Mayer auf: „Alexander starb unerwartet (!) am 1. Dezember 1825 in Taganrog" — heißt es dort; jedes Wort wahr und trotzdem der ganze Satz eine Lüge. So wird eben heutzutage Geschichte „gemacht" von jenen, die mit Stolz von sich selber sagen, daß sie „die Geschichte machen".

Nikolaus I. griff fest zu; die Untat an seinem Bruder wurde rasch gesühnt: Mehrere der Verbrecher mußten das Schaffot besteigen, die übrigen Verschworenen wurden „mit schweren eisernen Ketten am Bein, mit geschorenem Kopf und in Gefangenentracht auf elenden Karren ohne Sitz die 350 Meilen nach Sibirien geschleppt, wo sie verdorben und gestorben sind." — Es ist merkwürdig: Diese Gefühlsroheit, diese Mitleidslosigkeit gegenüber dem Ermordeten und dieses Mitempfinden, dieses frauenhaft zarte Mitleid mit den Mördern — das ist doch allen Freimaurern auf der ganzen Erde eigentümlich!

Seit 1826 hört man dann nichts mehr von der Freimaurerei in Rußland. Andere geheime Gesellschaften tauchen auf und trachten ihre „idealen" Zwecke mit Bombenanschlägen usw. zu verwirklichen; bezeichnenderweise haben dabei stets Juden ihre Hand im Spiele: so war der Anstifter des großen Bombenanschlages im Winterpalast des Zaren der Jude Hartmann; bei dem Bombenanschlag am 13. März 1881, dem der Zar Alexander II. zum Opfer fiel, war es die Jüdin Jesse Helfmann; der Stadtkommandant Trepow wurde von der Jüdin Wera Sassulitsch ermordet; der Mörder des russischen Ministers des Innern, Szipjagin, war ein Jude namens Bogolepow[1]) usw.

Seit der Revolution vom Jahre 1905 jedoch macht sich in der Freimaurerei wieder eine regere Anteilnahme an den Vorgängen im Innern Rußlands bemerkbar. In erster Linie ist es die freimaurerische „Acacia", die ihren Gefühlen die Zügel schießen läßt und uns durch ihre Offenherzigkeit geradezu verblüfft:

„Alle Republikaner und umsomehr alle französischen Freimaurer müssen glühende Wünsche hegen für den baldigen Triumph der russischen Revolution."[2]) Daß diese Revolution ein Werk der Freimaurer war, suchen die Brüder G. und A. L. Butmi in ihrem zweibändigen Buche zu beweisen: „Die Juden im Freimaurertum und die Revolution. Die Frei-

[1]) Vgl. „Staatsbürger-Zeitung", Berlin, vom 3. März 1904.
[2]) „Acacia", April 1905, Nr. 28, S. 253 ff.

maurer und der Landesverrat."[1]) „Welch große Rolle die Juden in der russischen Revolution gespielt haben und noch spielen, ist bekannt," sagt der Jude Genosse Bernstein in den „Sozialistischen Monatsheften".[2]) Aber damals war das russische Volk für die Segnungen einer Revolution offenbar noch nicht reif und die frommen Wünsche der „Acacia" gingen daher nicht in Erfüllung. Dagegen versuchte es die Freimaurerei neuerdings, von der russischen Regierung die gesetzliche Anerkennung zu erlangen. Minister Stolypin jedoch blieb fest und ließ sich auch durch Attentate, die von „unbekannter" Seite ausgingen, nicht einschüchtern. In dem ablehnenden Bescheid heißt es mit vollem Recht: Die Wohltätigkeitsziele der Freimaurerei lassen sich ganz gut auch durch offene Gesellschaften erreichen, die unter der Aufsicht der Regierung stehen; die politischen Ziele des Freimaurertums hingegen haben sich seit Beginn des vorigen Jahrhunderts, wo die Logen in Rußland verboten worden sind, nicht im geringsten geändert. Sehr wahr; der standhafte Minister Stolypin, der sich in keiner Weise einschüchtern ließ und kein Waschlappen war, wie so mancher unserer Staatsmänner von heute und gestern, wurde am 14. September 1911 ermordet. Wer war der Mörder? — Der russische Jude Herschkowitsch Begrow, genannt Dimitry Motel; er hatte es verstanden, sich in die russische Geheimpolizei einzuschleichen und erschoß den Ministerpräsidenten Stolypin im Theater in Gegenwart des Zaren.[3])

Wer sich von dem Mord Vorteile versprochen haben mag, das bleibe der Phantasie des Lesers überlassen.

Schon mit der russisch-englischen Verständigung (1906/07) setzte eine zielbewußte, freimaurerische Logenarbeit ein, die nach Stolypins Ermordung eine gewaltige Steigerung erfuhr: In ganz Rußland wurden Logen gegründet, die den Gedanken eines unbedingten Anschlusses an die freimaurerischen Staaten England, Frankreich und Italien mit aller Entschiedenheit vertraten. Als wichtiges Glied wurde Serbien in diese freimaurerische Kette eingefügt. Deutschland galt nunmehr als Todfeind, seine Fernhaltung von Rußland wurde von freimaurerischer Seite planmäßig betrieben;[4]) nicht mit Unrecht konnte daher einer der Hauptschuldigen, der Freimaurer Br.·. Graf Iswolski, vom Weltkreig als von „seinem" Kriege sprechen!

Der Sturz des Zaren Nikolaus II. am 28. Februar 1917 ist ebenfalls ein Werk der russischen Freimaurer unter Beihilfe ihrer englischen und französischen Logenbrüder. Die Regierung übernahm zunächst der Freimaurer Br.·. Fürst Lwow, der später von dem Freimaurer Br.·. Kerenski, einem Juden, abgelöst wurde.[5])

[1]) Erschienen 1905 und 1906 in St. Petersburg. — [2]) Zitiert in den „Hamburger Nachrichten" vom 3. März 1906. — [3]) „Die Geheimnisse der Weisen von Zion". S. 63. — [4]) Vgl. „Deutschland vor Gericht", Südd. Monatshefte, 17. Jahrg. 3. Heft, S. 218. — [5]) Vgl. „Die Geheimnisse der Weisen von Zion", 10. Seite.

...nnen. ... VII.
...e nicht ... Land ...

...g an ... er
1869 ... der
...s ... all
... Eduard ...
...gs nicht ... Eng-
...en ... der Frei-
...aurer, ... Minister
...ier sein ... Die
...wältigen der ... und ...
...en überall ... — ...
...e sind aber ...
...der", in Wirklichkeit ... sie
... wie etwa in der freimaurerischen

...ter Stelle betont, daß in England ...us Namen und Rang besitzt, des- ...wärts strebt und hinaufkommen ... Der englische Hochadel — an der ...ten Familie — dann die Minister, ...er, Bankdirektoren, Schiffsreeder ...ungsmänner, Advokaten, Geistliche, ... usw., alle, alle sind in England

...englischen Freimaurer treiben keine ...m gewissen Grade ...; weder die ...ungen treiben eine Politik im Sinne ...ranischen, portugiesischen und unga- ...orgt ihre Regierung, aber die ...n Welt sind sozusagen deren Voll- ...berühmte Satz besagen will: „Die ...Werk der Freimaurer![2]) Sie ...ußt im Geiste Chamberlains zu- ...rschaft. Der Einfluß einer ... Leute, die durch geheime ...e aneinander gekettet sind, ...eingeschätzt werden: Einer

... den österreichischen Kronprinzen
... oben S. 143.

fügt und führt eben den anderen und die „Bruderkette“ überspannt den ganzen Erdball, wobei man noch obendrein der Mithilfe der Brr .·. aller anderen Nationen überall versichert sein kann. Englische Logenblätter selbst sind es, die uns versichern, daß die guten Beziehungen zwischen England und den Vereinigten Staaten wesentlich gefördert wurden durch das brüderliche Zusammenwirken englischer und amerikanischer Freimaurer.[1])

Auch das ungemein starke Anwachsen des englischen Kolonialbesitzes in den letzten fünfzig Jahren beruht nicht zum geringsten Teil auf der tätigen Mithilfe der Freimaurer. Man bedenke nur, welche Erwerbungen Großbritannien allein in Südafrika gemacht hat! Die Voraussetzung für diesen Machtzuwachs, ja die Grundlage der englischen Weltherrschaft überhaupt, des Imperialismus im Sinne eines Chamberlain bildet eben, wie die Engländer selbst hervorheben, die englische Freimaurerei.

Dazu kommt aber noch etwas anderes. Wo immer sich in einem Lande Unruhen bemerkbar machten, da war England eifrig bemüht, diese Unruhen zu schüren und die Aufrührer mit Geldmitteln reichlich zu unterstützen. Das hat schon Deutschlands größter Staatsmann, Bismarck, mit scharfem Blicke klar überschaut: „Fremde Staaten mit Hilfe der Revolution bedrohen, ist heutzutage seit einer ziemlichen Reihe von Jahren das Gewerbe Englands.“ Wer Bismarcks Zeugnis vielleicht nicht gelten lassen will, dem sei vorgehalten, daß der italische Ministerpräsident, Br.·. Salandra, am 3. April 1916, anläßlich eines Besuches des englischen Ministerpräsidenten, Br .·. Asquith, selbst an jene Dienste erinnerte, die seinerzeit die englischen Premiers Gladstone und Palmerston der italischen Revolution geleistet hatten. Welche Rolle die Brüder Buxton auf dem Balkan spielten, ist so allgemein bekannt, daß man darauf nicht näher einzugehen braucht. Ebenso wurde die revolutionäre Sache in Portugal, in Brasilien, in China, in Persien usw. von England aus mit Geldmitteln ausgestattet. Was aber hat das mit den Freimaurern zu tun? Sehr viel. Ohne Geld läßt sich heutigen Tages eine Revolution noch weniger machen, als je in früheren Zeiten. Das erste, was die Revolutionsmänner brauchen, ist daher Geld, Geld und wieder Geld. (Siehe Spartakusleute und die bolschewistischen Millionen!) An wen aber können sie sich ungefährdet wenden? Wenn sie Freimaurer sind — und das ist die Regel, denn die Freimaurerei bildet heutzutage eine Art wechselseitiger Versicherungsgesellschaft gegen Verhaftung und Hinrichtung — so brauchen sie bloß die Füße in den rechten Winkel zu stellen und die Hilfe ihrer Brüder

[1]) „The Freemason's Chronicle“, 1901, II, S. 135.

XXI.

Die revolutionäre Freimaurerei der Engländer.

Die englische Freimaurerei ist in einem wesentlichen Punkte verschieden von der in anderen Ländern; sie wirkt nicht revolutionär gegenüber dem eigenen Staate selbst, sondern hat sich im Gegenteil zu einer Einrichtung entwickelt, die sich dem Staate überall dort zur Verfügung stellt, wo er ihrer bedarf, um in fremden Staaten revolutionäre Umtriebe zu begünstigen.

Die englische Freimaurerei, wie sie in der „Vereinigten Großloge von England“ verkörpert ist, stellt sich als die gewaltigste Freimaurerorganisation der Welt dar; sie wird ziffermäßig allerdings durch die Freimaurerei in den Vereinigten Staaten Nordamerikas übertroffen, der jedoch die innere Geschlossenheit fehlt, da jeder Staat seine eigene, vollkommen unabhängige Großloge besitzt.

London allein zählte nach dem Stande von 1918 nicht weniger als 729 Logen; dazu kommen 1749 Logen in den Provinzen und 677 in den Kolonien und im Ausland; weiters gibt es in England 46 Provinzial-Großlogen, ferner 30 Distrikts-Großlogen in Indien, Australien, Süd-Afrika und anderen Kolonien, sowie in Argentinien, Japan und China. Sozusagen als Mittelbehörden zwischen den Logen und Provinzial-, beziehungsweise Distrikts-Großlogen bestehen nicht weniger als 1067 Kapitel, wovon in London allein 256 arbeiten, während in den Provinzen 620, in den Kolonien und im Auslande 191 Kapitel tätig sind. Auffallend ist endlich die hohe Anzahl der Unterrichtslogen, deren es in London 286, in den Provinzen aber 345 gibt.

Diesen Ziffern entspricht natürlich auch eine ganz außerordentlich hohe Zahl von Brüdern; während des Weltkrieges ist sie sprunghaft hinaufgeschnellt und beträgt gegenwärtig bereits rund 450000, worin die Logenmitglieder in den Kolonien und im Auslande einbezogen sind, soweit sie der „Vereinigten Großloge von England“ unterstehen.

Diese genauen Angaben sind notwendig, damit man sich einen annähernden Begriff von dem Umfang und der Bedeutung der englischen Freimaurerei machen kann. Ausdrücklich sei bemerkt, daß die 50000 Brüder in Schottland einer eigenen Großloge unterstehen, desgleichen die 18000 irischen Brüder, welche der Großloge von Irland in Dublin angehören.

Großmeister der „Vereinigten Großloge von England" ist der Herzog von Connaught, derselbe, dem vor kurzem die freimaurerische Tageszeitung „Vilag" in Ofenpest gerne als König von Ungarn gehuldigt hätte. Der Herzog von Connaught ist der Bruder „des größten Freimaurers der Welt", des verstorbenen **Königs Eduard** VII. Da Eduard VII. der Vater des Einkreisungsgedankens ist, so ist es angezeigt, mit wenigen Strichen die Stellung zu skizzieren, welche er in der Freimaurerei eingenommen hat. König Eduard VII. hat nach den Angaben englischer Freimaurer-Kalender im Jahre 1868 in Stockholm das Licht erhalten, und zwar wurde er vom König von **Schweden** in die Freimaurerei aufgenommen; seit 1874 war er

1. **Großmeister** der „Vereinigten Großloge von England". Außerdem bekleidete er im Jahre 1900, also noch als Prinz von Wales, folgende maurerischen Würden und Ämter:
2. Grand Principal **Zorobabel**, d. h. er war Chef des höchsten Generalkapitels der Royal-Arch-Maurer in England;
3. Großmeister der Großloge der Mark Master Masons in London;
4. Groß-Schutzherr (Grand patron) des höchsten Rates der 33 .·. in London;
5. „Souverän des Ordens" des Großpriorats (der **Templer**) im vereinigten Königreich;
6. Schutzherr (patron) der Großloge von Schottland;
7. „Souverän" des „Generalkapitels des religiösen und militärischen Ordens des Tempels in Schottland";
8. **Erblicher** Großmeister des — angeblich — 1314 von König Robert Bruce wiederhergestellten königlichen Ordens von Schottland „Heredom von Kilwining u. R. S. Y. C. S."; endlich
9. Schutzherr der Großloge von Irland. — Wozu diese Aufzählung? Könnte man da nicht gerade so gut seine übrigen Titel und Würden anführen? — Es handelt sich hier in den meisten Fällen weder um prunkhafte Titel ohne Inhalt noch um bloße Würden ohne Macht. Der Prinz von Wales und spätere König von England, Eduard VII., ist nicht zu vergleichen mit jenen Fürsten und Königen, welche im Maurerleben ein bloßes Scheindasein führten und nicht selten mit Hohn und Spott von ihren „Brüdern" überschüttet wurden; Eduard VII. gehörte nicht zu jenen gekrönten Häuptern, denen man bloß zum Scheine hohe Würden verlieh, ohne sie in die Geheimnisse einzuweihen; er gehörte nicht zu jenen Fürsten, für die man, statt ihnen die wirklichen Hochgrade zu verleihen, ein besonderes Rituale ersand, aus dem alles ausgemerzt worden war,

was etwa ihren Verdacht hätte erregen können: Kurz Eduard VII. war wirklich ein „Wissender", er hatte nicht bloß die Titel und Würden, sondern auch die dazu gehörige Macht.[1])

In der Regel ist der englische König ein bloßer Figurant, ein Schattenkönig ohne Einfluß, denn seit 1689 liegt der Inbegriff der Macht beim englischen Parlament, das tatsächlich regiert und alle Rechte namens des Volkes ausübt. Eduard VII. hingegen besaß die gesamte Fülle der Macht, allerdings nicht als König von England, Schottland und Irland, sondern als oberster Chef der Freimaurerei, dem alle anderen Freimaurer, mochten es nun Minister oder Parlamentarier, Lords oder Bürger sein, unterstanden. Wie verträgt sich dies aber mit den Grundsätzen der Freiheit und Gleichheit, zu denen sich die Freimaurer doch überall bekennen? — Offensichtlich garnicht! Diese Grundsätze sind aber auch nur ein lockendes Aushängeschild für den „süßen Pöbel", in Wirklichkeit bestehen sie in der Freimaurerei ebensowenig, wie etwa in der freimaurerischen französischen Republik.

Es wurde bereits an anderer Stelle betont, daß in England noch mehr als anderswo alles, was Namen und Rang besitzt, desgleichen aber auch alles, was vorwärts strebt und hinauskommen will, der Freimaurerei angehört. Der englische Hochadel — an der Spitze die Mitglieder der königlichen Familie — dann die Minister, die Parlamentarier, Börsenmänner, Bankdirektoren, Schiffsreeder und Seeoffiziere, Kaufleute, Zeitungsmänner, Advokaten, Geistliche, natürlich auch der Großrabbiner usw., alle, alle sind in England Freimaurer.

Nun heißt es freilich, die englischen Freimaurer treiben keine Politik. Das ist ja bis zu einem gewissen Grade richtig; weder die Freimaurer als solche noch die Logen treiben eine Politik im Sinne ihrer französischen, italischen, spanischen, portugiesischen und ungarischen Brüder: für die Politik sorgt ihre Regierung, aber die englischen Freimaurer der ganzen Welt sind sozusagen deren Vollzugsorgane. Das ist es, was der berühmte Satz besagen will: „Die Größe Britanniens ist das Werk der Freimaurer![2]) Sie alle arbeiten bewußt und unbewußt im Geiste Chamberlains zugunsten der britischen Weltherrschaft. Der Einfluß einer halben Million rühriger Leute, die durch geheime und geheimnisvolle Bande aneinander gekettet sind, kann gar nicht hoch genug eingeschätzt werden: Einer

[1]) Eduard VII. hat als Prinz von Wales den österreichischen Kronprinzen Rudolf in die Freimaurerei eingeführt; vgl. oben S. 143.

[2]) „The Freemason's Chronicle", 1902, I, S. 319.

stützt und führt eben den anderen und die „Bruderkette" überspannt den ganzen Erdball, wobei man noch obendrein der Mithilfe der Brr.·. aller anderen Nationen überall versichert sein kann. Englische Logenblätter selbst sind es, die uns versichern, daß die guten Beziehungen zwischen England und den Vereinigten Staaten wesentlich gefördert wurden durch das brüderliche Zusammenwirken englischer und amerikanischer Freimaurer.[1])

Auch das ungemein starke Anwachsen des englischen Kolonialbesitzes in den letzten fünfzig Jahren beruht nicht zum geringsten Teil auf der tätigen Mithilfe der Freimaurer. Man bedenke nur, welche Erwerbungen Großbritannien allein in Südafrika gemacht hat! Die Voraussetzung für diesen Machtzuwachs, ja die Grundlage der englischen Weltherrschaft überhaupt, des Imperialismus im Sinne eines Chamberlain bildet eben, wie die Engländer selbst hervorheben, die englische Freimaurerei.

Dazu kommt aber noch etwas anderes. Wo immer sich in einem Lande Unruhen bemerkbar machten, da war England eifrig bemüht, diese Unruhen zu schüren und die Aufrührer mit Geldmitteln reichlich zu unterstützen. Das hat schon Deutschlands größter Staatsmann, Bismarck, mit scharfem Blicke klar überschaut: „Fremde Staaten mit Hilfe der Revolution bedrohen, ist heutzutage seit einer ziemlichen Reihe von Jahren das Gewerbe Englands." Wer Bismarcks Zeugnis vielleicht nicht gelten lassen will, dem sei vorgehalten, daß der italische Ministerpräsident, Br.·. Salandra, am 3. April 1916, anläßlich eines Besuches des englischen Ministerpräsidenten, Br.·. Asquith, selbst an jene Dienste erinnerte, die seinerzeit die englischen Premiers Gladstone und Palmerston der italischen Revolution geleistet hatten. Welche Rolle die Brüder Buxton auf dem Balkan spielten, ist so allgemein bekannt, daß man darauf nicht näher einzugehen braucht. Ebenso wurde die revolutionäre Sache in Portugal, in Brasilien, in China, in Persien usw. von England aus mit Geldmitteln ausgestattet. Was aber hat das mit den Freimaurern zu tun? Sehr viel. Ohne Geld läßt sich heutigen Tages eine Revolution noch weniger machen, als je in früheren Zeiten. Das erste, was die Revolutionsmänner brauchen, ist daher Geld, Geld und wieder Geld. (Siehe Spartakusleute und die bolschewistischen Millionen!) An wen aber können sie sich ungefährdet wenden? Wenn sie Freimaurer sind — und das ist die Regel, denn die Freimaurerei bildet heutzutage eine Art wechselseitiger Versicherungsgesellschaft gegen Verhaftung und Hinrichtung — so brauchen sie bloß die Füße in den rechten Winkel zu stellen und die Hilfe ihrer Brüder

[1]) „The Freemason's Chronicle", 1901, II, S. 135.

anzurufen. Das weitere vollzieht sich dann mit derselben Regelmäßigkeit und Genauigkeit wie ein der Post übergebener Auftrag in Friedenszeit. Der Freimaurer empfiehlt den Bruder weiter, wieder an einen Freimaurer und so fort. Verschwiegenheit ist hier wirklich Ehrensache, denn kein Bruder darf den anderen je verraten, zumal Empörung und Aufruhr keine maurerischen Vergehen sind. So gelangt denn schließlich der Wunsch der Empörer zur Kenntnis eines Freimaurers, der in der Regierung sitzt, und wenn halbwegs Aussicht auf Erfolg besteht, so wird die geldliche Hilfe auch gewährt. Das macht weiter keine Schwierigkeiten; die Engländer sind geborene Kaufleute und ausgezeichnete Rechenmeister, sie wissen daher sehr genau, daß sie ihre Kosten immer wieder mit Zinsen und Zinseszinsen hereinbringen. Und vor allem — sie sind großzügig. Im englischen Budget besteht ein Ausgabeposten von kolossaler Höhe, über welche noch nie ein Finanzminister von einem Parlamentsmitglied um Aufklärung ersucht wurde. Das ist das berühmte Konto E, für das alljährlich 5 Millionen Pfund Sterling — nach unserem Gelde 125 Millionen Kronen — ausgeworfen werden. Wem diese Summen zunächst zur Verfügung stehen, ist ebenfalls bekannt: Dem „Agitationsamt für die Verwirklichung politischer Ziele"; dazu gehört die Unterstützung revolutionärer Bewegungen im Ausland ebenso wie die Veranstaltung und Durchführung politischer Meuchelmorde. Wir wissen auch, wo dieses seltsame, auf der ganzen Welt wohl einzig dastehende Amt seinen Sitz hat: in London, Southend, Hamptoncourtstreet 112. Von diesem Agitationsamt wurden — nach einem sehr glaubwürdigen Bericht, den die „Hessische Landeszeitung" über Kopenhagen erhalten hat, die geldlichen Mittel bereitgestellt, welche sowohl bei der Ermordung des französischen Sozialistenführers Jaurès, als bei der des russischen Ministers Grafen Witte nötig waren. Aus derselben Geldquelle flossen auch jene Summen, die für die Mordanschläge auf den König von Bulgarien, auf Sir Roger Casement (durch den englischen Gesandten Findlay in Christiania) und vielleicht auch bei dem Morde in Sarajewo in Anspruch genommen wurden. Jedenfalls ist es sehr bezeichnend, daß an der Spitze dieses Zweiges des Agitationsamtes — der „Mordabteilung" könnte man sagen — ein gewisser Major Susley steht, von dem bezeugt ist, daß er mit dem Major Br.·. Tankosic, dem bekannten Anstifter des Mordes an dem Erzherzog Franz Ferdinand, in fortgesetzten Beziehungen stand.

Sehr bemerkenswert ist auch die Aussetzung von Kopfpreisen. Ein Fall wurde bereits früher erwähnt, nämlich daß 1870 die Pariser Loge „Henri IV." auf den Kopf König Wilhelms von Preußen und des Kronprinzen einen Preis von einer Million Franken aussetzte;[1]) die Mazzinistischen Komitees arbeiteten bekanntlich in Italien mit denselben Mitteln.[2]) Genau das gleiche tut aber auch England, und zwar nicht erst seit heute oder gestern, sondern schon seit Jahrhunderten. So setzte England, um nur ein geschichtliches Beispiel der Vergessenheit zu entreißen, auf den Kopf des Thronanwärters Karl Eduard von Stuart einen Preis von 30000 Pfund Sterling aus, ein Judaslohn, den sich allerdings niemand verdienen wollte. Dasselbe tat aber auch Br.·. *Lord Kitchener*, der für die Ermordung des türkischen Ministers des Innern, Talaat Bey, einen Preis von 20000 Pfund Sterling (500000 Kronen) aussetzte. Diese Tatsache wurde im Verschwörungsprozeß von Konstantinopel ausdrücklich festgestellt. Dessenungeachtet wurde aber Br.·. Kitchener von der „Vereinigten Großloge von England" als *Musterfreimaurer* gefeiert; die Massenmorde an Burenfrauen und -kindern in den berüchtigten Konzentrationslagern Südafrikas hatten ihm also in den Augen der englischen Freimaurer ebensowenig geschadet wie die Anwerbung von Meuchelmördern! *Worin also besteht dann noch ein Unterschied zwischen den serbischen Mordbuben und den englischen Freimaurern?*

Vielleicht aber war diese Tatsache den englischen Brüdern damals noch nicht bekannt; so mußte ihnen doch zumindest jene Rolle bekannt sein, welche Br.·. Magalhães Lima in Portugal gespielt hatte; *trotzdem* aber empfingen sie diesen portugiesischen Revolutionär, der im Besitze des „Geheimnisses" von dem bevorstehenden Königsmorde war — und es auch den französischen Brr.·. zur Kenntnis brachte — mit allen Ehren, die ihm als Großmeister gebührten, sie nahmen ihn ohne jedes Bedenken auf, genau so wie sie seinerzeit Br.·. Garibaldi und unzählige andere Rebellen aufgenommen haben, die bei ihnen Zuflucht, Trost, Beistand und Schutz gesucht haben. *Empörung und Aufruhr sind eben keine maurerischen Vergehen und wer einen Schlag gegen die „Tyrannei" (Monarchie) führen will, darf sich dabei unter Umständen auch verwerflicher Mittel bedienen.* Nur wenn man diese Anschauung, die nicht bloß gelegentlich von Freimaurern geäußert, sondern stets und immer wieder praktisch betätigt wird, als einen allgemein anerkannten *Grundsatz* der Weltfreimaurerei betrachten und gelten lassen will, erscheint das Rätsel gelöst und alle Widersprüche finden so ihre natürliche und einleuchtende Erklärung.

Die englische Freimaurerei also richtet sich weder gegen den eigenen Staat noch gegen das Königtum, sie richtet sich nicht gegen den Adel und auch nicht gegen die Kirche. Es wurde bereits früher hervorgehoben, daß die „Vereinigte Großloge von England" eine der

[1]) Vgl. auch S. 82. [2]) Siehe S. 96.

ersten war, die alle Beziehungen zum „Grand-Orient de France“ abbrach, als er 1877 das Weltbaumeister-Symbol abschaffte. Diese Beziehungen wurden auch, trotz vielfacher Bemühungen auf französischer Seite, bis zum Ausbruch des Weltkrieges nicht wieder hergestellt, denn die englischen Freimaurer fordern den Glauben an Gott, wenn sie auch das Religionsbekenntnis der freien Überzeugung des Einzelnen überlassen. Gegen den Adel aber können sie schon deshalb nicht auftreten, weil ein Großteil des hohen und niederen Adels ihren Reihen angehört und vielfach die entscheidenden Stellen innehat. So ist der Stellvertreter des Großmeisters Herzog von Connaught, der bekannte Lord Ampthill, der zugeteilte Großmeister ist der Baronet Thomas Frederick Halsey.

Welche Stellung nimmt also die Freimaurerei ein? Sie ist staatserhaltend und fördert zugleich in tatkräftigster Weise die englische Weltherrschaft; aus eben diesem Grunde wirkt sie den anderen Staaten gegenüber zersetzend und zerstörend, wofern sie sich dem englischen Imperialismus gegenüber ablehnend verhalten. Von republikanischen Neigungen oder Bestrebungen ist bei ihr so gut wie nichts zu verspüren. Das erklärt sich aber einfach aus der Tatsache, daß England schon seit 1689 Republik ist, allerdings eine Republik mit einem König an der Spitze, oder — anders ausgedrückt — eine parlamentarische Monarchie. Paßt ihnen der König nicht, so haben sie immer die Möglichkeit, ihn abzusetzen oder die ganze Dynastie davonzujagen, so wie sie seinerzeit die Stuarts weggeblasen haben.

Das Band, das in England den Staat und die Freimaurerei so eng umschlingt, ist das der gemeinsamen Ziele und des gemeinsamen Vorteiles. Nach Weltbeherrschung strebt die Freimaurerei, nach Weltherrschaft strebt auch der britische Staat; der Vorteil der Freimaurerei hängt mit den Vorteilen des englischen Staates aufs engste zusammen; Wohl und Wehe des einen Teiles ist gleichbedeutend mit dem Gedeihen und Verderben des anderen. Das bringt es mit sich, daß auch die Arbeitsweise beider in vielen Punkten eine verblüffende Übereinstimmung aufweist. Beide arbeiten mit Schlagworten, die auf die Irreführung der Massen berechnet sind. Es gibt in der Freimaurerei keine „Gleichheit“; die Tatsache, daß den Befehlen der höchsten Grade widerspruchslos von den unteren Graden gehorcht werden muß, ist ein blutiger Hohn auf die vielgerühmte Gleichheit. Es gibt auch keine Freiheit; die scharfe Zensur, der die Veröffentlichungen der Brüder unterliegen, steht in schreiendem Gegensatz zu jener Freiheit, die sie stets im Munde führen. Wie der Kampf gegen die „Tyrannei“, gegen die „Barbarei“, gegen die Unterdrückung geführt, und mit welchen Mitteln er geführt wird, haben wir bereits an zahlreichen Beispielen gesehen. Genau dieselben Schlagworte verwendet aber auch der englische Staat; auch er kämpft für die „Befreiung" der kleinen „unterdrückten" Nationen, er kämpft gegen die „Tyrannei" der Mittelmächte, gegen die „Barbarei", er kämpft selbstverständlich für die „Gerechtigkeit, Humanität und Zivilisation". Genau so steht es mit dem Schlagwort „Gerechtigkeit". „Gerechtigkeit gegenüber allen Nationen" ist die Losung, die von der Freimaurerei öffentlich ausgegeben wird, in Wirklichkeit verwandelt sie sich jedoch zur größten Ungerechtigkeit gegenüber den Deutschen. Der Presse Br.:. Northcliffes war kein Mittel zu schlecht, keine Lüge zu groß, keine Entstellung zu niedrig, um sie zu verwenden. Damit aber handelte er ganz im Geiste des größten Freimaurers des 18. Jahrhunderts, Voltaires, der seine Freunde wiederholt zur Lüge geradezu aufforderte: „Man muß lügen, wie der Teufel, nicht bloß zaghaft, sondern keck und folgerichtig bis zum Ende." Und an anderer Stelle: „Die Lüge ist nur dann ein Laster, wenn sie Böses stiftet; sie ist eine sehr große Tugend, wenn sie Gutes zeitigt." Genau nach dieser Richtschnur hat insbesondere während des Krieges auch die englische Regierung gehandelt, welche die ganze Welt mit einem Meer von Lügen überschwemmte.

Der Freimaurer bedient sich zur Erreichung seiner eigenen Ziele seiner „Brüder", die er vorschiebt und für sich arbeiten läßt; der ideal veranlagte Deutsche vielleicht weniger, um so mehr der praktisch denkende Engländer. Desselben Mittels bediente sich Englands Politik seit jeher und ganz besonders im Weltkrieg. Alle Staaten, mit denen es auf freundlichem Fuße stand oder auch nur losere Beziehungen unterhielt, wurden nach Möglichkeit in den Krieg hineingezwungen. Man denke an Portugal, an die kleinen mittelamerikanischen Staaten, wie Guatemala, Costarica usw. Man denke an Japan, an Liberia und an jene Mächte, die, wie Brasilien, genötigt wurden, die Beziehungen zu den Mittelmächten abzubrechen. Von den eigenen Kolonialstaaten Kanada, Südafrika, Ostindien und Australien ganz zu schweigen. Durch wen aber wurden diese Staaten zu ihrer feindseligen Haltung bestimmt? Etwa durch die englische Regierung selbst? Das wäre vergebliche Mühe gewesen. Da wurden die Freimaurer in Tätigkeit gesetzt, in erster Linie selbstverständlich die eigenen Großlogen, in den Kolonien sowohl wie im Ausland. Und die dreißig englischen Distriktsgroßlogen in Indien, Australien, Südafrika und den anderen Kolonien, dann die in Argentinien, Japan und China haben gewiß ihre Schuldigkeit im vollsten Maße getan; sie erreichten das, was der englischen Regierung als solcher unerreichbar gewesen wäre. Und die 677 englischen Logen im Ausland sind gar gewaltige Mithelfer; rechnet man jede Loge im Durchschnitt bloß mit 100 Logenbrüdern, so ist das ein Heer von 67000 Ränkeschmieden, die bei der bekannten Beweglichkeit und Lebhaftigkeit der Freimaurer einen außerordentlichen Einfluß auszuüben in der Lage sein müssen, zumal wenn sie gleichgeartete Weisungen von seiten der Hauptstelle, der „Vereinigten Großloge von England", erhalten. Und nun gar erst ihr Einfluß auf die Brüder der anderen Staaten und Nationalitäten. Rechtzeitig hatte man dafür Sorge getragen, daß fremde Herrscher und machtvolle Persönlichkeiten dem Freimaurerorden eingegliedert wurden: So der Br∴ Sultan von Zanzibar, der Br∴ Emir von Afghanistan, der Br∴ Sultan von Johore, der japanische Staatsmann Br∴ Vicomte Hayasi und hundert andere; sie gehören englischen Logen an, andere wieder genießen als besuchende Brüder das Gastrecht der englischen Logen. Es wurde bereits darauf hingewiesen, daß die Gesamtzahl der Freimaurer auf der ganzen Erde 2358140 beträgt[1]) und von diesen kaum 100000 als deutsch oder deutschfreundlich angesehen werden können. Die restlichen $2^1/_4$ Millionen standen teils von vornherein im feindlichen Lager, teils wurden sie durch die zähe und zielbewußte Arbeit der Freimaurer der feindlichen Staaten hiefür gewonnen, teils nahmen sie an den Weltgeschehnissen überhaupt keinen Anteil.

Man hat sich unendlich viele Mühe gegeben klarzustellen, wem Deutschland und Österreich es eigentlich zu verdanken hatten, einer *Welt von Feinden* gegenüberzustehen. Auf die albernsten, einfältigsten und sinnlosesten Erklärungen und Deutungen ist man verfallen; das *Nächstliegende* wurde übersehen, weil sich nur wenige über das Wesen, den Umfang und die Bedeutung der Freimaurerei ein Urteil gebildet hatten und die Stimmen dieser wenigen im Geschrei der allzuvielen ungehört verhallen mußten. Hier aber liegt nun tatsächlich des Rätsels Lösung: Die Heranziehung einer solchen Unzahl von Feinden ist aus *einem* Punkte restlos zu erklären: **Aus der weltumspannenden, alles umfassenden Freimaurerei, an deren Spitze seit zwei Jahrhunderten England marschiert.**

---

[1]) Derzeit dürfte die Gesamtzahl der Freimaurer drei Millionen bereits übersteigen.

XXII.

Die Freimaurerei in den nordischen Staaten.

Auch in der Geschichte Schwedens begegnen wir einem freimaurerischen Morde, dessen Erinnerung wieder aufgefrischt werden soll, weil er den Grundgedanken dieser Schrift erhärtet, daß die Freimaurer zwecks Erreichung ihrer Ziele unter Umständen auch vor verbrecherischen Mitteln nicht zurückschrecken.

Es handelt sich um ein Ereignis, das in die Zeit der „glorreichen" französischen Revolution fällt. Der Schweden-König Gustav III. war damals der Verbündete Ludwigs XVI. von Frankreich. Als dieser (im Juni 1791) nach Varennes flüchtete, wollte König Gustav mit seiner Armee bis gegen die französische Grenze vorrücken, um seinen Verbündeten zu empfangen und zu beschützen. Der Herzog von Südermanland, der damals Großmeister der Loge war, ließ jedoch seinen Bruder Gustav III. durch den Freimaurer Ankarström ermorden (16. März 1792). Diese Mitteilung stammt von dem Freimaurer L. Ch. Cadet-Gassicourt, einem Pariser Advokaten, der durch die Revolution sehend gemacht, der Freimaurerei empört den Rücken kehrte und seine Erlebnisse und Wahrnehmungen der Öffentlichkeit übergab.[1]) Sie wird uns überdies von anderer Seite bestätigt, und zwar ebenfalls von Freimaurern, die noch hinzufügen, daß die Ermordung sowohl Gustav III. als auch Ludwig XVI. bereits in einer Freimaurerversammlung in Frankfurt a. M. im Jahre 1786 beschlossen worden sei.[2]) Für sich allein mag diese Tatsache nichts beweisen, denn Morde kamen schließlich zu allen Zeiten und an allen Orten vor; im Zusammenhalt mit anderen gleichartigen Fällen spricht sie allerdings eine beredte Sprache.

Das Logenleben ist in Schweden stark entwickelt. Die „Große Landesloge von Schweden" in Stockholm wurde im Jahre 1760 gegründet, nachdem schon seit 1731 eine Johannisloge bestanden hatte.

---

[1]) Le tombeau de Jacques Molay etc., Paris 1794, zitiert in „Die Freimaurerei Österreich-Ungarns", Wien 1897, S. 185.

[2]) Ebenda, S. 189.

Jetzt unterstehen der schwedischen Großloge 13 Andreas- (Schotten-Logen) und 28 Johannislogen mit insgesamt 14811 Brüdern.

An der Spitze des ganzen Ordens steht als Ordensmeister König Gustav V. von Schweden. Landesgroßmeister ist nach altem Herkommen der Kronprinz (derzeit Gustav Adolf), ebenso bekleiden andere königliche Prinzen hohe Würden.

Die schwedische Lehrart der Freimaurerei wurde bereits an anderer Stelle hinlänglich genau besprochen, wobei auf die furchtbaren Eide und Strafen dieses Systems besonders aufmerksam gemacht wurde. Auch darauf wurde bereits hingewiesen, daß nach schwedischem System die Freimaurerei bis auf den jüdischen König Salomon zurückgeführt wird und daß die Würde des Ordensmeisters sich in seinem Geschlechte vererben soll. Nun wissen wir, daß das gegenwärtige Königshaus auf den französischen Marschall Bernadotte zurückzuführen ist, der, 1810 zum Thronfolger erwählt, im Jahre 1818 als Karl XIV. den schwedischen Thron bestieg. Marschall Bernadotte war am 26. Januar 1763 als Sohn eines kleinen Provinzadvokaten in Pau (Frankreich) geboren worden; wenn wir der Versicherung Glauben schenken dürfen, daß Bernadottes Eltern jüdischer Abkunft gewesen seien, so wäre das ein ganz reizender Witz, den sich da wieder einmal die Weltgeschichte geleistet hat. Oder war das vielleicht beabsichtigt??

In diesem Zusammenhang muß auch des „Unfalls" gedacht werden, den der verstorbene Oskar II., König von Schweden und Norwegen, erlitten hat. Er war als Freimaurer eifrig tätig, war Ordensmeister sowohl der Großloge von Schweden als der Großen Landesloge von Norwegen und „Past Grand Master" der Großloge von England; er war es auch, der den Prinzen von Wales, den späteren König Eduard VII. von England, in die Freimaurerei eingeführt hat. Als oberster Chef der Freimaurerei seines Landes führte er den Titel „Weisester Vikar Salomons" und wurde gelegentlich von freimaurerischen Blättern auch als „protestantischer Papst" und sogar als „Freimaurerpapst" bezeichnet. Dessenungeachtet hatte er in Freimaurerkreisen zahlreiche Gegner, die sich nicht scheuten, ihn in ihren Zeitungen anzugreifen und zu verhöhnen. Einmal hielt er in diesen Kreisen eine etwas salbungsvolle Rede, weshalb ihn die „Bauhütte"[1]) angriff und ihn warnte, innerhalb des Bundes die traurige Rolle eines Cagliostro (!) weiter zu spielen! Das war stark; aber es kam noch ganz anders. Norwegen war mit Oskar II. Regierungstätigkeit seit langem unzufrieden. Als alle wohlgemeinten Vorschläge

[1]) „Bauhütte", 1887, S. 133.

und Wünsche nichts fruchteten, wurde er kurzerhand seines Thrones entsetzt, und zwar war es die Loge von Karlstad, wo die Verhandlungen über die künftigen Beziehungen zwischen beiden Staaten stattgefunden hat.[1]) Nicht einmal seine Würde als Ordensmeister hatte ihn vor diesem Schicksal bewahren können. — Schwedens Staatsmänner sind zumeist Freimaurer, so z. B. der ententefreundliche schwedische Minister des Äußern, Herr Wallenberg, und sein einflußreicher Bruder;[2]) auch die sozialdemokratischen Führer sind regelmäßig Freimaurer, so Br.·. Branting, der auf dem Stockholmer Kongreß (1917) eine bedeutende Rolle spielte.

Der gegenwärtige König von Norwegen, Br.·. Haakon, nimmt im Orden keine besondere Stellung ein. Ordensmeister ist gegenwärtig ein Bürgerlicher, der praktische Arzt Johann Gottfried Conradi, Ordensstatthalter ist ein Stadtsekretär namens Sörenssen usw.; man sieht, auch die Freimaurer des Nordens tragen dem demokratischen Zeitgeist Rechnung und sind bestrebt, den Einfluß des „erblichen" Königshauses von der „königlichen Kunst" fernzuhalten. Die Große Landesloge von Norwegen umfaßt 1 Stewardsloge, 3 Andreas-(Schotten)-Logen und 12 Johannislogen mit 4800 Brüdern.

Die große Landesloge von Dänemark, an deren Spitze König Christian X. als Ordensmeister steht, hat ungefähr die gleiche Mitgliederzahl, wie die von Norwegen, nämlich 4735 Brüder; sonst ist über sie nicht viel zu sagen. — Und doch: Eben jetzt ist man in Dänemark im Begriffe, auch dort mit dem Königtum Schluß zu machen! Wer steht an der Spitze der republikanischen Bewegung? Der Herr Ministerpräsident und Br.·. Dr. Zahle, Großsiegelbewahrer der Großen Landesloge von Dänemark.

---

[1]) Vgl. „Revue Maçonnique", Februar 1906, Nr. 311 S. 28.

[2]) Vgl. „Deutschland vor Gericht" von Ernst Graf Reventlow in den Süddeutschen Monatsheften", 17. Jahrgang, Nr. 3, Seite 218.

XXIII.

Die monarchisch-republikanische Freimaurerei in Deutschland.

Diese etwas sonderbare Überschrift wird durch die Tatsachen selbst gerechtfertigt.

Solange die Monarchie bestand, ließen es die drei altpreußischen Logen an Huldigungen dem Herrscherhaus gegenüber durchaus nicht fehlen. Kein Anlaß ging vorüber, ohne daß nicht eine mehr oder minder schwungvolle Ergebenheitskundgebung an den Kaiser gerichtet worden wäre. Zahlreiche Logen drücken schon durch ihren Namen staatstreue und monarchische Gesinnung aus; wir finden da Logen wie: „Friedrich zur askanischen Treue“ (in Ballenstedt a. H.), „Wilhelm zur ostpreußischen Treue“ (Bartenstein), „Friedrich Wilhelm zur Morgenröte“ (Berlin), „Friedrich Wilhelm zur gekrönten Gerechtigkeit“ (Berlin), „Friedrich zur Gerechtigkeit“ (Berlin), „Friedrich Wilhelm zum eisernen Kreuz“ (Bonn), „Luise zur gekrönten Schönheit“ (Charlottenburg), „Wilhelm zur strahlenden Gerechtigkeit“ (Kulm-Schwetz), „Friedrich Leopold zur Morgenröte“ (Görlitz), „Hohenzollern treu und beständig“ (Magdeburg), „Friedrich Wilhelm zur Wahrheit und Treue“ (Rathenow), „Prinz von Preußen zu den drei Schwertern“ (Solingen), „Hohenzollern“ (Wiesbaden) usw. usw. Die meisten der eben genannten Logen, denen noch Dutzende mit ähnlichen Namen an die Seite gestellt werden könnten, gehören der „Großen Landesloge der Freimaurer von Deutschland“ (in Berlin) an.

Ja, konnte man denn überhaupt an dem streng monarchischen Charakter der altpreußischen Logen auch nur einen Augenblick zweifeln? Waren nicht hunderte von deutschen Offizieren Mitglieder der Freimaurerei? Haben sich nicht über 2000 Brüder im Weltkrieg das eiserne Kreuz verdient? Hat man in Freimaurerkreisen nicht gerade den altpreußischen Logen immer und immer wieder den Vorwurf gemacht, sie buhlten um Fürstengunst, weil ein Schutzherr aus königlichem Stamme an ihrer Spitze stünde? Und haben denn die übrigen Großlogen nicht alles getan, was von ihnen billigerweise verlangt werden kann? Wurden nicht z. B. von Br. . :. Bode Vorträge über den „Deutschen Siegeswillen“ veranstaltet? Haben nicht fünf

Hamburger Logen allein 1000 Mark als U-Bootspende aufgebracht? Hat sich nicht der deutsche Großlogentag von 1917 wärmstens für die Kriegsbeschädigten eingesetzt? Haben nicht die Hamburger Großloge und die Großloge „Zur Sonne" sogar die Beziehungen zur Schweizer Großloge „Alpina" abgebrochen (1916), weil sie eine deutschfeindliche Haltung einnahm? Und wurden nicht die Beziehungen der deutschen Großlogen zu denen in feindlichen Ländern während des Weltkrieges abgebrochen?

Alles stimmt; nur der letztgenannte Satz bedarf einer kleinen Richtigstellung. Abgebrochen wurden bloß die Beziehungen zum französischen und italischen Großorient, die zu den Großlogen der üblichen feindlichen Länder sollten bloß „ruhen". (Erklärung des deutschen Großlogentages vom 29. Mai 1915.) Was aber ist mit der kleinen U-Bootspende, mit den paar Vorträgen Br∴ Bodes und mit den verschiedenen Wohltätigkeitsakten eigentlich bewiesen? Was mit den Huldigungstelegrammen und mit den Logennamen? Gibt es denn keine stärkeren, keine überzeugenderen Beweise für die monarchische Gesinnung als das wenige, was da angeführt wurde?

Wenn man auch noch so vorurteilslos an die Sache herantritt und das ernste Bestreben hat, Beweise für die monarchische Gesinnung zu sammeln und vorzubringen — man findet keine.

Die Besuche, die 1913 und 1914 zwischen englischen und deutschen Freimaurern in Berlin und London ausgetauscht wurden, mag man immerhin als vaterländische Tat gelten lassen, um einem drohenden, alles verwüstenden Kriege vorzubeugen; sie wurden bekanntlich auch anders ausgelegt und nicht gerade zum Vorteil der deutschen Freimaurerei; ein Beweis für die monarchische Gesinnung kann darin nicht erblickt werden.

Dagegen aber stoßen wir auf Schritt und Tritt auf recht unerfreuliche und oftmals geradezu bedenkliche Erscheinungen, auf Äußerungen und Handlungen, die auf jeden Unbefangenen befremdend wirken müssen.

Die drei altpreußischen Logen, also die „Große Mutterloge zu den drei Weltkugeln", die „Große Landesloge der Freimaurer von Deutschland" und die „Große Loge von Preußen, genannt zur Freundschaft" (sämtlich in Berlin) haben bekanntlich seit Friedrich dem Großen eine ganze Anzahl von Hohenzollern-Fürsten zu den Ihrigen gezählt.

Friedrich der Große selbst erhielt allerdings in einer Hamburger Loge („Absalom") das Licht; in das Geheimnis der Loge einzudringen gelang ihm jedoch niemals, ja er erfuhr nicht einmal etwas von den Hochgraden, die sich bald nach seiner Aufnahme

(1738) entwickelten und eine stets wachsende Bedeutung erlangten. Er stand der Logentätigkeit mit starkem Mißtrauen gegenüber und machte seinen Schutz wiederholt von der Erfüllung gewisser Bedingungen abhängig.

Friedrich Wilhelm III., König von Preußen, erhielt 1814 das Licht und war später Schutzherr der „Großen Landesloge von Preußen". Geheimnis, Zweck und Mittel der Freimaurerei blieben ihm zeitlebens unbekannt. Von einem ehemaligen Großmeister, dem Br .·. Grafen Haugwitz, entsprechend aufgeklärt, betrachtete er die Freimaurerei mit stetem Argwohn; da aber eine Anzahl seiner treuesten und verläßlichsten Beamten in die Logen eintrat, bestand zunächst keine wesentliche Gefahr. Kaiser Wilhelm I. befolgte dieselbe Taktik; als er noch König von Preußen war, ließ er zahlreiche zuverlässige Staatsbeamte in die Logen eintreten und suchte dadurch die Freimaurerei ihres staatsgefährlichen Charakters als Geheimbund zu entkleiden. Dessenungeachtet kam es bald zu scharfen Konflikten, so daß der König im Jahre 1864 den Logen sogar die Schließung androhen mußte, wenn sie sich weiter mit Politik beschäftigten! Bemerkenswert ist das Urteil, das der „Grand-Orient de France" über Kaiser Wilhelm I. fällt: Er hat sich niemals durch ernstliche Erfüllung seiner maurerischen Pflichten ausgezeichnet, ... hielt es aber dessenungeachtet für vorteilhaft, selbst an der Spitze einer Einrichtung zu stehen, die eine so weite Verbreitung in der Welt besitzt.[1])

Am meisten ehren die Freimaurer Kaiser Friedrich III., der als Kronprinz lange Jahre ihr oberster Schirmherr war; eine größere Anzahl von Logen ist ihm zu Ehren benannt. Aber auch dieser fürstliche Freimaurer war mit den Anschauungen seiner „Brüder" in vielen Punkten nicht einverstanden und wünschte vor allem, daß aus der Ordensverfassung und aus den Satzungen alles ausgemerzt würde, was irgendwie anstößig, bedenklich oder geschichtlich nicht haltbar wäre. Von dem seltsamen Geheimnis, das angeblich in der „Bundeslade" gehütet wurde, war schon früher die Rede. Aber alle Verbesserungsvorschläge des fürstlichen Schirmherrn stießen auf abweisenden Widerstand, so daß sich Kronprinz Friedrich schließlich genötigt sah, das Großmeisteramt niederzulegen. Alle diese Tatsachen sprechen gewiß nicht für die Auffassung, daß die deutsche Freimaurerei oder auch nur die altpreußischen Großlogen auf streng monarchischem Standpunkte stünden. Um jedoch die ganze Sachlage klar zu überblicken, ist es angezeigt, eine höhere Warte aufzusuchen, die einen weiteren Gesichtskreis bietet.

---

[1]) „Bulletin du Grand-Orient" 1888, S. 131.

Die deutschen Freimaurer werden naturgemäß nicht immer so reden können, wie sie vielleicht gerne möchten. Fragen wir also bei ihren Freunden, den italischen Maurern an, wie sie über die fürstlichen Brüder eigentlich denken. Daß Br.·. Bovio den jungen Kaiser Wilhelm II. — im Jahre 1892 — für „schwer krank" hielt, beweist wohl nichts; gar mancher gute Deutsche war damals über die Entlassung Bismarcks erbittert und mag ähnliche, vielleicht noch schärfere Worte gebraucht haben. Br.·. Aurelio Saffi spricht gelegentlich die Hoffnung aus, daß das junge (sozialdemokratische) Deutschland recht bald an die Stelle des kaiserlichen und „feudalen" Deutschlands treten werde.[1]) Wie das amtliche Logenblatt, die Rivista della Massoneria Italiana, den von Kaiser Wilhelm II. bestellten Schutzherrn der drei altpreußischen Großlogen Prinzen Friedrich Leopold, verhöhnt, möge man ebendort (S. 201) nachlesen.[2]) Festgehalten sei hier bloß die ganz eigenartige Trauerloge der italischen Freimaurer für Kaiser Friedrich III. Da zur selben Zeit der einstige Revolutionär und spätere Großmeister der italischen Großloge, Petroni, gestorben war, verband man beide Feierlichkeiten miteinander, und zwar derart, daß man des Verbrechers Petroni, der 18 Jahre im Zuchthaus gesessen hatte, an erster Stelle gedachte! Eine bloße Geschmacksverirrung? — Nein, eine bewußte Verhöhnung.

Und die französischen Brüder? — Dieselben Gedanken in anderer Fassung. Ihnen ist jeder Monarch schlechthin ein „Despot". Zwischen einem Caligula und einem Kaiser Friedrich III. besteht bei der eingerosteten Denktätigkeit der Franzosen nicht der geringste Unterschied. Ein Monarch ist ein Despot und damit Schluß: „Es ist einem Despoten trotz all seines guten Willens — er müßte denn abdanken — einfach ganz unmöglich, die Grundsätze der Freimaurerei mit der eigentümlichen Moral der „Staatskunst" .... zu vereinbaren. Auch Friedrich III. wäre dies nicht gelungen, trotz seines wohlwollenden Charakters." Natürlich, wenn zu den obersten Grundsätzen der Freimaurerei das Streben nach Einführung der Republik gehört, dann haben die französischen Brüder ja vollkommen recht; dann kann ein freimaurerischer Monarch gewiß nichts besseres tun, als schleunigst abzudanken, um den „Souveränen Maurerfürsten" Platz zu machen. Ob man sich aber dann nicht mit mehr Recht über Tyrannei und Despotismus wird beklagen

---

1) „Rivista della Massoneria Italiana" 1889, S. 3 ff.

2) Prinz Friedrich Leopold hat nach dem Umsturz alle seine freimaurerischen Ämter niedergelegt und ist aus dem Bunde selbst ausgetreten; vgl. „Wr. Fr. Z." Mai 1919, S. 50.

müssen, wird die nächste Zukunft lehren. Hören wir noch, was uns der hochehrwürdigste Br .·. A. Pike, 33 .·. zu sagen hat: „Die Häupter unserer geheimen Gesellschaft ließen die Mächtigen dieser Erde an den maurerischen Arbeiten teilnehmen, ohne ihnen mehr Einblick zu gewähren, als sie für gut fanden. Man tat dies zwar nicht, um ihren Schutz zu erlangen, sondern bloß, um sich ihre Duldung zu sichern. Sie (die Häupter der Freimaurer) sahen ruhig zu, wie die Freimaurerei scheinbar in eine möglichst bedeutungslose Wohltätigkeits- und Unterstützungsgesellschaft verwandelt wurde, welche die Großen dieser Erde ganz in ihren Händen zu haben glaubten, und ließen erklären, daß Religion und Politik der Freimaurerei völlig fremd seien.[1])

Bedarf es nach diesen Eingeständnissen noch weiterer Beweise? Wenn ja, dann sei zunächst auf das Verhalten mancher deutschen Logenblätter hingewiesen, die den mitgeteilten Zeitungsstimmen bedenklich nahekommen. Es war etwa um jene Zeit, als König Wilhelm I. den Logen ihrer politischen Umtriebe wegen die Schließung androhen mußte. Da schrieb die „Freimaurer-Zeitung" mit beißendem Hohn: „Unsere höchstgestellten Brüder scheinen zum Teil eine ganz eigentümliche Meinung von der Freimaurerei zu haben und sie statt eines Bundes von Gleichberechtigten (!) und Gleichverpflichteten für einen bequemen Schemel zu halten, der für schwache Beine wohl zu gebrauchen ist . . . Die hohen olympischen Götter entziehen sich dem Treiben der gewöhnlichen Menschen, von denen sie nur allenfalls an den hohen Festen die pflichtschuldigen Weihrauchdämpfe brüderlich-gnädigst und huldvoll entgegennehmen."[2]) Ähnlich schreiben aber auch andere Logenblätter, so insbesondere die „Bauhütte". — Aber das sind doch Beispiele, die weit zurückliegen! — Gewiß; doch in neuerer und neuester Zeit ist es nicht wesentlich anders. So hat der „Herold" einmal dem wegen Aufruhrs und zahlreicher anderer Verbrechen hingerichteten Enrico Ferrer einen 4½ seitigen Nachruf gewidmet[3]) und ihn verherrlicht, wie noch nie ein Monarch, der auf friedlichem Wege gründliche Veränderungen durchgeführt hat, von Freimaurern gefeiert worden ist. Um nicht mißverstanden zu werden: Man kann jede geistige Bewegung verstehen und zu ihr in dieser oder jener Weise Stellung nehmen. Man kann den guten ihr zugrunde liegenden Kern herausschälen und verteidigen; in dem Augenblicke jedoch, wo sich die Minderheit herausnimmt, mit Gewalt die Mehrheit in ihren

[1]) Angeführt nach Dr. Peter Gerhard, „Freimaurerei und Politik", S. 43.

[2]) „Freimaurer-Zeitung", 26. November 1864, S. 130.

[3]) „Der Herold", 5. Dezember 1909, Nr. 45, S. 4.

Bann zu zwingen, kann von einer Duldung und nachsichtigen Beurteilung nicht mehr die Rede sein; Gewalt kann eben nur mit Gewalt abgewehrt werden. Bezeichnend ist es übrigens auch, daß der freimaurerische Berichterstatter des „Herold" seine Kenntnisse unmittelbar von einem Anarchisten und Freunde Ferrers herleitet, mit dem er nach eigenem Geständnis in vertrautem Briefwechsel steht ...

Aber nicht nur die Äußerungen freimaurerischer Blätter, auch die Handlungen ihrer Führer, der Großmeister, sind in hohem Grade bedenklich.

Trotzdem sie den hochpolitischen Charakter der italischen Maurerei kannten und kennen mußten, unterhielten sie zu ihr die denkbar besten Beziehungen, ja sie ließen sich widerspruchslos Briefe gefallen, in denen über den „Despotismus in der eigenen (deutschen) Heimat" losgezogen wurde.[1] Die Großloge von Sachsen wieder feierte den italischen Großmeister Adriano Lemmi in einem überschwänglichen Schreiben geradezu als den „König der Freimaurerei nicht bloß in Italien, sondern in der ganzen Welt ..." Bei solchen Gefühlsausbrüchen ist es schließlich begreiflich, daß die nichtdeutsche Welt auf das von „Despoten" und „Tyrannen" beherrschte Deutschland mit einem mitleidigen Lächeln herabsah. Diese würdelose Auslandsanbetung wird mit Recht von Br.·. Wilhelm Ohr, den man als einen der charaktervollsten und edelsten deutschen Maurer betrachten darf, in schärfsten Worten getadelt, zumal sie uns alles andere, nur keine Hochachtung bei den Auslandsstaaten eingetragen hat.

Dieselbe Würdelosigkeit bekundeten die deutschen Großlogen Frankreich gegenüber. Die „Vereinigte Großloge von England" hatte die Beziehungen zum „Grand-Orient" 1877 abgebrochen und zwar wegen des Weglassens des Weltenbaumeistersymbols aus den amtlichen Akten. Die Engländer blieben fest und bald waren es die Franzosen, die um Wiederanknüpfung der Beziehungen ersuchten, allerdings ohne Erfolg. Ganz anders die Deutschen. Obwohl für die deutschen Freimaurer die Sache noch wesentlich schwieriger stand, weil sie die Beziehungen zum Grand-Orient doch wegen des unerhörten Verhaltens der zehn Pariser Logen gegenüber Kaiser Wilhelm I. abgebrochen hatten, waren gerade sie diejenigen, welche den Franzosen nachliefen und die Wiederaufnahme der Beziehungen gar nicht erwarten konnten. Daß es in erster Linie volksfremde Kreise

---

[1]) Wie z. B. in einem Schreiben des italischen Großmeisters Petroni an den Großmeister Feustel von der „Großloge zur Sonne" in Bayreuth. Abgedruckt in der Rivista della Massoneria Italiana 1883, S. 67.

waren, ist für die deutsche Freimaurerei keine Entschuldigung, sondern ein weiterer Vorwurf. Dieses Nachlaufen hat den Deutschen bei den Franzosen außerordentlich geschadet. Die Freimaurer Frankreichs haben schon vor Kriegsausbruch „mit größter Bestimmtheit und in Übereinstimmung mit der öffentlichen Meinung auf den Zusammenbruch des deutschen Staates gerechnet", versichert uns Br.·. Wilhelm Ohr, einer der besten Kenner der französischen Volksseele.[1]) Wieviel dazu das würdelose Benehmen der führenden deutschen Freimaurer beigetragen hat, mag sich jeder selbst ausrechnen.

Dazu kommt noch das sehr merkwürdige Verhalten gegenüber den serbischen Freimaurern. Obwohl die ganze Welt wußte, wie Serbien bereits durch Jahre hindurch den Frieden bedrohte, obwohl die serbische Freimaurerei genau so wie die ungarische oder italische ein ausgesprochen politischer Geheimbund war, stellten doch die Großlogen von Hamburg und Sachsen den Antrag auf deren Anerkennung. Allerdings die beiden Großlogen konnten sich darauf berufen, daß auch die ungarische Großloge kurz vor Kriegsausbruch die serbischen Freimaurer besucht und anerkannt hatte. Da die ungarische Großloge die serbischen Maurer stark begünstigte und dazu schon seit Jahrzehnten die besten Beziehungen zur Hamburger Großloge unterhielt, scheint auch von ihr der Antrag ausgegangen und gefördert worden zu sein. Vertreter der Hamburger Großloge war damals (nach Dalens Kalender) Karl Duschnitz, Kaiserlicher Rat und Fabrikant in Wien, früher Stuhlmeister der Loge „Zur Freundschaft" in Wien. „Kaiserlicher Rat und verkappter Republikaner?" — Das kommt in jenen Kreisen, denen die Wiener Logenmänner zumeist entstammen, sehr, sehr häufig vor. Es ist der bekannte Mimikry-Standpunkt: Heute Monarchist, morgen Republikaner, wie sich's eben „trefft".

Ob es auch hier Mitwissende des Mordanschlages gegeben hat? — Es lag etwas in der Luft; hunderte mögen darum gewußt haben, tausende haben es gefühlt, hunderttausende bloß dumpf geahnt, daß sich etwas Furchtbares ereignen werde. Doch lassen wir Vermutungen beiseite; Tatsache ist, daß unter der Leitung des nicht (!) jüdischen Großmeisters Kohn der deutsche Großmeistertag vom 31. Mai 1914 die Anerkennung des serbischen „Obersten Rates" beschlossen hat.

Tatsache ist weiters, daß genau vier Wochen später der Erzherzog-Thronfolger dem Anschlag serbischer Freimaurer zum Opfer gefallen ist. Man mag annehmen, daß damals recht unwissende, ahnungslose Leute als hochehrwürdigste Großmeister an der Spitze der deutschen

[1]) Dr. Wilhelm Ohr, a. a. O. S. 180.

Freimaurerei gestanden haben; weist man jedoch diese Annahme als beleidigende Zumutung zurück, so bleibt dann nur noch eine Möglichkeit übrig, die aber einer furchtbaren Anklage gleichzuerachten wäre....

Von vornherein sei ohne weiteres zugegeben, daß die deutschen Freimaurer in ihrer überwältigenden Mehrheit mit diesen finsteren Plänen offenbar nicht das Geringste gemein haben; sie, die biederen kleinen Meister vom Stuhl, waren wohl zum größten Teil staatstreu und monarchisch gesinnt; man bedenke nur, aus welchen Kreisen sie sich zusammensetzten: Von 629 Stuhlmeistern und Vorstehern von Freimaurervereinen und Kränzchen waren 175 Schulmänner, 105 Ärzte und Apotheker, 40 Staatsbeamte, 40 Gemeindebeamte, 30 Architekten, 16 Theologen, 13 Rentner, 11 Militärbeamte und Offiziere und 2 Künstler; das gleicht auf den ersten Blick gewiß nicht der Zusammensetzung eines revolutionären Komitees. Dazu kommen allerdings noch 145 Vertreter von Handel und Industrie, die naturgemäß mehr dem Weltbürgertum zuneigen, dann 40 Juristen, die auf der ganzen Welt in allen Lagern zu stehen pflegen, und 12 Schriftsteller und Redakteure, die zweifellos eher Anhänger des republikanischen Gedankens sein dürften. Alles in allem überwiegt anscheinend der konservative, staatserhaltende Charakter. Die Führer aber scheinen auch in Deutschland ausgesprochene Republikaner zu sein. Anläßlich einer Aussprache mit einem reichsdeutschen Freimaurer, der einen hohen Rang in seinem Orden bekleidet, hörte ich Worte, die von einer außerordentlich gehässigen Gesinnung gegenüber dem deutschen Kaiser Zeugnis ablegten. — Die Namen der Großmeister der 8 Großlogen Deutschlands, welche am 31. Mai 1914 die Anerkennung des Suprême Conseil von Serbien ausgesprochen haben, seien daher zum bleibenden Gedächtnis hier mitgeteilt:

Es sind dies:

1. Der Großmeister der Großloge „Zur Sonne" in Bayreuth, Alexander Schilling, Landgerichtsdirektor und Hauptmann a. D.

2. Großmeister Adalbert Wagner, Generalleutnant a. D. von der Großen National-Mutterloge „Zu den drei Weltkugeln" in Berlin.

3. Landesgroßmeister Stanislaus Graf zu Dohna, Dr. phil., Hauptmann a. D., der Großen Landesloge der Freimaurer von Deutschland in Berlin.

4. Großmeister Dr. phil. Bruno Alwin Wagner, Professor, von der Großen Loge von Preußen, genannt „Zur Freundschaft" in Berlin.

5. Großmeister Wilhelm Süß, Direktor des Konservatoriums für Musik in Darmstadt, von der Großen Freimaurerloge „Zur Eintracht".

6. Landesgroßmeister Oskar Röder, Dr. phil., königlicher Ober-Medizinalrat, ordentlicher Professor an der königl. Tierärztlichen Hochschule in Dresden, von der Großen Landes-Loge von Sachsen.

7. Großmeister Br.·. Kohn der Großen Mutterloge des Eklektischen Freimaurerbundes zu Frankfurt a. M.

8. Großmeister Fr. Uhrbach, Kaufmann, von der Großen Loge von Hamburg.

Daß sich darunter drei Offiziere befinden, ist allerdings auffällig. Vielleicht darf man annehmen, daß sie überstimmt wurden oder keine genaueren Kenntnisse über den wahren Sachverhalt besaßen. Dagegen wissen wir beispielsweise vom Großmeister Bruno Alwin Wagner, daß er schon am 23. September 1907 in der deutschen Loge „Goethe" in Paris „mit Worten und Gesten eines Sehers das Zukunftsbild einer allgemeinen Völkerverbrüderung entrollt und mit Großmeister Mesureur in langer, herzlicher Umarmung den Bruderkuß getauscht hat". Gerade Großmeister Br.·. Mesureur von der Grande Loge de France hatte tags zuvor ausdrücklich die Einmütigkeit der freimaurerischen Bestrebungen aller Völker ganz besonders betont; am 22. September 1907 hatte nämlich die Eröffnungsfeier der französischen Großloge in Paris stattgefunden, die eine großartige Kundgebung der Verbrüderung französischer, belgischer und deutscher Freimaurer war, wobei unter den 500 Teilnehmern fast alle Stuhlmeister der französischen Logen, ferner Vertreter von Belgien, Holland, Deutschland, Rumänien, Portugal, Griechenland und der Schweiz teilgenommen haben.

XXIV.

Durch die Weltrevolution zur freimaurerischen Weltrepublik.

An einem vollen Dutzend Staaten wurde bisher die revolutionäre Tätigkeit der Freimaurerei nachgewiesen. Der Geist ist im Grunde genommen stets der gleiche, das Endziel überall die Republik.

Aber auch in jenen Staaten, die bisher nicht besonders besprochen wurden, ist die Freimaurerei von dem gleichen Streben beseelt; so z. B. in Belgien.

Es wurde bereits betont, daß gerade in Belgien die politische Betätigung der Freimaurer zuerst offen und für alle sichtbar in Erscheinung getreten ist; vom „durchlauchtigsten Nationalgroßmeister", Br.·. Hasse, wurde im Jahre 1907 ausdrücklich zugegeben, daß die belgischen Logen sich zu wahren Schulen der Politik entwickelt haben.[1]) Der Geist, der in den Logen herrscht, ist streng republikanisch. Demgemäß wird bei Festlogen auch nicht auf den König toastiert, sondern auf das „souveräne Volk". Keinen Kenner der Verhältnisse kann es ferner besonders überraschen, daß als Vortragsgegenstand in belgischen Freimaurerkreisen auch „Die belgische Republik" erscheint. Wie sehr die dortigen Maurer an den revolutionären Geschehnissen des Auslands Anteil nehmen und wie eng verflochten ihre Beziehungen mit den Großorienten anderer Länder sind, geht aus einer viel bemerkten Rede Br.·. Furnemonts hervor, der im Jahre 1911 Großredner des belgischen Gr.·. O.·. war: „Erinnern Sie sich der tiefen Empfindung des Stolzes, die wir alle hatten, als wir kürzlich die Nachricht von der Revolution in Portugal erhielten. In wenigen Stunden war der Thron gestürzt, das Volk triumphierte, die Republik war erklärt. Es war wie ein Blitz aus heiterem Himmel für das unwissende Publikum ...." Jawohl! So ein Blitz aus heiterem Himmel überraschte auch uns hier in Österreich und in — Deutschland. Und die Unwissenheit der regierenden Kreise war eine so allgemeine, daß zum Beispiel der gewesene österreichische Justiz-

---

[1]) Bulletin du Gr.·. O.·. de Belgique 5907, I. S. 53 ff.

minister, Dr. R. v. Schauer noch im Mai 1918 von dem Wesen und den Endzielen der Freimaurerei keine blasse Ahnung hatte und ihre Logen allen Ernstes für vollständig harmlose humanitäre Vereine hielt . . . Dem Harmlosen erscheint eben alles harmlos; aber an dieser Harmlosigkeit unserer harmlosen Regierungen ist eben Österreich zugrunde gegangen. Und Deutschland ebenso. Wenn Unwissenheit unter Umständen ein Verbrechen ist, dann — — doch hier schweigt des Sängers Höflichkeit. Die Deutschen im Reiche hatten eben ihr B-System, wir unser S-System; an sich tüchtige, einwandfreie Männer, aber von einer beispiellosen Schwachsichtigkeit und den außergewöhnlichen Verhältnissen in keiner Weise gewachsen.

Sollen wir, um auch die „Harmlosen" zu überzeugen, noch ein weiteres Beispiel herausgreifen? — Vielleicht einmal der Abwechslung halber eines aus der Neuen Welt: Brasilien! Wem hat denn der letzte Kaiser von Brasilien, Pedro II., seinen Sturz zu verdanken? Dem Marschall Deodoro da Fonseca; dieser war Freimaurer und die ganze revolutionäre Bewegung von den Freimaurerlogen angezettelt. Das stand nicht etwa in einem klerikalen Winkelblättchen, sondern in dem — in dieser Hinsicht wenigstens — gewiß verläßlichen freimaurerischen „Berliner Tageblatt".[1]) Ist es noch nötig, auf Griechenland hinzuweisen und jener Rolle zu gedenken, die ein gewisser Venizelos spielte? Dann sei unseren „Harmlosen" mitgeteilt, daß jener Mann, der den Sturz des Königs Konstantin durchgesetzt hat, ebenfalls Freimaurer ist und im Auftrag des „Grand Orient de France" gehandelt hat. — Wer ist dies? — Der französische Deputierte Br.·. Jonnart, der 1917 als Oberkommissär von Frankreich und England den Rücktritt des Griechenkönigs erzwang und — ohne die Bevölkerung zu fragen — den Verräter Br.·. Venizelos eingesetzt hat. Er drohte damals, die Stadt Athen in einen Trümmerhaufen zu verwandeln, wenn König Konstantin nicht sofort freiwillig abdanke . . . Br.·. Venizelos, von dem später noch die Rede sein wird, ist, ebenso wie seine Genossen, Freimaurer.

Genug an dem. Planvoll, zäh, ausdauernd und mit unnachahmlichem Fleiße wurden diese Revolutionen vorbereitet. Auf der ganzen Welt sollten die Throne gestürzt und die Monarchen vertrieben werden. Nicht von gestern stammen diese finsteren Pläne, sie wuchsen vielmehr mit der Freimaurerei heran und reiften erst allmählich aus. Sie lassen sich bis in das Jahr 1740 zurückverfolgen, wenn wir bloß die Geistesmaurerei heranziehen. Wollten wir auch die Werkmaurerei

[1]) „Berliner Tageblatt" vom 10. Oktober 1910, Nr. 514.

ins Auge fassen, dann könnten Stellen zitiert werden, die sich auf Oliver Cromwell (1648) und auf die „glorreiche" Revolution vom Jahre 1688/89 (in England) beziehen. Aber lassen wir diese Ereignisse vollkommen beiseite, um nicht von der richtigen Fährte abgelenkt zu werden.

Im Jahre 1740 hielt der damalige Großmeister, Herzog von Autin, auf einem Feste der Großloge von Frankreich eine Rede, in der er betont, daß die Freimaurerei zunächst deshalb gegründet worden sei, um allenthalben auf der ganzen Welt die republikanische Staatsform einzuführen. B∴ Wilhelm Ohr, der die Stelle wörtlich zitiert,[1]) gibt diesen revolutionären Geist der französischen Freimaurerei ohne Einschränkung zu, er räumt ohne weiteres ein, daß hier bereits der Geist von 1789 zu spüren ist, ja er läßt es gelten, daß derselbe Geist und dieselben Ideen damals auch die gebildeten Kreise Deutschlands beherrschten, die sie aus Frankreich unbesehen herübergenommen hatten.

Auch die beiden französischen Schriften: La Franche-Maçonne (1744) und Les Franc-Maçons écrasés (1746), von denen es zweifelhaft ist,[2]) ob sie als „Verräterschriften" oder als nur scheinbar gegen die Freimaurerei, in Wahrheit aber als freimaurerische Aufklärungsschriften anzusehen sind, bringen bereits den Gedanken der Weltrepublik und die Hauptzüge des Revolutionsprogramms von 1789 samt den Schlagworten Freiheit und Brüderlichkeit zum Ausdruck. Später, nach dem Sturz des Königtums, kam noch die „Gleichheit" hinzu.

Hier sei eine längere Einschaltung gestattet; es ist nämlich die Feststellung unbedingt nötig, daß es eine Gleichheit in der Freimaurerei überhaupt nicht gibt; man kennt nicht einmal Gleichheit zwischen Lehrling, Gesellen und Meister, wie Br∴ Ohr mit Recht hervorhebt; und nun gar erst die Hochgrade! „Es gibt nirgends weniger Gleichheit als in der französischen Freimaurerei mit ihrer Gliederung von 33 Graden. Ein Lehrling ist nicht einem Gesellen gleichgestellt, dieser nicht dem Meister. Der Meister ist dem „Ritter vom Rosenkreuz" untergeordnet, dieser wieder dem „Großen Ritter Kadosch", der sich vor dem „Groß-Inquisitor-Kommendator" beugen muß; und dieser muß selbst wieder dem „Prinzen vom königlichen Geheimnis" den Vortritt lassen. Über ihm steht der „souveräne Großinspektor", der wieder vom Mitgliede des Obersten Rates im Range übertroffen wird. Der Präsident des Obersten Rates ist der Höchst Mächtige Souveräne Großkommen-

[1]) Dr. Wilhelm Ohr, „Der französische Geist und die Freimaurerei". S. 30 f.
[2]) Ebenda, S. 35.

dator' ..." Eine nette Gleichheit fürwahr! — Entspricht dies aber auch den Tatsachen? Gewiß. Denn derjenige, der es uns mitteilt, ist der freimaurerische Schriftsteller Br.·. Dubois[1]) von der „Acacia":

Aber auch Bruder Wilhelm Ohr, dessen Freimut angenehm berührt, berichtet uns genau dasselbe über den Ordensrat (Conseil de l'Ordre), der die eigentliche Leitung des französischen Groß-Orients innehat, und nennt ihn eine Oligarchie, die an Stelle der Demokratie getreten ist; überall gelte in der französischen Freimaurerei das aristokratische Prinzip; die obersten Behörden, so das große Ritual-Kollegium, ergänzten sich durch Zuwahl aus den Inhabern des 33. Schottengrades, den es selbst verleihe: „Fürwahr, eine ganz undemokratische Behörde."[2])

Es gibt in der Freimaurerei aber auch keine „Freiheit". Es gibt vor allem keine freie Meinungsäußerung, denn es besteht eine Zensur, deren Schroffheit sich mit der staatlichen Zensur gar nicht vergleichen läßt. Besonders gilt dies für Frankreich, während in Deutschland es im allgemeinen dem Taktgefühl des einzelnen Maurers überlassen bleibt, wie er die in seinem Eid gelobte Verschwiegenheit bewahrt.[3]) Ein Rundschreiben des Grand-Orient vom 1. Januar 1894 besagt ausdrücklich: Die Stuhlmeister und Redner müssen jede Gelegenheit ergreifen, ihre Umgebung daran zu erinnern, daß kein Maurer, unter keinerlei Vorwand das Recht hat, auch nur das Geringste über den Orden und seine Einrichtungen zu veröffentlichen; es wäre denn mit ausdrücklicher Erlaubnis und auch dann nur in der ihm vorgeschriebenen Art und Weise.[4])

Der französische Freimaurer hat aber nicht einmal das Recht der Gedankenfreiheit; er muß Republikaner und „antiklerikal" sein; was aber in der Logensprache „antiklerikal" heißt, wurde bereits früher gebührend hervorgehoben. Er kann auch nicht nach Belieben austreten; unter Umständen kann ihn vielmehr die Loge auch gegen seinen Willen als Mitglied weiterführen bis zu seinem Tode. Dagegen kann er — in Italien wenigstens — ohne weiteres aus der Freimaurerei ausgeschlossen werden, wenn es dem Großmeister gefällt. Br.·. Dr. Müffelmann bringt in seiner lesenswerten Schrift über die italische Freimaurerei einen solchen Fall, der außerordentlich lehrreich ist: „Am 4. Dezember 1914 wurde ein Br.·. Dr. B., Mitglied des Großen Ordensrates und Meister vom Stuhl der

[1]) „Acacia" November, 1907, Nr. 50, S. 285.
[2]) Dr. Wilhelm Ohr, ebenda, S. 77.
[3]) Ebenda, S. 73.
[4]) Ebenda S. 74.

Loge in Belluno, vom italischen Großmeister auf telegraphischem Wege aus dem Orden ausgeschlossen; und da gibt es keinerlei Widerspruch und Verhör!"[1]) Durch ungezählte Beispiele könnte die „Freiheit", wie sie die Freimaurer meinen, veranschaulicht werden; die wenigen, die hier vorgebracht wurden, dürften jedoch genügen.

Und die Brüderlichkeit? Die besteht allerdings, aber nur den „Brüdern" gegenüber; und auch da sind in mancherlei Hinsicht wesentliche Einschränkungen zu machen. Wenn man die erbitterten Kämpfe verfolgt, die in allen Ländern Freimaurer untereinander ausgetragen haben, so erhält man auch in dieser Beziehung einen Eindruck, der von Begeisterung für freimaurerische Ideale ziemlich weit entfernt ist. Wie aber haben sich diese schönen Schlagworte, die fast seit zwei Jahrhunderten von der Freimaurerei in die breitesten Volksmassen geschleudert und von diesen mit Heißhunger aufgegriffen worden sind, in Wirklichkeit bewährt? Graf Friedrich Schönborn, ehemals Justizminister in Österreich, hat im Hinblick auf die französische Revolution von 1789 sein Werturteil in folgenden überaus bezeichnenden Gedanken zusammengefaßt: „Mit Schwärmerei für Freiheit, Gleichheit und Brüderlichkeit hat es angefangen, um mit der rastlosen Arbeit der Guillotine zu enden und mit blutigen Kriegen zuerst Frankreich und dann ganz Europa zu verwüsten" — ein Satz, dessen innere Wahrheit von niemand bestritten werden kann.

Doch kehren wir zu dem Leitgedanken dieses Abschnittes zurück. Die Menschen von der Herrschaft der „Mächtigen" zu befreien, war auch der Zweck des Illuminatenordens, der in der zweiten Hälfte des 18. Jahrhunderts eine große Rolle spielte und mit der Freimaurerei vielfache Berührungspunkte besaß. Schon damals übte der Gedanke der Weltverbrüderung und Weltrepublik seinen Zauber aus und gewaltige Denker, wie z. B. Immanuel Kant, traten für ihn ein. In breitere Schichten des deutschen Volkes fand jedoch das republikanische Staatsideal erst im 19. Jahrhundert Eingang. Vertreten wurde es namentlich durch den Revolutionär und Freimaurer Mazzini, dessen geheime Vertrauensmänner in ganz Europa emsig tätig waren. Für Mazzini ist die Republik „die einzige gerechte Regierungsform, die denkbar ist; das Volk ist alles." Aber das „Volk" ist nur dann „alles", wenn es den Standpunkt Mazzinis einnimmt und auf die Worte dieses Herrn und Meisters schwört; tut er dies nicht, dann ist es nur mehr ein „unwissender und verderbter Pöbel" (volgo ignaro e corrotto), eine Mehrheit

---

[1]) Dr. Ludwig Müffelmann, „Die italische Freimaurerei und ihr Wirken für die Teilnahme Italiens am Weltkrieg." Berlin, 1915.

von Idioten, eine betörte Menge, welche erst der Erziehung durch ihn (Mazzini) und seinesgleichen bedarf.[1]) Mazzini selbst ist nach eigenem Dafürhalten der durch „Tugend und Genie berufene Führer des Volkes und der Menschheit", der das „souveräne Volk" vertritt. Selbstverständlich hat aber das „souveräne Volk", wenn es durch seinen, durch „Tugend und Genie" berufenen Vertreter ein Programm verkündet, dies auch anzunehmen. „Wenn das Volk (!) erklärt, daß dies oder jenes seine Glaubenslehre sei, so müßt Ihr ehrfurchtsvoll Euer Haupt beugen und euch jeder Handlung der Rebellion enthalten." Dieser eigenartig freiheitliche Satz stammt aus Mazzinis Werken selbst (und zwar aus dem XVIII. Band, S. 89). So war es immer, so wird es immer sein: Jede revolutionäre Bewegung, die „freiheitlich" beginnt, endet in Herrschsucht und Tyrannei, sobald die Freiheitsapostel selbst zur Herrschaft gelangt sind. Mit einer Unverfrorenheit sondergleichen gibt dies auch die freimaurerische „Rivista della Massoneria Italiana" ohne weiters zu: „Die revolutionäre Idee von gestern ist die konservative von heute." Wer erinnert sich da nicht an die Haltung der Tschechen, die im Reichsrate (1917) erklärten: „Es gibt keinen Hochverrat! Hochverrat ist kein Verbrechen!" und nun in ihrem tschechisch-slowakischen Staat jeden wegen Hochverrates verfolgten und mit dem Tod bedrohten, der als Deutscher bloß von seinem Wahlrecht in die Nationalversammlung Deutschösterreichs Gebrauch machen wollte!

Der republikanische Gedanke, der in Frankreich durch die Greuel der Revolution stark entwertet war, wurde also um die Mitte des 19. Jahrhunderts namentlich in Italien gepflegt und sprang dann wieder gegen Ende des Jahrhunderts auf Frankreich über. In Italien wie in Frankreich wurde der Hoffnung Ausdruck gegeben, daß sehr bald „das junge Deutschland des Gedankens und der Arbeit (die Sozialdemokratie) an die Stelle des feudalen, kaiserlichen treten werde"; dann werde auch die Angelegenheit Elsaß-Lothringens, welche den europäischen Frieden bedrohe, die gewünschte Erledigung finden.[2])

Viel schärfer noch wurde dieser Gedanke auf dem allstaatlichen Freimaurer-Kongreß in Paris 1889 zum Ausdruck gebracht, der als Jahrhundertfeier der großen, „glorreichen" Revolution von 1789 gedacht war. Der vom „Grand-Orient" bestellte Festredner, Br.˙. Frankolin, führte damals unter dem stürmischen Beifall aller Kongreßteilnehmer unter anderem folgendes aus: „Der Tag wird

[1]) Vgl. Hermann Gruber: „Mazzini, Freimaurerei und Weltrevolution" und die angeführten Belegstellen S. 33, 104 f.

[2]) Rivista massonica Italiana 1889 S. 82.

kommen, an dem bei den Völkern, die weder ein achtzehntes Jahrhundert, noch ein 1789 hatten, die Monarchien und die Religionen zusammenstürzen werden. Dieser Tag ist nicht mehr ferne. Das ist der Tag, den wir ersehnen. An diesem Tage werden alle Enterbten befreit, alle Ungerechtigkeiten gesühnt, alle Privilegien beseitigt, alle vergewaltigten Provinzen (Elsaß-Lothringen, Posen, Galizien usw.) ihr Selbstbestimmungsrecht erhalten. Dann werden alle Großlogen und Groß-Oriente der ganzen Erde sich in einer Weltverbrüderung zusammenfinden. Die Spaltungen und die Landesgrenzen, durch welche die Freimaurerei getrennt ist, werden dann verschwunden sein. Das ist das glanzvolle Zukunftsideal, das uns vorschwebt. Unsere Sache ist es, den Anbruch des Tages dieser allgemeinen Verbrüderung zu beschleunigen." Diese Sätze — sagt Br.·. Wilhelm Ohr, der sie zitiert — sprechen eine so klare Sprache, daß nichts hinzuzufügen übrig bleibt. Immerhin wird aber hier nur von der zu erwartenden deutschen Revolution, von der Einführung der Republik und von der freimaurerischen Weltverbrüderung gesprochen.

Der Gedanke der Weltrepublik (République Universelle) dagegen gelangt mit voller Klarheit auf dem zweiten allstaatlichen Freimaurerkongreß in Paris (1900) zum Ausdruck, und zwar als Grundgedanke des ganzen Kongresses, denn fast jeder Redner beruft sich auf ihn und nimmt dazu Stellung.[1]) Vor allem Br.·. Quartier la Tente selbst, der den Antrag stellt, eine freimaurerische Weltgeschäftsstelle zu schaffen, die „darauf hinarbeiten soll, den Zusammenschluß aller freimaurerischen Kräfte der ganzen Welt für den Triumph der ihnen teueren Ideen und für die Errichtung der Weltrepublik (République Universelle) zu bewerkstelligen". Er erinnert an den bekannten Ausspruch des großen Archimedes: „Gebt mir einen Stützpunkt und ich werde die Welt aus ihren Angeln heben" und fährt sodann fort: In der Vereinigung der freimaurerischen Kräfte der ganzen Welt werden wir den Stützpunkt haben, mittels dessen wir die Welt aus den Angeln heben werden... Wahrlich ein bedeutungsvolles Wort...

Br.·. Dequaire-Grobel begrüßt diesen Antrag freudigst und meint, wenn dem Kongresse diese Tat gelungen ist, werden alle Freimaurer dann „zur Eroberung aller öffentlichen und politischen Gewalten in Europa und der ganzen Welt ausziehen ... Zum Schlusse bringt er unter stürmischem Beifall Hochrufe auf die „von der Weltfreimaurerei zu errichtende Weltrepublik" aus.

[1]) Congrès maçonnique international de 1900 (amtlicher Bericht des Groß-Orients von Frankreich 1900 S. 38, 39).

Der Präsident des vorbereitenden Ausschusses Br.·. Bourceret spricht die zuversichtliche Hoffnung aus, der Ruf: Es lebe die Weltrepublik! werde bald kein platonischer (!) mehr sein . . .

Auch der vom Groß-Orient von Frankreich bestellte amtliche Redner, Br.·. René Renoult, bewegt sich im gleichen Gedankenkreis: „. . . In Ihre Heimatlogen zurückgekehrt, werden Sie vor allem berichten, wie wir und alle auswärtigen Delegierten der Weltrepublik zujubelten." Bemerkenswert ist auch die Rede des portugiesischen Vertreters, der damals (1900) mit den bezeichnenden Worten schloß: „. . . Ich bin sicher, bei meinen portugiesischen Brüdern nicht anzustoßen, wenn ich rufe: Es lebe die französische Freimaurerei! Es lebe die Weltrepublik!" Portugal war damals noch Monarchie; zehn Jahre später war die Tätigkeit der portugiesischen Freimaurer von Erfolg gekrönt und die Republik eingeführt! Aber nicht das allein: Auch in der Türkei war mittlerweile die Revolution geglückt und wenn die türkischen Freimaurer daraus nicht die letzten Folgerungen ableiteten, so geschah dies nur deshalb, weil sie sich dort noch viel zu schwach und unsicher fühlten, um in diesem ausgedehnten und so verschieden gearteten Reiche sofort die Herrschaft an sich zu ziehen.

Seither gab es noch eine ganze Reihe von allstaatlichen Freimaurerkongressen, die im selben Sinne arbeiteten; es gab auch außerdem eine ganze Reihe von freimaurerischen Verschwörungen und Putschversuchen, wie zum Beispiel in Spanien. Dann aber schloß sich in allen Staaten die Presse, die zum großen Teil in freimaurerischen Händen ist, enger und enger zusammen; dann schlossen sich auch die freimaurerisch regierten Staaten selbst immer fester aneinander, bis endlich die von dem größten Freimaurer der Welt, dem Br.·. Eduard VII., angestrebte und ersehnte Einkreisung der Mittelmächte zur Tat geworden war; und dann? Dann konnten programmäßig die Schüsse der serbischen Freimaurer losgehen . . .

Mit der Uhr in der Hand konnten die „Wissenden" den Zeitpunkt des Unterganges der beiden „teutonischen Kaisermächte", denen von den Großorienten der ganzen Welt das Todesurteil gesprochen war, berechnen. Der Verrat im Innern erdolchte schließlich die noch immer siegreiche Armee von rückwärts und vor unseren Augen entstanden die von unseren Feinden so heiß ersehnten Republiken. Wir aber fragen uns, verbittert im Herzen und empört über die unerhörten und gleichwohl nutzlosen Opfer:

Von was für Idi-alisten sind wir eigentlich regiert worden?

XXV.

Freimaurerei und Weltkrieg.[1])

Diese Abhandlung geht bereits über den Titel des Buches hinaus und könnte daher weggelassen werden; der Leser, der den bisherigen Ausführungen Zeile für Zeile gefolgt ist, muß ja von selbst zu dem vernunftgemäßen Schluß gelangen: Wenn die Freimaurerei wirklich die Weltrepublik angestrebt — und daran ist nicht zu zweifeln — wenn sie allenthalben zu diesem Zwecke Revolutionen angezettelt hat, und daran ist erst recht nicht zu zweifeln, dann ist sie gewiß auch nicht schuldlos an der ungeheuren, gewaltigsten Revolution, die es jemals gab, nämlich an dem Weltkrieg selbst. Schon die bloße Vermutung spricht dafür, daß ihr Anteil an dieser fürchterlichen Verheerung Europas bei weitem größer ist, als wir arglosen und harmlosen Deutschen von vornherein anzunehmen geneigt sind.

Während die pazifistischen Freimaurer das Schlagwort vom Weltfrieden in die Massen schleuderten, trieb die maßgebende französische und englische Freimaurerei eine Politik, die zur Weltrevolution, d. h. in Wirklichkeit zum Weltkrieg führen mußte.

Br.·. Wilhelm Ohr, der früher Pazifist und Weltbürger war und erst durch den Krieg zu einem volksbewußten Deutschen geworden ist, Bruder Ohr, der die französische Volksseele kennen gelernt und geistig erfaßt hat wie kaum ein anderer Deutscher vor ihm, sagt ohne Zögern und Bedenken: „Das ganze französische Volk ist schuld an der Katastrophe Europas, weil es das deutsche Volk nicht kennen lernen wollte, weil es in höchst gefährlichen Vorurteilen befangen, mit der elsässischen Frage gespielt hat, wie ein Kind mit dem Feuerzeug, und sich über Sinn und Geist des deutschen Wesens verhängnisvollen Täuschungen hingab". Anschließend daran sagt er noch etwas anderes, was wir besonders festhalten wollen: „Die Freimaurerei als eine der großen, leitenden Mächte trägt diese Schuld in erster Linie."[2]) Br.·. Ohr meint, die Freimaurerei hätte aufklärend und versöhnend wirken

---

[1]) Die Neueinschaltungen, Ergänzungen und Richtigstellungen sind zumeist dem bemerkenswerten Quellenwerk von Karl Heise: „Ententefreimaurere und Weltkrieg", Basel 1919, Verlag Ernst Finckh, entnommen.

[2]) Ebenda, S. 180 f.

sollen, sie hätte den schiefen Volksauffassungen entgegentreten und der französische Großorient insbesondere hätte sein höchstes Idol, die Gedankenfamilie von 1789, überwinden müssen." Br.·. Ohr erblickt also die Schuld der Freimaurer in einem bloßen Unterlassen; daß dies ein Irrtum ist, wurde bereits im 14. Aufsatze dieses Buches nachgewiesen, worin die Ermordung des österreichischen Thronfolgers auf Grund der übereinstimmenden Aussagen als ein Werk des französischen Großorients dargetan wurde. Aber auch Br.·. Ohr muß zugeben, daß „die Freimaurer Frankreichs auf den Zusammenbruch des deutschen Staates mit größter Bestimmtheit gerechnet haben."[1]) Der gebildete Franzose, sagt Ohr, sah in Deutschland nur einen Koloß auf tönernen Füßen. Was er in allen seinen Zeitungen über Deutschland las, das war ein furchtbarer Gegensatz zwischen dem Imperialismus des Kaisers, der in fieberhafter Machtgier sein Reich erweitern wollte und der sozialen Revolution ... Diese Revolution suchten die Freimaurer Frankreichs klug zu befördern ... Zugegeben, daß dies die Durchschnittsmeinung der französischen Maurer gewesen sein mag, so darf man doch nicht übersehen, daß die französische Ordensleitung eine sehr tätige, kraftvolle Politik trieb und daß um das „Geheimnis" — genau so wie bei früheren Ereignissen, die das unwissende Volk überraschten — doch nur wenige „höchst leuchtende" Brüder gewußt haben können; diese aber hatten sicherlich weder Anlaß noch Gelegenheit, dem Br.·. Ohr das Geheimnis vom 28. Juni 1914 auf die Nase zu binden.

Man muß sich nur in die damalige Lage hinein versetzen: Die Freimaurer Frankreichs kannten Österreich-Ungarn und Deutschland doch nur aus den Darstellungen unserer inneren Feinde. Sie kannten also bloß die zerstörenden Kräfte, nicht aber die staatserhaltenden. Ihr Gedankengang mag daher etwa folgender gewesen sein: Mit dem Tode des österreichischen Thronfolgers fallen alle Hemmungen; denn der alte, vierundachtzigjährige Kaiser kann unmöglich die Aufregungen überleben, der junge Kaiser hingegen ist zu unerfahren und viel zu gutmütig, kurz — Österreich-Ungarn muß zerfallen. Deutschland aber, von allen Seiten umstellt, wird es auf eine kriegerische Kraftprobe dann gar nicht erst ankommen lassen. Die Sozialisten und die zur Republik hinneigenden bürgerlichen Vertreter werden vielmehr mit dem Kaisertum Schluß machen und die Hohenzollern absetzen, um einen Krieg zu verhindern.

[1]) Karl Heise, Ententefreimaurerei und Weltkrieg, S. 180 f.

Die Hoffnung auf eine Revolution seitens der deutschen Arbeitermassen war in ausländischen Freimaurerkreisen eine ganz allgemeine und gelangte bei unzähligen Gelegenheiten zum Ausdruck. Daß dies der Gedankengang und die Leitsätze waren, geht unter anderem auch aus zwei wenig beachteten Tatsachen hervor: Aus dem planmäßigen Abziehen des Goldes aus dem Deutschen Reiche seitens der internationalen Geldmächte und aus der Mobilisierung, die in Rußland bereits im Vorfrühling von 1914 einsetzte. Mit der Möglichkeit eines großen Krieges dürften wohl alle gerechnet haben, aber bestimmt nicht mit einer vierjährigen Dauer.

Um es noch klarer auszudrücken: Die Freimaurer wollten die Weltrevolution der Weltrepublik wegen, das ist nach ihren eigenen Geständnissen erwiesen. Ein Weltkrieg dagegen erschien ihnen als ein Übel, das sie nicht um seiner selbst willen anstrebten, sondern eher zu vermeiden hofften. Für eine solche Handlungsweise besitzt unser österreichisches Strafrecht einen passenden Ausdruck in dem Begriffe des dolus indireetus, wie er beispielsweise beim Totschlag gefordert wird: Eine Handlung in feindseliger Absicht, wobei ein Mensch ums Leben kommt, aber ohne die Absicht zu töten.[1])

Die „wissenden" Freimaurerfürsten rechneten eben felsenfest mit einer Erhebung der Tschechen, wie sie ihnen von Br.·. Kranarsch und Br.·. Masaryk in Aussicht gestellt worden war, sie rechneten mit den Lostrennungsabsichten der Polen, Ruthenen und Südslaven, mit einem Abfall der österreichischen Italiener und der Rumänen in Ungarn. Sie rechneten auch auf die Hilfe der Sozialdemokraten, die hier wie im Reiche den Krieg verhindern würden, sie hofften schließlich auf die pazifistische Tätigkeit der liberalen Presse in den beiden Kaiserreichen und nicht zuletzt auch auf den Einfluß, den die deutschen Freimaurer auf die Erhaltung des Friedens nehmen würden. Mit einem jedoch haben sie nicht gerechnet: Mit der ungeheuren Erbitterung der Volksmassen über die serbischen Meuchelmörder. Politische Morde gehören bei uns — im Vergleich zu den romanischen Staaten — denn doch zu den größten Seltenheiten und so erklärt es sich, daß die Empörung eine ganz allgemeine war und die Kriegserklärung an Serbien als befreiende Tat empfunden wurde, nicht nur unter den Deutschen, sondern auch bei einem Teil der fremdsprachigen Völker Österreich-Ungarns.

Für die französischen Freimaurer gab es zwei Hauptgründe, den Krieg zu wollen und zu wagen; zunächst war es der all-

[1]) § 140 StrG. lautet: Wird die Handlung, wodurch ein Mensch ums Leben kommt, zwar nicht in der Absicht, ihn zu töten, aber doch in anderer feindseliger Absicht ausgeübt, so ist das Verbrechen ein Totschlag.

gemeine Wunsch aller (nicht-deutschen) Freimaurer, die „tyrannischen Kaisermächte", die „Autokratien" zu vernichten und Republiken an deren Stelle zu setzen. Dann lockte sie noch besonders der Gedanke, Elsaß-Lothringen zurückzugewinnen. Wurde doch die Revanche-Idee ganz besonders in den französischen Freimaurerlogen großgezüchtet; gibt es doch dort sogar Logen, die durch ihren bloßen Namen die Idee der Rückeroberung Elsaß-Lothringens stets lebendig zu erhalten suchten![1]) Nebenbei bemerkt sprachen im Elsaß kaum 4 v. H. französisch und in Lothringen keine 29 v. H.; und von dem Rechte, Franzosen zu bleiben, machten 1871 bloß etwa drei vom Hundert Gebrauch. Trotzdem betrachteten die Franzosen, oder besser: ihre freimaurerische Oberschicht, den Verlust Elsaß-Lothringens, das seit uralten Zeiten kerndeutsch war, als ein unerhörtes Unrecht, das wieder gutgemacht werden müßte. Logenbrüder waren es ja auch, welche diese Forderung während des Weltkrieges mit allem Nachdruck in der französischen Kammer vertraten, und wiederum waren es Logenbrüder, welche die Geheimverträge mit England und Rußland schlossen, worin den Franzosen ganz Elsaß-Lothringen, das Saarbecken und die Rheingrenze zugesichert wurde. So sagte der frühere Ministerpräsident Br.·. Charles Dupuy in der französischen Kammer: „... Ich fordere, daß die französischen Grenzen bis zum Rhein und bis zur Mosel gehen und daß wir einen französischen Statthalter in Coblenz amtieren sehen.[2]) Und der ehemalige Ministerpräsident Br.·. Ribot verlangte, daß aus Elsaß-Lothringen und dem Saarbecken ein französischer „Pufferstaat" gemacht werde.[3]) Wieder ein anderer französischer Freimaurer, der frühere Ministerpräsident Br.·. Briand forderte in einer Geheimsitzung der französischen Kammer dieselben Gebiete für Frankreich selbst, und zwar wieder bis zur Rheingrenze![4]) Den ganzen Haß der französischen Logengewaltigen faßte derselbe Br.·. Briand in die wahnwitzig klingenden, aber durchaus ernst zu nehmenden Worte zusammen: Deutschland und das deutsche Volk sind dem Untergange geweiht![5]) Diese vom Vernichtungswillen diktierten Worte seien jenen ins Stammbuch geschrieben, die so gerne von einer „Schuld" Deutschlands sprechen möchten, weil der Frieden nicht früher zustande gekommen ist. Die deutschen Freimaurer konnten durch solche Ausbrüche satani-

---

[1]) So z. B. die Loge „Alsace Lorraine", 1872 als politischer Protest gegen die Angliederung Elsaß-Lothringens an Deutschland gegründet, die Loge „La Revanche", die Loge Les enfants de Mars (= Kinder des Krieges), 1902 in Béziers errichtet u. v. a.

[2]) Vgl. „Deutsche Politik", 1917, Nr. 34, Aufsatz des Schweizers Rudolf Hürbin.

[3]) Vgl. Karl Heise, „Ententefreimaurerei und Weltkrieg", S. 86.

[4]) Vgl. die „Suisse" (Genf) vom 10. Juni 1917, zitiert nach Heise, ebenda.

[5]) Pariser „Havas"-Meldung vom 13. Oktober 1917.

schen Hasses allerdings nicht überrascht werden; war es doch einer der ihrigen, Br.·. Isaak Adolph Cremieux, seinerzeit französischer Justizminister, der denselben Gedanken schon vor mehr als einem Menschenalter ausgesprochen hat: „Die Absicht der Logen ist, Deutschland zu vernichten!" Und dieser Br.·. Isaak Cremieux wußte sehr wohl, was er sprach: war er doch Begründer der „Alliance Israélite universelle" und überdies zugleich auch „Souveräner Großkommandeur des Suprême Conseil", also Hochgradmaurer des 33. Grades,[1]) mithin einer von den „Wissenden", einer von jenen dreihundert Männern, die nach Walther Rathenau die Welt beherrschen und die „Weltgeschichte machen."[2])

Daß es sich tatsächlich um Logenpläne handelt, wird bestätigt durch eine „Havas"-Meldung vom 19. Dezember 1917, die den „Aufruf der obersten Behörde der französischen Freimaurerei" veröffentlicht. Es heißt dort: „Frankreich blutet für die Befreiung aller Völker, auch der feindlichen(!). Die Forderung nach Elsaß-Lothringen ist darum eine Forderung des vergewaltigten Rechtes (!). Elsaß-Lothringens Wiedergewinnung ist darum ein Symbol der Sicherheit und des Heiles...."[3]) Darin liegt das klare Eingeständnis, daß von seiten Frankreichs der Krieg für freimaurerische Ideale geführt wurde.

Von deutscher freimaurerischer Seite wurde nun versucht, die französischen Staatsmänner Br.·. Poincaré, Br.·. Clemenceau, Br.·. Briand, Br.·. Delcassé usw. von sich abzuschütteln; man bestritt einfach ihre Zugehörigkeit zur Freimaurerei.[4]) Da sie jedoch durch Prof. Dr. Schiemann[5]) und neuerdings durch den Schweizer Karl Heise, der vorzüglich unterrichtet ist, bestätigt wird, liegt kein Grund zu irgendwelcher Richtigstellung vor. Es mag ja sein, daß jene Männer solchen freimaurerischen Körperschaften angehören, die vom deutschen Großlogenbund nicht anerkannt sind; so blieb beispielsweise dem „Suprême Conseil" der „Großloge von Frankreich" bisher die deutsche Anerkennung versagt, desgleichen der „Großen National-Mutterloge für Frankreich und seine Kolonien"; aber dies ist kein Grund, sie nicht als Freimaurer gelten zu lassen. Tatsache ist, daß alle oder fast alle Staatsmänner und Minister Frankreichs Logenbrüder sind, teils niedrigen, teils höheren Graden angehören und stets den Willen

---

1) „Der Zirkel", Wien 1914, Nr. 33.
2) „Neue Freie Presse", Wien, 25. Dezember 1909.
3) Vgl. Karl Heise, S. 86.
4) So z. B. Br.·. Wolfgang in der „Bauhütte" 1919, S. 187 f.
5) „Deutsche Politik", 2. Jahrgang, S. 594.

der Loge auszuführen haben. Durchaus zutreffend urteilt daher der „Badische Beobachter“, wenn er sagt: „Wenn Ribot, wenn Lord Cecil,[1]) wenn Wilson sich über die Kriegsziele äußern, sind dies immer nur vorgetäuschte Kundgebungen ein und desselben internationalen Logentums.“[2])

Daß viele von diesen Staatsmännern, wie zum Beispiel Br.·. Poincaré, ein stark bemakeltes Vorleben aufweisen, spielt in der französischen Republik offenbar keine Rolle. Ist jener durch die Suezkanalgeschichte stark belastet, so ist Br.·. Clemenceau seinerzeit als Panamist entlarvt worden und Br.·. Briand, dessen Vater ein gut gehendes Stundenhotel besaß, wuchs in einer Umgebung auf, in der man sich weniger von sittlichen, um so mehr aber von klingenden Erwägungen leiten ließ.

Aber nicht allein Ministerposten, auch alle sonstigen einflußreichen und einträglichen Stellen werden in der Republik der Gleichheit, Freiheit und Brüderlichkeit vorzugsweise von Freimaurern besetzt. Auch zahlreiche hohe Militärs sind Freimaurer, wie z. B. der Großmeister Br.·. Peigné, der als Divisionsgeneral mit der Führung eines Armeekorps betraut war.[3]) Wieder ein anderer Freimaurer, Br.·. Debierre, der Präsident des „Groß-orients von Frankreich“,[4]) wurde jüngst zu Studienzwecken nach Elsaß-Lothringen entsendet; der Deputierte der französischen Kammer, Br.·. Jonnart — ebenfalls in den Suezkanalbetrug verwickelt[5]) — wurde als Oberkommissär von Frankreich und England nach Griechenland geschickt, wo er den rechtmäßigen König enthronte und den Verräter Br.·. Venizelos als Diktator einsetzte. Und warum dies? — Weil König Konstantin sich standhaft geweigert hatte, auf die Seite der Entente zu treten und Deutschland den Krieg zu erklären! Widerspricht denn dieses brutale Vorgehen nicht ganz und gar dem Wesen der Freimaurerei? — Im Gegenteil! Stellt doch das oberste Gesetz ihrer „Freiheit“ die Hauptforderung auf, „daß niemand mehr sich regen dürfe, als insoweit es der Freimaurerei — dem König aller Könige, dem Zaren aller Zaren — genehm ist....“ Dies sind die ureigensten Worte des „Bulletin du Grand Orient de France“, 1889/1890, und des „Bulletin du Grand Orient de Belgique“, 1911/1912.)

[1]) Er vertritt die Politik der englischen „Orangeloge“.

[2]) „Badischer Beobachter“, 1. Juni 1917.

[3]) „Wr. Fr. Z.“, August 1919, S. 25.

[4]) In Frankreich gibt es keinen „Großmeister“, sondern einen Präsidenten des Groß-Orients.

[5]) Vgl. Karl Heise, S. 128. — [6]) Wiedergegeben nach Karl Heise, S. 41.

Hat man sich einmal mit dieser Grundwahrheit der französischen Freimaurerei vertraut gemacht, dann begreift man erst ihren wahnwitzigen Haß gegen den Hohenzollern Wilhelm II., der von den Freimaurern nichts wissen wollte und genug hatte an jenen Erfahrungen, die sein Großvater, Kaiser Wilhelm I., mit der französischen und sein Vater, Kaiser Friedrich III., mit der deutschen Freimaurerei gemacht hatte....

Der Zusammenbruch des Deutschen Reiches wurde in französischen Kreisen vielfach vorausgesagt und angekündigt; so z. B. in dem 1912 erschienenen bekannten Buche: „Der Untergang des Deutschen Reiches, die Schlacht auf dem Birkenfelde", von dem Major de Civrieux; er prophezeit darin, daß Deutschland mit dem dritten und letzten Hohenzollern-Kaiser durch das vereinte Zusammenwirken von Frankreich (mit Rußland), England und Belgien vollständig zugrunde gehen werde.... Es scheint fast so, als gehörte Civrieux zu den halb eingeweihten Brüdern, deren Feder man benützte, um die großen, schwerfälligen Massen der Bevölkerung langsam an den Gedanken eines furchtbaren Krieges zu gewöhnen... Dieses Vorbauen, Andeuten und Prophezeien, dieses Hereinziehen eines angeblich „unabwendbaren" Schicksals entspricht durchaus der Eigenart der Freimaurer, die ihre eigenen Taten zunächst als Schicksalsfügungen hinzustellen suchen, um sich dann, wenn alles gut abgelaufen ist, in die Brust zu werfen und die niederen Grade mit Schaudern und Entsetzen zu erfüllen: Sehet, auch dies ist unser Werk! — Man muß zugestehen, die Rollen waren nicht übel verteilt: Major de Civrieux hatte das von der Weltloge beschlossene „Schicksal" der Hohenzollern in die Form eines Kriegsromanes der Zukunft zu kleiden; die „berühmte" Madame Savigny das „bevorstehende tragische Ereignis im österreichischen Kaiserhaus" zu prophezeien und die Madame Lorenza bekam eine ganz besondere Aufgabe, die sie in ihrer Art auch glänzend gelöst hat...

Doch kehren wir von diesen Vermutungen auf den Boden der rauhen Wirklichkeit zurück: Der jüdische Hochgradmaurer Br∴ Isaak Cremieux, 33∴, setzte bereits 1870 einen Preis von einer Million Franken aus auf den Kopf des Hohenzollern Wilhelm I. Die Tatsache der Aussetzung eines Kopfpreises wird von Moritz Busch bestätigt[1]) und auch von deutschen Freimaurern nicht abgeleugnet. Zehn Pariser Logen wollten damals überdies Wilhelm, Moltke und Bismarck vor ihren freimaurerischen Gerichtshof (!) ziehen.... Ähnliches geschah nun auch im Weltkrieg. Diesmal wurde

[1]) Vgl. S. 78.

die Bewegung erwiesenermaßen von der Pariser Loge L'Avant-Garde eingeleitet, worauf der ganze Chor der freimaurerisch geleiteten Zeitungen einsetzte: „... Wilhelms Verbleiben auf dem deutschen Kaiserthron wird als — Herausforderung betrachtet..." sagte z. B. der „Matin" (Paris); „...man muß die Hohenzollern vollends stürzen..." meint das „Echo de Paris"; „...mit den Hohenzollern gibt es keinen Frieden...", heißt es im „Figaro". Und als bald nach dieser Einleitung der „Internationale Freimaurer-Kongreß" — im April 1917 — in Paris stattfand, da war der wichtigste Gegenstand der Beratungen der: Wie kann man in Deutschland selbst eine starke Bewegung gegen die Monarchie hervorrufen? Denn: Die Grundlage des Weltfriedens muß die Absetzung des deutschen Kaisers bilden! — Mit der Geschwindigkeit des Funkspruches verbreitete sich dieser Gedanke über den ganzen Erdball. Überall konnte man's lesen, in jeder Zeitung stand es schwarz auf weiß: „Der Frieden kann nicht geschlossen werden, bevor sich nicht Wilhelm II. und Kaiser Karl ins Privatleben zurückziehen."

Natürlich brachten es auch die deutschen Zeitungen. Wo aber war zu lesen, daß diese Forderung vom „Internationalen Freimaurerkongreß" in Paris aufgestellt worden war und daß der „Grand Orient" und die „Grande Loge de France" dahintersteckten?? — Die Wirkung auf das deutsche Lesetier war verblüffend. Zunächst war Michel über diese Unverschämtheit empört. Aber die deutschgeschriebenen Blätter brachten immer neue Beweise dafür, daß — nach Ansicht der Entente natürlich — ein Frieden ohne vorherige Beseitigung des deutschen Kaisers nicht möglich sei. Dazu kam die Kriegserklärung Wilsons an Deutschland! Und hatte nicht auch Wilson auf dem amerikanischen Kongresse feierlich erklärt, er führe den Krieg nur gegen die deutsche Regierung, nicht aber gegen das deutsche Volk?! Selbst der frühere englische Ministerpräsident Asquith ließ sich dahin vernehmen, daß mit Kaiser Wilhelm kein Friede geschlossen werden könne. Noch deutlicher wurde der freimaurerische „Corriere della Sera" (Mailand). Er sagt: „...Auf dem Deutschland Wilhelms II. liegt der Bannfluch der ganzen Welt..." Das war freilich eine arge Übertreibung; richtig sollte es heißen: Auf dem Deutschland Wilhelms II. liegt der Bannfluch der ganzen Welt—Freimaurerei! Aber immerhin, das Wort wirkte, der Zweck wurde erreicht: Der deutsche Michel wurde nachdenklich gestimmt und fing an ernstlich zu erwägen, ob es nicht um des lieben Friedens willen vielleicht doch besser wäre, wenn der deutsche Kaiser, auf dem nun einmal r Bannfluch der ganzen Welt liege, freiwillig abdankte? **Damit** **egann bereits die innere, geistige Revolution**, die h zunächst nur in der Untergrabung der Siegeszuversicht äußerte. ethmann Hollweg trifft der Vorwurf, daß er diesem neuesten Schlag- ort der Weltfreimaurerei nicht mit entsprechender Schärfe ent- gengetreten ist. Br.·. **Bethmann Holweg ist Freimaurer.**[1])

Doch eine Dummheit kommt selten allein. Zu allem Überfluß ib man den Sozialdemokraten die Pässe nach Stockholm, damit sie ie **Republikaner!**), den Kaiserreichen den Frieden brächten! en Frieden brachten sie zwar nicht, wohl aber ein neues Schlagwort it freimaurerischer Prägung: die **Demokratisierung**! Wäh- nd unsere Feinde uns tagtäglich die Vernichtung androhten, gab für die Sozialdemokraten nichts Wichtigeres zu tun, als die emokratisierung des preußischen Landtagswahlrechtes zu verlangen id bei uns in Österreich die des Gemeindewahlrechtes! Hinter dem chlagwort „Demokratisierung" verbarg sich nun allerdings ein anderes, is man vorläufig noch nicht laut aussprechen durfte: die **Repu- likanisierung**, oder — wie es der Pariser Freimaurerkongreß enige Wochen vorher verkündet hatte — die **Entthronung der ohenzollern und Habsburger.**[2]) Dieses über den Umweg n Stockholm aus **Paris** bezogene Saatgut, Marke **Demokrati- erung**, schoß bald üppig in die Halme. Schon ein halbes Jahr äter — Ende Jänner 1918 — konnte **Lloyd George** mit nerer Genugtuung im englischen Unterhaus feststellen: „. . . Nach nz zuverlässigen Nachrichten steht eine innere Revolution Deutsch- nds unmittelbar bevor, so daß die Entente mit Sicherheit zu dem n ihr **gewollten Annexionsfrieden** gelangen wird, der e Kriegsziele Englands voll befriedigt, **ohne daß es Deutsch- ind selbst merken wird . . .!**"[3])

Ging von dem Logenzentrum **Paris** der Gedanke des Thron- lgermordes und die ganze Kriegshetze aus, so war auch dort der auptwiderstand gegen einen „Frieden ohne Annexionen und Kom- nsationen" zu finden. Selbstverständlich! Da die französischen Frei- aurer den Krieg doch nur gewagt hatten, um Elsaß-Lothringen mit r Rheingrenze zu erhalten und um die deutsche Republik erstehen i sehen, so war für sie jeder Frieden „**unannehmbar**", der diesen iden Hauptforderungen der Loge nicht entsprach. Daß der Friedens- ille Deutschlands an dem Kriegswillen Frankreichs, d. h. des

---

[1]) Vgl. „Die Geheimnisse der Weisen von Zion". S. 219.

[2]) Es handelt sich hier lediglich um eine Feststellung geschichtlicher Tatsachen, ht aber um eine Stellungnahme zugunsten dieses oder jenes Herrscherhauses.

[3]) „Inf."-Korrespondenz vom 31. Jänner 1918. Dies und die früheren tate sind Karl Heise entnommen, S. 27 ff.

„Grand Orient" scheiterte, wird nun gerade heute sozusagen amtlich bestätigt, und zwar durch die Aussage des Grafen Bernstorff, der vor der Untersuchungs-Kommission über die Friedensmöglichkeiten folgendes erklärte: „... Im Jänner 1916 war der amerikanische Oberst House zum zweiten Male in Berlin. Als er zurückkam, erklärte er mir, daß der Hauptwiderstand gegen den Frieden in Paris zu finden sei ..."[1]) — Mit diesem gewichtigen Zeugnis sei die Untersuchung über die Tätigkeit der französischen Freimaurerei und ihre Schuld am Krieg, an der Friedensverhinderung und an Deutschlands Elendsfrieden vorläufig abgeschlossen.

Besonders klar läßt sich der überragende Anteil der Freimaurer am Weltkrieg an Italien nachweisen. Der Dreibund (Deutschland-Österreich-Ungarn-Italien) hatte bereits im Jahre 1902 einen empfindlichen Stoß erlitten, als unter dem jungen König Viktor Emanuel III. eine Annäherung an Frankreich stattfand. Drei Freimaurer waren es, die diese Annäherung zustande gebracht hatten: der italische Ministerpräsident Br.·. Zanardelli, der französische Botschafter in Rom, Br.·. Barrère und der französische Außen-Minister Br.·. Delcassé, der jubelnd in der französischen Kammer verkünden konnte, Italien werde Frankreich niemals angreifen .....

Die folgende Zeit sei als minderwichtig übergegangen. Als politisches Ereignis ersten Ranges ist jedoch Italiens Rückversicherungsvertrag mit England und Frankreich zu werten, der am 3. April 1914 zustande kam und die Einkreisung der Mittelmächte vollendete. Die Pariser Ausgabe des „New York Herald", die uns diese Tatsache mitteilt,[2]) vergißt nicht darauf hinzuweisen, daß zu jener Zeit bereits die russische Mobilisierung in vollem Gange war. Die vertragschließenden Teile waren wieder sämtlich durch Freimaurer vertreten; Br.·. San Giuliano,[3]) Br.·. Poincaré, Br.·. Edward Grey.[4])

Am 28. Juni 1914 erfolgte die von Freimaurern beschlossene und durchgeführte Ermordung des österreichischen Thronfolgers und bereits am 29. Juni 1914 trat die „Ordensregierung" des Großorientes

[1]) Vgl. z. B. Deutsches Volksblatt (Wien), 22. Oktober 1919.

[2]) Am 22. Mai 1915.

[3]) Br.·. San Giuliano, der bereits in den ewigen Orient eingegangen ist, war Freimaurer und gehörte seit 1893 der Loge „Universo" in Rom an; vgl. Heise, S. 111.

[4]) Übrigens ist auch der gegenwärtige König Georg V. von England Logenbruder. Er wurde laut einer Mitteilung des „Zirkels" (Wien) vom 15. Mai 1889, S. 37 von seinem Vater, dem späteren König Eduard VII., im Jahre 1886 der Loge zugeführt. König Georgs V. Sohn ist ebenfalls bereits Freimaurer und zwar wurde er am 2. Mai 1919 in die Loge eingeführt.

von Italien zu einer Sitzung zusammen, um über die neu geschaffene Weltlage zu beraten. Großmeister war damals Br.·. Ettore Ferrari 33.·..

Am 31. Juli 1914 erließ Großmeister Ferrari ein Rundschreiben an alle 460 italischen Logen, worin es heißt: „Die Ordensregierung wird sich alle erdenkliche Mühe geben darauf hinzuwirken, daß sich die Aktion aller Großoriente (der ganzen Welt) einmütig und in Übereinstimmung mit den allgemein angenommenen Grundsätzen der Freimaurerei vollziehe ...." Was heißt das? — Das bedeutet, daß man die Freimaurer der ganzen Welt zum Kampfe gegen die „Autokratien" Europas — nämlich gegen Deutschland und Österreich — aufpeitschen werde.

Fast gleichzeitig richtet der Ordensmeister der schwedischen Freimaurer, Br.·. König Gustav V. von Schweden, ein Telegramm an den König von Italien, worin er ihn beschwört, er möge ja nicht auf Seite der Mittelmächte treten ....

Am 6. September 1914 erläßt Großmeister Br.·. Ferrari ein neues Rundschreiben, worin er die italischen Logenbrüder belehrt, welche Stellung sie künftighin einzunehmen haben: Italien muß und wird in den Krieg eintreten, sobald der günstige Augenblick gekommen ist; bis dahin müssen alle Freimaurer in nachdrücklichster Weise das nationale Gewissen wachrütteln und das Volk für den Krieg erziehen. ...

Am 13. September 1914 — es war seit dem letzten Rundschreiben Br.·. Ferraris kaum eine Woche verstrichen — kam es bereits zu den ersten größeren Kundgebungen gegen Österreich. Sie fanden im Café Aragno und auf dem Platze vor dem Quirinal statt und gipfelten in dem Verlangen, Österreich müsse Triest und Trient abtreten. Hauptredner war der Freimaurer Br.·. Civinini, Schriftleiter des „Corriere della Sera".[1])

Am 20. September 1914 wird in einem geheimen Rundschreiben der Mailänder Logen die Hoffnung ausgesprochen, der Krieg werde der Freimaurerei den größten Triumph bringen: Ein Zeitalter, frei von Thronen und Altären! Die freimaurerischen Grundsätze müssen überall triumphieren![2])

Am 20. Oktober 1914 wurden die Straßenkundgebungen in verstärktem Umfange wiederholt; auch sie wurden von Freimaurern veranstaltet.

---

[1]) Der „Corriere" ist ein ausgesprochen freimaurerisches Blatt und hat das Oberkommando der italischen Freimaurerei, vgl. Karl Heise, S. 112.

[2]) Vgl. „Auf den Pfaden der internationalen Freimaurerei", S. 25.

Als im November 1914 der ehemalige deutsche Reichskanzler und spätere Botschafter in Rom, Fürst Bülow, Verhandlungen zwischen Italien und Österreich anbahnte, um das von den Italienern so heiß begehrte Trentino an sie abtreten zu lassen, da waren es die Freimaurer, welche diese Absicht zu durchkreuzen suchten[1]) und auch wirklich durchkreuzt haben.

Nun ging der Rummel auch in der italischen Kammer los. Den ersten Vorstoß wagte der republikanische Abgeordnete und Freimaurer Br.·. Commandini, der verlangte, daß das Parlament des damals doch neutralen Italien „dem heroischen Volke Belgiens seine Grüße übermittle". Und wieder ist es ein Freimaurer, der spätere Ministerpräsident Br.·. Salandra, der bereits am 3. Dezember 1914 in der Kammer davon spricht, daß Italien bei der Neugestaltung des alten Europa gewichtige Forderungen zu stellen haben werde.

Daß die Kriegshetze von den Logenbrüdern ausging und nur von diesen, wußte man auch in Italien sehr genau. Die kriegsgegnerische Zeitung „Vittoria" z. B. schrieb anfangs März 1915 von den italischen Freimaurern: Diese Leute, die seit 1870 beständig an der Staatsauflösung arbeiten, wollen uns in einen Krieg hineinhetzen, der von der Freimaurerei ausgeht, die ihre Befehle von den Großorienten von Paris und London empfängt.[2]) Und so war es auch. Gegen die unabhängigen Männer ging die Loge in gewalttätigster Weise vor; so z. B. gegen Giolitti, der in Rom seines Lebens nicht mehr sicher war. Der italische Generalstabschef aber, General Pollio, der ein überzeugter Gegner des Krieges war, starb plötzlich unter ganz merkwürdigen, nie aufgeklärten Umständen...[3]) Die unabhängige Presse wurde von Tag zu Tag kleiner. Schon vor dem Krieg standen zahlreiche Tageszeitungen den Freimaurern zur Verfügung, viele hatten durch Vermittlung des französischen Botschafters in Rom, Br.·. Camille Barrère, hohe Bestechungsgelder erhalten; so konnte der italische Sozialist Bentini widerspruchslos und unter allseitiger Zustimmung in der Kammer die Behauptung aufstellen, daß die französische Werbetätigkeit schon vor dem Kriege 25 Millionen Lire für die italische Presse ausgegeben habe.[4]) Und die in diesem Falle gewiß unverdächtige „B. Z. am Mittag" schrieb am 28. Mai 1915: Belgier, Franzosen und Irredentisten aus dem Trentino hielten in ganz Italien haßerfüllte Reden gegen den Dreibund, ungeheure Summen wurden für Presse und Werbe-

[1]) Vgl. Br.·. Wolfgang im „Unsichtbaren Tempel" 1916, S. 307.

[2]) Nach der „Kölnischen Volkszeitung" vom 6. März 1915; zitiert nach Heise, S. 121.

[3]) Vgl. „Reichspost" vom 23. September 1915, mitgeteilt nach „Freimaurerei, Presse und Weltkrieg" von Br.·. Dr. F. C. Schwabe, Frankfurt a. M., 1916.

[4]) Vgl. „Internationale Rundschau", Zürich, November 1917.

schriften aufgewendet und durch jedes Mittel brachte man die schwankenden Politiker auf seine Seite."[1])

Am 10. März 1915, dem Togestage Mazzinis,[2]) hielt der Freimaurer Professor Br.·. Baccaluzzi, 33.·., eine wuchtige Kriegsrede, bei der er des Programmes Mazzinis gedachte, dessen Verwirklichung nun unmittelbar bevorstünde: Wir nehmen, sagte er, das Problem an dem Punkte auf, wo es uns Mazzini hinterlassen hat. (Gemeint ist die Eroberung Triests und Trients samt allen dazu gehörigen Gebieten.)

Den Höhepunkt der Kriegshetze bildete dann die große öffentliche Kriegskundgebung der Freimaurer am 5. Mai 1915; sie fand anläßlich der Garibaldifeier in Quarto bei Genua statt und Br.·. Gabriele d'Annunzio (Rappaport aus Galizien?) hielt die Kriegsrede; sämtliche 493 Logen Italiens nahmen samt ihren Fahnen im Auftrag des Großmeisters daran teil. „Alle Logen haben für diesen Tag nach Genua Abgeordnete und ihre Banner zu entsenden," hieß es in dem Rundschreiben des Großorientes, in welchem auf die bedeutungsvollen Entschließungen dieses ereignisreichen Tages noch besonders hingewiesen wurde.

Es verstrichen keine drei Wochen und die Kriegserklärung Italiens an Österreich erfolgte tatsächlich. Sollte irgend jemand noch den leisesten Zweifel haben, ob sie ganz oder teilweise ein Werk der Loge war, so sei er auf den „Erlaß" des Großmeisters Br.·. Ferrari verwiesen, der am ersten Jahrestage der Kriegserklärung, am 24. Mai 1916, ausdrücklich erklärte: „Die Kriegserklärung erfolgte auf das Dekret des Großorients von Italien hin!"[3]) Diese Ausdrucksweise klingt einigermaßen befremdend; sie wird verständlich, wenn man weiß, daß der damalige Ministerpräsident, Br.·. Salandra, der zuerst die Neutralität Italiens verkündet hatte, ebenfalls Logenbruder ist, wenn er auch einem anderen Zweige der Freimaurerei angehört, nämlich dem Schottischen Ritus, der damals der sanfteren Auffassung seines Präsidenten, Br.·. Saverio Fera, huldigte; da aber der Ordensrat des Großorientes von Italien die alleinige maurerische Oberbehörde für alle maurerischen Riten in Italien ist, so hatte der Ministerpräsident Br.·. Salandra eben zu gehorchen und auf Befehl des Br.·. Ferrari, der an der Spitze des Ordensrates stand, den Krieg zu erklären.

So kann denn gerade bei Italien der vollständig lückenlose Beweis erbracht werden, daß es ausschließlich die italischen

---

[1]) Zitiert nach Karl Heise, S. 114.
[2]) Mazzini starb am 10. März 1872.
[3]) Vgl. Br.·. Wolfgang i. d. Bauhütte 1916, Nr. 37.

Freimaurer gewesen sind, denen wir das Eintreten Italiens in den Weltkrieg zu verdanken haben!

An solchen Tatsachen konnten schließlich auch die deutschen Freimaurer nicht blind vorübergehen; so hat z. B. Br.·. Müffelmann eine Schrift herausgegeben,[1]) die in überzeugender Weise dartut, daß der Eintritt Italiens in den Weltkrieg ausschließlich das Werk der Freimaurer ist und die italische Freimaurerei als solche diese schwere Blutschuld auf sich geladen hat. Wenn Br.·. Müffelmann aber erst jetzt darauf kommt, daß „zwischen der Freimaurerei in Italien und der deutschen Freimaurerei tiefgründigste (!) Unterschiede bestehen", so ist das reichlich spät, denn diese Unterschiede bestanden von jeher.

Um auf die Sache selbst zurückzukommen: Bereits im Frühjahr 1914 saßen mindestens 6 Freimaurer als Minister im italischen Kabinett. Das kann niemand wundern, der die dortigen Verhältnisse einigermaßen kennt; sagte doch schon vor Jahren der einflußreiche Großlogensekretär und Br.·. vom 33. Grad Ulisse Bacci: „Es ist unerläßlich, daß die Minister entweder unsere Brüder sind oder gestürzt werden!" In Italien, Frankreich, England und den Vereinigten Staaten ist es geradezu die Regel, daß die Minister Logenbrüder sind.[2]) In einigen Staaten herrscht die Sitte, daß die Freimaurer bei öffentlichen Festen in maurerischer Kleidung, im Ornate, erscheinen, so daß jeder Laie ohne weiters jene Minister, die Brüder sind, als solche erkennen kann.[3])

In der Folge traten noch weitere Freimaurer ins italische Kabinett ein, so Br.:. Salandra, Br.:. Sonnino,[4]) Br.:. Barzilai,[5]) Br.·. Commandini, Br.·. Bissolati u. a. Der Haupt-Kriegshetzer war jedoch Br.·. Ernesto Nathan; er ließ sich neuerdings zum Großmeister wählen, hauptsächlich deshalb, um jede Friedensbewegung in Italien im Keime zu ersticken. Schon seine Antrittsrede[6]) am 27. November 1917 ist so bemerkenswert, daß wenigstens einige Sätze daraus hier wiedergegeben seien, damit man den Geist dieses „ausgezeichneten Maurers"[7]) kennen lernt; Br.·. Nathan also donnerte als neugewählter Großmeister los: „Nieder mit den Pazifisten! Krieg ihnen mit allen Waffen! Mit den friedlichen Waffen der Überredung und

---

[1]) Dr. Ludwig Müffelmann: „Die italienische Freimaurerei und ihr Wirken für die Teilnahme Italiens am Kriege", Berlin, 1915. (Nur für Brr.·. Frmr.) — [2]) Minister Giolitti war ausnahmsweise Nicht-Freimaurer. — [3]) So z. B. in England, in Amerika. — [4]) Sonnino ist semitischer Abkunft. — [5]) Br.·. Barzilai ist ein Triestiner Jude, der früher Bürzel hieß. — [6]) Abgedruckt im freimaurerischen „Secolo" (Genua); sie wurde an die Frontsoldaten verteilt. — [7]) So nannte ihn der Wiener „Zirkel", 1911, Nr. 4, S. 54.

mit der „Überredung" der nichtfriedlichen Waffen (ergänze: Maschinengewehre!) Friede ist Verrat am Vaterland! Der Friede ist die Viper, der ohne Mitleid der Kopf zertreten werden muß! Würdig sprach unser alter Freund Clemenceau, desgleichen unser Freund Lloyd Georges. Wollen wir hinter diesen beiden zur Schande Italiens zurückstehen? Nein, und tausendmal nein!"[1]) Dabei ist zu bedenken, daß Br.·. Nathan diese satanische Kriegsrede nicht als Privatperson, sondern als oberster Chef der italischen Freimaurerei sprach; seine Herrschaft erstreckte sich tatsächlich über die Gesamtheit der 493 italischen Logen, denn als Großmeister des Großorientes von Italien ist er zugleich Vorsitzender des „Ordensrates für alle maurerischen Systeme in Italien". Dieser Ordensrat besteht aus 120 Mitgliedern: überdies gibt es einen „Engeren Rat", dessen Mitglieder mit den Großorienten der ganzen Welt in unmittelbarer Fühlung stehen; so vertritt Br.·. Nathan selbst die Großlogen von Spanien und Mexiko; der Großmeister des Schottenritus, Br.·. Achille Ballori,[2]) vertrat die Berliner „Großloge zu den drei Weltkugeln", dann die Großlogen von Neuseeland, Tasmanien usw.

(Was hier von den engen Beziehungen des Großorients von Italien mit den übrigen Großlogen der ganzen Welt gesagt wurde, gilt für jeden beliebigen Großorient und jede Großloge: sie alle stehen in unmittelbarem Verkehr miteinander, so daß man die Weltfreimaurerei mit einer ungeheuren Spinne vergleichen kann, die ihr Netz über die ganze Erdoberfläche gesponnen hat . . .) Br.·. Nathan war und ist als Großmeister des Großorientes von Italien, überdies auch Vorsitzender dieses „Engeren Rates" und in seiner Hand liefen also all die Fäden zusammen. Wenn heute derselbe Br.·. Nathan den Völkerbund als Ideal preist,[3]) so können sich die unbelehrbaren deutschen Idealisten eine Lehre daraus nehmen.

Wie alle andern Ämter und Ministerien war natürlich auch das Amt für Kriegspropaganda mit einem Freimaurer besetzt; es war der Minister Br.·. Commandini, ein treues und verläßliches Mitglied der Loge und ein besonderer Freund der Politik des französischen Botschafters in Rom, des Brs.·. Camille Barrère.[4]) Über Br.·. Barrère, der im November 1898 nach Rom entsendet wurde, um Italien auf die Seite Frankreichs zu

---

[1]) Vgl. „Neue Zürcher Nachrichten" vom 2. Juli 1918, welche Karl Heise S. 119 zitiert.

[2]) Großmeister Ballori wurde anfangs November 1917 aus politischen Gründen ermordet; Täter unbekannt!

[3]) Vgl. „Wr. Fr. Z.", Mai 1919, S. 54.

[4]) Vgl. Karl Heise, S. 218, 113.

bringen, urteilte die „Neue Zürcher Zeitung" wie folgt: „Herr Barrère meistert die Beeinflussung der italischen Presse in so vollendeter Weise, wie bisher kaum der gerissenste Diplomat. Dabei zielt die großartige Planmäßigkeit auf die Sprengung des Dreibunds und auf ein freiwilliges Vasallentum Italiens gegenüber den Franzosen ab ..."[1])

Auch das Kriegsministerium wurde während des Krieges einem Freimaurer anvertraut, dem Br.·. Ottolenghi. Er ist ein Nachkomme der Ottenheimer, also semitischer Abkunft,[2]) war Erzieher Viktor Emanuels und wurde von diesem gegraft!

Nun noch ein Wort über die italische Presse: Sie ist, wie fast überall, größtenteils käuflich. Die Summen, die durch Br.·. Barrère an sie übermittelt wurden, gingen ins Unermeßliche. Hier seien bloß die bekanntesten großen Zeitungen Italiens genannt, die teils aus innerer Überzeugung, teils gegen Bezahlung in freimaurerischem Sinne arbeiteten und für den Krieg gegen die Mittelmächte eintraten; es sind dies: „Corriere della Sera", „Secolo", „Idea Nationale", „Tribuna", „Messagero", „Giornale d'Italia" nebst vielen anderen.[3])

Abschließend kann man also wohl sagen: Der Eintritt Italiens in den Weltkrieg ist ausschließlich ein Werk der italischen Freimaurerei. Zu einem ähnlichen Schlusse gelangt auch der deutsche Freimaurer, Br.·. Dr. Dietrich Bischoff; er sagt: Die italische Freimaurerei ist die eigentliche Bannerträgerin der ganzen politischen Kriegsbewegung. Auch Br.·. Dr. Leopold Wolfgang, Br.·. Dr. Müffelmann und andere sprechen sich sehr abfällig über die italische Freimaurerei aus. Aber das ist viel zu wenig. Wenn diese deutschen Brr.·. Freimaurer so tun, als würde bloß der italische und allenfalls noch der französische Groß-Orient hohe Politik betreiben und Weltgeschichte machen, so sind sie gründlich im Irrtum. Es wurde bereits früher in dem Aufsatz „Freimaurerei — Wohltätigkeit — Politik" ausführlich auseinandergesetzt, daß sich die Freimaurerei der ganzen Welt politisch betätige, im Gegensatz zur deutschen, bei der dies ja im allgemeinen nicht zutrifft. Aber wie geringfügig, wie verschwindend klein ist die Zahl der deutschen Maurer im Verhältnis zur Gesamtziffer! 60 000 Freimaurern Deutschlands standen 3 000 000 Maurer der übrigen Staaten gegenüber, also kaum

[1]) So schrieb die „N. Z. Z."; allerdings vor sechs Jahren, bevor sie noch in das Lager der Entente übergegangen war... Vgl. Karl Heise S. 113.

[2]) Vgl. Kohuts Buch: „Berühmte Jüdische Frauen und Männer"; entnommen Heise, S. 118.

[3]) Näheres bei Karl Heise, S. 116, 117.

2 v. H. gegen 98 v. H.! Und wie gering ist erst ihr Einfluß im Ausland! Die deutschen Auslandslogen sind zumeist nur dem Namen nach deutsch, in Wirklichkeit jedoch jüdisch-international.

Man hat sich bei uns und im Reiche draußen gar oft gewundert, daß die **Deutschschweizer** während des Weltkrieges für das Deutsche Reich nur wenig Zuneigung bekundeten, während die französischen Schweizer mit ganzem Herzen auf Frankreichs Seite standen. Der Einfluß der Loge ist auch hier unverkennbar. Die schweizerische Großloge „Alpina" umfaßt 35 Logen und eine größere Anzahl von Kränzchen; davon sind jedoch bloß 11 Logen deutsch, 23 sind rein französisch und eine ist italisch. Unter den 4300 Brüdern befinden sich etwa 1500 Deutsche, 2700 Franzosen und etwa 100 Italiener. Mit anderen Worten: Es herrscht in der schweizerischen Freimaurerei das französische Element derart vor, daß das zahlenmäßige Verhältnis der zwei großen Nationen, die in der Schweiz leben, geradezu ins Gegenteil verkehrt wird; es stehen dort nämlich 64 v. H. Deutschen 28 v. H. Franzosen und 8 v. H. Italiener gegenüber, während von den schweizerischen Freimaurern 64 v. H. Franzosen, 34 v. H. Deutsche und 2 v. H. Italiener sind.

Diesem überwiegenden Einfluß der französischen Freimaurer entsprach auch die Haltung der Großloge „Alpina" während des Weltkrieges. Es wurde bereits darauf hingewiesen, daß sich die „Freimaurerische Weltgeschäftsstelle" in Neuenburg (Schweiz) befindet; ihr Schöpfer ist der langjährige Großmeister der „Alpina" B.·. Quartier la Tente, der zu den angesehensten und einflußreichsten Maurern der gesamten Weltfreimaurerei gehört und noch im Jahre 1913 mit Br.·. Magelhäes Lima den freimaurerischen „Weltbund" ins Leben rief. Quartier la Tente war derjenige, welcher auf dem allstaatlichen Freimaurer-Kongresse (Paris 1900) mit besonderem Nachdruck als Hauptziel der Freimaurerei die Schaffung die Weltrepublik bezeichnete.

Quartier la Tente, der bezeichnenderweise Professor der Theologie (!) ist, richtete bereits im Herbste 1914 haßerfüllte Angriffe gegen das Deutsche Reich. So sehr steht er unter französischem Einfluß, daß er urteilslos ihre Behauptungen und Verleumdungen wiedergibt: „Deutschland führt den Krieg mit einer Grausamkeit und einer Roheit, würdig wilder Horden." Daß in Wirklichkeit die „wilden Horden" aus dem Innern Afrikas usw. von den Verbandsmächten aufgeboten wurden und auf ihrer Seite kämpften, beachtete er weiter nicht. Dieser Geist aber beherrschte die ganze Großloge. So hielt auch Br.·. Renaud, der abtretende Großredner, bei der

(63.) Jahresversammlung der „Alpina"[1]) eine Hetzrede, worin er insbesondere den „Überfall Belgiens" durch Deutschland in schärfsten Worten geißelte; da ist es denn sehr angezeigt, an einen Vortrag zu erinnern, den der belgische Sozialistenführer und **Freimaurer** Br.·. **Vandervelde** am 5. Juli 1913 im französischen Großorient[2]) vor zahlreichen Maurern gehalten hat; Vandervelde besprach damals unter anderem auch die „belgische Neutralität" und erörterte die Möglichkeit, daß es bei einem künftigen Kriege zwischen Frankreich und Deutschland zum Kampfgebiet werden könnte. Und nun kommt das Merkwürdige: Br.·. Vandervelde gestand, daß die **Engländer der belgischen** Regierung erklärt hatten, daß sie im Falle eines Konfliktes zwischen Frankreich und Deutschland dem deutschen Einbruch **zuvorkommen und das bedrohte** Belgien „**verteidigen" würden** ... Leider hatte kein Br.·. die Geistesgegenwart, der Hetzrede Br.·. Renauds durch den Hinweis auf diese Tatsache die Grundlage zu entziehen. Ein weiterer Hetzapostel und **Vollblut**-Schweizer ist der Br.·. **Isaak Reverchon**, Großaufseher der Großloge „Alpina"; er unterhielt die besten Beziehungen zum Großorient von Portugal. Endlich soll auch die Tätigkeit des Br.·. A. H. Fried nicht unterschätzt werden, der unter pazifistischem Deckmantel den Haß gegen Deutschland in Wort und Schrift predigte. Die Tatsache, daß in der französischen Fremdenlegion 8000 Schweizer kämpften, darf die Großloge Alpina als ihr alleiniges Verdienst aussprechen; und wenn — wie der Pariser „Petit Parisien" mitteilt — von diesen 8000 Schweizern bis Ende August 1918 3000 gefallen sind,[3]) so haben sie zur höheren Ehre des „Grand Orient de France" ihr Leben lassen müssen ... Die Werbetätigkeit zugunsten der Entente wurde in der Schweiz großenteils mit amerikanischem Gelde bestritten; die „Neuen Zürcher Nachrichten" sprechen von 1½ Millionen Dollar.[4])

Die Großloge „Alpina" war während des Krieges alles, nur nicht neutral; auch Br.·. Mambretti (von der Loge „Il Dovere" in Lugano) richtete dort die gehässigsten Angriffe gegen Deutschland,[5]) ohne Widerspruch zu finden; schließlich sahen sich sogar die sehr geduldigen deutschen Großlogen genötigt, die Beziehungen zur „Alpina" abzubrechen.

Der Haltung der Großloge entsprach im allgemeinen auch das Verhalten des schweizerischen **Bundesrates**. „Auf Betreiben fran-

[1]) Bern, 30. Mai 1915.
[2]) Paris, Rue Cadet 16.
[3]) Vgl. Karl Heise, „Entente-Freimaurerei und Weltkrieg", S. 184.
[4]) Ebenda S. 185.
[5]) Tagung vom 20. und 21. Mai 1916; vgl. Latomia 1916, Nr. 13, S. 166.

zösischer Freimaurer (Clemenceau!) wurde zunächst der deutschfreundliche und außergewöhnliche begabte Bundesrat Hoffmann hinausgedrängt; Hoffmann wirkte für den Frieden und war der Entente ebenso ein Dorn im Auge, wie der deutschfreundliche General Wille. An Hoffmanns Stelle wurde Br.·. Ador gebracht, der Mitglied des „Grand Orient de France" ist. Nach der Bundesverfassung wäre eigentlich B.-R. Müller zum Präsidenten der Schweiz zu wählen gewesen, der bereits seinerzeit als Vizepräsident amtiert hatte. Der Bundesrat mußte jedoch Br.·. Ador zum Präsidenten wählen! — Kaum eine Stimme hat sich in der Schweiz gegen diese Handhabung der Verfassung erhoben. — Und warum nicht? — Da müssen Sie schon den Grand Orient de France fragen ...."[1])

Auch die franzosenfreundliche Stimmung in **Belgien** ist der Hauptsache nach ein Werk der Freimaurer, die ja in der Republik Frankreich ihr Ideal erblicken, obwohl Br.·. König Albert von Belgien selbst Freimaurer ist. Während des Weltkrieges haben sich die belgischen Freimaurer gänzlich auf die Seite unserer Feinde gestellt, die angeblichen „deutschen Greueltaten" gesammelt und freimaurerische Untersuchungskommissionen eingesetzt; dabei fanden sie aber immer noch Zeit, ihre eigenen Dokumente und das Archiv rechtzeitig in Sicherheit zu bringen, was offenbar höchst notwendig war.

Als besondere „Greueltat" wird den Deutschen bekanntlich vorgeworfen, daß sie an der englischen Miß Cavell die Todesstrafe vollzogen haben; aber sie übersehen dabei ganz, daß diese raffinierte Dame durch ihre eigenartige Tätigkeit den deutschen Truppen unendlich viel Schaden zugefügt und diese Strafe daher redlich verdient hat. Seitdem wird Miß Cavell von den Freimaurern als eine Art Heilige verehrt und dürfte in absehbarer Zeit der Jungfrau von Orleans an die Seite gestellt werden. Der Großorient von Frankreich hat auch tatsächlich bereits folgende bemerkenswerte Entschließung angenommen: „Die französischen, englischen, belgischen, italischen und russischen Freimaurer haben sich am 7. November 1915, 800 an der Zahl, zu einer feierlichen Sitzung zusammengefunden, sie grüßen mit Ehrfurcht und Bewunderung das Andenken der heldenhaften Miß Edith Cavell, die in feiger Weise in Brüssel durch die deutschen Barbaren ermordet wurde, und brandmarken aufs neue diese Handlungsweise eines Feindes, der sich in den Augen der zivilisierten Menschheit entehrt." — Hören wir im Gegensatz zu diesen niederträchtigen Verleumdungen das Urteil eines wirklich unparteiischen Gewährsmannes; der argentinische Oberstleutnant Emilio

[1]) Aus der Zuschrift eines Schweizer Freimaurers an den Verfasser.

Kinkelin, der die deutschen Heere auf ihren Feldzügen in Ost und West, in Italien und auf dem Balkan als Kriegsberichter begleitet hatte, erklärte unlängst in einer großen Versammlung in Buenos-Aires wörtlich Folgendes: ... „Ich gebe Ihnen mein Ehrenwort, daß ich niemals Augenzeuge dieser angeblichen Grausamkeiten gewesen bin und niemals eine unmittelbare oder ernste Anklage gegen das Vorgehen deutscher Truppen vernommen habe. Niemals habe ich von abgehackten Händen, Vergewaltigungen, Frauen- und Kindermorden, Brunnenvergiftungen usw. gehört oder gesehen ..."[1]) Das dürfte genügen.

Der belgische Großorient war es auch, der an 49 Großlogen der Vereinigten Staaten im September 1915 ein Rundschreiben richtete, worin er sich gegen Br.·. Wilsons Bemühungen, einen Ausgleichsfrieden zu vermitteln, nachdrücklichst verwahrte.[2])

Besonders klar läßt sich das Streben der Freimaurer, womöglich alle Staaten in den Krieg gegen Deutschland hineinzuhetzen, bei Spanien nachweisen. Ein Rundschreiben des spanischen Großorients vom Oktober 1914 spricht den Wunsch aus, daß Spanien aus seiner Neutralität heraustreten und an der Seite Frankreichs und Englands kämpfen solle. Ferner wünscht der Ordensrat, die spanischen Freimaurer sollten sich Mühe geben, die öffentliche Meinung gegen Deutschland aufzubringen und alle Nachrichten weiter verbreiten, die in jenen Blättern erscheinen, die von den Logen abhängig sind. In Barcelona wurden stürmische Straßenkundgebungen veranstaltet, um den Krieg gegen Deutschland zu erzwingen; sie nahmen ihren Ausgang von der Ferrer-Gesellschaft, deren Haupt Br.·. Alexander Lerroux ist.

Über diese Tatsachen kann schließlich selbst das freimaurerische „Bundesblatt"[3]) nicht hinwegsehen; es gibt zu, daß die ausländischen Großlogen „Brutstätten des Hasses gegen das Deutschtum" sind,[4]) insbesondere die spanische Großloge, die ganz unter dem Einfluß der Großoriente von Frankreich, Italien und Portugal stehe; ja, das „Bundesblatt" gesteht sogar offen ein, daß von den Großorienten der romanischen Länder jene Hetze ausgeht, die Spanien in den furchtbaren Weltkrieg hineinzerren soll. Einige weitere Tatsachen dieser Art seien hier verewigt:[5]) Ende April 1917 erließ die „Reformisten-Partei" eine lange Kundgebung zugunsten des Bruches mit Deutschland. Wer war der anerkannte

---

[1]) Vgl. „Hammer", 1920, Nr. 427/428, S. 154.

[2]) Vgl. „Osservatore Romano" vom 29. September 1915, mitgeteilt in Br.·. Freymanns Schrift „Auf den Pfaden der internationalen Freimaurerei", S. 39.

[3]) Organ der „Großloge zu den drei Weltkugeln", Berlin.

[4]) Bundesblatt, 1916, 1. Dezember.

[5]) Vgl. Karl Heise, S. 136—139.

Führer der „Reformistenpartei“? Der Ministerpräsident Spaniens, Br.·. Romanones, ein Freimaurer. Sein Leibblatt, die freimaurerische Zeitung „Diario Universal“ begrüßte daher auch den Eintritt der „Vereinigten Staaten“ in den Weltkrieg mit offenkundiger Freude. Allein Br.·. Romanones wurde gestürzt, als rechtzeitig bekannt wurde, daß er die spanische Handelsflotte den Engländern ausliefern wollte. Ferner: am 27. Mai 1917 fand im Stierzirkus in Madrid eine große Versammlung statt, die ebenfalls den Abbruch der Beziehungen zu Deutschland forderte. Wer war der Hauptredner des Tages? — Wieder ein Freimaurer, Br.·. Dr. Alexander Lerroux, der uns als Kriegshetzer und Revolutionär bereits bekannt ist. Er führte unter anderem damals aus: Wie die russische Revolution gezeigt hat, stehen wir jetzt vor der Frage: Monarchie oder Republik. Die spanischen Freimaurer beschäftigten sich zu jener Zeit allen Ernstes mit dem Gedanken eines Staatsstreiches; dies geht auch aus dem englischen Blatte „John Bull“ hervor, das am 13. Juli 1917 sich zu der „Prophezeiung“ versteigt, „die Tage des Königs Alphons XIII. als Herrscher von Spanien seien gezählt“.[1]) Dabei darf nicht übersehen werden, daß in Spanien die „silbernen Kugeln“ Sir Edward Greys genau so rollten, wie in Portugal, in Italien, in Holland, in der Schweiz usw. Ende August 1917 gab es neuerdings schwere Unruhen in Madrid, Barcelona, Bilbao usw. Der Aufstand kostete etwa 400 Tote und ging merkwürdigerweise von den Arbeitern und Gewerkschaften aus, die unter Beeinflussung Br.·. Romanones den Krieg mit Deutschland forderten.[2]) Diese Tatsache muß besonders festgehalten werden: In Spanien verlangt die von Freimaurern aufgehetzte Arbeiterschaft den Krieg, in Österreich-Ungarn fordern die von Freimaurern geführten Arbeiter den — Frieden! Gibt es ein wirksameres Zusammenarbeiten, um die Kaiserstaaten zu vernichten und überall die so heiß ersehnten Republiken einzuführen?

Wenn Spanien von den Kriegsgreueln verschont geblieben ist, so hat es dies in erster Linie dem deutschfreundlichen Ministerpräsidenten Maura,[3]) dem Nachfolger des Brs.·. Romanones, und seinem friedliebenden König zu verdanken; wodurch wieder in einem Einzelfall der Beweis erbracht ist, daß es heutzutage nicht die Könige sind, die ihre Völker in den Krieg hineinhetzen; die wirklichen „Kriegshetzer“ sind überall die — Freimaurer!

---

[1]) Zitiert nach Karl Heise, S. 138.

[2]) „Inf.“-Korrespondenz vom 28. August 1917, zitiert nach Heise.

[3]) Maura ist kein Maurer.

Auch in **Portugal** haben die Freimaurer seit Beginn des Weltkrieges für die Franzosen Stimmung gemacht; niemand anderer als Br.·. Hervé war es, der den portugiesischen Ministerpräsidenten Br.·. Theophile Braga als den Urheber der franzosenfreundlichen Kundgebungen in Lissabon seit August 1914 bezeichnete. Hervé begrüßte daher auch „die Wahl des guten Freundes Braga als einen großen Sieg für die Entente".[1]) Und Br.:. Affonso Costa erklärte als Führer der Demokraten am 7. Juni 1915, daß die Demokraten eine nationale Politik verlangten und daß sie Portugals Teilnahme am europäischen Krieg geradezu als Grundlage ihres Programmes betrachteten! In den europäischen Krieg einzugreifen sei unerläßlich, je größer die Opfer seien, desto größer sei auch das Anrecht auf Ruhm und Entschädigungen beim Friedensschluß!! — In wessen Dienste Portugals Männer standen, sagt uns der unabhängige Portugiese El Privaz: „England wollte die Einfältigen glauben machen, daß ein Sieg Deutschlands das Ende der Freiheit bedeute.... 25 Millionen wurden für diesen Zweck in Portugal ausgeworfen... Das Geld vermag alles über die öffentliche Meinung, denn die öffentliche Meinung ist die Presse und die Presse ist — käuflich..."[2]) Die silbernen Kugeln Edward Greys, von denen er gleich zu Beginn des Weltkrieges sprach, taten eben ihre Schuldigkeit; aber nicht bloß in Portugal, nein, auf der ganzen Welt. Auch das verstand niemand besser auszudrücken als El Privaz, von dem das geflügelte Wort stammt: „England portugalisiert die ganze Welt!" Damit wollte er sagen, England versetzt die ganze Welt in einen Zustand der schändlichsten Sklaverei. Und dies alles zur höheren Ehre der Freimaurerei! Der portugiesische Großmeister Br.·. Magalhães Lima sagt es ja klipp und klar: „Der Sieg der Alliierten muß der Triumph der freimaurerischen Grundsätze werden!"[3])

Die sogenannte „Revolution" in Lissabon von Mitte Mai 1915 war nichts anderes als ein freimaurerischer Gewaltakt, von englischem Gelde bezahlt und mit Hilfe des Geheimbundes „Formiga bianca" (Weiße Ameise) durchgeführt, um Portugals Eintritt in den Weltkrieg zu ermöglichen. General Pimento Castro, der dies bisher verhindert hatte, mußte eben gestürzt werden, damit die Loge ihr Ziel erreichen konnte.

---

[1]) Vgl. „Auf den Pfaden der internationalen Freimaurerei", S. 35.

[2]) Vgl. Karl Heise, S. 133.

[3]) Auf der Freimaurerkonferenz in Lissabon am 13. Mai 1917; zitiert in den „Neuen Zürcher Nachrichten", 1917, Nr. 206.

Ein lehrreiches Beispiel für die kriegshetzerische Tätigkeit der Freimaurerei bildet weiters **Rumänien.** Zunächst sei festgestellt, daß bereits im Sommer 1913 ein Geheimvertrag zwischen Rumänien, Griechenland und Serbien zustande kam, der seine Spitze offen gegen Österreich-Ungarn richtete. Die vertragschließenden Staaten waren vertreten durch drei Freimaurer: Br.·. Majorescu (für Rumänien), Br.·. Venizelos (Griechenland) und Br.·. Pasitsch (Serbien). Der rumänische General Coandra sagte — im Januar 1914 — darüber: „Rumänien hat bereits die nötigen Schritte unternommen, um ... die rumänischen und serbischen Kanonen nach Ungarn zu bringen und jenen (ungarischen) Landesteil, der seit Jahrhunderten der unsere ist, sich einzuverleiben."[1]) Auch in Rumänien stammten die kriegshetzerischen Kräfte aus dem freimaurerischen Lager, so vor allem der übelbeleumundete Br.·. Take Jonescu; auch Br.·. Cesar Jonescu ist Freimaurer, und zwar Großredner der National-Großloge von Rumänien, dgl. Br.·. Bratianu und Br.·. Costinescu. Zur Zeit des Kriegsausbruches arbeiteten dort im ganzen 16 Logen, von denen je fünf dem französischen und italischen Großorient unterstanden. Ein „Oberster Rat" besteht natürlich auch; er umfaßt über 200 der angesehensten und einflußreichsten Mitglieder der National-Großloge. Dagegen war der frühere König Karol von Rumänien ein zuverlässiger Bundesgenosse der Mittelmächte: Er wurde ermordet! Dieser edle Fürst starb am 11. Oktober 1914 nach dem Genusse von vergiftetem Kaffee; auch andere Personen seiner Umgebung erkrankten, nachdem sie von dem herumgereichten Kaffee gekostet hatten, unter schweren Vergiftungserscheinungen ... Der Weg war nun für die offenen Kriegshetzer, zu denen auch die neue Königin von Rumänien, eine englische Prinzessin, gehörte, vollkommen frei. Die Loge „Unirea" war die erste, welche einen deutschfeindlichen Aufruf des Pariser Großorients in den rumänischen Tagesblättern veröffentlichte. Nun bestand seit 1913 in Bukarest eine rein deutsche Loge unter dem französischen Namen „Le Travail". Sie unterstand dem französischen „Grand-Orient", der seine gegen die Mittelmächte aufreizenden Rundschreiben auch an diese Loge richtete und deren Veröffentlichung durch die Presse verlangte, um auch in Rumänien eine deutschfeindliche Stimmung hervorzurufen. Allein die Loge „Le Travail" verwahrte sich dagegen auf das entschiedenste, bezeichnete den Grand-Orient als eine rein politische Verbindung — was er ja auch tatsächlich ist — und brach alle Beziehungen zu ihm ab. Es ist klar, daß die Loge „Le Travail", die sich seither „Zur Arbeit"

[1]) Vgl. Heise, „Ententefreimaurerei und Weltkrieg", S. 145.

nennt, nicht die einzige gewesen ist, die solcher Art vom Groß-Orient gegen Deutschland aufgehetzt wurde. Vermutlich hat sie diesen Brief auch nur erhalten, weil man in Paris übersehen hatte, daß diese Loge aus Deutschen bestand; jedenfalls wird dadurch die kriegshetzerische Tätigkeit des Grand-Orient in einwandfreier Weise erwiesen.

Auch in **Griechenland** ging die Kriegshetze von freimaurerischer Seite aus. Br.·. Venizelos hatte seit dem Winter 1914 alles versucht, um Griechenland in den Krieg gegen die Mittelmächte hineinzuziehen. Durch seine Vermittlung machten die Ententestaaten Griechenland die verlockendsten Angebote, versprachen ihm bald den türkischen Teil Albaniens (22. Nov. 1914), dann wieder Gebiets-Erwerbungen an der Küste von Kleinasien (12. Jan. 1915), dann sogar Cypern; alles vergebens: Der standhafte König Konstantin wollte seinem Volke den langersehnten Frieden bewahren und Br.·. Venizelos wurde entlassen. Daraufhin beschloß die wütende Entente, in schärfster Weise gegen König Konstantin vorzugehen. Er wurde ganz einfach mit dem Tode bedroht! So schrieb z. B. die freimaurerisch geleitete „Guerre Sociale" (16. November 1915) „er sei schon einmal nahe daran gewesen, so etwas könnte sich leicht wiederholen; ein Unglück kommt ja so schnell!..."[1]) Im Jahre 1916 rief Br.·. Venizelos, 33.·., die englische Polizei nach Griechenland; 1917 erschien Br.·. Jonnart als Oberkommissär der französisch-englischen Flottenstreitkräfte und überreichte dem Ministerpräsidenten Zaimis am 11. Juni 1917 das englisch-französische Ultimatum: Entweder der König Konstantin dankt sofort ab, oder Athen wird in einen Trümmerhaufen verwandelt... König Konstantin dankte tatsächlich ab; sein Sohn Alexander wurde von der Entente als „König" zwar anerkannt, aber Br.·. Venizelos ließ ihn sofort wissen, daß er die Rechte der Krone einer — Überprüfung unterziehen werde! Dies konnte er nur deshalb wagen, weil er den ganzen freimaurerischen Geheimbund hinter sich wußte, so den „Groß-orient von Griechenland", den „Höchsten Rat von Griechenland", endlich eine ganze Reihe von Logen, die unter englischer, beziehungsweise französischer Aufsicht arbeiten. Bezeichnend ist, daß Br.·. Venizelos gerade am Jahrestag der Ermordung Franz Ferdinands die Diktatur an sich riß (28. Juni 1917).[2])

---

[1]) Vgl. „Auf den Pfaden der internationalen Freimaurerei" von Br.·. Ernst Freymann, 22. Seite.

[2]) Es hat überhaupt den Anschein, als ob man in Entente-Kreisen gerade diesen Tag mit Absicht zur Feier bestimmter Ereignisse ausgewählt hat: Am 28. Juni 1918 dem Jahrestag der Diktatur des Br.·. Venizelos, empfing die Pariser

Br.·. Venizelos wird aber noch ganz anderer Dinge beschuldigt. Man behauptet nämlich, daß er es war, der den Bombenanschlag auf die bulgarische Gesandtschaft in Athen ins Werk gesetzt habe; der Verbrecher Samut, der verhaftet wurde, hatte einen Scheck auf 20000 Franken bei sich. Weiters schreibt man ihm die Absicht zu, König Konstantin gewaltsam aus dem Wege zu räumen. „Nur mit Venizelos politischem Einverständnis und unter Beihilfe seiner Freunde war es möglich, den königlichen Wald von Tatoi, in dem sich König Konstantin damals befand, einzuäschern." Der König konnte nur mit größter Mühe gerettet werden.[1]) Br.·. Venizelos ist eben der vorbildliche Hochgradmaurer: Er weiß, warum im Ritter-Kadosch-Grad Dolchstöße gegen eine Königskrone gerichtet werden.

Nun zu **England**. Das Ziel Englands, das heißt der obersten Groß- oder Weltloge, ist die Vorherrschaft auf der ganzen Welt.

Wie sagte doch der bekannte Br.·. Cecil Rhodes, der ehemalige Präsident der Capkolonie? — „Englisch soll werden: ganz Afrika, das heilige Land, das Euphrattal, ganz Südamerika, alle Inseln im großen Ozean, Holländisch-Indien, die Küste von China und Japan und — die Vereinigten Staaten von Nordamerika! Br.·. Cecil Rhodes, der seinerzeitige Miturheber des Burenkrieges, meint, daß es dann überhaupt keine Kriege mehr geben würde. Und ein anderer hervorragender englischer Freimaurer, Br.·. Lord Kitchener, ergänzt diese bloßgelegten Logenpläne, indem er schon im Jahre 1911 erklärt: Die Grenze des englischen Reiches in Europa ist nicht der Kanal, sondern — die Maaslinie.[2]) Klingen diese Pläne der Weltloge im höchsten Grade abenteuerlich, so sind gerade die Engländer die richtigen Leute dazu, um sie durchzuführen; der Weltkrieg selbst brachte sie ihren Zielen um ein bedeutendes Stück näher. Ganz im Sinne dieser Weltlogenpläne forderte Lloyd Georges Ende Juni 1917 die deutschen Kolonien in Afrika für England, desgleichen Mesopotamien und Ar-

---

Gemeindebehörde die griechische Kolonie in feierlichster Weise. Der französische Br.·. Minister Pichon begrüßte in Vertretung des Ministerpräsidenten Br.·. Clemenceau die griechischen Bundesgenossen, die ihrerseits namens des Br.·. Venizelos erklärten, daß sie den gleichen Glauben und dieselbe Siegeszuversicht hegten wie ihre Verbündeten. — Wieder an einem 28. Juni (1919) wurde in Versailles der Frieden mit dem Deutschen Reiche unterfertigt; wahrhaftig, ein seltsames Spiel des Zufalles.

[1]) Karl Heise, „Ententefreimaurerei und Weltkrieg", S. 142.

[2]) Vgl. Francis Delaisi: La guerre qui vient? Paris 1911. Zitiert nach Karl Heise, S. 83.

menien; das war genau zur selben Zeit, als die russischen und deutschen Sozialdemokraten in Stockholm über einen „Frieden ohne Eroberungen" verhandelten! Und als im Dezember 1917 die Engländer das heilige Land besetzten, da war es wieder Lloyd Georges, der im englischen Unterhaus erklärte, daß die Engländer die heiligen Orte Palästinas nie mehr herausgeben werden.[1]) Was aber die Maaslinie als Grenze Englands in Europa anlangt, so sei auf die Besetzung des Gebietes von Calais hingewiesen, das die Engländer nach glaubwürdigen Meldungen[2]) auf 99 Jahre gepachtet haben und ebensowenig zurückgeben werden wie andere Punkte von weltwirtschaftlicher Bedeutung, die sie sich gegen jedes Recht angeeignet haben.

Ländereroberung und Freimaurerei sind in England zusammengehörige Begriffe. Man kann sagen: Die Ausdehnung des britischen Kolonialbesitzes und die Erstarkung der englischen Freimaurerei bedingten und ergänzten sich wechselseitig. „Englands Größe ist das Werk der Freimaurer"; die Engländer selbst sagen es. Dieses Wort bezieht sich aber nicht bloß auf den Welthandel, dessen Vertreter ja zumeist Freimaurer sind, sondern in erster Linie auf Englands Feldherren und Eroberer. Man mag nennen, wen man will — jeder ist Freimaurer; so zum Beispiel Br.·. General Gordon, Br.·. Lord Roberts, der Oberkommandant im Burenkrieg, Br.·. Lord Milner, der seinerzeitige Oberkommissär von Südafrika; aus der Zeit des Weltkrieges insbesondere seien genannt Br.·. General French, Br.·. Lord Kitchener usw. Dementsprechend finden wir auch in England und seinen Kolonien zahlreiche Logen, die diesen Männern zu Ehren benannt sind; es gibt eine „Alfred Milner-Loge, einige „Lord Roberts"-Logen, „General Gordon"-Logen, „Kitchener"-Logen, „Cecil Rhodes"-Logen usw. Andere Logen wieder sind nach berühmten Staatsmännern genannt; daneben gibt es auch eine Loge „L'Entente cordiale" — ein Zeichen wie sehr dort Logentum und Weltpolitik miteinander verknüpft sind. Mit Recht sagt daher der deutsche Br.·. Dr. Schwabe im „Unsichtbaren Tempel": „Englands Logen, über die ganze Erde verbreitet, haben es verstanden, dem englischen Imperialismus in jeder Beziehung zu dienen." Br.·. Schwabe gibt aber auch zu — und das ist von besonderem Werte — daß sich englische Logen während des Krieges an politischen Kongressen romanischer Freimaurer in Rom, Paris

---

[1]) „Havas-Meldung vom 21. Dezember 1917; zitiert nach Heise, S. 66 f.
[2]) Vgl. „Zürcher Tagesanzeiger" vom 31. Jänner 1918.

usw. beteiligt haben.[1]) So fanden unmittelbar, bevor Italien in den Weltkrieg eintrat, politische Besprechungen zwischen Großwürdenträgern der englischen, französischen und italischen Freimaurerei statt und am 12. Februar 1915 wurde in Paris von der führenden Freimaurerschaft der Entente der Kriegseintritt Italiens endgültig beschlossen.[2])

Von dem Einfluß des Judentums in der englischen Freimaurerei war bereits die Rede. Hier sei nur kurz erwähnt, daß zahlreiche jüdische Freimaurer geadelt und einige von ihnen in das englische Oberhaus berufen wurden, so z. B. Lord Beaconsfield (Benjamin d'Israëli);[3]) Lord Rothschild, seit 1885 baronisiert, ferner Lord Montague (Montag); sein Vater war ein aus Galizien eingewanderter Jude; Lord Wandsworth (früher: Stern); Lord Burnham (Lewy Lawsen), Eigentümer der Zeitung „Daily Telegraph"; Lord Herschel (Naphtali); Lord Michlham (früher: Stern); Lord Northcliffe (früher: Stern, dann Harmsworth); Lord Rothermere (Bruder von Northcliff, Minister für Flugwesen u. a.). Daß diese jüdischen Lords eine ganz besondere Rolle in der englischen Freimaurerei spielen, geht schon daraus hervor, daß zahlreiche Logen nach ihnen benannt wurden; so gibt es eine Loge „Montague", eine Loge „Ferdinand v. Rothschild", eine „Herschel Naftali"-Loge, zwei „Beaconsfield"-Logen, eine „Wandsworth"-Loge, zwei „Montefiore"-Logen usw. Daß sich unter den früher genannten Lords auch die größten Deutschenhasser in England finden, darf uns nicht wundernehmen; man braucht zum Beweise nur den Namen Northcliffe herauszugreifen, um die Einflußnahme jüdisch-englischer Freimaurer auf den Weltkrieg richtig einschätzen zu lernen: denn Br.·. Lord Northcliffs Pressefeldzug gegen Deutschland ist ein ausgesprochenes Werk jüdisch-freimaurerischen Hasses.

Es gibt auf der ganzen Erde kein Reich, wo das Königshaus so enge mit der Freimaurerei verknüpft wäre, wie gerade in England. Auf Eduard VII. „den größten Freimaurer der Welt", wurde bereits hingewiesen. Auch der jetzige König Georg V. ist Freimaurer,[4]) wenngleich er keine besondere Rolle spielt, da sein Oheim, der Herzog von Connaught, schon seit dem Tode Eduard VII. die Großmeisterwürde innehat. Ebenso wurde der junge Thronfolger, Albert Eduard,

[1]) Vgl. Karl Heise, S. 62.

[2]) Festschrift des „Unsichtbaren Tempels" 1917.

[3]) Er war zuerst Kommis, später Journalist, dann wurde er ins englische Unterhaus gewählt, wurde Kanzler, Ministerpräsident und Lord; er war Träger hoher maurerischer Würden, denn er gehörte der „Bruderschaft der Fürsten", dem Hosenbandorden an.

[4]) Vgl. den „Zirkel" (Wien) 1889, 15. Mai, S. 37.

Prinz von Wales, bereits in die Freimaurerei aufgenommen;[1]) er nahm auch an der großen Siegesfeier der englischen Freimaurer am 27. Juni 1919 teil. — Englands Staatsmänner sind — nebenbei bemerkt — sämtlich Freimaurer.

Zur Förderung der Weltmachtpolitik Großbritanniens wurde schon im Jahre 1885 eine besondere „Empire Lodge Nr. 2108" gegründet, der vornehmlich Herrscher angehören, so der Sultan von Sansibar, der Sultan von Johore usw.; auch der japanische Staatsmann Hayashi, der wesentlich zur Abschließung des zweiten englisch-japanischen Bündnisses beigetragen hat, wurde zum Beitritt veranlaßt.[2]) Die Vermutung liegt nahe, daß es gerade dem Eingreifen dieser „Empire Loge" zu verdanken ist, wenn indische Fürsten auf der Seite Englands am Weltkriege teilgenommen haben.

Von großer Bedeutung für den Sieg der Alliierten mögen auch die englischen Journalisten- und Publizistenlogen gewesen sein;[3]) der Stuhlmeister einer dieser Logen, Br.·. A. F. Calvert bemerkte mit Recht, daß der Kampf mit der Feder im Weltkrieg genau so wichtig sei wie irgendein anderer; sämtliche Mitglieder der Loge seien daher bereit, fügte er hinzu, „ihren letzten Tropfen — Tinte zu verspritzen für die Verteidigung der freimaurerischen Grundsätze".[4]

Daß der Weltkrieg ein ausgesprochener freimaurerischer Krieg war, sagen die englischen Logenblätter selbst.[5]) Es handelte sich nach ihrer Auffassung um den Entscheidungskampf zwischen der „Autokratie" (der beiden Kaisermächte) und der „Demokratie". Das heißt nun freilich die Wahrheit auf den Kopf stellen. In Wirklichkeit kämpften unsere Feinde nicht für die durch den deutschen Kaiser bedrohte „Demokratie", sondern für die Autokratie des Weltkapitalismus... Was ist überhaupt „Demokratie"? Diese Frage beantwortete der englische Abgeordnete Ponsonby im englischen Unterhaus folgendermaßen: Demokratie ist der Zustand eines auf sich selbst gestellten, voll erzogenen Volkes, das an allen Zweigen der nationalen Regierung entscheidenden Anteil hat; wir Engländer sind von einem solchen Zustand ziemlich weit entfernt und hatten eine solche Demokratie auch vor dem Kriege nicht.[6]) Das ist wenigstens aufrichtig. Aber auch der „Daily Telegraph" gibt offen zu, daß das englische Volk in gar keiner Beziehung

[1]) Am 2. Mai 1919.

[2]) Vgl. Hermann Gruber in der „Germania" (Berlin) vom 17. Juli 1919.

[3]) So die „Gallery Lodge Nr. 1928" und die „Fratres Calami Lodge Nr. 3791" in London.

[4]) Vgl. „Germania" 17. Juli 1919.

[5]) Z. B. „The Freemason", London 1917, S. 468, zitiert nach Hermann Gruber in der „Germania".

[6]) Vgl. „Internationale Rundschau", September 1917, S. 528.

ein Wort mitzureden hatte, weder bei dem englisch-französischen Einvernehmen, noch bei dem englisch-japanischen Bündnisvertrag, noch bei dem englisch-russischen Abkommen. „Dies alles ist von der englischen Regierung abgeschlossen worden, ohne daß das englische Volk auch nur geahnt hätte, daß all das überhaupt erwogen wurde!... Das englische Parlament hatte dazu nicht mehr zu sagen, als der kleinste Gemeinderat im Lande.“[1]) Höchst bezeichnend ist — nebenbei bemerkt —, daß der englisch-russisch-französische Geheimvertrag vom Jahre 1913 verschwunden ist! Während der Amtszeit des russischen Außenministers Br.·. Miljukows wurde in die Wohnung eines Diplomaten eingebrochen und die Akten gestohlen.[2]) Nach dem „Berliner Tageblatt“[3]) hat Miljukow dem russischen Arbeiter- und Soldatenrat die Gefahr vor Augen gehalten, die aus einem Bekanntwerden der Geheimverträge entstehen müsse... Daraufhin verschwanden die Akten und wanderten nach Miljukows Ausscheiden aus der Regierung nach — London. Der deutsche Reichskanzler Michaelis hat Anfang August 1917 hochbedeutsame Mitteilungen über diese Geheimverträge gemacht, die nie entkräftet wurden: Danach hatte sich Frankreich, vertreten durch Br.·. Poincaré, mit Rußland und England darüber verständigt, welche deutschen Gebiete es bei dem bevorstehenden Kriege mit Deutschland sich einverleiben dürfe (Elsaß-Lothringen, Rheinprovinz usw.). Der französische Minister Br.·. Ribot, in die Klemme getrieben, gab damals in der Kammer bloß zu, daß Frankreich aus dem deutschen Westen einen selbständigen Pufferstaat machen wolle.[4]) Heute wissen wir bereits, wie dieser „selbständige“ Pufferstaat aussieht... Da alle beteiligten Persönlichkeiten Freimaurer waren, so geht aus diesem Zwischenspiel neuerdings klar hervor, daß es sich um wohlvorbereitete Pläne der Weltloge handelte, um Deutschland zu zerstückeln.

Einige weitere Mitteilungen sollen dies erhärten: Der englische General Townshend[5]) plauderte es in einer schwachen Stunde aus, daß in seinem Beisein geheime Kriegsberatungen zwischen englischen, französischen, belgischen und russischen Militärbevollmächtigten stattfanden, welche die Zertrümmerung des Deutschen Reiches zum Gegenstand hatten. England habe sich verpflichtet, innerhalb der ersten Kriegswoche 150000 Mann in Belgien zu landen,

[1]) Nach einer „Inf.“-Korrespondenz v. 30. Aug. 1917; abgedruckt bei Heise, S. 206.
[2]) Vgl. die „Schweizer Wochenzeitung“ vom 16. Juni 1917; zit. bei Heise, S. 81.
[3]) Auslands-Übersee-Ausgabe vom 5. Dez. 1917.
[4]) Vgl. Heise S. 82.
[5]) Derselbe, der Kut-el-Amara den Türken übergeben mußte.

um zugleich mit den belgischen Truppen in die Rheinprovinz einzumarschieren. Gleichzeitig sollten die Franzosen durch die Vogesen und die Russen durch Ostpreußen einbrechen. Schon damals wurde auch den Buren für ihre Hilfeleistung Deutsch-Südafrika zugesprochen![1]) Ein anderes Zeugnis: Der ehemalige englische Kriegsminister Br.·. Lord Haldane hielt am 15. Juli 1915 in London eine Rede, in der er es als sein Verdienst hinstellte, England für den Krieg mit Deutschland unauffällig vorbereitet zu haben;[2]) konnte er sich doch unter ausdrücklicher Erlaubnis des deutschen Kaisers im deutschen Generalstab alle Unterstützung und Belehrung verschaffen, die er brauchte![3]) Wer auch dies nicht gelten lassen will, dem sei rasch ein anderes vorgesetzt: Der englische Arbeiterführer Macdonald warf bald nach Kriegsausbruch dem englischen Minister des Äußern, Sir Edward Grey, vor, dieser habe schon seit dem Jahre 1906 auf einen Krieg mit Deutschland hingearbeitet und dabei als selbstverständlich angenommen, daß sich die Entente um die Neutralität Belgiens keinen Pfifferling kümmern werde.... Und daß bereits im Jahre 1913 die Grenzfestung Maubeuge mit englischer und französischer Munition reichlich ausgerüstet war, ist wohl auch des Nachdenkens wert. Offenbar handelt es sich, — wie Heise meint, der diese Tatsache dem französischen „Gil Blas“ vom 25. Februar 1913 entnimmt — darum, Maubeuge zum Zusammenziehungsplatz der Ententetruppen zu machen.

Genug an dem; fragen wir uns nun: Wie hat sich die englische Freimaurerei, als Ganzes genommen, zu dem Weltkrieg gestellt? Hat sie ihn verurteilt? Hat sie sich abseits und unparteiisch verhalten, wie die deutsche Freimaurerei? Hat sie vielleicht gegen den Willen und hinter dem Rücken der eigenen Regierung Fühlung gesucht mit den deutschen Freimaurern, um der Menschenschlächterei Einhalt zu tun und einen Verständigungsfrieden zu erzielen? — Nichts von alledem. Gleich nach Kriegsausbruch warf die Großloge von England alle Brr.·. deutscher Abkunft aus den Logen hinaus, „weil — Deutschlands Stirne mit dem Kainszeichen gezeichnet sei.“ Einen deutschen Freimaurer, den Konsul von Sunderham, verurteilte ein englisches Gericht zum Tode, angeblich wegen Verrates, wahrscheinlich aber widerrechtlich.[4]) Zu allen Freimaurerkongressen der romanischen Maurer hat die englische Großloge ihre bevollmächtigten Vertreter entsendet, die Friedensvorschläge Deutschlands wurden mit Hohn und Spott zurückgewiesen. Dafür arbeitete die englische Freimaurerei mit allen Kräften darauf hin,

[1]) Karl Heise, S. 35, auf Grund einer Mitteilung des „Berliner Lokalanzeigers“.
[2]) Ebenda, S. 34.
[3]) Vgl. „Deutschland vor Gericht“ in den „Süddeutschen Monatsheften“, 17. Jahrgang, 3. Heft, 194. Seite. [4]) Vgl. Karl Heise S. 62.

einen Staat nach dem anderen in den Krieg hineinzuzerren, insbesondere die Vereinigten Staaten; weiters ging ihr Streben darauf aus, ihre eigenen Reihen möglichst zu stärken. Alle diese Bestrebungen gelangen in überraschender Weise; von dem Drucke, den England auf die neutralen Staaten ausgeübt hat, war bereits einigemale die Rede; es wird noch darauf zurückzukommen sein. Was aber die Stärkung der eigenen Reihen anlangt, so wird sie durch folgende Gegenüberstellung veranschaulicht: Vor dem Kriege gab es im britischen Weltreich insgesamt etwa 250—300 000 Freimaurer; im Laufe des Weltkrieges stieg ihre Zahl auf ungefähr 450 000 tätige (aktive) Brüder;[1]) diese Steigerung um mehr als 50 v. H. wird uns verständlich, wenn wir uns vor Augen halten, daß nach den eigenen Aussprüchen der englischen und amerikanischen Logenblätter der Weltkrieg ihr Krieg, d. h. ein ausgesprochener freimaurerischer Krieg ist, der größte aller freimaurerischen Kriege überhaupt.[2])

Im Einklang damit steht auch die großartige „Friedensfeier" der englischen Freimaurerei, die in Wirklichkeit eine mächtige Siegesfeier war. Der Tag hiefür wurde schon Monate vorher festgelegt und zwar derart, daß damit ein Zeitraum von vollen fünf Jahren endgültig abgeschlossen erschien: 28. Juni 1914 — 27. Juni 1919. „Es ist kein bloßer Zufall — sagte der Progroßmeister Lord Ampthill in seiner Festrede — sondern überaus bezeichnend..., daß gerade der heutige Tag schon lange im voraus für unsere Versammlung festgesetzt wurde..." Diese Anspielung auf den freimaurerischen Thronfolgermord ist ja mit Händen zu greifen. Und mit der den Engländern eigenen Scheinheiligkeit fügte er hinzu: „Wir fangen an, bei unserem Forschen nach dem, was wir Wahrheit nennen, Gottes Gesetz zu erkennen, gemäß unserem Weltbaumeisterglauben." Das klingt, wenn wir an den Ausgangspunkt des Krieges denken, ganz merkwürdig und deckt die tiefgehenden Unterschiede zwischen englischer „Freimaurermotal" und „Laienmoral" auf. Die Siegesfeier fand im größten Versammlungssaal Londons, der Royal Alberts Hall statt. 8500 Brüder füllten den Saal bis auf den letzten Platz, darunter zahlreiche Vertreter der Großlogen von Kanada, Neuseeland, Australien, Südchina, Ceylon, Britisch-Guyana usw. Von den Vereinigten Staaten waren 16 Großlogen durch ihre Großwürdenträger vertreten: Kurz, eine Heerschau der englisch-amerikanischen Frei-

[1]) Nach Hermann Gruber auf Grund der Angaben englischer Logenblätter vgl. „Germania" vom 17. Juli 1919.

[2]) Ein anderer Freimaurerkrieg war der Burenkrieg; auch dieser war ein Krieg des englischen Großkapitals, um sich in den Besitz der südafrikanischen Gold- und Diamantenfelder zu setzen.

maurerei, wie sie glänzender und großartiger nie zuvor stattgefunden hat....

Und nun, wo der Plan der Weltloge, die Mittelmächte zu vernichten, gelungen ist, sehen wir auch bereits, was kommen wird: die Weltherrschaft der Weltfreimaurerei unter englisch-jüdisch-amerikanischer Führung.

Hat man einmal einen tieferen Einblick in die Zusammenhänge der Weltfreimaurerei gewonnen und sie als eigentlich treibende Kraft klar erkannt, welche die Weltrevolution, d. h. also den Weltkrieg anstrebte, um die Weltrepublik auf den Trümmern der alten zerfallenen Reiche aufzubauen, so kann man sich der deutschen Freimaurerei nicht mehr ohne Bitterkeit zuwenden.

Sogar Br.·. Ohr kommt zu dem Ergebnis, daß die Abwehr der deutschen Freimaurer auf die fortgesetzten Angriffe seitens der außerdeutschen Großoriente „stets äußerst matt" geblieben sei. Die deutschen Freimaurer, sagt Ohr, hatten den Blick auf ein hohes Ideal gerichtet und so „verlor man ein wenig die Wirklichkeit aus dem Auge".[1]) Seine Arbeit ist eine offene Absage an Wesen und Geist des Großorients von Frankreich. Fast aus jeder Zeile liest man die schweren inneren Kämpfe heraus, die in seiner Seele die Freimaurerei mit dem erwachten deutschen Volksbewußtsein auszufechten hatte. Und schon in der Einleitung spricht Br.·. Dr. Ohr die Befürchtung aus, daß nach dem Krieg allzuschnell die Versöhnungsmeier auftreten werden, um der französischen Maurerei das Wort zu reden und über den Rhein hinüber das zerrissene Bruderband neu zu knüpfen. Er meint aus echtem deutschen Idealismus heraus werde dies geschehen. Hier beurteilt Br.·. Ohr seine Brüder vielleicht doch zu günstig. Nicht so sehr aus Idealismus wird dies geschehen, sondern aus Unverstand, aus Unwissenheit und auf Grund jener Michelhaftigkeit, die den Deutschen und natürlich auch den deutschen Maurern nun einmal eigen ist.

Diese Michelhaftigkeit oder sagen wir: diese Harmlosigkeit hat es ja auch zuwege gebracht, daß die deutschen Maurer mit den romanischen Großorienten (Paris, Rom, Madrid, Lissabon) in Verbindung getreten sind, obwohl ihnen ihr hochpolitischer und ausgesprochen revolutionärer Charakter bekannt sein mußte. Wollten doch deutsche Maurer mit französischen noch am 8. August 1914 zusammenkommen, da die Deutschen trotz des Sarajewoer Mordanschlages nicht an den Krieg glaubten!

Auch aus früheren Ereignissen im Maurerleben scheint hervorzugehen, daß sich die deutschen Freimaurer niemals des großen

[1]) Wilhelm Ohr, „Der französische Geist und die Freimaurer", S. 186.

Unterschiedes zwischen ihrer eigenen Auffassung und der ausgesprochen politischen Richtung der ausländischen Freimaurerei bewußt geworden sind. Man bedenke doch, daß alle acht deutschen Großlogen den revolutionären Großorient von Italien ohne weiters anerkannt haben! Man erinnere sich, wie deutsche Freimaurer, und zwar die Kölner Loge „Freimut und Wahrheit", im Jahre 1907 die französischen Brüder mit „feurigsten Sympathiekundgebungen" empfangen haben; Stuhlmeister dieser Loge war damals ein Hauptmann, erster Vorsteher sogar ein Oberstleutnant, zugleich Chef des Kölner Artillerie-Depots!

Aber auch die Harmlosigkeit der deutschen Maurer müßte doch irgendwo eine Grenze haben. Wenn zum Beispiel auf den freimaurerisch-pazifistischen Konferenzen im Haag (23. bis 25. August 1913) die anwesenden deutschen Maurer vom belgischen Senator Br.·. Lafontaine dahin belehrt wurden, daß das „militaristische, von Waffen starrende Deutschland Bismarcks das Haupthindernis für die Annäherung zwischen beiden Völkern" (Franzosen und Deutschen) sei, so hätte doch ein deutscher Maurer die Pflicht gehabt, dem französischen Br.·. zu erwidern, daß die Franzosen mit der Abrüstung vorangehen sollten, die Deutschen würden dann schon von selbst nachfolgen. Die Franzosen taten ersichtlich das Gegenteil davon, indem sie statt abzurüsten die dreijährige Dienstpflicht einführten und Deutschland dadurch zu weiteren Rüstungen zwangen. Und wenn derselbe Br.·. Lafontaine die deutschen Freimaurer gar dahin belehrt: Ihre Aufgabe, deutsche Maurer, ist es, Deutschland wieder zu seinem alten Ideal, ein Volk der Denker, Dichter und Künstler zu sein, zurückzuführen, so ist das eine Zumutung, die jeder deutsche Maurer als eine Herausforderung hätte empfinden müssen. (Übrigens haben wir dieses freimaurerische Wort auch während des Weltkrieges oft genug vernommen, wieder ein Beweis dafür, wo die kriegshetzerischen Elemente eigentlich zu suchen sind.) Und wenn sich Br.·. Lafontaine dann gar den Satz leistete: „Der Deutsche pflegt bei allem, was er in Angriff nimmt, den Dingen auf den Grund zu gehen, selbst wenn er dabei schließlich bei der Revolution ankommen sollte", liegt es doch auf der Hand, daß deutsche Freimaurer, die das schweigend anhören, eben dadurch ihre Zustimmung ausdrücken; dann stehen sie aber auch nicht mehr mit ihrer Seele auf seiten Deutschlands, sondern sie sind vom politischen Geiste des französischen Groß-Orients bereits derart durchdrungen, daß sie bereit sind, eine solche Revolution in Deutschland entweder selbst herbeizuführen oder doch wenigstens zu fördern. Daß die Widerstandskraft solcher Freimaurer dann lahmgelegt ist, versteht sich von selbst: Und so erklärt sich auch die schwankende, zweifelnde und unsichere Haltung, die die deutschen Großlogen — und auch viele Logen — während des

Weltkrieges eingenommen haben; so erklärt sich aber auch die sehr matte Abwehr der deutschen Freimaurerei gegenüber den Angriffen des französischen Groß-Orientes während des Weltkrieges, die sogar Bruder Ohr in scharfen Worten tadelt.

Man darf nun nicht etwa glauben, daß Äußerungen, wie die des Senators Br.·. Lafontaine, ganz vereinzelt dastehen. Nein, auf jedem Freimaurerkongreß wurden die deutschen Logenmitglieder von ihren romanischen Brrn.·. mehr oder minder zart daran erinnert, daß sie eigentlich noch sehr rückständig seien, den Zeitgeist nicht erfassen könnten und doch endlich zur Revolution übergehen sollten...

Auf die ungeheure Verbreitung der Freimaurerei in **Nordamerika**, insbesondere in den Vereinigten Staaten, wurde bereits hingewiesen; es gibt dort etwa 60 Großlogen mit rund 14000 Logen und 1700000 Meister-Maurern (vom dritten Grade aufwärts!)[1]) Außerdem gibt es noch etwa vier Millionen Mitglieder anderer geheimer Verbindungen, die unter dem Einfluß der Freimaurerei stehen.[2]) (Vom „Deutschen Großlogenbund" sind allerdings nur 16 Großlogen mit etwa 500000 Freimaurern anerkannt.) Die 32 „farbigen" Großlogen (Neger usw.) umfassen etwa 1000 Logen. Aus diesen Ziffern allein kann man schon auf die Bedeutung schließen, welche der Freimaurerei in Nordamerika zugesprochen werden muß. (Im Staate Neuyork allein zählen die Freimaurer 92 460 Brüder!)

Daß Roosevelt, der jüngst in den ewigen Orient eingegangen ist, Freimaurer war, ist bekannt; Wilsons Zugehörigkeit zum Orden wurde bestritten, nach amerikanischem Zeugnis ist er jedoch, ebenso wie Bryan, bestimmt Freimaurer.[3]) Die sich widersprechenden Meldungen sind in den meisten Fällen so zu erklären, daß jemand einer Loge, beziehungsweise Großloge angehört, die von deutscher Seite nicht anerkannt ist. Es ist in Nordamerika überhaupt die Wahrscheinlichkeit größer, daß eine führende Persönlichkeit Logenmitglied ist, als daß sie es nicht ist, denn ohne Zugehörigkeit zur Freimaurerei ist dort ein politischer oder geschäftlicher Aufstieg nahezu unmöglich. So erklärt es sich, daß im Repräsentantenhaus zwei Drittel der Mitglieder,

---

[1]) Vgl. The American Freemason, März 1916, S. 235; zit. nach H. Gruber.
[2]) Stephens, Cyclopedia of Fraternities. New-York 1907, S. V, XV.
[3]) Vgl. „Kölnische Volkszeitung" Nr. 280 vom 10. April 1917; auch Br.·. Ernst Freymann verzeichnet dies als Tatsache in seiner Schrift „Auf den Pfaden der internationalen Freimaurerei", S. 12 und S. 34.

nämlich 213, Freimaurer sind; ebenso nehmen sie im Senat mehr als die Hälfte der Sitze ein, nämlich 48.

Die politische Haltung der amerikanischen Freimaurer war zu Beginn des Weltkrieges schwankend. Es gab anfangs z. B. eine Strömung, welche gegen die Ausfuhr von Waffen und Munition scharfen Widerspruch erhob. Bald aber überwog die Meinung, daß eine Republik doch nur auf seiten jener Mächtegruppe stehen könne, die erklärte, für die republikanische Staatsform und für die Völkerverbrüderung einzutreten. Auch da gab es natürlich Widersprüche in Menge, denn der bloße Hinweis auf das zaristische Rußland war geeignet, diesen Standpunkt sofort zu widerlegen.

Der Chef der schottischen Hochgradmaurer, Br.·. Moore, 33.·., gab daher höchst vorsichtig tastend, zunächst folgende Losung aus: „Wir haben die größte Hochachtung vor dem deutschen Volke... Aber die Freimaurerei ist gegen den Militarismus und unsere amerikanischen Ideale haben für das Gottesgnadentum der Könige nicht viel übrig."[1]) Unter den deutschamerikanischen Maurern regte sich kein Widerstand; für das Gottesgnadentum der Könige hatte in der Tat niemand etwas übrig und für den Militarismus braucht man gerade auch nicht zu schwärmen, selbst wenn man ein guter Deutscher ist. Mit Hilfe der königlichen Kunst war also die richtige Plattform gefunden und nun konnte allmählich die Hetze gegen Deutschland losbrechen. Sie brach auch los, und zwar packte man den amerikanischen Freimaurer bei seinen eigenen unantastbaren Idealen, indem man sagte: „Die Errichtung der Vereinigten Staaten Europas würde Kriegen für alle Zukunft vorbeugen."[2]) Das war zwar eine törichte Phrase, sofort zu widerlegen durch den Hinweis auf den Krieg zwischen Amerika und Spanien, aber sie war zugkräftig und wirkungsvoll. Oder: „... Durch die Freimaurerei als Vorkämpferin für Gerechtigkeit, Recht und Wahrheit wird das goldene Zeitalter der allgemeinen Völker- und Menschenverbrüderung herbeigeführt werden."[3]) Auch das war eine Phrase: siehe das freimaurerische Portugal, wo Bürgerkriege und politische Mordanschläge an der Tagesordnung sind!

So wurde von freimaurerischer Seite allmählich der Boden vorbereitet; am 24. Februar 1915 reisten dann die beiden italischen Großmeister Ferrari und Nathan im Auftrage der italischen Regierung nach Amerika, hielten sich mehrere Monate in den Vereinigten Staaten auf und bearbeiteten die amerikanischen Freimaurer

[1]) In der Freimaurerzeitung „The New Age", Washington, Oktober 1915, S. 187.
[2]) „The American Freemason", Jowa, 1916, S. 185.
[3]) „The American Tyler-Keystone", April 1916, S. 78.

nach allen Regeln der „königlichen Kunst“, um sie für den Krieg gegen die Mittelmächte zu begeistern und die Vereinigten Staaten in den Weltkrieg hineinzuziehen.[1])

Daß die amerikanischen Freimaurer den allergrößten Anteil an dem Ausgang des Weltkrieges nahmen, geht aus den ungeheuren Anstrengungen hervor, die sie machten, um ihre Anhängerschaft möglichst rasch zu verstärken. Ihr Zuwachs während des Weltkrieges betrug — nach ihren eigenen Angaben[2]) — rund eine halbe Million neuer Freimaurer, so daß sie gegenwärtig in den Vereinigten Staaten allein über mehr als 2 Millionen Brüder verfügen. Höchst bemerkenswert ist folgende Mitteilung des französischen Geschichtsforschers und ehemaligen Ministers Hanotaux: „Als vor der Marneschlacht (1914) die französische Stimmung so gedrückt war, daß viele Politiker den sofortigen Frieden mit Deutschland wünschten, erschienen bei der französischen Regierung drei amerikanische Gesandte (der damalige Gesandte in Paris, sein Vorgänger und sein Nachfolger) und beschworen die Regierung festzubleiben, indem sie ihr das Versprechen gaben, daß Amerika in den Krieg eingreifen werde. ‚Wir sind in Amerika vorläufig nur 50000 einflußreiche Leute, die den Eintritt Amerikas in den Weltkrieg wollen, aber in einiger Zeit werden es hundert Millionen sein.‘“[3]) Damit im Einklang steht die von Wilson jüngst im Senat abgegebene Erklärung, daß er unter allen Umständen in den Krieg eingetreten wäre,[4]) also nicht etwa erst infolge des verschärften U-Boot-Krieges. In noch grelleres Licht wird ihre Anteilnahme gerückt, wenn wir erfahren, daß an der französischen Westfront nicht weniger als 250.000 amerikanische Freimaurer gekämpft haben.[5]) Daß auch der amerikanische Oberbefehlshaber, General Br.·. Pershing, Freimaurer ist, kann uns nach all dem nicht überraschen; die „Wiener Freimaurer-Zeitung“ selbst stellt dies fest;[6]) sie bringt überdies die für ihre Leser hocherfreuliche Meldung, daß die französische Freimaurerei dem Br.·. Pershing ihre Glückwünsche übermittelt hat: „Der Konvent des ‚Groß-Orients von Frankreich‘ beehrt sich, dem amerikanischen Br.·. General Pershing und seinen

[1]) Vgl. Rivista massonica. 1915, S. 92 f., 139, 265 ff., 281; zit. nach H. Gruber: „Das lateinische Kulturideal, die Freimaurerei und der Ententefrieden“ in der „Deutschen Rundschau“, XLV, 3. S. 347.

[2]) Vgl. z. B. „The American Tyler“. Keystone, 1919, S. 109; zitiert nach Hermann Gruber in der „Germania“ (Berlin) vom 17. Juli 1919.

[3]) Vgl. Ernst Graf zu Reventlow in den „Süddeutschen Monatsheften“ 17. Jahrg., 3. Heft, 242. Seite.

[4]) Ebenda, 242. Seite.

[5]) „The American Tyler“, 1919, S. 93.

[6]) „Wr. Fr. Z.“, Mai 1919, S. 54.

tapferen Soldaten, die zum Kreuzzug für das Recht (!) nach Europa gekommen sind, ihre Bewunderung für den herrlichen Sieg von St. Mihiel zum Ausdruck zu bringen!" — Nach den Grundsätzen der deutschen Freimaurer müßte ein derartiger Schritt des französischen „Grand Orient" auf das Allerschärfste verurteilt werden. Anders die Auffassung der Wiener Freimaurer, die für dieses unmaurerische Verhalten nicht das leiseste Wort des Tadels finden. Dazu kommt noch, daß der amerikanisch-französische Sieg bei St. Mihiel zugleich eine Niederlage der Deutschen in sich schloß, allein die Wiener Freimaurer sind gar keine Deutschen, sondern Juden, und ihre Zuneigung stand trotz ihrer anfänglich maskierten Haltung seit Beginn des Weltkrieges auf Seiten unserer Feinde; sie fühlten sich als Brüder der amerikanischen und französischen Freimaurer, deren Sieg war auch ihr Sieg! Sie wußten sehr genau, was unsere und die reichsdeutscheh Regierungen nicht einsehen wollten, daß der Krieg im Grunde genommen ein Freimaurer-Krieg war, bei dem es sich vor allem um die Beseitigung der beiden Kaisermächte — der „Autokratien" — zugunsten der „Demokratien" gehandelt hat! (Daß daneben alle im Zeichen der Freimaurerei geeinten Völker auch noch ihre Sonderwünsche zu befriedigen suchten, ist selbstverständlich.)

Ist die Behauptung, der Weltkrieg sei ein Freimaurer-Krieg gewesen, nicht vielleicht doch zu gewagt? — Nein! und abermals: Nein! Die amerikanischen und englischen Freimaurerzeitungen betonen es immer wieder aufs neue, daß der Weltkrieg, wie noch kein anderer, ein ausgesprochen freimaurerischer Krieg ist, in welchem der Entscheidungskampf für die freimaurerischen Ideale auf weltlichem Gebiete ausgefochten wird: Dies schreibt z. B. „The New Age", Magazin 1918, 1—7; 19 f., 318, 451, 453, 510; sie ist die amtliche Zeitung des „Obersten Rates der 33°" und erscheint in Washington. Das gleiche schrieb aber schon zwei Jahre früher „The American Freemason" (Jowa), nämlich im Jahrgang 1916, S. 522; ebendasselbe betont „The American Tyler"-Keystone 1917, S. 152, 204, 208; aber auch eine englische Zeitung, „The Freemason", bestätigt es im Jahrgang 1917, S. 468.[1])

Ja, die Großloge von Quebek stellt es in ihrem Jahresbericht von 1917 sozusagen amtlich fest, daß die amerikanische Freimaurerei von Anbeginn des Weltkrieges an auf

[1]) Zitiert nach Hermann Gruber „Die große Siegesfeier der Freimaurerei englischer Zunge", „Germania", Berlin, 17. Juli 1919.

Seite der Ententemächte stand.[1]) Und in der Londoner Freimaurer-Zeitung „The Freemason“ heißt es wörtlich: „Schon in den ersten Wochen nach Ausbruch des Krieges wurde auf einer großen Freimaurerversammlung der Vereinigten Staaten beschlossen, Großbritannien und seinen Verbündeten jede nur irgendwie mögliche Beihilfe für den Krieg angedeihen zu lassen.“[2]) Dieselbe Zeitung schreibt auch: „Die Freimaurerei zählt mehr als zwei Millionen Mitglieder. Was dies für die Sicherheit und den Fortbestand der Republik bedeutet, weiß jeder amerikanische Freimaurer sehr gut. Im Weltkrieg wird der Kampf zwischen Autokratie und Demokratie ausgefochten und die Zukunft der Welt wird demokratisch sein, gleichviel ob der deutsche Kaiser dies weiß oder nicht.“[3])

Warum aber erfahren wir das alles erst jetzt und auf weiten Umwegen? Warum nahm weder „Der Herold“, noch „Die Bauhütte“, noch das „Dresdener Logenblatt“ dazu Stellung? Warum verschwiegen die „Zirkelkorrespondenz“, das „Bundesblatt“, die „Freimaurerzeitung“ usw. diese bemerkenswerten Tatsachen? Hier gibt es nur zwei Möglichkeiten: Entweder sie wußten es wirklich nicht oder aber sie getrauten sich's nicht zu sagen: in jedem Falle sind die deutschen Freimaurer zu bedauern. — Doch halt! — Eine Logenzeitung macht eine rühmenswerte Ausnahme: das „Mecklenburgische Logenblatt“; es bringt im 46. Jahrgang eine höchst bemerkenswerte Aufsatzreihe: „Auf den Pfaden der internationalen Freimaurerei“ von Br.:. Ernst Freymann; diese Aufsätze bilden eine glänzende Rechtfertigung für mich, denn Br.:. Freymann kommt auf Grund selbständiger Forschungen genau zu denselben Ergebnissen wie ich: Die Weltfreimaurerei ist es, die den Vernichtungskrieg gegen Deutschland und Österreich seit Jahren heraufbeschworen hat; die Weltfreimaurerei ist verantwortlich für dessen Ausgangspunkt, den Thronfolgermord; die Weltfreimaurerei gab dem Krieg seine ungeheure Ausdehnung, und die Weltfreimaurerei war es auch, die jeden Versuch einer friedlichen Beilegung in verbrecherischer Weise niedergeschlagen hat... Und seltsam! Auch Br.:. Ernst Freymann läßt durchblicken, daß hinter der Weltfreimaurerei das Großkapital, d. h. das Weltjudentum, steckt...

---

[1]) „The Freemason“, London, 28. Juli 1917, S. 45 (zit. nach H. Gruber, „Germania“ 17. Juli 1919).

[2]) Ebenda, Mai 1917, S. 601.

[3]) Ebenda, 23. Juni 1917, S. 651.

Eine andere wissenswerte Tatsache bringt die freimaurerische „Latomia“; sie erzählt uns nämlich, daß die „Vereinigten Staaten“ in maurerischer Hinsicht auch von 30000 Geistlichen bearbeitet werden, denn so viele Pfarrer zähle das amerikanische Logentum. Zugegeben; doch gibt es drüben einen Mann, der noch viel mehr Einfluß auf die breiten Massen hat als alle 30000 geistlichen Freimaurer zusammen. — Wer das ist? — Es ist der „Präsident des amerikanischen Arbeiterbundes“, der Millionär und Freimaurer, Br.·. Samuel Gompers. Offenbar zum Dank für seine kriegshetzerische Tätigkeit wurde er im Oktober 1918 im Tempel des Großorients von Italien in „feierlicher Arbeit“ vom Großmeister und den Großwürdenträgern empfangen....[2]) Br.·. Samuel Gompers war es ja, der jeden Widerstand gegen den Krieg in der amerikanischen Arbeiterschaft rücksichtslos niedergeschlagen hat! Br.·. Samuel Gompers ist auch Jude; da ist es denn immerhin bemerkenswert, wenn sein Rassen- und Glaubensgenosse, Oskar Strauß, betont, „daß die amerikanischen Juden mit Leib und Seele zur Entente stehen und für den Krieg gegen Deutschland eintreten“! Oskar Strauß zählt dann eine lange Reihe von hervorragenden Juden auf, die gegen Deutschland und für den Krieg eintraten: die Bankiers Georg Blumenthal, Eugen Meyer, Isaak Seligman und W. Salomon; die Großindustriellen Adolf Lewisohn und Daniel Guggenheim; die Rabbiner Wise Lyons, Philipson; dann folgt eine Anzahl Professoren, Journalisten, Publizisten, Pädagogen, Mediziner, Richter usw. Oskar Strauß fügt hinzu: „Ich führe diese Namen nur an, um eine Tatsache festzustellen; in meiner weitverzweigten Familie gibt es keinen, der nicht seit Beginn des Krieges leidenschaftlich für die Entente gewesen ist, so wie ich selbst... Die Stimmung der Juden für die Entente kann fast als einmütig bezeichnet werden!“ ...[3]) Dr. Frank Cohn wieder, der von Oskar Strauß nicht angeführt wird, sagte, daß die „deutschen Demokraten Nordamerikas“ ihr Möglichstes tun werden, um zum Siege der — Entente beizutragen![4]) Das sind schon die richtigen „daitschen Demokraten“, die den Sieg der Feinde Deutschlands herbeiwünschen; so wie der Herr Dr. Frank Cohn zweifellos der wür-

[1]) „Latomia“ Nr. 14 vom 3. Juli 1915, nach der amerikanischen Logenzeitschrift „The American Tyler“ Keystone.

[2]) „Wr. Fr. Z.“ Mai 1919, S. 54.

[3]) Vgl. Karl Heise, „Ententefreimaurerei und Weltkrieg“, S. 163.

[4]) Nach einer Reuter-Meldung vom 19. Februar 1918; siehe Karl Heise, S. 163.

digste und berufenste Vertreter des Deutschtums im Auslande ist ...

Wie maßlos gehässig die Stimmung der amerikanischen Freimaurer gegen Deutschland war, geht aus einer Äußerung hervor, die der frühere Präsident der Vereinigten Staaten, Br.·. Taft gemacht hat: „Wir müssen Deutschland züchtigen, und wir müssen es gleich richtig tun, und zwar nicht nur die Militärpartei, sondern die Deutschen selbst..." Bei einer anderen Gelegenheit sprach er von der „verworfenen Rasse der Hohenzollern".[1])

Doch das nur nebenbei. Es wird Leser geben, die auf die Äußerungen Einzelner weniger Gewicht legen und mehr aufs Ganze sehen. Die Größe und damit auch der Einfluß der amerikanischen Maurerei kann nicht besser veranschaulicht werden, als durch den Hinweis auf ihren neuen Tempel in Neu-York, der eben fertig geworden ist. Er hat 14 Stockwerke und enthält außer dem großen Tempel für die Großloge noch 12 Tempel für die einzelnen Logen. Das Haus hat vier Millionen Dollar gekostet, das ist nach dem gegenwärtigen Kurswert unserer Krone 800 Millionen Kronen. Jeder Tempel zeigt einen anderen Stil in der Architektur der verschiedenen Bauperioden. Jede Loge mietet einen Tempel, wofür sie für zwei Abende im Monat 330—750 Dollar zahlen muß. Die Tempel sind sehr geräumig, bequem und schön ausgestattet. Der Altar steht in der Mitte und ist mit der amerikanischen Flagge bedeckt, worauf die Bibel, aufgeschlagen beim Johannes-Evangelium, und der Zirkel ruhen.[2]) Wenn man bedenkt, daß Neu-York nicht weniger als 852 Logen mit 192460 Brüdern besitzt,[3]) so erscheint dieser Tempelbau nicht einmal übermäßig groß, da — bei je zweimaliger Benützung der 12 Tempel im Monat — nur 180 von den 852 Logen berücksichtigt werden können. Wie sehr die Freimaurerei der „Vereinigten Staaten" der deutschen ziffernmäßig überlegen ist, geht daraus hervor, daß 2 Millionen amerikanischer Maurer bloß 60000 Freimaurer des Deutschen Reiches gegenüberstehen.

Nun noch ein paar Worte über **Kanada**. Dort bestehen 10 Großlogen[4]) mit rund 570 Logen und etwa 73000 Brüdern[5]) — bei einer Gesamtbevölkerung von kaum 6 Millionen gewiß eine ungeheure Zahl. „Amerikanische Blätter haben schon seinerzeit festge-

---

[1]) Quellennachweise bei Karl Heise, S. 157.

[2]) Vgl. „Wr. Fr. Z.", Juni 1919, S. 24.

[3]) Dalens Kalender 1919, S. 285.

[4]) Alberta, Columbia, Kanada, Manitoba, Neu-Braunschweig, Neu-Schottland, Ontario, Prinz Edwards Inseln, Quebec und Saskatschewan.

[5]) Vgl. Dalens Kalender 1919 S. 286.

stellt, daß jene Kreise, die in Kanada die Kriegsrüstung betreiben, der Loge angehören," sagt Athanasius in seiner Schrift: „Geheimnis der Bosheit" (S. 22). Dieses Urteil wird nun überdies bestätigt durch Charles Collmanns Buch über „Die Kriegstreiber in Amerika". Bemerkenswert ist darin folgende Stelle: Kanada mußte England retten. Die Kriegshetze begann. Borden, der Statthalter von Kanada, rief den Minister der Miliz, Sam Hughes, zu sich und gab ihm Befehle. Die Deutschen wurden als Knechte und Feiglinge hingestellt. Sie seien von den Belgiern geschlagen worden, Franzosen und Russen hätten deutsches Land überfallen und den Feind (Deutschland) zerschmettert. Die Kanadier könnten triumphierend in ein (schon) besiegtes Land einrücken, wo es Beute und Ruhm in Fülle geben würde.... Am 1. August 1915 lasen die Angestellten der „Canadian Pacific" auf ihren Lohnumschlägen: „Ihr König und Land (England) braucht Sie — wir nicht!" Diese Arbeiter waren entlassen, sie mußten, ob sie wollten oder nicht, in den Krieg ziehen. Der Milizminister Sam Hughes hingegen, der eine halbe Million Canadier in den Tod geschickt hatte, wurde geadelt und erhielt einen hohen militärischen Rang: er ist nun Generalmajor Sir Sam Hughes.[1]) Daß Sam Hughes und Borden Logenbrüder sind, ist mehr als wahrscheinlich, viel bedeutungsvoller ist jedoch die Tatsache, daß sie im Auftrage der Großloge von England gehandelt haben.

Genau so haben die Freimaurer in **Mittelamerika** gearbeitet, wo sie eine Republik nach der andern in den Krieg hineinpreßten.

So hat uns **Guatemala** am 23. April 1918 den Krieg erklärt, und zwar, wie eine Reutermeldung vom 25. April besagt, nach einem Notenwechsel zwischen Br.·. Lansing als Vertreter der Vereinigten Staaten und der Republik Guatemala. Diese befindet sich ganz in den Händen der Freimaurer, die in der „Großloge der Republik Guatemala" vereint sind und etwa 400 einflußreiche Männer zu den ihrigen zählen. Großsekretär ist ein Br.·. Robert Löwenthal (!).

Die Republik **Nicaragua** erklärte uns 14 Tage später den Krieg, nämlich am 8. Mai 1918. Ihre Politik wird beeinflußt durch die Hochgradmaurer der dortigen „Schottischen Großloge".

Die Republik **Costa Rica** wehrte sich gegen die Zumutungen Woodrow Wilsons und Br.·. Lansings bis zum 26. Mai 1918; an diesem Tage warf auch sie uns den Fehdehandschuh ins Gesicht. In Costa Rica besteht eine Großloge, die wieder mit 57 Großlogen der Vereinigten Staaten usw. in Verbindung steht.

---

[1]) Vgl. „Ententefreimaurerei und Weltkrieg" von Karl Heise S. 170.

Die Republik **Honduras** hat sich bis Ende Juli 1918 gesträubt, dem Drucke Wilsons nachzugeben, bis auch sie dem übermächtigem Einfluß der Weltloge erlag.

Weiteres haben uns die Republiken **Haiti** und **San Domingo** den Krieg erklärt. Haiti ist eine ausgesprochene Negerrepublik. Umgangssprache ist das französische, katholisch ist Staatsreligion. Doch sind die Neger großenteils in ihr altes Heidentum zurückgefallen und ihr Geheimkult „ist eine Mischung von Fetischglauben und Christentum mit eigenen Priestern (Papa loi), nächtlichen Orgien, Schlangenverehrung sowie Tier- und gelegentlichen Menschenopfern. Die Schulbildung steht auf niedriger Stufe, die Kultur läßt so viel wie alles zu wünschen übrig; Weiße sind den drückendsten Beschränkungen unterworfen und können nicht einmal Grundbesitz erwerben. Aber trotzdem — diese Karikatur eines Staatswesens hat sich erkühnt, uns den Krieg zu erklären im Namen der „Freiheit", der „Kultur" und der „Zivilisation"!! Verständlich wird diese geschichtliche Merkwürdigkeit in dem Augenblicke, wo wir erfahren, daß auch in Haiti ein Großorient arbeitet, der nicht weniger als 20000 (zwanzigtausend!) Brüder umfaßt und der eigentliche Träger der Politik ist. Überdies besteht noch ein „Suprême Conseil von Haiti" mit 29 Royal-Arch-Kapiteln und 25 Kapiteln des Rosenkreuzes usw. In der freimaurerischen Zeitung „Der Zirkel" (Wien) ist vor Jahren ein bemerkenswerter Aufsatz über die Freimaurerei in Haiti erschienen, der besonders hervorhebt, daß dort fast jeder Erwachsene irgendeiner Loge angehört und überall, in den Cafés, an den Straßenecken usw. eifrig Politik getrieben wird. Bürgerkriege sind dort an der Tagesordnung, kein Mensch ist seines Lebens sicher, Verrat, Angeberei und Spitzelwesen stehen in hoher Blüte ... (Dafür ist aber Haiti eine ausgesprochene Freimaurerrepublik, wo das „souveräne Volk" sich selbst regiert!)

Nicht viel besser steht es mit der Mulattenrepublik **San Domingo**; auch sie wird von Freimaurern gelenkt, auch sie besitzt eine „Nationalgroßloge" und einen „Obersten Rat", ja sie besitzt sogar noch einen zweiten „Suprême Conseil" die gemeinschaftlich die politischen Schicksale ihres Staates leiten und dem Auftrage der Weltloge am Kriege teilzunehmen pflichtgemäß nachgekommen sind.

Daß uns auch **Kuba** und **Portorico** den Krieg erklärt haben, dürfte, wenn schon sonst niemandem, doch wenigstens einem Teil der Raucher aufgefallen sein. Auch an Kubas Kriegserklärung sind die Freimaurer schuld; dies wird verständlich, wenn wir erfahren, daß die „Großloge der Inseln von Kuba" 65 Logen mit 2800 tätigen Brüdern umfaßt und mit 57 anderen Großlogen (England, Frankreich, Italien usw.) lebhaften Verkehr unterhält. Bemerkenswert bezüglich Portoricos ist, daß die „Großloge von Portorico“ erst im Jahre 1913 vom (33.) „Deutschen Großlogentag“ anerkannt wurde. Antragsteller waren natürlich die Großlogen von Hamburg und Sachsen ....[1])

Weiters haben uns in überwiegender Mehrheit die **südamerikanischen Republiken** den Krieg erklärt; so insbesondere Brasilien, Uruguay, Peru, Bolivia und Equador. Bei allen diesen Staaten ist es erwiesen, daß die Freimaurerei ihre Hand im Spiele hatten, ja, daß die Kriegserklärungen geradezu ausschließlich auf sie zurückzuführen sind. Beispielsweise ist dies der Fall bei **Brasilien**, wo ein mächtiger Gesamtverband von Großorienten mit Ritter-Kadoschgraden und Rosenkreuzerkapiteln (nicht weniger als 85) besteht und mehr als 32000 Br.·. in 880 Logen tätig sind. Vorausgeschickt sei, daß der letzte Kaiser Brasiliens, Dom Pedro II., von Freimaurern gestürzt und des Landes verwiesen wurde (1889). Die Hauptrolle spielte damals Br.·. Deodoro da Fonseca,[2]) der nach Pedros Entthronung sich selbst zum Präsidenten der Republik Brasilien ausrufen ließ. Sein Neffe, Br.·. Hermes da Fonseca, brasilischer Kriegsminister und seit 1909 Präsident der Republik, hat wesentlich dazu beigetragen, daß uns Brasilien den Krieg erklärte (27. Oktober 1917). Ein nicht unbedeutendes Hindernis war der deutschfreundliche Außenminister Lauro Müller, der durch die Hetze der Logenbrüder gestürzt und durch den Mulatten und Freimaurer Br.·. Nilo Peçanha ersetzt wurde (Mai 1917). Eine kriegshetzerische Tätigkeit größten Stiles entfaltete auch der Senator und Großmeister Br.·. Lauro Sodré, der eine Rolle in der neugegründeten „Liga pelos alliados“ spielte, die ganz im Dienste der Entente stand und im Namen der „Wahrheit, Gerechtigkeit und Vernunft“ den „deutschen Militarismus und Imperialismus“ bekämpfte.[3]) Diese „Liga pelos alliados“ wurde vom Senator Br.·. Louis Barbosa gegründet; der französische Großorient hatte ihm die Aufgabe zugewiesen, eine große südamerikanische Liga gegen die Mittelmächte ins Leben zu rufen. „Wenn ihm das gelingt“ — schrieb

[1]) Vgl. Dalens Kalender 1914, S. 141.

[2]) Die Fonsecas sind jüdischer Abstammung und hießen früher Wagenseil. Von reichsdeutscher Seite wird uns hiezu mitgeteilt, daß die Fonsecas auch mit dem jüdischen Kohlenhaus Cäsar Wollheim versippt seien, bzw. daß ein Wollheim den Namen „da Fonseca“ angenommen habe, als er Minister wurde. Welche Personen damit gemeint sind, läßt sich augenblicklich noch nicht feststellen.

[3]) Vgl. Depêche de Toulouse, 13. Februar 1916.

Br.·. Clemenceau im „Homme enchiné“ vom 21. Juli 1916 — „wird er (Barbosa) zu den hervorragendsten Kämpfern für die — Menschlichkeit zu zählen sein.“[1])

Auch in **Uruguay**, wo viele Logenbrüder in hohen Staatsämtern tätig sind, ging das kriegshetzerische Treiben von den Freimaurern aus. Präsident der Republik Uruguay ist der Freimaurer Br.·. Dr. Feliciano Viera, der in der Loge einen hohen Rang bekleidet; er wurde dank der Bemühungen seiner Brr.·. am 1. März 1915 zum höchsten Beamten der Republik gewählt. Er wie seine Vorgänger, der Expräsident Br.·. Battle y Ordonnez, gelten als die Führer der ganzen deutschfeindlichen Strömung. Der „Grand Orient“ von Uruguay hat seinen Sitz in Montevideo und umfaßt etwa 35 Logen und 15 Kapitel. Großmeister ist Br.·. Dr. Carlos de Castros; er gehört zugleich dem „Suprême Conseil der 33.·.“ an und ist überdies Justizminister. Er entstammt der weitverzweigten Familie der Castros und ist jüdischer Abstammung.[2])

Auch die Republik Kolumbien hat ihren „Großorient“ und wurde früher — bis zum Jahre 1885 — von einer ausgesprochen freimaurerischen Regierung geleitet, die aber gründlichst abgewirtschaftet hat. Eben deshalb gelang es den dortigen Freimaurern nicht, die Stimmung des Volkes derart zu vergiften, daß es zu einer Kriegserklärung gegen die Mittelmächte gekommen wäre; so blieb denn Kolumbien zu seinem Heile von einer Teilnahme am Weltkrieg verschont!

Ähnlich verhält es sich mit Argentinien, wo die freimaurerischen Umtriebe ins Maßlose angewachsen waren. Dort arbeiteten neben dem „Suprême Conseil“ fünf nationale Großlogen mit 180 Logen und etwa 4500 Brüdern auf den Umsturz der bestehenden Verhältnisse hin. Außer den einheimischen arbeiten überdies neun Logen unter der Aufsicht der Großloge von England, 15 Logen sind dem italischen und weitere 15 Logen dem spanischen Großorient untergeordnet, während eine unter dem unmittelbaren Einfluß des „Grand Orient de France“ steht. Diese Auslandslogen bearbeiteten nun seit Beginn des Weltkrieges die argentinischen Großlogen; es kam nun zunächst zu einer mächtigen Sympathiekundgebung zugunsten Frankreichs und der „edlen Sache“, die es vertrat. Dreizehn Logen drückten dem französischen Gesandten in Buenos-Aires ihre Glückwünsche aus! Daraufhin wurde von den Freimaurern ein eigener Werbeausschuß geschaffen, der alle argentinischen Logen

[1]) Vgl. „Auf den Pfaden der internationalen Freimaurerei“, S. 35.

[2]) Vgl. bezüglich aller dieser Ausführungen, Mittel- und Südamerika betreffend, das lehrreiche Buch von Karl Heise: „Ententefreimaurerei und Weltkrieg“; Basel 1919 Verlag Ernst Finckh.

in dem Sinne bearbeitete, sich für Frankreich und England zu ererklären und gegen die „teutonische Barbarei" Stellung zu nehmen, „um die ganze Welt davor zu schützen, ein Opfer des absolutistischen Despotismus (!) zu werden". Dann, nachdem solcher Art die Logen gewonnen waren, setzte der Pressefeldzug ein und es wurde in einer so entsetzlichen und planmäßigen Weise gelogen und verleumdet, daß der Universitätsprofessor Dr. Ramos in Buenos-Aires öffentlich erklärte, dieses bewußte Lügen und Verhetzen „sei eine der seltsamsten Erscheinungen der Weltgeschichte".[1])

Trotzdem erreichten die Freimaurer ihr Ziel, auch Argentinien in den Weltkrieg hineinzuhetzen, nicht. Zwar fand in Buenos-Aires im Sommer 1918 ein amerikanisch-italischer Freimaurer-Kongreß statt, der sich für die Entente und für die Beteiligung Argentiniens am Weltkrieg aussprach; die Beziehungen zu Deutschland waren sogar bereits abgebrochen, da stellte Argentinien diese wieder her und anerkannte den Sekretär der deutschen Gesandtschaft, Dönhoff, als neuen Geschäftsträger seines Landes.

Mit verschwindenden Ausnahmen stand also **ganz Amerika** gegen uns: Es war in der Tat eine Riesenleistung, die hier vollbracht wurde, eine schier übermenschliche Aufgabe, die ein Einzelner gar nicht lösen konnte; nur mit Hilfe der zahllosen Anhänger der „königlichen Kunst" war es möglich, dieser Aufgabe Herr zu werden.

Aber auch **Afrika** kämpfte geschlossen gegen uns. Von den englischen, französischen und portugiesischen Kolonien sei hier ganz und gar abgesehen; sie konnten sich der Beeinflussung durch ihre Mutterstaaten kaum entziehen. Doch nicht nur die Kolonien sandten Truppen und Hilfsmittel jeder Art, auch ein wirklicher Freistaat, die afrikanische Negerrepublik „Liberia" gab die Neutralität auf und erklärte uns den Krieg. Dieser Fall ist besonders lehrreich, weil er uns den Heuchler Woodrow Wilson in seiner ganzen rücksichtslosen Brutalität vor Augen führt. Liberia war von Wilson einfach vor die Wahl gestellt worden, sich „entweder ihm — Amerika — anzuschließen oder als selbständiger Staat vom Erdboden zu verschwinden". So heißt es in einer Zuschrift des früheren deutschen diplomatischen Vertreters in Liberia an die „Kölnische Zeitung" (Mai 1917). Auch in Liberia gibt es eine Großloge mit 9 Logen (Lodien) und etwa 700 Brrn. Es sind durchwegs Neger. Aber diese farbige Großloge war seinerzeit ausdrücklich anerkannt worden, und zwar sowohl von der Großloge von England als auch von verschiedenen Großlogen Nord-Amerikas. England und Amerika wissen eben

[1]) „Kölnische Volkszeitung", 10. Februar 1916.

genau, wie und durch welche Hilfsmittel man heute Politik, nämlich Weltpolitik, zu machen hat.

Auch **China** wurde durch die englisch-amerikanische Logenpolitik in den Krieg gegen die Mittelmächte hineingerissen. Erwähnenswert ist zunächst einmal, daß der letzte Kaiser von China, Kü-ang-Hsi, auf geheimnisvolle Weise starb; auch seine Mutter Tse-Hsi starb auf rätselhafte Art;[1]) der dreijährige Pudschi wurde der Thronanwartschaft für verlustig erklärt — und als Präsident der Republik China tauchte nun plötzlich ein Freimaurer auf: Br.·. Sun-yat-sen! Bei seiner revolutionären Werbetätigkeit wurde Br.·. Sun-yat-sen von englischen und amerikanischen Freimaurern wesentlich unterstützt. In Peking besteht nämlich seit Jahren eine Hochgradloge (Lodge of Perfection), welche einflußreiche Chinesen zu Mitgliedern hat und dem Hochgradverband der 33.·. in Washington unterstellt ist. Dieser Verband der 33.·. in Washington unterhält wieder mit der Regierung der Vereinigten Staaten die engsten Beziehungen. An der Spitze des Hochgradverbandes stand früher der „Freimaurerpapst" Br.·. A. Pike, 33.·., sein Nachfolger ist Br.·. Richardson, der ehemalige Präsident des „Demokratischen Hauptausschusses", also eine Persönlichkeit von größtem politischen Einfluß. — Woodrow Wilson war es nun, der die Republik China aufforderte, die Beziehungen zu Deutschland abzubrechen und den Krieg zu erklären, wobei ihm ein Dr. Morrison, früher Korrespondent der „New-York Times" und offizieller Ratgeber des Präsidenten von China die besten Dienste leistete. In China ist aber nicht bloß amerikanischer Logeneinfluß festzustellen, es arbeiten dort außerdem 19 Logen unter der Großloge von England und überdies eine Großloge nach schottischem Ritus mit sechs Logen.

Auch **Japan** hat seine Beziehungen zur englischen Logenwelt; vier Logen arbeiten dort unter der Aufsicht der Großloge von England, daneben gibt es noch drei Schottenlogen in Yokohama, Nagasaki und Kobé. Bekannt ist, daß Br.·. Vicomte Hayashi Freimaurer ist; weniger bekannt dürfte sein, daß es ein Freimaurer war, Br.·. Theodore Roosevelt, der seinerzeit die Friedensverhandlungen zwischen Japan und Rußland geleitet hat (1905).

Mit dem **Königreich Siam** stand Deutschland stets in besten Beziehungen. Irgendein Grund zu Feindseligkeiten war nicht vorhanden, trotzdem hat auch Siam dem Deutschen Reich den Krieg erklärt! Daß Großbritannien in allen überseeischen Handelsplätzen seine eigenen Logen unterhält, wodurch es den Engländern ermöglicht ist, mit einflußreichen Leuten aller Länder in vertraute Beziehungen

[1]) Vgl. Athanasius, „Geheimnis der Bosheit" S. 8.

zu gelangen, ist bekannt; so war es insbesondere auch in Siam, das ausschließlich unter englischem Einfluß steht; dies geht so weit, daß sogar ein eigener englischer Vertrauensmann die Finanzen des siamesischen Reiches überwacht.

Daß Sibirien seine Völker gegen Deutschland in Bewegung setzte, daß Ostindien gezwungen wurde, hunderttausende Soldaten nach Europa zu entsenden, braucht nicht weiter betont zu werden; hier sei bloß die Tatsache festgehalten, daß sich die Mittelmächte auch mit dem größten Teil Asiens im Kriegszustande befanden, was im wesentlichen ein Werk der Loge war.

Der Einfluß der Freimaurerei **Australiens** darf ebenfalls nicht zu gering veranschlagt werden. Dalens Kalender (1919) führt fünf australische Großlogen mit 743 Logen und mehr als 50 000 Brüdern an. Bei einer Gesamtbevölkerung von bloß 4 Millionen Einwohner ist das reichlich viel; wenn man die Zahl der Frauen und Kinder abzieht, bleibt etwa eine Million erwachsener Männer übrig, von denen also durchschnittlich jeder Zwanzigste Freimaurer ist. Ohne augenblicklich weitere Beweise zur Hand zu haben, kann wohl aus diesen Tatsachen allein schon der Schluß gezogen werden, daß es offenbar auch in Australien dem Einfluß der Logenbrüder zuzuschreiben ist, wenn sich die Australier an dem Weltkrieg auf Seiten unserer Feinde beteiligt haben.

Zusammenfassend seien jene Staaten und Kolonien aufgezählt, mit denen wir uns im Kriege befanden: I. In Europa: Serbien, Rußland, Frankreich, England, Montenegro, Belgien, Italien, Rumänien, Portugal, Monaco (!) und San Marino (!).

II. In Amerika: Vereinigte Staaten, Canada, Guatemala, Honduras, Nicaragua, Costa Rica, Haiti, San Domingo, Kuba, Portorico, Bolivia, Equador, Peru, Brasilien und Uruguay.

III. In Afrika: Liberia, südafrikanische Republik, Kolonien;

IV. In Asien: Japan, China, Siam, Indien, Sibirien; endlich

V. Die Vereinigten Staaten von Australien.

Das sind zusammen 35 Staaten gegen — vier! Wollte man aber die Kolonien (Indien, Südafrika, Canada, Australien usw.) nicht mitrechnen, so blieben noch immer 29 Mächte. Dabei darf man nicht übersehen, daß die Nationalstaaten, die sich seither auf dem zerschlagenen Österreich-Ungarn gebildet haben: Tschechen, Südslaven und Polen schon während des Weltkrieges von unseren Feinden als kriegführende Mächte anerkannt worden sind; sie haben unendlich viel zu unserer Niederlage beigetragen durch bewußte Flaumacherei, ablehnenden Widerstand (passive Resistenz), offene Widersetzlichkeit, Zerstörungswerke (Sabotageakte), Verrätereien usw.

Schließlich sei noch des überragenden Einflusses der Hochgradmaurerei im Weltkriege gedacht. Im ganzen gibt es gegenwärtig 31 Staaten, in denen erwiesenermaßen die politisch wirkenden schottischen Hochgrade (Großoriente, Suprêmes Conseils) eingeführt sind; von diesen 31 Staaten haben uns nicht weniger als 27 den Krieg erklärt; die restlichen vier sind Deutschland, Ungarn (Österreich), Bolivia und Argentinien. Jeder Deutsche, vor allem aber jeder deutsche Freimaurer, möge sich nun die Gewissensfrage vorlegen: Haben die amerikanischen und englischen Logenzeitungen recht, wenn sie den Weltkrieg als einen ausgesprochenen Freimaurerkrieg, als den größten Freimaurerkrieg, den es je gegeben hat, hinstellen? — Sie haben recht. Der Krieg ist schon in seinem Ausgangspunkte ein Werk der Freimaurer (Thronfolgermord!); freimaurerische Beweggründe waren bei allen Staaten, die uns bekriegten, maßgebend, vielfach gaben sie den Ausschlag: Niederringen der „autokratischen" Staaten, Beseitigung der Monarchien, Zertrümmerung des deutschen Militarismus; Freimaurer waren es, die einen Staat nach dem anderen in den Krieg hineingehetzt haben, und den freimaurerischen Wünschen entsprach auch das Endergebnis: die volle Zerstörung Österreich-Ungarns, die Verjagung der Habsburger, die Entthronung der Hohenzollern, die Rückgabe Elsaß-Lothringens, die Abtrennung des Rheinlandes, die Neuschaffung Polens, die Aufteilung der Türkei....

XXVI.

Einige Kriegstagungen der Freimaurer.

Ohne auf Vollständigkeit Anspruch zu erheben, sei hier eine Reihe von Freimaurertagungen während des Weltkrieges zusammenhängend besprochen, und ihr jeweiliger Zweck hervorgehoben. Ebenso seien noch einige Tatsachen kurz erwähnt, aus denen hervorgeht, daß sich die Weltfreimaurerei stets gegen einen vorzeitigen Frieden ausgesprochen hat.

Zunächst sei hier nochmals der Bemühungen des Fürsten Bülow gedacht, der im November 1914 Verhandlungen zwischen Italien und Österreich angebahnt hatte, um den Kriegseintritt Italiens zu verhindern. Wer hat diese Absicht durchkreuzt? — Die Welt-Freimaurerei:[1]) Am 12. Februar 1915 wurde in Paris der Eintritt Italiens in den Weltkrieg von den Großwürdenträgern der englischen, französischen und italischen Freimaurerei endgültig beschlossen.[2])

Am 20. September 1915 wurde in allen italischen Städten ein Plakat angeschlagen, in welchem die Friedensbemühungen des Papstes Benedikt XV. verhöhnt wurden. Von wem diese Kundgebung ausging? — Vom Groß-Orient von Italien.[3])

Ebenfalls noch im Jahre 1915 erließ die französische Großloge in Verbindung mit der belgischen Großloge ein Rundschreiben an die amerikanischen Logen, worin sie aufgefordert wurden, den Friedensbestrebungen der amerikanischen Pazifisten entgegenzuarbeiten.[4])

Am 28. Mai 1916 fand in Genf eine geheime Zusammenkunft von freimaurerischen Großwürdenträgern statt, um sich neuerdings gegen die Friedensbemühungen des Papstes Benedikt XV. zu wenden und der Entente das „Durchhalten" anzuempfehlen. Als Teilnehmer an dieser Geheimversammlung werden unter anderen genannt: Der Großmeister Br.·. Herzog von Connaught, der französische Großmeister General Br.·. Périn und der portugiesische Großmeister Br.·. Magalhães Lima.[5])

---

[1]) Br.·. Dr. Wolfgang im „Unsichtbaren Tempel"; zitiert nach Heise, S. 121.
[2]) Vgl. Karl Heise, S. 62.
[3]) Vgl. Neue „Zürcher Nachrichten" vom 4. Dez. 1915, zitiert nach Heise, S. 43.
[4]) Vgl. „Bad. Beobachter" 1917 Nr. 249, zitiert nach Heise, S. 197.
[5]) Vgl. Heise, S. 197.

Mitte Dezember 1916 tagte ein Freimaurerkongreß in Rom; beim Bankett zu Ehren der fremden Hochgradmaurer erklärte Br.·. Riccardi, der Präsident des „Erhabenen Großen Rates", daß gekämpft werde, bis Serbien und Belgien ihre Selbständigkeit zurückerhalten haben und — bis Elsaß-Lothringen wieder französisch sei!

Im April 1917 fand eine allstaatliche Freimaurertagung in Paris statt, die sich mit der wichtigen Frage beschäftigte, wie man wohl in Deutschland selbst eine starke Bewegung gegen die Monarchie hervorrufen könnte...

Demselben Zwecke diente anscheinend auch der sozialdemokratische „Friedens"-Kongreß in Stockholm, der ja von Freimaurern eingestandenermaßen finanziert worden ist![1]) Auch dort waren die Hauptteilnehmer Freimaurer, wie Br.·. Dr. Viktor Adler, Br.·. Branting, Br.·. Troelstra, Br.·. Vandervelde. Jedenfalls steht fest, daß der deutsche Sozialdemokrat (Br.·.?) Scheidemann mit der Forderung zurückkam, Deutschland müsse nun ganz und gar demokratisiert werden. Scheidemann war also nichts anderes als das Sprachrohr der Entente-Freimaurer, das Wort „Demokratisierung" wurde offenbar nur deshalb gewählt, weil man das deutlichere „Republikanisierung" noch nicht zu gebrauchen wagte.

Ende Juni 1917 fand der Welt-Kongreß der Freimaurer in Paris statt, an dem sich (mit Ausnahme der Deutschen) Freimaurer zahlreicher Staaten beteiligten. Dort wurden nun neuerdings die freimaurerischen Entente-Friedensbedingungen aufgestellt: Zurückgabe von Elsaß-Lothringen an Frankreich, Errichtung eines unabhängigen Polen, eines unabhängigen Tschecho-slowakischen Staates, restlose Zerstückelung Österreich-Ungarns und damit „Befreiung" der vom Hause Habsburg „unterdrückten" Nationalitäten. — Außerdem war Zweck dieser Tagung die Begründung einer „Vereinigung aller Nationen", also Schaffung des Völkerbundes![2])

Die letzte große Kriegstagung der Weltfreimaurerei fand gegen Ende September 1918 in Paris statt. Die Größe dieser Tagung wird durch den Hinweis veranschaulicht, daß auf ihr nicht weniger als 300 Logen des „Grand Orient de France" vertreten waren; auch die „Großloge von Frankreich" war stark beteiligt, ebenso das Aus-

[1]) Vgl. Dalens Kalender, 1918, letzte Textseite.

[2]) Karl Heise, S. 198.

land. Auch hier begegnen wir wieder dem Großmeister Herzog von Connaught, dem Großmeister General Périn und dem Großmeister Magalhães Lima. Den verbündeten Mächten wurde tiefe Ehrerbietung, Dank und Bewunderung ausgesprochen und die Gewißheit des Triumphes zum Ausdruck gebracht. Weiters wurde gewünscht, daß der Völkerbund endlich geschaffen werde, dem aber nur solche Staaten beitreten dürfen, die von — freimaurerischen Regierungen geleitet werden! Bemerkenswert ist, daß schon früher vom französischen Parlamente dem freimaurerischen Abgeordneten Br.·. Lebey (Schriftführer des Groß-Orients von Frankreich) die Ausarbeitung der Grundlagen für diesen Völkerbund übertragen worden war.[1]) Die „Gewißheit des Triumphes" hatten also die Weltfreimaurer bereits im September 1918; zweifellos waren aus Deutschland und aus Österreich-Ungarn die allerbesten Nachrichten eingetroffen. Wie der Zusammenbruch vorbereitet wurde, darüber berichtete der Sozialdemokrat Vater in einer Versammlung des Arbeiter- und Soldatenrats Magdeburg: „Uns ist diese Revolution nicht überraschend gekommen," sagte Genosse Vater; „seit dem 25. Januar 1918 haben wir den Umsturz planmäßig vorbereitet. Die Arbeit war schwierig und gefahrvoll zugleich, wir haben sie mit vielen Jahren Zuchthaus und Gefängnis bezahlt. Die (sozialdemokratische) Partei hatte eingesehen, daß die großen Streiks nicht zur Revolution führen, es mußten daher andere Wege beschritten werden. Die Arbeit hat sich gelohnt. Wir haben unsere Leute, die an die Front gingen, zur Fahnenflucht verleitet, die Fahnenflüchtigen haben wir organisiert, mit falschen Papieren ausgestattet, mit Geld und unterschriftslosen Flugschriften versehen. Wir haben diese Leute nach allen Himmelsrichtungen, hauptsächlich an die Front geschickt, damit sie die Frontsoldaten bearbeiten und die Front zermürben sollten. Diese haben die Soldaten bestimmt, überzulaufen; und so hat sich der Zerfall allmählich, aber sicher vollzogen..."[2])

Am 5. Oktober 1918 erfolgte das Friedensangebot des Reichskanzlers Prinz Max von Baden. Prinz Max von Baden steht den Freimaurern sehr nahe, denn sein Vater, Prinz Wilhelm von Baden, war Freimaurer; er stand 1859—1863 als Großmeister an der Spitze der Großloge von Preußen „Zur Freundschaft" und hat ihr bis zum Jahre 1897, wo er in den ewigen Orient einging, als Ehrengroßmeister angehört.[3]) Aber auch

[1]) Karl Heise, S. 198.
[2]) Vgl. „Ostdeutsche Rundschau", Wien, 21. Dezember 1918.
[3]) Vgl. „Wr. Fr. Z.", Mai 1919 S. 50.

das Friedensangebot des Kanzlers Max von Baden wurde von der Welt-Freimaurerei sofort bekämpft; Br.·. Pointdexer sprach im amerikanischen Senat die Hoffnung aus, daß die Entente-Ministerpräsidenten Lloyd Georges und Br.·. Clemenceau den Waffenstillstand mit Deutschland verhindern werden... Und sein Kollege Br.·. Lodge wollte nur eine solche „Friedensliebe" anerkennen, die von der amerikanisch-französisch-englischen Armee auf deutschem Boden diktiert würde... Wie alle anderen Friedensäußerungen Deutschlands wurde auch dieser Schritt von der Weltfreimaurerei nur als „feindliches Manöver" hingestellt und mit Hohn und Spott zurückgewiesen.

Mancher entrüstete Leser wird nun die Frage aufwerfen: Warum hat die deutsche Öffentlichkeit von all diesen Schandtaten der Weltfreimaurerei nichts, oder so gut wie nichts, erfahren? Warum klärten die deutschen Zeitungen die Bevölkerung nicht rechtzeitig darüber auf? — Sie durften nicht, es war ihnen verboten. Ja, wer in aller Welt konnte im deutschen Reiche denn ein derart hirnrissiges Verbot durchsetzen, das nur den Feinden diente, dem Vaterland jedoch zum Verderben gereichen mußte?? Wer dieses Verbot erwirkt hat?? — Die deutsche Freimaurerei! Die deutsche Freimaurerei war es, die bei der Reichsregierung ein Verbot durchsetzte, wodurch den „unbegründeten (!) Verhetzungen gegen die Freimaurerei und das Logenwesen ... Einhalt geboten wurde".[1]) „Insbesondere sind die Schriftleiter der katholischen Zeitungen angewiesen worden, die Anschuldigung zu unterlassen, die deutschen Freimaurer seien indirekt Kriegshetzer ..."[1])

Nun, eine solche Anschuldigung ist bestimmt nicht erhoben worden; wohl aber hat man den deutschen Freimaurern den Vorwurf gemacht, daß sie durch ihr Schweigen die Handlungen der Freimaurer der feindlichen Staaten zu decken suchen und solcher Art die Kriegshetze der feindlichen Freimaurer mittelbar begünstigten. Dieser Vorwurf ist leider nur allzu berechtigt! Hat doch sogar der deutsche Br.·. Dr. Wilhelm Ohr festgestellt, daß die deutschen Freimaurer die fortwährenden Angriffe der feindlichen Großoriente stets nur „äußerst matt" abgewehrt hätten! Das Gefühl freimaurerischer Zusammengehörigkeit überwog und ertötete eben jedes andere Gefühl. Ausnahmen bestätigen auch hier die Regel. Hier galt es eben Farbe zu bekennen: Ist die deutsche Freimaurerei ihrem Wesen, ihrem Geiste nach eine völlig andere, als die anglo-amerikani-

[1]) Vgl. „Br. Fr. Z.", Mai 1919, S. 52, nach einer Mitteilung der freimaurerischen Zeitung „Auf der Warte".

sche, französische, italische, serbische usw., dann hätte sie eben das Tischtuch zwischen sich und den anders gearteten feindlichen Brüdern zerschneiden müssen. Sie hat es *nicht* getan; daher steht jedem frei, sich das Seinige zu denken und auch laut zu sagen: *Die deutsche Freimaurerei ist wegen ihres Schweigens und Versteckenspielens mitschuldig an dem Zusammenbruch, mitschuldig an dem Elends- und Vernichtungsfrieden,* der das deutsche Volk zur Knechtschaft verurteilt. Und muß sich nicht in dem Herzen eines jeden Deutschen das Gefühl der Empörung regen, wenn er liest, wie die deutschen Freimaurer bereits rege daran sind, die alten Verbindungen mit unseren Todfeinden wieder aufzunehmen?

Auf der einen Seite erfahren wir, daß die französischen Logen, seit 1870 geschlossen, in Elsaß-Lothringen wieder hergestellt wurden und die deutschen Freimaurer von dort flüchten müssen; andererseits aber wird uns mitgeteilt, daß in der altehrwürdigen Stadt Köln eine englische Feldloge errichtet wurde, „in der auch *deutsche* Brüder verkehren".[1])

Wahrhaftig, die Deutschen sind doch in nationaler Hinsicht das pflichtvergessenste Volk der Welt!

Was nach solchen Feststellungen von dem „Nationalbewußtsein" der deutschen Freimaurer zu halten ist, braucht nicht erst gesagt zu werden. Die deutschen Brr.·. Freimaurer aber mögen es mit ihrem Gewissen ausmachen, ob sie eine derart jämmerliche und schmachvolle Rolle weiterspielen wollen oder nicht.

---

[1]) „Wr. Fr. Z.", August 1918, S. 23.

XXVII.

Das freimaurerische Friedensprogramm Wilsons.

Daß den Freimaurern die Hauptschuld am Ausbruche des Weltkrieges zur Last zu legen ist, dürfte auf Grund dieser Darlegungen für jeden, der vorurteilslos und unbeeinflußt den Sachverhalt prüft, hinlänglich klar gestellt erscheinen. Man muß dabei bedenken, daß doch nur ein Teil der offen vorliegenden Beweise in unserer Darstellung benützt werden konnte und daß, wenn man alle freimaurerischen Zeitschriften, Broschüren und insbesondere die verschlossen gehaltenen Geheimarchive zur Verfügung hätte, die Beweise vertausendfacht werden könnten.

Es sei jedoch nochmals betont, daß es den Freimaurern anscheinend nicht um einen Weltkrieg mit seinen furchtbaren Verheerungen und Verwüstungen zu tun war, sondern um eine Weltrevolution, die ihre Ideale, vor allem den Sturz der europäischen Dynastien und die Einführung der Weltrepublik verwirklichen sollte. Wenn dieser Gedankengang richtig ist, so müßte er auch durch das Endergebnis bestätigt werden. Es müßte also auch das Wilsonsche Friedensprogramm, das den Gipfelpunkt der durch den Krieg bedingten geschichtlichen Entwicklung darstellt, in seinen Hauptforderungen den freimaurerischen Zielen entsprechen, dies um so mehr, als ja Wilson selbst Freimaurer ist.[1])

Und in der Tat, wenn wir das Friedensprogramm Wilsons Zeile für Zeile durchgehen, so finden wir, daß gerade die Hauptpunkte von freimaurerischem Geiste durchdrungen sind. Allerdings gibt es darin auch eine ganze Reihe von Bestimmungen, die offensichtlich in keinem Zusammenhange mit den freimaurerischen Grundsätzen stehen. Das sind jedoch nur solche, die der Krieg selbst nötig gemacht hat und die geradesogut in irgendeinem anderen feindlichen Friedensvorschlag stehen könnten. Diese sollen daher nicht weiter berührt werden.

Hingegen ist gleich der erste Punkt des Wilsonschen Programms bemerkenswert: Öffentlichkeit der Friedensverhandlungen — ein Schlagwort für das urteilslose Volk von echt freimaurerischer Prägung. Gerade diejenigen, die alles im geheimen machen, die ihre Brüder durch Eide und Gelöbnisse zur strengsten Geheimhaltung verpflichten, rufen nach Öffentlichkeit, um dann, wenn die Betörung der

---

[1]) Für die Zugehörigkeit Woodrow Wilsons zur Freimaurerei spricht auch, daß die Freimaurer selbst ihn als Bruder begrüßen. So hat das „freimaurerische Überwachungs- und Aktionskomitee von Algier" „seinem angesehenen Br.·. (leur illustre frère Wilson) seine brüderlichste Huldigung und herzlichsten Glückwünsche zu seinem freimaurerischen Werke (son oevre maçonnique) in diesem Kriege des Rechts und der Freiheit der Völker" drahtlich übermittelt. („Dépèsche Algérienne" vom 30. XII. 1918; mitgeteilt nach der Wochenschrift „Die Schildwache", Olten, Schweiz, Nr. 16 vom 17. I. 1920).

Massen gelungen ist, nach dem „altbewährten" System weiterzuarbeiten. So hat denn auch die Pariser Friedenskonferenz gleich zu Beginn ihrer Verhandlungen im Januar 1919 erklärt, daß aus „technischen Gründen" eine öffentliche Führung der Beratungen leider unmöglich sei!

Ähnlich steht es mit dem 2. Punkte: Vollkommene Freiheit der Schiffahrt! Ebenfalls ein tönendes Schlagwort, denn es zeigt sich bereits jetzt, daß England niemals willens ist, seine Vorherrschaft auf dem Meere aufzugeben. Man wird zwar der Türkei die freie Durchfahrt durch die Dardanellen aufzwingen wollen, England dagegen macht keine Miene, die Herrschaft über den Suezkanal oder über die Straße von Gibraltar aufzugeben.

Punkt 4 verlangt die Abschaffung des Militarismus, eine Forderung, die von den Freimaurern unzählige Male und bei jeder Gelegenheit gestellt wurde. In der Kundgebung des Obersten Rates des französischen Groß-Orients vom 13. Dezember 1914 heißt es ausdrücklich, daß der preußische Militarismus um jeden Preis vernichtet werden muß. Wohlgemerkt — der preußische Militarismus! Steht doch jetzt schon fest, daß Frankreich auch nach Friedensschluß ein Millionenheer unter Waffen halten will. Ebensowenig ist England geneigt, seinen Marinismus aufzugeben, d. h. seine Riesenflotte wird weiterhin den englischen Imperialismus der ganzen Welt aufnötigen.

Der 8. Punkt betrifft Elsaß-Lothringen, dessen Rückgabe an Frankreich verlangt wird. Auch das ist eine freimaurerische Forderung, die in den letzten 40 Jahren immer aufs neue erhoben und selbst in Gegenwart deutscher Freimaurer nachdrücklich vertreten wurde.

Die Forderung des 9. Punktes, Grenzberichtigung gegen Italien, entspricht gleichfalls den freimaurerischen Grundsätzen, wie sie vom Großmeister Mazzini schon vor einem halben Jahrhundert aufgestellt und von sämtlichen Freimaurern der Welt grundsätzlich gutgeheißen wurden.

Genau so ist auch das Verlangen nach Autonomie der Völker Österreich-Ungarns eine Forderung, die jederzeit von den freimaurerischen Brüdern hüben und drüben offen und ungescheut erhoben wurde.

Auch die Aufteilung der Türkei, 12. Punkt, gehört zum freimaurerischen Gedankenkreis. Br.·. Mazzini sagte schon vor 50 Jahren: „Zwei große Kaiserreiche sind es, welche in Europa das Gebäude des Despotismus und die Verneinung des Nationalitätengrundsatzes stützen: Das österreichische Kaiserreich, welches in seiner unverrückbaren Starrheit das europäische China darstellt und das türkische Reich, das als Vertreter des asiatischen Prinzips und als Papsttum des Orients dem europäischen Fortschritt im Wege steht."[1])

Der 14. Punkt endlich: Vereinigung aller Nationen zu gegenseitiger Bürgschaft (anders ausgedrückt: zum „Völkerbund", zur „Weltrepublik" oder „Republikenpyramide") ist so ausgesprochen freimaurerischer Natur und wurde auf den freimaurerischen Tagungen der letzten 30 Jahre so oft und so eingehend behandelt, daß darüber wohl kein Wort mehr zu verlieren ist.

Wie diese Völkerverbrüderung in Wirklichkeit aussieht, zeigt uns die Gegenwart: Hunger und Elend, rücksichtslosester Gewaltfriede! Und dies alles, nachdem und trotzdem wir unsere eigenen „Despoten" verjagt und diese freimaurerische Forderung erfüllt haben, um aus Wilsons Hand Frieden und Brot zu empfangen.

Oft und oft wurde vor dem Kriege gestritten, ob die Freimaurer der ganzen Erde als ein einheitlicher Weltbund mit gleichen Bestrebungen und gleichen Zielen aufzufassen sei oder nicht. Von maßgebenden deutschen Freimaurern wurde wiederholt der erste Standpunkt nachdrücklichst vertreten. Es sei nur erinnert an die Äußerung des Großmeisters Br.·. Gartz (Große Landesloge der Freimaurer von Deutschland in Berlin), der ausdrücklich die Einheit der Freimaurerei betonte trotz der Verschiedenheit ihrer Form. Weiters sei verwiesen auf den sehr geachteten deutschen Freimaurer Br.·. Ludwig Keller, der in seinen bedeutenden Arbeiten über die Geschichte und das Wesen der Freimaurerei stets den Gedanken vertritt, daß sie als eine Einheit aufzufassen sei, die sich über die ganze Erde erstrecke.

Jetzt ist der Tag gekommen, den die Freimaurer so lange erwarteten, so heiß ersehnten. Der Tag, an dem, um mit Br.·. Frankolin zu sprechen, „alle Enterbten befreit, alle Ungerechtigkeiten gesühnt, alle Vorrechte beseitigt, alle vergewaltigten Länder ihr Selbstbestimmungsrecht wieder erhalten sollten." Jetzt also werden „alle Großlogen und alle Großoriente der ganzen Welt sich in einer Universalverbrüderung zusammenfinden. Die Spaltungen und die Landesgrenzen, durch welche die Freimaurerei getrennt ist", sind verschwunden. Das „glanzvolle Zukunftsideal", das den Freimaurern vorschwebte, ist nun erreicht.

Wahrhaftig, dieses glanzvolle Zukunftsideal, das Bruder Frankolin am 17. Juli 1889 mit so schwärmerischer Begeisterung aufstellte, es ist des Schweißes dieser Edlen wert!

Die alte Welt, die konnten die Brüder Freimaurer allerdings in Trümmer schlagen.

Werden sie aber auch die Kraft finden, den Menschheitstempel neu aufzubauen?

[1]) Mazzini, Opere XIII, 178/179.

XXVIII.

Freimaurerei, Zionismus, Kommunismus, Spartakismus, Bolschewismus.

Die kriegshetzerische Tätigkeit der Weltfreimaurerei, namentlich der französischen, italischen, englischen und serbischen Logenbrüder, wird heute auch schon von *deutschen* Freimaurern ohne weiteres zugegeben. Nur findet mancher einen Widerspruch darin, daß die *jüdische* Freimaurerei an der Seite des *judenfeindlichen* Zarentums den Krieg gegen die Mittelmächte unterstützt haben soll! Aus amerikanischen Freimaurerblättern geht jedoch hervor, daß die dortigen Freimaurer für Rußland gar nichts übrig hatten und daher bei ihrer Werbetätigkeit für den Kriegseintritt Amerikas die Losung ausgaben, von *Rußland überhaupt nicht zu sprechen*. Tatsächlich wurde in den Logenzeitungen Amerikas stets nur die Unterstützung *Englands* und *Frankreichs* verlangt; von Rußland dagegen war nie die Rede.

Daß verschiedene Auffassungen und Bestrebungen in der Ententefreimaurerei bestanden, steht außer allem Zweifel: Die russische *Großfürstenloge* war auf den Gedanken eingeschworen, die Mittelmächte zu vernichten, Konstantinopel zu erobern und der neuslawischen Staatsidee, wie sie der Hochgradmaurer Dr. Karl Kramarsch vertrat, zum Siege zu verhelfen; ganz anders die *jüdischen* Freimaurerlogen: Seit Beginn des 20. Jahrhunderts hatten sie sich in Rußland im Geheimen mächtig entwickelt und wünschten nichts sehnlicher als den *völligen Zusammenbruch der zaristischen Herrschaft*! Dies war ihr Streben während der ersten Kriegsjahre; nach Erreichung dieses Zieles sollten alle Throne Mitteleuropas gestürzt werden. Ihre Absicht war, die deutschen Fürsten durch die *Deutschen selbst* vertreiben zu lassen, doch sollte schließlich die „deutsche" Revolution durch eine *rein jüdische* abgelöst werden. Die jüdische Revolution sollte mit einer Schreckensherrschaft einsetzen, um einen blinden und unbedingten Gehorsam zu erzwingen. Gewalt und Hinterlist, Bestechung, Verrat und Betrug wären geeignete Mittel dazu. Aus der jüdischen Revolution würde das *Chaos* entstehen, ein Zustand vollständiger Gesetzlosigkeit. Schließlich würden die Völker genötigt sein, ihnen — den Juden — freiwillig die Weltherrschaft anzubieten!...

All dies scheint auf den ersten Blick ein im höchsten Grad unglaubwürdiger, abenteuerlicher Plan zu sein. Und doch! Wer die Verhandlungsberichte des ersten Zionisten-Kongresses gelesen hat, der 1897 in Basel abgehalten wurde, denkt darüber anders. Die Berichte über die 24 Sitzungen wurden zwar streng geheim gehalten, gelangten aber durch einen Vertrauensbruch in die Hände der russischen Regierung. Die Urschrift ist französisch. An verschiedene zuverlässige Personen wurden dann Abschriften gegeben, darunter auch an den Gelehrten Nilus, der sie im Jahre 1901 ins Russische übertrug. Die erste russische Auflage der „Sitzungsberichte der Weisen von Zion" erschien 1902. (Nilus ist kein Deckname, sondern der Name eines gewissenhaften russischen Gelehrten, der gegenwärtig etwa 70 Jahre zählt und in der Ukraine lebt.) Seither erschien noch eine ganze Anzahl verschiedener Ausgaben, die textlich — bis auf Nebensächlichkeiten — übereinstimmen und von verschiedenen Herausgebern stammen. Nilus selbst ließ 1917 eine dritte Auflage im Kloster des heiligen Sergius (bei Moskau) herstellen; sie war bereits im Eisenbahnwagen verladen, um dem Buchhandel übergeben zu werden, als eine Rotte Bewaffneter den Bahnhof stürmte, den Wagen öffnete, die ganze Auflage auf die Straße warf und dort — verbrannte!

Zur selben Zeit ließ der Jude Br.·. Kerenski, der eben ans Ruder gekommen war, in allen Buchhandlungen von Moskau, Petersburg usw. nach den „Sitzungsberichten der Weisen von Zion" forschen und alle Stücke beschlagnahmen, die vorgefunden wurden. Dessenungeachtet fanden einige Bücher den Weg nach Deutschland und wurden ins Deutsche übersetzt; das Werk erschien 1919 unter dem Titel: „Die Geheimnisse der Weisen von Zion."[1]) Der deutsche Übersetzer und Herausgeber Gottfried zur Beek betont, daß die Echtheit der Berichte von Juden und Freimaurern niemals angezweifelt worden sei, wohl aber seien die früheren Auflagen der Übersetzung des Nilus und der Brüder Butmi von den Juden größtenteils aufgekauft und vernichtet worden.

Was sich nun seit jener ersten Niederschrift des Nilus ereignet hat: der Weltkrieg selbst und der Zusammensturz der Throne in Rußland, Österreich-Ungarn und Deutschland, das von kommunistischen Freimaurern erstrebte Chaos, aus dem sich ihr seit 200 Jahren geplanter „Menschheitsbund" unter freimaurerisch-jüdischer Leitung entwickeln soll, liegt heute so furchtbar klar zutage, daß man diese „Sitzungsberichte der Weisen von Zion" gewiß einer eingehenden Betrachtung unterziehen darf.

---

[1]) Charlottenburg, Verlag „Auf Vorposten".

Daß die Juden den Kampf um die Weltherrschaft aufgenommen haben, ist heute für jeden, der nicht mit Blindheit geschlagen ist, in die Augen springend, und es ist nur die Bestätigung einer Tatsache wenn die „Weisen von Zion" in ihren vertraulichen Verhandlungen mit größter Offenheit einbekennen:

„Wir (Juden) verfügen über einen unbändigen Ehrgeiz, brennende Habgier, schonungslose Rachsucht, unerbittlichen Haß."

Die Grundsätze, die sie bei ihrer Weltherrschaft anwenden wollen, sind den Eingeweihten nicht neu, jedoch so bemerkenswert, daß jeder Nichtjude sie kennen lernen soll:

„Wer regieren will, muß mit Verschlagenheit, List, Bosheit und Verstellung arbeiten. Hohe sittliche Eigenschaften — Offenheit, Ehrbarkeit, Ehrlichkeit — sind Klippen der Staatskunst, denn sie stürzen die Besten vom Throne, wenn sich der Feind anderer und wahrhaft wirksamer Mittel bedient..."

Die Juden geben, wenn sie unter sich sind, ohne weiteres zu, daß „Gleichheit, Freiheit und Brüderlichkeit" nur hohle Schlagworte sind zur Betäubung und Betörung der christlichen Völker, die in vollkommener Abhängigkeit von den jüdischen Alleinrechten (Monopolen) gehalten werden müßten. Offen erklären sie:

„Wir (Juden) haben dem Staatskörper das Gift der Freiheit eingeimpft, heute (1897!) sind alle Staaten von einer tödlichen Krankheit, der Zersetzung des Blutes, befallen. Wir brauchen nur noch auf den letzten Todeskampf zu warten...."

Im jüdischen Weltreich wird selbstverständlich von „Freiheit" und von „Rechten" der Nichtjuden keine Spur mehr zu finden sein:

Wir (Juden) werden es zu verhindern wissen, daß aus den Reihen der Nichtjuden hochbegabte Persönlichkeiten erstehen; und sollten sie dennoch vorhanden sein, so wird sie die von uns geleitete Masse nicht hochkommen lassen und sie bei der erstbesten Gelegenheit niederschreien."

Daß ihre Herrschaft eine Schreckensherrschaft sein wird, geben sie unumwunden zu:

„Unser Reich, das im Wege friedlicher (!) Eroberungen gegründet wird darf die Schrecken des Krieges durch weniger bemerkbare, aber um so wirksamere Strafen ersetzen: es muß die Schreckensherrschaft, den Terror errichten, um einen blinden und unbedingten Gehorsam zu erzwingen...."

Die Grundlage der jüdischen Weltherrschaft werden Wirtschaftskriege bilden:

....„Die Arbeiter werden wir veranlassen, erhöhte Lohnforderungen zu stellen. Deren Bewilligung wird ihnen aber keinerlei Vorteile bringen, da wir gleichzeitig die Preise der wichtigsten Lebensmittel und sonstigen Gegenstände des täglichen Bedarfes verteuern werden...."

„Wir werden die Grundlagen der Erzeugung der Landwirtschaft und Gewerbe künstlich tief unterwühlen, indem wir die Arbeiter an Gesetzlosigkeit und Trunksucht gewöhnen...."[1])

„Die Nichtjuden werden wir zu einem großen Aufwand verleiten, der in keinem Verhältnis zu ihrem Einkommen steht und schließlich in ein üppiges Leben ausartet."

---

[1]) Ebenda, 88. Seite.

Auf jeder zweiten Seite ist in diesen „Berichten der Weisen von Zion" von den Freimaurerlogen die Rede. Bedeutsam ist folgender Satz: „Es versteht sich von selbst, daß wir (Juden) allein und sonst niemand die Tätigkeit der Freimaurer leiten. Wir allein wissen, welchem Ziele sie zusteuern, wir allein kennen den Endzweck jeder Handlung. Die Nichtjuden dagegen haben keine blasse Ahnung von diesen Dingen."[1]) Auch wer die ganzen Unruhen auf der Welt anzettelt, erfahren wir nun aus dem Munde der „Weisen von Zion" selbst: „Wenn die Welt von Unruhen geplagt wird, so heißt das, daß wir (Juden) diese Unruhen hervorrufen mußten, um das allzufeste Gefüge der nichtjüdischen Staaten zu zerstören. Kommt es irgendwo zu einer Verschwörung, so steht an der Spitze derselben sicher kein anderer als einer unserer treuesten Diener ..."[2])

Auch von Kriegen, sogar vom Weltkrieg ist bereits (1897) die Rede:

...Sobald ein nichtjüdischer Staat es wagt, uns Widerstand zu leisten, müssen wir in der Lage sein, seine Nachbarn zum Kriege gegen ihn zu veranlassen..." ...„Wollen aber auch die Nachbarn gemeinsame Sache mit ihm machen und gegen uns vorgehen, so müssen wir den Weltkrieg entfesseln..." An anderer Stelle heißt es: „...Wir wollen unsern Plan zur Niederringung der nichtjüdischen Staaten in wenige Worte zusammenfassen: Einem von ihnen werden wir unsere Macht durch Mordanschläge, also durch Schreckensmänner, durch den „Terror", beweisen.[3])

Vom Fürstenmord wird auch sonst noch mehrmals gesprochen: „Die Täter waren blinde Hammel der uns zur Verfügung stehenden Herde, die man leicht durch einige freiheitliche Redewendungen verleiten kann, wenn man diesen einen politischen Anstrich gibt ..."[4]) Aber nicht bloß um Anschläge gegen die Throne Europas handelt es sich. Jeder, der ihnen — den Juden — in den Weg tritt, hat dasselbe Schicksal zu gewärtigen; sein Tod wird — „beschleunigt"! In den „Berichten der Weisen von Zion" heißt es diesbezüglich wörtlich: „... In den Freimaurerlogen vollziehen wir die Strafen in einer Weise, daß niemand außer unseren Glaubensbrüdern den geringsten Verdacht schöpfen kann, nicht einmal die Todesopfer selber: sie alle sterben, wenn es nötig ist, scheinbar eines natürlichen Todes ..." (15. Sitzung; 114. Seite des angegebenen Werkes.)

Mit welcher Bestimmtheit die Juden mit der ihnen von ihren Propheten verheißenen Weltherrschaft rechnen, geht aus folgenden Sätzen hervor:

Wir Juden rechnen damit, alle Völker für die Errichtung eines völlig neuen Staatsgebäudes zu gewinnen, das uns schon lange vorschwebt. Deshalb

---

[1]) Ebenda, 112. Seite. [2]) Ebenda, 112. Seite.

[3]) Ebenda, 89. Seite; gemeint ist offenbar Österreich, dessen Kaiserin ein Jahr später tatsächlich durch den „Anarchisten" Luccheni ermordet wurde.

[4]) Ebenda, 125. Seite.

müssen wir vor allem dafür sorgen, daß unsere Führer Persönlichkeiten sind, die mit einer beispiellosen Kühnheit und Geisteskraft auf ihr Ziel losgehen . . .[1]) (Also etwa so wie Lenin, Bela Kún, Kurt Eisner usw.).

Der Umsturz soll gleichzeitig in allen Staaten vor sich gehen:

„Haben wir endlich die volle Herrschaft erlangt, so werden wir dafür zu sorgen wissen, daß gegen uns (Juden) keinerlei Verschwörungen stattfinden können. Wir werden unbarmherzig jeden hinrichten lassen, der sich mit der Waffe in der Hand gegen uns und unsere Herrschaft auflehnt. Jede Gründung eines neuen Geheimbundes wird gleichfalls mit dem Tode bestraft werden. Die jetzt bestehenden Geheimbünde (Freimaurergroßlogen), die uns alle wohlbekannt sind und uns gute Dienste geleistet haben und noch leisten, werden wir sämtlich auflösen. Ihre Mitglieder sollen in weit von Europa entfernte Erdteile verbannt werden. So werden wir vor allem mit denjenigen nichtjüdischen Freimaurern verfahren, die zu tief in die Geheimnisse unserer Logen eingedrungen sind. Wer aber aus irgendeinem Grunde begnadigt wird, muß in ständiger Angst vor der Ausweisung leben . . .“[2])

Auch vom Kommunismus ist gelegentlich die Rede. Die „Weisen von Zion“ machen sich lustig über das „viehische Gehirn“ der Nichtjuden, die den Gedanken der allgemeinen Gleichmacherei, der doch gegen das oberste Naturgesetz verstößt, überhaupt ernst nehmen können! Auch dieses Schlagwort wird nur in die Massen geschleudert, um die nichtjüdischen Völker zu betören, zu verwirren und das allgemeine Chaos herbeizuführen. Die nichtjüdischen Volksmassen sollen durch gegenseitige Verhetzung der vollständigen Gesetzlosigkeit und Verzweiflung verfallen, damit sie schließlich gezwungen sind, selbst den Juden die Weltherrschaft anzubieten! — Und das sollen die Zionisten wollen? Ist denn der Zionismus nicht eine jüdischnationale Bewegung, die sich zum Ziele setzt, alle Juden in einem rein jüdischen Staate zu vereinigen, der in Palästina neu errichtet werden soll? Dies ist zwar die landläufige Anschauung, aber sie ist unrichtig. Der Judenstaat Zion soll nämlich bloß den überschüssigen Teil der armen Juden aufnehmen, besonders aus Rußland. Darüber hinaus soll dieser Judenstaat später die Hausmacht des jüdischen „Herrn der Welt“ bilden. So unglaubwürdig es auch klingen mag, wir müssen es glauben, denn die „Weisen von Zion“ sagen es selbst. Und überdies: Stehen wir denn nicht schon mitten drinnen in der Gesetzlosigkeit, im allgemeinen Chaos?! Wie sagten doch die „Weisen von Zion?“ — „Kein Staat darf zu innerer Ruhe und Kräftigung kommen!“ Deshalb wurde ein Stand gegen den andern aufgehetzt, deshalb wurden politische Verbrechen verherrlicht, die Rechtsprechung untergraben, das Volk planmäßig entsittlicht, die Geistlichkeit der Nichtjuden in den Augen der Massen herabgesetzt, der christliche Glauben lächerlich gemacht. Wohlgemerkt: Nur der christliche Glauben, niemals der jüdische!

[1]) 95. Seite. [2]) 111. Seite.

Vieles von dem, was die „Wissenden" im Jahre 1897 in Basel heimlich berieten, ist seitdem in Erfüllung gegangen; die Ermordung der Kaiserin Elisabeth durch den „Anarchisten" Lucheni (1898), die Ermordung des Thronfolgers Franz Ferdinand durch serbische Freimaurer (1914), der Weltkrieg selbst und sein Abschluß, die „ruhmvolle" (!) Revolution vom 9. November 1918; darauf folgten wiederholte, ausgesprochen jüdische Putschversuche, um das Chaos, den Zustand der vollkommenen Rechtlosigkeit, zu schaffen und im geeigneten Zeitpunkt die jüdische Weltherrschaft aufzurichten....

Ein lehrreiches Beispiel hiefür bietet Bayern; eines Tages erwachte man unter der Herrschaft eines Freimaurers, den gewisse Kreise als Br.·. Ismunow ansprachen und als Großmeister einer jüdisch-polnischen Großloge in Warschau verehrten. Andere Kreise kannten denselben Herrn als Br.·. Van Israelowicz, der an der Spitze einer jüdischen Geheimloge in München arbeitete; wieder andere kannten ihn von Jugend auf als Salomon Kosmanowski, während er sich in Bayern unter dem deutschklingenden Namen Kurt Eisner der staunenden Mitwelt vorstellte. „Elf Männlein waren es, welche die Revolution gemacht haben", gestand Kurt Eisner im ersten Siegestaumel seinem Kollegen, dem Minister Auer. Es erscheint zweckmäßig, diese Namen zum bleibenden Gedächtnis hier zu verewigen; es sind die Juden: Max Löwenberg, Dr. Kurt Rosenfeld, Caesar Wollheim,[1]) Max Rothschild, Karl Arnold, Kranold, Rosenhek, Birnbaum, Reiß und Kaiser; diese zehn bildeten mit Herrn Eisner = Van Israelowicz an der Spitze das sogenannte „Revolutionstribunal für Deutschland"; acht von ihnen sind Großkaufleute, alle elf aber sind — Freimaurer und gehören der „Geheimloge Nr. 11" an, deren Sitz sich in München, Briennerstr. Nr. 51 befand. (Das Haus selbst gehört einem Grafen Almeida, der mit der ganzen Angelegenheit anscheinend nichts zu tun hat.[2]) Daß alle genannten Herren in München wohnhaft sind oder waren, soll damit nicht gesagt sein.

Einer anderen, gleichfalls streng jüdischen „Geheimloge Nr. 7" gehörte eine Reihe führender Persönlichkeiten an, die ebenfalls einge-

[1]) Dazu wird uns mitgeteilt, daß der bekannte Cäsar Wollheim schon seit Jahren gestorben sei, die Firma jedoch bestehe weiter. Gesprochen werde immer nur von „Cäsar Wollheims Erben", für die der geheime Kommerzienrat Eduard Arnhold die Geschäfte führt. — Ob der weiter unten erwähnte Kaiser mit dem jetzt wegen Diebstahl und Veruntreuung verhafteten Dichter Georg Kaiser (Jude) identisch ist, bleibt abzuwarten.

[2]) Oder doch? Die Almeidas sind portugiesischer Herkunft und Freimaurer; ein Br.·. Antonio Almeida ist sogar seit 7. August 1919 Präsident der portugiesischen Republik! Vgl. Karl Heise, 2. Auflage, S. 236.

laden werden, aus dem dreifachen Nebel, der sie umgibt, ins volle Tageslicht herauszutreten; es sind dies: Otto Herzfeld, Dr. Weill, H. Hoch und Emanuel Wurm; (die beiden Erstgenannten gehörten dem früheren deutschen Reichstag an, die anderen zwei waren Mitglieder der „Deutschen Nationalversammlung"); weiters die Großkaufleute Bernhard Schwabach, Otto Schiffer, dann der sehr bekannte Vorsitzende der Deutschen Volkspartei, Professor Jakob Rießer, der Bankier Karl Frh. v. Hermann, der preußische Minister des Innern Karl (Aron?) Hirsch, der von unbekannten Mächten gehobene und geschobene Maltechniker Max Liebermann und endlich der berühmte Unterhändler mit Rußland Br.·. Oskar Cohn: Es ist keine Loge so klein, ein Cohn muß allemal drinnen sein! Der Zusammenkunftsort dieser Geheimloge, die dem „U. O. B. B." angehört, war das Haus Schwanthalerstraße Nr. 60 in München; es gehört eigentlich der Freimaurerloge „Zur Kette", die jedoch ihr Heim den berühmten orientalischen Gästen gerne zur Verfügung gestellt hat. Beachtenswert ist insbesondere auch das Wappen dieser Geheimloge: Es besteht aus einem gleichseitigen Dreieck (statt des Winkelmaßes!) und einem Zirkel, der so weit geöffnet ist, daß bei einer Verbindungslinie der beiden Zirkelspitzen ein zweites gleichseitiges Dreieck und damit der sechseckige Stern Davids zum Vorschein käme. Auf diesem Hintergrund erhebt sich ein aufrecht stehendes, gewaltiges, blutrotes Schwert.[1])

Aus der glorreichen Zeit der „Räterepublik Bayern" seien noch folgende „höchst leuchtende" Br.·. Freimaurer der dankbaren Nachwelt überliefert: Br.·. Toller, Jude, ein „talentvoller" Dichter, für den sich der bekannte Br.·. Hermann Bahr warm ins Zeug legte, als er für seine „Heldentaten" mit dem Tode bestraft werden sollte; Br.·. Leviné-Nissen, Jude; Br.·. Levien, Jude und Anstifter des niederträchtigen Geiselmordes; Br.·. Tobias Axelrod, Jude und Illuminat; namentlich diese drei Juden waren es, welche vertierte Menschen zu zahlreichen Meuchelmorden gedungen haben. Ferner Br.·. „Dr." Wadler, Jude, sein richtiger Name ist W. Adler; Br.·. „Dr." Erich Mühsam, Jude, Meister vom Stuhl, Sohn eines Rabbiners, und endlich Br.·. Fechenbach, Jude, Geheimsekretär des Brs.·. Kurt Eisner; er gehört der Münchener Loge: „Zum aufgehenden Licht an der Isar" an; hoffentlich ist dieser Loge mittlerweile auch ein Licht aufgegangen. Die Gräfin Henriette Fischler von Treuberg, geborene von Kaufmann-Asser, die geistige Be-

[1]) Alle diese Mitteilungen stammen von einem verläßlichen, reichsdeutschen Gewährsmann, der dem Verfasser Einblick in gewisse geheime Aktenstücke ermöglichte.

raterin Kurt Eisners, Jüdin, darf bei dieser Aufzählung nicht unerwähnt bleiben. Der ehemalige Präsident des bayrischen Landtags, Br.·. Franz Schmitt, biederer Gastwirt und Parteibeamter, paßt zwar schlecht in diese auserwählte Gesellschaft, soll aber Br.·. Freimaurer sein und ist daher in diesem Zusammenhang zu nennen. Außer den früher genannten Persönlichkeiten gab es in der schönen Zeit der „Räteregierung" noch eine ganze Anzahl „hochtalentierter" Juden, bezüglich deren die Zugehörigkeit zur Freimaurerei vorläufig noch nicht feststeht; hieher gehört der berühmte Sozialisierungsminister Dr. Neurath aus Wien, dann der vielgenannte Herr Gustav Landauer, ferner der Herr „Staatskommissär" für Südbayern Dr. Ewinger; ob auch diese und noch etliche andere Freimaurer sind, ist sachlich belanglos; die früher genannten verbürgten Fälle dürften für jeden Leser bereits den Beweis erbracht haben, daß die ganze herrliche „Räterepublik" ein Werk jüdisch-freimaurerischer „Schieber des Geistes" gewesen ist!

Ein Wort noch über die Spartakisten; sie selbst sagen, daß sie ihren Namen von dem altrömischen Sklavenbefreier Spartakus herleiten; das ist nur bedingt richtig: Die Führer der Spartakisten gehören nämlich dem Illuminatenorden an, der Ende des 18. Jahrhunderts von Professor Adam Weishaupt gegründet worden war; dieser Weishaupt führte den Geheimnamen Spartakus. Der Illuminatenorden war ein Geheimbund, der über die Freimaurerei noch hinausreichte: jeder Illuminat war zwar Freimaurer, aber nicht jeder Freimaurer Illuminat. Der Orden wurde 1785 wegen staatsgefährlicher Umtriebe in Bayern verboten, im vorigen Jahrhundert jedoch wieder neu aufgerichtet (Sitz: Dresden). Dem neuen Illuminaten-Orden gehörten beispielsweise der Jude Axelrod an, desgleichen Dr. Karl Liebknecht, während die bekannte Rosa Luxemburg viel in Illuminatenkreisen verkehrte. Die Papiere, die im September 1918 bei verschiedenen Spartakusleuten beschlagnahmt wurden, beweisen, daß der Plan bestand und vielleicht noch besteht, nach russischem Vorbilde große Blutbäder unter der Bevölkerung anzurichten. Die jüdischen Geheimbünde haben ihre Vertrauensmänner angewiesen, Listen aller Deutschen anzufertigen, die monarchischer Gesinnung verdächtig sind, damit sie bei dem beabsichtigten Umsturz beseitigt werden könnten. Die Liste jener Männer, die sich um das deutsche Vaterland besonders verdient gemacht haben, ist bereits vorhanden. Sie wurde in einer jüdischen Geheimversammlung, deren Redner sich zumeist der hebräischen Sprache bedienten, vorgelesen.[1])

Am schlimmsten steht es gegenwärtig in Rußland: Dort üben 457 Bolschewiken die Schreckensherrschaft aus; darunter befinden sich

[1]) Vgl. „Die Geheimnisse der Weisen von Zion". 179. Seite.

422 Juden; der Rest besteht fast durchwegs aus entwichenen Zuchthäuslern.[1]) Br.·. Lenin (= Uljanow-Zedernboom) selbst gehörte schon vor Ausbruch des Weltkrieges einer Geheimloge in der Schweiz an, die zielbewußt auf die Weltrevolution hinarbeitete; Br.·. Trotzki (= Braunstein!) und Br.·. Radek (= Sobelsohn!) gehörten demselben Verschwörerklub an; ebenso vermutlich Br.·. Fritz Adler. Lenin ist trotz aller Ableugnungsversuche Jude.

Daß die Juden den Bolschewismus in Rußland eingeführt und verbreitet haben, geben sie heute bereits offen zu. So schreibt z. B. der Jude M. Kohan in der Zeitung „Der Kommunist" (Charkow, Rußland) am 12. April 1919: „...Man kann ohne jede Übertreibung sagen, daß die große russische soziale Revolution ein Werk der Juden war, und die Juden haben nicht nur geführt, nein, auch jetzt noch liegt die Sowjetsache in ihren bewährten Händen. Wir (Juden) können ruhig sein, solange die oberste Leitung der „Roten Armee" in den Händen von Leo Trotzki (Braunstein) liegt."[2])

Bezüglich Ungarns sei zunächst die Tatsache festgestellt, daß die ungarischen Arbeiter bereits im Jahre 1914 auf einem Arbeiterkongreß das Verlangen stellten, die Sozialistenführer müßten aus den Freimaurerlogen austreten: Ein Beweis mehr, daß also auch in Ungarn die Arbeiterführer Freimaurer sind; sie versprachen es; ob es wirklich geschehen ist, bleibt mehr als fraglich.[3])

Am 22. März 1919 wurde die ungarische Räte-Republik errichtet; ihre Führer waren Freimaurer, so z. B. der Unterrichtsminister Br.·. Kunfi (lies: Kohn!), Br.·. Jaszi, der Nationalitätenminister, Br.·. Agoston Peter, Br.·. Lukazs, der Sohn eines jüdischen Millionärs in Budapest, Br.·. Diener-Denes Zoltan und vor allem Br.·. Bela Kün (lies: Kohn), der Schwerverbrecher, der sich noch heute des besonderen Schutzes der österreichischen Regierung erfreut![4]) Die Räteregierung bestand überhaupt aus lauter Juden; die bekanntesten Namen seien hier zum bleibenden Gedächtnis festgenagelt: Der Bluthund Tibor Szamuely; der „Präsident des regierenden Rates" Alexander Garbai (= Grünbaum); Bostanzi (= Bienenstock) für das Heerwesen; Ronai (= Rosenstengel) für das Recht; Varga (= Weichselbaum) für das Geldwesen; Vince (= Weinstein) für die Hauptstadt; Moritz Erdelyi (= Eisenstein) für das Ernährungswesen (!); Bela Vago (= Salzberger), Bela Biro (= Bienenstock Nr. 2) für die Polizei — alle, alle waren Juden.

[1]) Ebenda, 178. Seite.

[2]) „Hammer", Leipzig, Nr. 424, Februar 1920.

[3]) Dr. Hans Eisele, „Bilder aus dem kommunistischen Ungarn". Verlag Tyrolia, Innsbruck, 1920. S. 6.

[4]) Daß es in der Freimaurerei auch eine rein kommunistische Richtung gibt, bestätigt der deutsche Freimaurer Br.·. Ernst Freymann in seiner Schrift: „Auf den Pfaden der internationalen Freimaurerei" Seite 3.

Nur Oskar Czerny war — angeblich! — kein Jude, aber als verurteilter Raubmörder hatte er den Befähigungsnachweis, der „Räteregierung" in Ungarn anzugehören, vorzüglich erbracht. Auch Nik, der Befehlshaber der bolschewistischen Sicherheitswache, war ein Raubmörder, wie denn überhaupt von den 6000 „Leninbuben" Br.·. Bela Kuns nahezu jeder ein Mörder war.[1])

Die 134tägige Herrschaft der Kommunisten hat den Ungarn unendlichen Schaden gebracht: Viele Tausende unschuldiger Opfer wurden in scheußlichster Weise hingemordet; die jüdischen Führer dagegen haben Gold, Schmucksachen und Edelsteine im Werte von 3000 Millionen Kronen verschleppt und in Sicherheit gebracht! 197 Millionen Kronen flossen nach Österreich für kommunistische Werbearbeit; der Kommunist Tomann allein erhielt erwiesenermaßen mindestens 450000 Kronen ....[2]) Bemerkenswert ist auch, daß gleich nach der Ausrufung der Räterepublik in Ungarn ein Aufruf erschien: „Völker Israels!", worin die Juden aufgefordert wurden, im Sinne der Verheißungen ihrer Propheten von ganz Ungarn Besitz zu ergreifen. Auch daß bei den Straßenumzügen und bei allgemeiner Beflaggung neben den roten Revolutionsfahnen nur die blau-weißen Fahnen der Zionisten geduldet wurden, ist höchst bezeichnend.[3])

Das „große Chaos", von dem die „Weisen von Zion" bereits im Jahre 1897 vorahnend zu berichten wußten, ist also sichtbar für jedermann in Erscheinung getreten: Wir stehen am Beginn der jüdischen Weltherrschaft. Um jeden Zweifler über den Zusammenhang zwischen Freimaurerei — Zionismus — Spartakismus — Kommunismus und Bolschewismus völlig die Augen zu öffnen, sei hier noch kurz erwähnt, daß der „Völkerbund" die blau-weiße Flagge des Judenstaates hissen wird: Drei breite, wagrechte Streifen, oben und unten weiß, in der Mitte blau, bilden das stolze Banner aller jener Völker, die sich unter das jüdische Joch gebeugt haben.[4])

Wehe uns armen Betrogenen und schmählich Besiegten!

---

[1]) Vgl. „Bilder aus dem kommunistischen Ungarn", S. 23.
[2]) Ebenda, 113. Seite.
[3]) Ebenda, 7. und 8. Seite.
[4]) Vgl. die „Frankfurter Nachrichten" vom 28. Februar 1919, welche diese Meldung dem Pariser „Matin" entnehmen. (Mitgeteilt nach den „Geh. d. W. v. Z.", 317. Seite.)

Schlußwort.

In meinem Kramarsch-Buche habe ich die neuslawische Bewegung als eine der sieben Hauptursachen des Weltkrieges bezeichnet und Kramarsch als deren Anstifter hingestellt. Die Ereignisse haben mir im vollsten Umfange recht gegeben und jene maßgebenden Persönlichkeiten, welche meinen Ausführungen zu wenig Glauben schenkten, mögen es mit ihrem Gewissen abmachen, ob und inwieweit sie sich an dem entsetzlichen Zusammenbruch mitschuldig fühlen. Es hat sich wieder einmal die alte Wahrheit bestätigt, daß in Zeiten höchster Gefahr nichts so verderblich wirkt, wie eine schwächliche, schlecht unterrichtete, zaghafte und planlose Regierung. Von meinen damaligen Ausführungen habe ich demnach nichts zurückzunehmen; nur Eines möchte ich auf Grund erweiterter Einsicht in die Verhältnisse richtigstellen: die im Kriege verwendeten Schlagworte von der deutschen Barbarei, vom preußischen Militarismus, von der Befreiung der kleinen unterdrückten Nationen, vom Kampfe für Humanität, Zivilisation, Kultur usw. wurden nicht erst von Kramarsch erfunden, sondern von ihm aus dem Sprachschatze Br.·. Mazzinis übernommen, der sie schon 70 Jahre vorher im Kampfe gegen Österreich verwendet hat. Sie sind zu Schlagworten der Weltfreimaurerei geworden und da Kramarsch gleich vielen anderen slawischen Führern zu den „wissenden" Maurern gehört, so ist es nur natürlich, daß er die Sprache seiner Brr.·. spricht.

Das vorliegende Werk steht demnach in keinerlei Hinsicht im Widerspruch mit meinem früheren Buch, sondern bildet dessen naturgemäße Ergänzung, indem es eine andere Hauptursache des Weltkrieges bloßlegt, die noch weitaus höher einzuschätzen ist, wie die neuslawische Bewegung. Beiden gemeinsam ist der unversöhnliche Haß gegen die Mittelmächte, gegen das Deutschtum, gegen die Machtstellung des Deutschen Reiches, gegen die kaiserlichen „Despoten" und gegen alles, was christlich ist und heißt; kurz — gegen die „teutonische Barbarei", wie sie es nennen.

Der Ariadnefaden, der sich von Prag nach Paris hinüberzog, mußte mich mit Notwendigkeit zu den Freimaurern führen; als ich später die Gewißheit erhielt, daß auch Kramarsch der Dreipunktebrüderschaft angehöre, war es für mich längst keine Überraschung mehr.[1])

So also kam ich zur Freimaurerei.

Bald sprach sich's im Freundes- und Bekanntenkreise herum, daß ich mich zurzeit mit dieser Sache beschäftige. Und ohne viel dazu beizutragen, versprach mir bald dieser, bald jener ein interessantes Buch, das ich unbedingt lesen und benützen müßte. Der eine sandte ein paar Bände des „Herold“, ein anderer ältere Jahrgänge der Bauhütte, wieder ein anderer verschaffte mir die „Revue Maçonnique“, die „Rivista massonica“, „Freemasons Chronicle“, dann brachte mir die Post eine ganze Anzahl Bände ausgesprochener Geheimliteratur, deren gütige Spender ich bis heute nicht erraten habe; dann wieder erhielt ich einige alte Jahrgänge der „Latomia“, kurz und gut, ich bekam mit der Zeit so viel Material in die Hand, daß ich schon die Befürchtung hegte, den Stoff nicht bewältigen zu können. Allen edlen Spendern sage ich an dieser Stelle herzlichen Dank. Daneben stand ich in Verbindung mit mehr als 20 Buchhandlungen, die mir Neuerscheinungen und ältere Werke verschafften. So hatte ich bald eine ganze Bibliothek beisammen, die sich zurzeit auf weit über 150 Nummern beläuft. Etwa 5000 Notizen, die ich mir seinerzeit daraus machte, bildeten die Vorarbeit für die Ausführung. Vieles, allzu vieles fast, ließ ich wegen Raummangels unberücksichtigt, denn das Buch mußte kurz, inhaltsreich und daher lesenswert sein, um unmittelbar auf das Volk zu wirken.

Gewiß wäre es mir leichter gefallen, ein paar dicke Bände von vielen hundert Seiten zu schreiben, denn an Material fehlte es mir nicht; ich widerstand dieser Versuchung und faßte mich so kurz als möglich.

So manches Zitat verdanke ich den sachkundigen Schriften Hermann Grubers, der zu den genauesten und belesensten Kennern der Freimaurerei gehört und von den Brüdern selbst ohne Nachprüfung zitiert wird — ein Zeichen seiner unbedingten Verläßlichkeit. Von anderen Gegnern der Freimaurer, aus deren Schriften ich Stellen entnahm, seien besonders erwähnt Dr. Peter Gerhard (Freimaurerei und Politik) und Dr. Brauweiler; stark benutzt habe ich auch das reichhaltige Vortragswerk: Die Freimaurerei Österreich-Ungarns; ebenso leistete mir gute Dienste Dr. Walthers Buch über die Frei-

[1]) Daß Kramarsch Freimaurer sei, wurde bestritten. Meine Angabe stützt sich auf die mündliche Mitteilung eines gut unterrichteten und durchaus zuverlässigen Gewährsmannes, der mir mit aller Bestimmtheit erklärte, daß Kramarsch dem „Grand Orient de France“ als Auslandsmitglied angehöre. Diese Mitteilung wurde mir überdies von anderer Seite als vollkommen zutreffend bestätigt.

maurerei, dem namentlich französische Quellenstellen entnommen wurden.

Die freimaurerischen Bücher und Zeitschriften selbst sind stets in Fußnoten oder im Text ersichtlich gemacht, so daß ich dem Leser eine ermüdende Aufzählung ersparen kann.

Allerdings wurde ich von mehreren Seiten auf die Gefahren aufmerksam gemacht, die mit einer solchen Veröffentlichung freimaurerischer Geheimnisse für mich verbunden wären. Man erinnerte mich an das Schicksal des französischen Abgeordneten Syveton, an die Ermordung William Morgans, an das geheimnisvolle Ende des Marquis de Morès, an die unaufgeklärten Todesfälle des Hauptmanns Valerio und des Präfekten Laurenceau, an das Verbrechen, das zu Kriegsbeginn an Jean Jaurès begangen worden war und an ein Dutzend anderer Fälle, die meinem Gedächtnis bereits entschwunden sind; all das konnte mich von meinem Entschlusse nicht abbringen, unserem armen, niedergetretenen und geknebelten deutschen Volk wenigstens die Augen zu öffnen.

Dazu kommt die Überlegung, daß die Freimaurer, wie allgemein bekannt, außerordentlich kluge und vorsichtige Leute sind. Würden sie gegen mich irgend etwas unternehmen, so würde die ganze Welt mit Fingern auf sie als die geistigen Urheber und Anstifter hinweisen, was ihnen gewiß höchst unerwünscht wäre und ihrer Sache außerordentlichen Schaden bringen müßte. Auch können sie nicht wissen, ob nicht von irgendeiner Seite nach alttestamentarischem Grundsatze: Aug' um Aug' — Gleiches mit Gleichem vergolten würde. Man kennt heute Namen und Wohnort der „Maurerfürsten", man würde sie im Bedarfsfall auch ohne Zuziehung eines Sherlok Holmes zu finden wissen. Wir leben auch nicht in Portugal, wo man straflos durch gedungene Mordbuben nach Belieben Könige abschlachten und unangenehme Präsidenten niederknallen lassen kann. Wohl steht bei uns ein politischer Mörder an der Spitze der von Freimaurern geführten Sozialdemokratie. Aber auch in sozialdemokratischen Köpfen dürfte die Erkenntnis aufdämmern, daß mit politischen Morden wenig oder nichts erreicht wird: Wollte doch Friedrich Adler nach eigenem Eingeständnis durch die Ermordung des Grafen Stürgkh den Krieg abkürzen und rasch dem Ende zuführen. In Wirklichkeit hat er ihn verlängert; an dem Elends- und Vernichtungsfrieden ist er wesentlich mitschuldig. Im übrigen mögen sich gewisse Kreise gesagt sein lassen, daß heute die Kenntnis der geheimnisvollen Ausübung der „königlichen Kunst" nicht bloß auf Hochgradmaurer allein beschränkt ist...

Das Buch mußte geschrieben werden, es war eine sittliche Notwendigkeit. Und es mußte von einem deutschbewußten Politiker stammen, nicht von einer Seite, die man als „klerikal“, als „ultramontan“ oder „jesuitisch angehaucht“ verdächtigen konnte. Die „Klerikalen“ haben wahrlich genug auf diesem Gebiete getan, um die Bevölkerung aufzuklären; wenn ihnen nicht geglaubt wurde, so ist es zum guten Teil unsere eigene Schuld.

Es mußte endlich gleich mit deutscher Gründlichkeit zugegriffen und ans Werk gegangen werden. Nicht das Urteil des Verfassers darf maßgebend sein: Einzig und allein die unerhörte Wucht der zusammengetragenen Tatsachen soll den Leser davon überzeugen, daß nicht wir Deutschen an dem entsetzlichen Blutvergießen schuld sind, auch nicht die sichtbaren Regierungen unserer Feinde, sondern jene dunkle, geheimnisvolle Macht, die wir kurz „Weltfreimaurerei“ nennen, hinter der sich aber niemand anderer als das Weltjudentum als unsichtbarer Lenker des Schicksals aller Völker und Staaten verbirgt.

Zum Schlusse noch ein Wort über die Republik. Aus meinen Ausführungen wird jeder unbefangene Leser die Folgerung gezogen haben, daß ich für die republikanische Staatsform nicht allzu viel übrig habe. Mein Standpunkt ist eben der:

Eine gute von Deutschen geleitete, deutschösterreichische Republik, in der jeder vom besten Wollen für das Gesamtwohl erfüllt ist, ist mir hundertmal lieber, als eine schlechte Monarchie.

Eine gute Monarchie hingegen, mit einem befähigten, gut beratenen, klugen, arbeitsfreudigen, tüchtigen, verläßlichen deutschen Kaiser an der Spitze ist mir tausendmal lieber als eine Schieber- und Verbrecherrepublik unter einem „Maurerfürsten“ vom Schlage eines Eisner, Lenin, Adler oder Bela Kun.

Die Stuhlmeister der 14 Wiener Logen in den letzten fünf Jahren (vgl. S. 129).

Freimaurerlogen	1914	1915	1916	1917	1918
1. Humanitas	Dr. N. S. Rumpler, Wien	Rumpler	Dr. phil. A. Kapralik, Wien, IV., Frankenberggasse 14	Kapralik	Kapralik
2. Zukunft	Dr. Alex. Holländer, Wien, I., Rathausstr. 20	Holländer	Holländer	Holländer	Rud. König, Wien, XIII., Kupelwieserg. 12
3. Sokrates	Dr. Karl Ornstein, Wien, VI., Mariahilferstr. 5	Ornstein	Dr. Emil Frankl, Advokat, Wien, I., Fleischmarkt	Dr. E. Frankl, Wien, I., Renng. 9	Frankl
4. Eintracht	E. V. Schick, Wien, I., Walfischg. 6	Schick	E. V. Schick, Wien, IV., Preßg. 8	Jos. Eberle, Druckereibes., Schottenfeldg. 38	Eberle
5. Schiller	Dr. Karl Gombrich, Adv., Wien, I., Mölkerbastei 3	Gombrich	Gombrich	Gombrich	Dr. med. Isid. Lederer, Wien, IV., Schleifmühlg. 9
6. Freundschaft	Adalbert Reiß, Wien, X./s, Rotenhofg. 29	Reiß	Dr. Albert Engel, Advokat, Wien, I., Hoher Markt 9	Dr. Ad. Röder, Advokat, Wien, I., Singerstr. 27	Röder
7. Treue	Dr. med. A. Heller, Wien, IV., Preßg. 17	Heller	Heller	Franz Fischer, Wien, Strohg. 8	Fischer
8. Goethe	Felix Kopeczky, Wien, I., Zelinkag. 5	Kopeczky	Kopeczky	Kopeczky	Kopeczky
9. Lessing zu d. 3 R.	Martin Bergmann, Adr.: Dr. J. Schuber, Wien, I., Seilerg. 3	Bergmann	Bergmann	Bergmann	Bergmann
10. Pionier	Rich. Teweles, Wien, VII., Mariahilferstr. 76	Teweles	Teweles	Teweles	Dr. Alex. Fuchs, Advokat, Wien, I., Wipplingerstr. 6
11. Kosmos	Alfred Kirsch, Kaufmann, Wien, XVIII., Köhlerg. 14	Kirsch	Kirsch	Jaques E. Heim, Adr.: B. Grünfeld, Wien, VI., Gumpendorferstr. 53	J. E. Heim, Kommissions- u. Ausfuhrgeschäft, Wien, V., Margarethenstr. 107
12. Zur Wahrheit	Friedr. Artner, Wien, I., Franz Josefs-Kai 45	Artner	Artner	Artner	Artner
13. Gleichheit	Bernh. Schiller, Wien, II., Engerthstr. 150	Schiller	Schiller	Schiller	Schiller
14. Fortschritt	(gegr.: 18. April 1920)	—	—	—	—

Namen- und Sachverzeichnis.

A.

B.

C.

D.

E.

G.

L.

M.

S.

Y.

Z.